PARÇALANAN RUHLAR

HER NE İÇİN ACELE EDİYORSAN, ARTIK ONA GECİKMİŞSİN DEMEKTİR...

NURAY SAYARI

DESTEK
yayınları

DESTEK YAYINLARI: 442
EDEBİYAT: 146

PARÇALANAN RUHLAR / NURAY SAYARI
Yayına Hazırlayan: Özlem Esmergül

Genel Yayın Yönetmeni: Ertürk Akşun
Editör: Devrim Yalkut
Kapak Tasarım: İlknur Muştu
Sayfa Düzeni: Cansu Poroy

Destek Yayınları: Nisan 2014
Yayıncı Sertifika No: 13226

ISBN 978-605-4994-44-1

İnönü Cad. 33/4 Gümüşsuyu Beyoğlu / İstanbul
Tel:(0212) 252 22 42
Fax:(0212) 252 22 43
www.destekyayinlari.com
info@destekyayinlari.com
facebook.com/ DestekYayinevi
twitter.com/destekyayinlari

Pasifik Ofset Ltd.Şti.
Sertifika No : 12027
Cihangir Mah. Güvercin Cad. No:3/1
Baha İş Merkezi A Blok Kat.2 34310
Haramidere İSTANBUL / TURKEY
Tel: 0 212 412 17 77

HER NE İÇİN ACELE EDİYORSAN, ARTIK ONA GECİKMİŞSİN DEMEKTİR...

NURAY SAYARI

PARÇALANAN RUHLAR

''Güven'' ve ''Kuşku'' aynı yürekte barınmaz.
Tıpkı ''Sevgi'' ve ''Korku''nun da aynı anda, aynı yerde
bulunmayacağı gibi...

DESTEK
yayınları

Yaşanmış bir olaydan kitaba uyarlanmıştır…

"Kaybetmekten korkmak" ya da "korkmamak"...
İşte ilişkilerin kaderini belirleyen bütün mesele bu...

Sen burada zorluklara ve aksiliklere rağmen hayatını kendi kaleminle yazmak çabasındayken, gezegenler ve yıldızlar sana sayısız çözümler ve olasılıklar vaat eder... Kâinatla işbirliği yaptığında, yıldızların sunduğu çıkış kapılarını aralamak çok daha kolaydır!

Yaşanmış bir olaydan uyarlanan bu kitapta, kendi karmaşanı, aldanışını, sarsıntılarını hatta belki kendindeki sarpa sarışları ve felce uğrayan iradenle mücadeleni bulacaksın. Yıldız hareketlerinin bir insanın hayatında neye mal olabileceğine tanıklık edip, aslında hep gözünün önünde duran çözümlere ulaşabilmenin basit yollarını öğreneceksin...

İnsan en çok ne zaman hata yapar biliyor musun? Acele ettiği zamanlarda... Çünkü böyle anlarda korku ve telaş içindedir. Âşık olmak ya da sevmek için acele edenlerin en büyük korkusu da karşısına çıkan kişinin onun son fırsatı olduğunu düşünüp kaybetme endişesine düşmesidir. Acele ve korku içindeki ruhların işaretleri okuması da, kâinattan rehberlik alması da ne yazık ki çok güç...

Roman boyunca karşına çıkacak olan rehber kutucuklarda yer alan bilgi ve tekniklerden yararlanarak, kendi evrensel çizelgeni çıkarabilir, okuduğun örnek hikâyedeki gibi bir uygulamayı hayatına adapte edebilirsin. Böylece "kader" denen bilinmezi, kendin için bir fırsata dönüştürebilir, korkularından mucizeler yaratabilirsin...

Unutma:

Yaradan, yıldızları ve ayı da senin hizmetine verdi!

"O geceyi, gündüzü, güneşi ve ayı sizin hizmetinize verdi. Bütün yıldızlar da O'nun emri ile sizin hizmetinize verilmiştir..." (Nahl Suresi, 12. ayet)

"MUCİZELER" ONU GÖREN GÖZLER İÇİNDİR...

Uçağın kalkmasına henüz iki saat vardı... Bunca zaman havalimanında tek başına nasıl vakit geçireceği hakkında hiçbir fikri yoktu... Uçak kaçırmak konusunda hatırı sayılır bir rekora sahip olduğundan, bu kez işini şansa bırakmamış, olası bütün aksilik senaryolarını hesaba katarak erkenden çıkmıştı yola.

Şanssızlık değil mi? Trafik tıkanabilirdi, taksi arıza yapabilir, deprem olabilir, yol çökebilir, kar yağabilir, her iki Boğaz köprüsü de yıkılabilir, çığ düşebilir, kavgaya karışabilir hatta karakolluk olup şahit bile yazılabilirdi... Akla hayale gelmeyecek her türlü şey, bugün pekâlâ başına gelebilirdi. Garantisi yoktu hiçbir şeyin...

Bu yolculuğa çıkmayı gerçekten çok istiyordu. Bütün yaşayabileceği talihsizlikleri, olasılık hanesinden temizlemek için sabahın kör vaktinde havalimanı yoluna koyulup erkenden gelmişti.

İç hatlar gidiş terminalinin ana kapısından girip güvenlik kontrolünden geçtiğinde, içerideki keşmekeşten ve insan kalabalığından boğulacağını hissedip dışarı çıkmayı düşündüyse de, bu fikrinden hemen vazgeçti. Konya uçuşu için kontuarın henüz açılmamış olduğunu görünce şekersiz bir Türk kahvesi söyleyip, seyahat için bir önceki gün satın aldığı kitabı okumaya karar verdi. Bunca kalabalığa rağmen kafede boş bir masa bulup ilişebilirse, kahve ve kitapla değil iki saat, yirmi iki saat bile su olup akardı...

Yaklaşık on beş dakika kadar sonra kendisine sıra geldiğinde kahvesinin siparişini verebildi... Servisin hazırlanmasını beklerken, kafede oturabileceği boş bir masa bulabilme ümidini yitirmeden etrafına bakınıp durdu. Bu keşmekeşin içinde değil boş bir masa bulması, sipariş verebilmesi bile yeterince lükstü. Telvenin yanık kokusu aklını başından alırken, çantasının içinde cüzdanını aramaya başladı. Havalimanının bütün kalabalığı çantasına sığışmış gibiydi... Bu savaş alanında, aklını yitirse bulması imkânsızdı. Kendini bir anda tahammül mücadelesi içinde buldu. Sinirleri geriliyor, stresi arttıkça artıyordu. Görünen oydu ki, ne cüzdanı yerindeydi, ne de yeni aldığı kitabı...

Bu sabah köprülerin kopabileceğini dahi hesaplayıp bütün aksiliklere karşı önlemini almış, ancak salonda yemek masasının üzerinde duran cüzdanını ve yeni kitabını unutabileceği ihtimalini aklının ucundan bile geçirmemişti.

Günlerdir heyecan duyduğu yolculuğun, onca tedbire rağmen tersliklerle başlamış olmasına canı sıkıldı. Kahveyi, yanında çikolata kaplı lokumla birlikte ikram eden garsonun yüzüne dahi bakamadan "Üzgünüm... Cüzdanımı evde unutmuşum. Kahveyi alamayacağım..." diyerek çıktı kafeden.

Nasıl olduysa çantadaki mahşer karmaşası içinden cep telefonunu kolaylıkla çıkarabildi. Ellerinin titremesine hâkim olmaya çalıştıysa da nafile... Stres ve endişe neredeyse bütün bedenini ele geçirmişti artık! Eşinin telefonu da cevap vermiyordu. Oysa toplantısı henüz başlamamıştı. Talihsizlik değil mi işte, geldi mi üst üste gelmeliydi zaten!

Bir hafta boyunca şehir dışında olacağından kendi şirketi kapalıydı. Bütün ekibine üç gün boyunca izin vermişti. Koca tatil köyü projesini eksiksiz tamamlayan mimarlar takımı, bu bir haftalık tatili çoktan hak etmişti zaten. Şimdi hangi birini uyandırıp da evden cüzdanını alarak yanına getirmesini bekleyebilirdi? Oğulları okulda olduğuna göre, onları da arayıp telaşlandırması gereksizdi. En iyisi Ayhan'a ulaşmakta ısrar etmekti. Bugüne kadar çalan cep telefonunu açtığı pek görülmemişse de, onu yakalamaktan başka çaresi yok gibiydi...

Canan, tekrar çantasından medet umarak, hiç değilse belki kimliğini ya da sağında solunda sıkışıp kalmış bir miktar parayı bulabilmek dileğiyle, yeni bir arayışa daha girdi. Olur ya belki kredi kartlarından biri içine düşmüş olabilirdi. Nüfus cüzdanı yoksa da ehliyetinin çantadan çıkma ihtimali vardı. Daha dün akşam arabasının sol farı yanmadığı için trafik polisine ceza ödemişti. Ehliyeti cüzdandan çıkardığına göre, inşallah yerine koymayıp çantanın içine fırlatmış olmayı diledi. Dağınıklık çok da kötü bir şey sayılmasa gerekti. İnsana hayrının dokunabileceği bir tarafı da vardır muhakkak diye düşündü... Lakin şimdilik, hiçbir şey yolunda gitmiyordu!

Kimlik kontrolündeki görevliye giderek durumunu izah ettiyse de, uçak bileti olduğu halde kimliksiz uçamayacağını öğrendi. Zaman ilerlemeye devam ettikçe, cüzdanına ulaşma ihtimalleri de tükenir olmuştu. Yazık ki Ayhan da, karısının telefonuna bıraktığı onlarca cevapsız çağrıyı görüp, bir türlü geri dönmüyordu.

Amaçsızca havalimanının içinde tur atmaya başladı. Bir yukarı bir aşağı volta atıyor, aklına gelebilecek en küçük çözüm olasılığına dahi ihtiyaç duyuyordu. Mutlaka bu işin bir çözümü olmalıydı. Konya'ya gitmenin bir yolunu bulmalıydı... En azından Ayhan çağrısına geri dönüp ararsa, bir saat içinde Anadolu yakasından Yeşilköy'e gelmesi gayet mümkündü.

Son bir umutla daha, telefonuna sarılıp kocasını aradı Canan; fakat bu kez de umduğu gibi olmadı... Ayhan telefonunu açmıyordu. Bu saatte nasıl bu kadar meşgul olabilirdi ki? Trafikte değildi. Toplantısı başlamamıştı... Başına bir iş gelmediyse ofisinde oturmuş sabah kahvesini höpürdetiyor olmalıydı. Karısının yana yakıla onu arıyor olması, Ayhan için hiç mi bir şey ifade etmiyordu? Neden telaşlanmıyordu? Neden hemen arayıp karısının hiç değilse tek bir işini kolaylaştırmış olmanın kahramanlığını yaşamak istemiyordu? Ona neden bu kadar güveniyordu ki? Her durumda başının çaresine bakabilecek hünerde bir kadın olmasıyla rahatlayıp, sorumluluklarından kendini nasıl bu kadar muaf tutabiliyordu? Bu çok büyük bir haksızlıktı...

Çaresizlikler içinde, çözümler yaratabilen güçlü kadınların, bu kadar kendi hallerine terk edilmeleri hangi adalete sığardı? Bütün bunları düşünürken, gücünün ve çözümlerinin tükendiğini hissederek, bulunduğu yere çöküp bağdaş kurarak oturdu. Kalabalığın ortasında yere yayılıp çocuklar gibi ağlamaya başlayan bu çaresiz kadını, neredeyse hiç kimse fark etmiyor gibiydi. Bedeni sanki görünmez olmuş, etraftaki bütün insanlar ona hiç dokunmadan, adeta içini delip geçerek gidiyorlardı...

Oysa Konya'ya gidebilmek için bütün iş programını yeniden düzenlemiş, tatil köyü projesi için ekibiyle günlerce sabahlayıp işi erken teslim etmişlerdi. Konya'da kalacağı oteli ve gezi programını organize edip Şeb-i Arus törenleriyle ilgili bilmesi gereken her şeyi etraflıca araştırmıştı. Bunca yoğunluğun arasında *Mesnevi*'nin üç cildini okumuş, Mevlana hakkında yazılan birçok kitap satın almıştı. Üstelik kocasını bu bir haftalık ayrılığa ikna etmek de hiç kolay olmamıştı. Yirmi yıllık evliliği boyunca yaptığı her seyahat sadece bir iki günlük yolculuklardan ibaretti.

Şimdi aptalca bir dalgınlık yüzünden her şey altüst olmuştu. Bütün planlarını önümüzdeki yıl gerçekleşecek olan Şeb-i Arus törenlerine erteleyip salya sümük evine geri dönecekti.

İşaretlerin Dili (Evrensel Rehberlik)

Konya yolculuğuna günlerce, haftalarca heyecan içinde hazırlanan Canan, ruhunun heyecanına fazlaca kapılmış, telaşa düşmüştü. Hiç farkına bile varmadan kendi üzerine sayısız aksilikler çekti. Başına gelebilecek neredeyse imkânsız gibi görünen terslikleri bile hesaba katmış, bunlar için kendince önlemler almıştı.

Canan'ın sadece yarım saat önce iç hatlar terminalinde olması bile yeterliyken, o iki saat evvel havalimanına gelip beklemeye başladı. Çünkü bu yolculuğa çıkamamaktan çok korkuyordu. Her ne olursa olsun, İstanbul'un Boğaz köprüleri de yıkılsa Şeb-i Arus törenlerine katılmaya kararlıydı.

Canan hissettiği şeyin heyecan olduğunu düşünse de ruhu aslına büyük bir telaş içindeydi. Bu telaş evrenin doğal akışında, tıpkı elektrik akımının kısa devre yapması gibi tıkanıklık yaratıyordu. Doğal olarak bütün paniğine, evhamına ve önlemlerine rağmen işleri ters gitmeye başladı.

Sakin olup, evrenin doğal akışına teslim olmak çok önemlidir. Yatağından dinginlikle kalkıp gereksiz aceleciliğe kapılmamış olsaydı, eksik olan eşyalarını da yanına almayı ihmal etmeyecekti. Böylece boşuna saatler önce havalimanına gelip elleri kolları bağlı kalıp çaresizliğe düşeceğine, yolculuğuna vaktinde ulaşacak, uçuş işlemlerini de sorunsuz halledebilecekti.

Bu noktada, şunun ayrımını yapmak çok önemlidir!

1- Heyecan içinde misin?

2- Panik (korku, telaş) içinde misin?

Çoğu insan içindeki korkunun ve telaşın tatlı bir heyecan olduğu yanılgısına düşer. İkisi aynı şey değildir!

Örneğin Canan, gayet sakin ve dingin olduğu halde Konya'ya gideceği için mutluluk ve heyecan duymaya devam edebilirdi. İn-

sanın elinin ayağının birbirine dolanması, aksilikle karşılaşabileceği korkusu yaşaması, telaşa düşmesi, paniğe kapılması kesinlikle doğal değildir. Evrenin olağan akışında kısa devre yaratan bu duygu, işlerin de ters gitmesine neden olacaktır.

Olaya farkındalıkla baktığında, Canan'ın yaşadığı aksiliklerin sebebinin kader olmadığını, her şeyi olumsuz enerjisiyle kendi üzerine çekerek var ettiğini anlayabilirsin.

Hemen şunu da belirtmek isterim ki, evrende hiçbir şey için geç kalınmışlık yoktur. Her şey "şimdi"nin içinde başladığından, yaşanan bütün tersliklerle neden olan telaş, korku ve panik duygusun şalteri kapandığı an, bütün doğal akış kendiliğinden yoluna girecektir.

Şimdi okuyacağın gibi, Canan yere çöküp de sakinleşmeye başladığı andan itibaren, mucizevi diyebileceğin gelişmelerle evren dingin akışına geri dönecektir.

Telaş ve korku şalteri indirildiği an, evrenin enerji akımı kendi doğru yolunda akmaya devam edecektir.

Çocuklar gibi burnunu çekerek ağladığı ve artık havalimanından çıkmak üzere yerinden kalkmaya hazırlandığı sırada yine yanık bir telve kokusu dolaştı genzinde. Bu rayihanın bir zihin oyunu olduğunu düşünürken, karşısındaki uzun boylu, esmer adamın elindeki bir fincan kahveyi kendisine doğru uzattığını gördü... Siyah gözleriyle gece gibi gülümseyen bu adam, elini cömertçe ve şefkatle açıp bu iki gözü iki çeşme ağlayan güzel kadının yerden kalkmasına yardımcı oldu. Ardından diğer elinde tuttuğu ikramını bir kez daha yineledi:

"Buyurmaz mısınız?"

Şaşkın kadın, bir yandan yaşadığı şeyi anlamaya çalışıyor,

diğer yandan da üstüne başına çekidüzen verip toparlanmak istiyordu. En azından burnunu silse iyi ederdi.

"Beni birine benzettiniz sanırım. Kahve istemedim ben."

"Kafeye girdiğinizden beri sizi izliyorum. Sanırım bugün sizin için zor bir gün... Belki bir kahve iyi gelir..."

Canan'ın yanakları üzerinde donup kalan gözyaşları şimdi gamzelerinin çukuruna denk geliyordu. Bu sıcak teklif, yaşadığı hayal kırklığını onarmaya yetmese de başa gelen bütün tersliklere rağmen "gülümsemek" ve "rahatlamak" için hiç de fena bir sunum sayılmazdı. Canan'ın nazlanmaya çok niyeti yoktu. Kahveyi kabul edip köpüğünden de bir yudum aldı...

"Çok teşekkür ederim... Kahve iyi geldi gerçekten."

Canan, uzun yıllardır yaptığı mimarlık mesleğinden dolayı, inşaat sektörünün içinde, erkek milletinin artık genetiğini çözdüğüne inandığından, şimdi bu yakışıklı ve nazik adamın kendini tanıtmaya başlayıp sohbeti başlatacağını düşündü. Birazdan Canan'a evli olup olmadığı yolunda sorular soracak, ardından küçük bir yemek davetinde bulunup telefon numarası alışverişini başlatacaktı. Fakat düşündüğü konuşmaların hiçbiri gerçekleşmedi.

Esrarengiz adam, hiçbir talepte ve yakınlaşma hamlesinde bulunmadan küçük bir baş hareketiyle vedalaşarak kafeye doğru geri dönüp uzaklaştı.

Bu ikramla rahatladığını hisseden Canan, kahvesinin tadını çıkarıp kafasındaki soru işaretlerini yanıtlamaya çalıştıysa da başarılı olamadı. Fincanı kafeye bırakmak üzere içeri girdiğinde, siyah gözlü, esrarengiz adamı küçük cam bir masanın başında tek başına oturmuş kitap okurken gördü. Adamın yanına yaklaşarak nazik ikramı için ona son bir kez daha teşekkür edip vedalaşmak istedi:

"Kahve için gerçekten teşekkür ederim... Çok kibarsınız. Bu arada ben Canan Arısoy!"

"Çok memnun oldum. Bendeniz de Selçuk..."

El sıkışırken, şu yaptığı tanışma hamlesine nasıl cesaret edebildiğini anlama çabasına düşen Canan, karşısındaki adamın soyadını açıklamamasının altında yatan nedeni de merak etti. Aslında doğru olan buydu. Canan'ın proje toplantısında yönetim kuruluna kendini takdim eder gibi soyadını bağırmasına ne gerek vardı ki? Altı üstü bir kahve teşekkürü yapacaktı ve aklına gelse belki TC kimlik numarasını bile okumaya kalkacak kadar kendini anlatmaya hazırdı... Canan, iş hayatından edindiği bu lüzumsuz şeffaflığı her yere taşımaması gerektiğini düşündü.

Selçuk'un el sıkışmasından sonra susmaya devam etmesi üzerine, karşılıklı uzayıp giden sevimsiz sessizliği bozmak yine Canan'a düştü. Zira bu kibar beyefendi belli ki rahatsızlık verecek her türlü tavırdan kendini sakınmaya özen gösteriyordu.

"Cüzdanımı evde unutmuşum. Param ve kimliğim olmadığı için bugün uçamayacağım. Akşam saatlerinde Şeb-i Arus törenlerinde olacağımdan çok emindim. Maalesef bazen hayat umduğun gibi gitmeyebiliyor. Ben de artık kötü kaderime razı olup evime döneyim değil mi?"

"Rica ederim... Öyle düşünmeyiniz lütfen. Kader kötü değildir. Sadece insanlar beklenmedik durumların kötü olduğunu düşünürler. Bu bir algı hatası."

Canan, Selçuk'un bu açıklamasından hem etkilenmiş, hem de sarsılmıştı. Sandığından çok daha engin ve bilge bir adam vardı karşısında...

"Ayakta kaldınız Canan Hanım... Oturmak istemez miydiniz?"

Canan, günlerdir hayalini kurduğu Konya yolculuğunun suya düşmüş olmasının yasını tutmak üzere eve gitmeyi düşünüyordu. Her ne kadar derin ve keyifli bir sohbet olacaksa da bu kibar adamı dinlemeye hazır olmadığını düşündü.

"Teşekkür ederim... Bir an evvel evime geri dönüp ağlamaya devam edeyim... Size iyi günler."

"Size de hayırlı günler Canan Hanım. Lakin şunu da unutmamanızı rica ederim ki yaşanan şeyden şikâyetçi olmak Yaradan'ı üzer. O sizin için her zaman hayırlı olanı ister. Siz zorluklar içindeki kolaylıkları göremiyorsanız, bu Yaradan'ın suçu değildir. Mevlana'nın da dediği gibi mucizeler, onu gören gözler içindir... Saygılar..."

Canan, söyleyecek tek bir söz dahi bulamamıştı. Şimdiye dek kimse karşısında bu kadar suskun ve bu denli şaşkın kaldığı olmamıştı... Erkekler dünyasında gerçek bir "demir lady" olarak uzun yıllardır çalışan ve çok zaman amansız işadamlarını bile susturup, onları mimari dehasına hayran bırakan Canan, şu anki haline oldukça yabancıydı.

Küçük bir tebessümle veda ettiği Selçuk Bey'i nasılsa bir daha hiç görmeyeceğini düşünerek, bu aptal sarhoşluk halinden bir an evvel ayılması gerektiğini düşündü. Havalimanından çıkmak üzere çıkış kapısına yöneldiğinde, şuurunu silkelemeye çalışan Canan, biraz önce oturduğu yerde unuttuğunu fark ettiği valizinin peşine düştü. Neyse ki sadece küçük bir koşturmadan sonra onu bıraktığı yerde bulmayı başardı. Belki de tehlikeli ve uğursuz bir bagaj olabileceği ihtimali, hırsızların valize yaklaşmasına engel olmuştu. Bugün üzerinde taşıdığı şanssızlığı eşyalarına da bulaştıysa, valizin bile kimseye hayrının olmayacağı kesindi. Canan, şu düş kırıklığı hülyasından bir an evvel çıkmak istedi. Valizinin üzerinde duran montunu alıp sırtına geçirirken kolundaki altın bilekliğin de yerinde olmadığını fark etti. Üzerinde "Allah" yazan o bilekliği iki yıl önceki doğum gününde babası hediye etmişti. Son armağanını kızının koluna takarken "Allah'ı yanından ayırmadığın sürece güvende olursun evlatçığım. Allah senin için her şeyi kolaylaştırır" demiş, iki ay gibi kısa bir müddet sonra sahilde sabah yürüyüşü yaparken beyin kanaması geçirerek vefat etmişti.

Canan, babacığını düşünüp yine ağlamaklı oldu. Montunu çıkarıp silkelemeye başladı. Üstünü başını aranıp durdu. Sağa sola bakındı. Biraz önce bağdaş kurup oturduğu yere, güvenlik kontrolünden geçtiği alana, uçuş işlemleri için görevliyle konuştuğu bölgeye, kafeye, her yere koşturup baktı. Babasını bir kez daha kaybetmiş gibi acı duydu içinde. Çocukluğuyla birlikte huzuru da o altın bileklikle birlikte uçup gitmişti sanki... Onu koruduğuna ve işlerini kolaylaştırdığına inandığı "Allah" yazılı altın bilekliği bundan sonra yanında olmayacağına göre demek ki artık bütün tehlikelerin açık hedefi olmuştu Canan. Onu koruyan, işlerini kolaylaştıran kutsal kalkanı görev başında değildi. Can havliyle havalimanı polis karakoluna koştu. Başına gelenleri anlattı. Birkaç gün sonra kayıp eşya bürosuna da uğrayacaktı. Bilekliğinin iyi niyetli bir insanın eline geçmesi için dua ederek bir kez daha havalimanı içinde gezip dolaştığı yerleri kontrol etmek istedi. Her yere bakındı... Fakat bilekliğini bulamadı. Canan, yaşadığı kâbustan bir an evvel uyanmak istiyordu artık. Umutsuzluk içinde, terminalin çıkış kapısına doğru yürürken, yine iki gözü iki çeşme ağlıyordu.

İşaretlerin Dili (Evrensel Rehberlik)

Canan, kendisi için manevi değeri yüksek olan eşyalara ağır ve olumsuz enerjiler kodlayarak yine kendi elleriyle hayatına ağır yükler çekmeye devam ediyor. Babasının vefat etmeden iki ay önce kızına hediye ettiği altın bilekliğe, onu hayatı boyunca korumak ve işlerini kolaylaştırmak enerjisi kodlayan Canan, bilekliği kaybettiği zaman da doğal olarak bu koruma kalkanını yitirdiğine inanıyor. Böylece korkuyla beslediği olumsuz enerji, zihnini de olumsuza programlamış oluyordu.

Hiçbir zaman, hiçbir eşyaya ağır sorumluluklar kodlamamaya dikkat etmemelisin. Bu eşyalara yüklediğin enerjiyi, ruhuna ve zihnine de programladığın için onları kaybettiğinde negatife düşme ihtimalin çok yüksektir.

Başına böyle bir durum geldiğinde, dikkatini kaybolan eşyadan derhal çekmen gerekir. Seni bütün hücrelerine kadar çepeçevre kuşatan yaratanın kudretini, içine çektiğin her nefeste hissederek güvende, huzurda ve sağlıkta olduğunu bilmeli, enerjini yükseltmeli, kaybettiğin eşyaya enerji göndermeyi kesmelisin.

Bezgin bedeniyle valizini sürükleyerek dışarı çıkmak üzereyken, isminin anons edildiğini duyduğunu sandı... Durup anonsun tekrarını beklediğindeyse, çağırıldığından emin oldu.

Yüksek ihtimalle bilekliği bulunmuş olmalıydı. Konu eğer bileklik değilse, o halde Ayhan, evde unuttuğu cüzdanı fark edip apar topar karısına yetiştirmek istemişti. Böylece en azından Konya'ya gitme hevesi yeniden yeşerir, babacığının armağanı olan manevi değeri yüksek bilekliğinin kaybını da bu şekilde teselli edebilirdi.

Canan, aklının içinde bütün bu ihtimallerle heyecan ve merak duyarak, koşar adımlarla danışma standına gitti. Kendisini tanıttıktan sonra neden buraya çağrıldığını öğrenmek istediğini söyleyip, beklemeye başladı. Bir iki küçük bilgisayar işleminden ve telefon onayından sonra, uçuş müdürlüğü tarafından imzalanmış belgeyi Canan'a uzatan görevli "Uçuş işlemlerinizi yaptırabilirsiniz, iyi günler" dedi.

Canan, görevlinin ne demek istediğini, elindeki mühürlü ve imzalı belgeye bakarak çözmeyi denediyse de pek başaramadı... Bu da ne demekti şimdi? Uçuş müdürlüğü, neden durup dururken Canan'ın Konya'ya gidip Şeb-i Arus törenlerine katılmasına yardımcı olmak istesin ki? Bu mümkün değildi... İşin içinde başka bir iş olmalıydı... Belki isim benzerliği ya da büyük bir yanlış anlama söz konusuydu. Bunu anlayabilmenin tek yolu, elindeki belgeyle, uçuş işlemlerini başlatmayı denemekti.

Canan, görevliye şüphe içinde uzattığı evrakla işlemlerinin kolaylıkla hallolduğunu görünce, belgenin kötü bir şaka olmadığı da anlaşıldı. Bütün bu yaşananlar inanılır gibi değildi, belli ki Canan, hiçbir sorun çıkmadan rahatlıkla Konya'ya gidebilecekti... Her nasıl oluyorsa ya da neden oluyorsa da sorunlar kendiliğinden hallolmaya başlamış gibiydi. İlginç bir rüyanın içinde, çaba harcamadan, mücadele etmeden ve ayakları yere bile değmeden süzülürcesine aktığını hissediyordu Canan. Artık bilekliğini düşünmüyordu. İçine düştüğü bu fantastik film çok daha heyecanlıydı. Son güvenlik kontrolünden geçip, uçağa doğru yükselen merdivenleri çıkmaya başladığı sırada, bundan yarım saat önce tanıştığı o ilginç adamın sözleri çınladı kulaklarında:

"Mucizeler onları gören gözler içindir..."

Bu bir mucizeyse eğer görmemek mümkün değildi... Bugün Konya yolculuğunun suya düştüğünü kabullenip, umutsuzluk içinde evine geri dönmek üzereyken şimdi seyahat edeceği koltuğun numarasını arıyor olduğuna inanamıyordu.

Parası yoktu... Kredi kartları ve kimliği de... Üstelik yol boyunca ve bir haftalık Konya gezisi sırasında okumayı planladığı kitabı da yanında değildi... Her ne kadar hiçbir şey planladığı gibi gitmese de, aslında kader kendi bildiği yoldan onu düşlerindeki hedefe doğru götürüyordu... Acaba şu gizemli adam haklı olabilir miydi? "Kötü kader" dediğimiz şey, gerçekten bir algı hatası mıydı?

Her ne dediyse de fark etmezdi artık... Bugün neler olup bittiği de umurunda değildi şu saatten sonra... Önemli olan Konya'ya gidiyor olmasıydı ve bu gerçek bir mucizeydi. Madem mucizelerin nereden ve nasıl geleceği belli olmazdı, madem her mucize bir yolunu bulup sahibine ulaşırdı, o halde fazla sorgulamanın da anlamı yoktu.

Şeb-i Arus törenlerinde bulunması gerekiyorsa eğer buna ne evde unuttuğu kimliği, ne de yanına almadığı parası engel olabilirdi... Bir daha hiç bir şeyden şikâyet etmemeye karar verdi. O ilginç adamın dediğine göre şikâyet, Yaradan'ı kırardı. Zira o her zaman kulu için hayırlı olanı isterdi. İşte bu konuda çok haklıydı! Bundan sonra herhangi bir şeyden dolayı yana yakıla şikâyetçi olurken, aslında neyi aşağıladığını hatırlayacaktı hep...

Artık şu adamı ve söylediği tuhaf sözleri düşünmeyi bırakıp yolculuğun tadını çıkarmaya başlasa daha iyi ederdi. Bunca şeyden sonra zihnini susturup, kafa dinlemeye ihtiyacı vardı. Sessizlik yorgunluğuna iyi gelecekti.

Koltuğunu bulduğunda cam kenarında seyahat edeceğini görüp, yüzü aydınlandı. Kendisinden önce yan koltuğuna yerleşmiş olan komşu yolcudan nazikçe izin isteyerek bir an evvel cam kenarına oturabilmeyi diledi... Canan, geçişine izin vermek için ayağa kalkan adama "Teşekkür ederim" diyerek yerine oturduğunda donup kaldı... Kendi kendine "Yok artık... Bu bir dejavu" dedi.

Yanında oturan komşu yolcu, şu esrarengiz adama ne kadar da çok benziyor diye düşünürken, tanıdık bir sesle irkildi:

"İyi yolculuklar Canan Hanım..."

"Selçuk Bey?"

"Ben de Konya'ya gidiyorum... Şeb-i Arus törenlerine davetliyim."

"Nasıl bir tesadüf bu böyle? Başıma gelenlere inanmıyorum. Şimdi de siz... Hay Allah! İnanır mısınız ben de tam eve dönmeyi planlarken, sürpriz bir şekilde kendimi burada buldum. Nasıl olduğunu hiç anlayamadım bile. Bugün gerçekten ilginç bir gün... Anlatmaya kalksam inanmazsınız."

Yine o kara gözlerini kısıp, mehtap manzarası gibi büyüleyici gülüşlerinden biri yayıldı Selçuk'un yüzüne.

"Tesadüf yoktur Canan Hanım... Tevafuk vardır sadece!" dedikten sonra elindeki kitabı okumaya döndü.

Sohbetin bu sözle birlikte bıçak gibi kesilmesi Canan'ın beklediği bir durum değildi. Selçuk'un kısa ama derin açıklaması karşısında donup kalmıştı yine. Üstelik bu adamla ilgili tek bir doğru tahmini bile yoktu şimdiye dek. Elindeki kitaba dalıp giden Selçuk'un, yol boyunca yapacağı konuşmalarla içini bayacağını, hatta ara sıra tuvalete kaçarak nefes almak zorunda kalacağını sanmıştı Canan... Oysa küçük bir selamlaşmadan sonra Selçuk kendi dünyasına dönmüş, yanında kimse yokmuş gibi içine kapanmıştı. Gayet ciddi ve meşguldü...

Kaçamak ve kısa bakışlarla yanındaki adamı göz takibine alan Canan, Selçuk'un yüzünde hangi bilmeceyi çözmek üzere böylesi bir çabaya giriştiğini de bilmiyordu. Kendi halinde kitap okuyan alelade bir adamdı işte.

Yok hayır! Alelade demek istememişti... Gayet kibar, ince ve saygılı bir adamdı belli ki. Üstelik bilgili ve kültürlü olduğu da ağzından çıkan sözlerin kalitesinden rahatlıkla anlaşılıyordu. Onu biraz daha izlemeye devam ettiğinde çok da yakışıklı ve alımlı biri olduğunu fark etti... Oldukça uzun boylu ve yapılıydı... Dalgalı siyah saçlarını sola düşürüp arkaya doğru taraması da hiç fena değildi. Şakaklarına yerleşmiş kır saçlarıyla çok beğendiği Amerikalı bir aktöre benziyordu ama şu an adını hatırlayamayacaktı. Siyah kumaş pantolonun ve ceketinin ütüsü de kusursuzdu. Tırnağından gömlek yakasına kadar tertemiz bir adamdı. İnce uzun parmakları sürekli gözüne takılıyordu Canan'ın. Oturup sadece ellerini izlese sıkılmadı herhalde... Gülümsediğinde gözleri küçülüp, beyaz ve muntazam dişleri ışıldamaya başladığında başka birine dönüşüyordu sanki... Üstelik çok da güzel kokuyordu. Tanıdığı hiçbir kokuya benzemiyordu. Bunca yıldır "erkekler dünyası" dediği inşaat sektöründe Selçuk kadar ilgisine mazhar olan birine daha rastlamamıştı. Çok daha yakışıklı ve popüler erkeklerle iş arkadaşlığı ettiği halde, dikkatini bu denli çekmeyi başarabilen olmamıştı.

Başka bir adamdı Selçuk... Galiba sesinde de şiir ya da gazel gibi ahenkli bir yakıcılık vardı. Belki de adamın şu ana kadar yaptığı her konuşmasından sonra Canan'ın dut yemiş bülbüle dönmesindeki sebep, sesindeki büyüydü... Ona dilini yutturan şey bu yakışıklının anlattıklarıyla ilgili olmayabilirdi. Selçuk'un sesinde bir efsun olduğu kesindi...

Bütün bunları neden düşünüyordu ki şimdi? Yok parmakları uzunmuş da, saçları kırmış da, bilmem hangi aktöre benziyormuş... Pantolonu ütülü olsa ne olurdu, olmasa ne? Adamın büyülü sesini de ne işe yarayacaktı sanki... Dost meclislerinde gazel mi okutacaktı?.. Saçma sapan konularla aklını meşgul edip duruyordu böyle... Tamam, güzel kokması iyiydi! En azından yol boyunca ter kokusundan bayılmayacaktı. Allahtan adam kitabına döndü de iyi oldu. Bunca stresten ve sıkıntıdan sonra Konya'ya uçuyor olmasının tadını çıkarmak varken, kendi halinde bir adam hakkında olur olmaz şeyler düşünerek zaman harcamanın ne anlamı vardı?

Zaten şiir oktavlı bu ilginç adamdan önce düşünmesi gereken şey, uçuş izninin nasıl ve kim tarafından alındığını öğrenmek değil miydi? Kimliği olmadığı halde bu yolculuğu nasıl yapabiliyordu şu an? Cüzdanını evde unuttuğunu bilen tek kişi, ona kimliksiz uçamayacağını söyleyen ve üzgün olduğunu belirten kızıl saçlı görevli kadındı... Bütün bunları çok üzüldüğü için o kadın organize etmiş olabilir miydi acaba? Hayır olamazdı... Bu kadar sözü geçen, nüfuzlu bir kadın olsaydı zaten bagaj ve bilet işleriyle uğraşmazdı. Cüzdanın evde unutulduğunu bilen ikinci kişi de kocası Ayhan'dı!

Ayhan, karısının kimliğinin yanında olmadığını fark etmiş

olabilirdi. Havalimanına yetişemeyeceğini anlayınca da, çalıştığı şirketin acentesine bu işi hallettirebilirdi. Koskoca lojistik firmasının yöneticisiydi Ayhan... Karısının kimliksiz uçuşunu pekâlâ ayarlayabilirdi. Durum böyleyse eğer, uçak kalkmadan evvel Ayhan'a haber verip her şeyin yolunda olduğunu söylemesi iyi olurdu...

Canan, cep telefonunu çıkarıp hosteslere yakalanmamaya dikkat ederek Ayhan'ı aradı. Olacak şey değildi. Ayhan nasıl olduysa cep telefonunun çaldığını duyup açmaya tenezzül etmişti. Canan bu anı tarihe kaydetmeyi bile düşündü.

"Ayhancığım... Uçaktayım şimdi... Kalkmadık henüz... Nihayet binmeyi başardım. Bu arada sana da teşekkür ederim... Ne için mi? Cüzdanımı unuttum ya evde. Kimliğim falan da hep onun içindeydi. Sen de halletmişsin işimi sağ ol. Uçuş müdürlüğü evrak imzalamış. Uçağa aldılar beni... Sen aramadın mı kimseyi? Şirketten de mi aratmadın? Benim için uçuş izini alınmış ama... Cüzdanımı gördün mü peki evde? Seni o kadar aradığım halde neden açmadın telefonunu o zaman? Tabii ya... Bilerek açmadın elbette... Paşa paşa eve döneyim diye bekliyordun beni... Anladım ben seni Ayhan... Tamam yok bir şey... Hadi uçaktayım ben. Kapattım!"

Durup dururken yine sinirleri bozulmuştu Canan'ın... Kocasına duyduğu kızgınlığı yatıştırmaya çalışırken Selçuk'un bütün bu konuşmaları dinlediğinden emindi. Bir an için ona karşı mahcup hissetti kendini. Kocasıyla arasındaki bu sevimsiz konuşmaya tanık olmasını istemezdi. Herkesin kocası onun gibi kibar, anlayışlı ve nazik bir adam olmak zorunda değildi...

Ayhan, karısının cüzdanını evde unuttuğunu fark ettiği halde, çantasını ona ulaştırmak için hiçbir çaba göstermediği gibi Canan'ın "imdat" dileyen aramalarına da cevap vermeyerek sevgili karısının eve geri dönmesini beklemişti. Karısının Konya yolculuğunu ne kadar çok istediğini bildiği ve onun haftalardır bu seyahat için işlerini organize etmek uğruna ne kadar çabaladığını gördüğü halde yardımcı olmamıştı.

Canan her şeye rağmen kocasıyla ilgili iyi düşüncelerinin içine öfke sızmasını istemedi. Bu tavır Ayhan'ın kötü niyetli bir adam olduğunu göstermezdi ne de olsa... Canan yirmi yıllık kocasını tanımıyor muydu? O sadece karısından bir hafta boyunca ayrı kalmak istemediği için eve geri dönmesini beklemişti. Tutumu her ne kadar bencilce de görünse, herkesin aşkını ifade ediş biçimi farklıydı sonuçta. Ayhan, karısını sürekli yanında isteyen bir kocaysa eğer, yaptığı şu hareket onu hain ilan etmek için yeterli bir sebep sayılmazdı.

Anlaşılıyordu ki Konya uçuşunu ayarlayan kişi Ayhan da değildi. Canan için bütün ihtimaller tükenmişti artık. Yanında kimlik olmadığını bilen başka biri daha yoktu. Zihninin karmaşası büyürken, ansızın hatırına düşen yeni olasılıkla heyecanlanıp irkildi...

Elbette, cüzdanın evde kaldığını bilen biri daha vardı...

Selçuk!

Canan, cep telefonunu kapatıp çantasına koyarken, gözlerini Selçuk'un yüzüne dikti. Şaşkın kadının üzerine kilitlenen keskin bakışlarını hissedip ürperen Selçuk, başını yavaşça kitabından kaldırarak ona baktı...

İkisi de, ne hakkında birbirlerine baktıklarını gayet iyi biliyorlardı.

Selçuk bu kez gülümsemedi. Son derece ciddiydi ve açıkça konuşmayı tercih etti:

"Evet, Canan... Ben hallettim işini!"

"İyi de neden? Hem nasıl yaptınız bunu?"

"Uçuş müdürlüğünde bağlantılarım var. Konya'ya gitmeyi çok istediğini söyleyen sendin. Bunun için ağladığını da gördüm üstelik. Hepsi bu..."

Canan'ın içinden teşekkür edip onun bu inceliğine karşılık boynuna sarılmak geldiyse de, Ayhan'ın konuya bu şekilde yaklaşmamış olmasından duyduğu kızgınlığın acısını Selçuk'tan çıkarmak istedi. Zira Selçuk, biraz önce Canan'ın kocasıyla yaptığı bütün konuşmaları duymuştu. Canan, bu adamın onu kocasının kabalığıyla aşağıladığı kompleksine kapıldı birdenbire. Ayhan bu kadar ince düşünceli, duyarlı bir adam olmayabilirdi fakat her şeye rağmen Canan'ı zor durumların içinden çekip çıkaracak olan kişi, hiç tanımadığı yabancı bir adam olamazdı. Bunu yapmaya hakkı yoktu.

"Bana yardım ederek büyük sevap işlediniz ama herkesin peygamberi olamazsınız Selçuk Bey. Bu çok zor!"

"İnsanlar neden başkalarına iyilik yapar biliyor musun Canan?"

Artık karşısındaki hanıma "siz" diye hitap etmiyor oluşu da Canan'ın dikkatinden kaçmamıştı. Böylesi kibar bir adamın samimiyeti hızlıca ilerletmiş olması ukalalığından olmasa gerek diye düşündü. Ya gerçekten samimiyet duyuyordu ya da küstahın önde gideniydi. Artık uçak da havalandığına göre bu adamdan kaçış da yoktu. En azından bir saat boyunca birlikte yolculuk edeceklerdi. Canan'ın yapabileceği en iyi şey, karşısındaki bu ilginç adamı anlamaya çalışmak ve bu iyiliği neden yaptığını öğrenmekti.

"İnsanlar, başkalarına yardım etmek istediği için iyilik yaparlar Selçuk Bey... Onlara karşı sorumlu olduklarını düşünürler çünkü."

Canan'ın yanıtıyla dudağını keder düşmüş gibi burkan Selçuk, buğulu ve tok sesiyle "sen"li konuşmalarına devam etti:

"Hayır Canan! İnsanlar sadece kendilerini daha iyi hissetmek için yardım ederler... Başkalarına iyilik yaparak aslında kendilerinin iyi olduğuna inanırlar. Buna ihtiyaçları vardır. Mutluluğu, bolluğu, bereketi, sevgiyi, Allah'ın merhametini hak ettiklerini bilmek isterler. Başkalarına iyilik yaparak bunu satın aldıklarını düşünürler... Bu yüzden asıl önemli olan vermek değildir, paylaşmaktır."

Canan, Selçuk'un bu sakin ve dingin konuşmasını sevmişti yine. Bütün öfkesinin eridiğini hissetti. Onun bu olay karşısındaki farklı bakış açısını, şiir okur gibi anlatıyor olması Canan'ı sakinleştirdi.

Hiç böyle düşünmemişti aslında. Selçuk haklı olabilirdi. Başkalarına yardım ederken, aslında karşımızdakine değil de, kendimize el uzatıyor olabilir miydik acaba? Sohbetten keyif aldığını hisseden Canan da, mesafesini sonlandırmak isteyip samimiyetle konuşmaya başladı:

"Sen de kendini iyi hissetmek için bana yardımcı olduğunu mu söylemek istiyorsun?"

"Hayır... Bunu söylemedim! Birkaç saat önce sana yeryüzünde tesadüf olmadığından, her şeyin Yaradan'ın iradesi altında cereyan eden bir tevafuk olduğundan bahsetmiştim. Seninle karşılaşmamızın da böyle olduğunu bildiğimden, dostluğumu paylaştım sadece... Çünkü ben yaptıklarımız kadar, yapmadıklarımızdan da sorumlu olduğumuzu biliyorum. Havalimanı bugün tarihinin en kalabalık gününü yaşarken, senin kayıp cüzdan bahanesiyle benim karşıma çıkman tesadüf değildi. Cüzdanını unutman, kimliğinin olmaması falan bütün bunlar hep bahane... Sen bahaneler için ağlarken, ben nedenler için yapabileceğim şeyleri paylaştım seninle. Bunu yapmasaydım, karşılaşmamızı görmezlikten geldiğim için Yaradan'a karşı sorumlu olurdum."

Canan'ın yüreğinden coşkulu bir ağlama arzusu yükseldi. Selçuk, belki de hiç farkında olmadan mayınlı hassas bir alana dokunmuştu sanki... "Paylaşmak" uzun zamandır yitirdiği bir duyguydu Canan'ın! Hayatındaki hiçbir değeri paylaşamadığını hissediyor, bunun sancısıyla kıvranıp duruyordu son zamanlarda. Konya'ya büyük heveslerle gidiyor olmasının nedeni de buydu. Dağ gibi büyüyen manevi bir boşluğun ıstırabı içindeydi. Aşkını, sevgisini, dostluğunu, ilgisini, parasını, zamanını kısaca sahip olduğu hiçbir şeyi paylaşamıyor, karşısındakiyle bölüşüyordu sadece. Herkes her şeyden payına düşüneni alıp uzaklaşıyordu sonra. Büyüyen, çoğalan, bereketlenen hiçbir şey yoktu hayatında.

Selçuk'un hiç tanımadığı bir kadına yüreğini açarak dostluğunu paylaşmayı seçmesinden çok etkilendi. Üstelik bu cömertliğinden dolayı karşısındakinden hiçbir şey talep de etmemişti. Canan'dan değil telefon numarası isteyip sonrası için randevu almak, yolculuk sırasında sohbet etmekten bile imtina etmişti.

Oysa Canan'ın hayatındaki herkesin bir beklentisi vardı ondan. Duygular bölüşülüp tasnif edilirken, "karşılık almak" doğal haklarmış gibi talep ediliyordu. Hayatın genel kaidesi gibiydi artık bu durum. Sevgisini verenler buna karşılık ilgi beklerken, özveri sahipleri de fedakârlıklarının karşılığında itaatkârlık görmek istiyorlardı. Zamanını harcayanlar para, yardımda bulunanlar sevap bekliyordu. Bu ticaretin adı paylaşmak olamazdı. Dünyayı ve değerleri bölüşmekten başka bir şey değildi bu...

Selçuk'un bu karşılıksız dostluk paylaşımı Canan'ın yarasını sızlatsa da kalbinin onarıldığını hissetti. Bu adam konuştuğu her sözle onun ruhunu yıkıyor gibiydi... Bütün maskelerinden arınıp çırılçıplak kalmak istedi bu cömertliğin karşısında. Canan, hayatı boyunca hep güçlü, onurlu, çalışkan, başarılı, burnu havada, kuyruğu dik, bileği sert, zekâsı sağlam bir kadın olarak yaşayıp bölünmekten dolayı giderek eksildiğini fark etti o an...

Artık erimek istiyordu... Sıkılmıştı bütün güçlerinden. Her gün bir yenisini taktığı maskelerinden bunalmıştı. Hayatının hiçbir döneminde, olmak istediği kadın gibi yaşayamadığını düşündü... O önce babasının gururu olmuştu. Dünyaya da bunun için gelmişti sanki. Babasını utandırmamak, prensiplerine aykırı düşmemek, onun ahlak anlayışıyla çatışmamak ve biricik babacığını hiçbir zaman hayal kırıklığına uğratmamak için her zaman olgun ve kontrollü bir kız çocuğu olmuştu. Daima ölçülüydü. Hiçbir zaman ve hiçbir konuda taşkınlık yapmamıştı. Severken bile coşturmazdı yüreğini. Her ne sebepten olursa olsun, kalbi ne zaman havalanacak olsa yakalayıverirdi onu... Koyardı kalbini kafesine!

Ne mimarlık hayatı boyunca kazandığı başarıları bağıra çağıra kutlamışlığı vardı, ne de doludizgin sevmişliği, sevişmişliği... Yirmi yıllık kocasıyla sevişirken bile dizgin vururdu arzularına. Karısı hakkında kuşkuları ya da soruları olsun istemezdi. Coşku ne Canan'a, ne de ailesine yakışırdı. Oğullarını da yine böyle sevip yetiştirmişti. Çocuklarından sevgisini her ne kadar sakınmadıysa da onların akıllarını uçuracak, kalplerini coşturacak hiçbir şeye kapılıp gitmelerine de izin vermemişti. Belki de bu yüzden iki oğlunun tuttuğu bir futbol takımı bile yoktu.

Selçuk, huzur ve güven veren o efsunlu sesiyle bu şekilde konuşmaya devam ederken, Canan bütün bu düşüncelerin fener alayı gibi geçişini izliyordu zihinde... Buna rağmen derin bir hafifleme duydu içinde... Selçuk'un sesindeki şarkıya düşüp, görünmez olmak istedi bir an!

Nasıl konuşması gerektiğini düşünmeden sadece içinden geleni anlatmaya başladı Canan da:

"Bu yolculuğa çıkmadan evvel, günlerce rüyamda Mevlana'yı gördüm. Onun Mevlana olduğunu bilmeden üstelik... Hakkında ne kitap okumuştum o güne kadar, ne de herhangi bir şey duymuştum. Sosyal medyada paylaşılan biri iki özlü sözü dışında, Mevlana'yı hiç tanımadığımı bile söyleyebilirim. Rüyamda 'Aşka dönmenin zamanı şimdi...' demişti bana. İlkinde hiç etkilenmedim, ne yalan söyleyeyim... Rüya işte... Binlerce rüya görüp durmuyor muyuz zaten? İkincisinde de hiçbir şey hissetmedim. Hatta belki üçüncüsünde bile. Ama aynı rüyayı dört beş gece üst üste gördüğümde, durdum! Tuhaf bir şeyler oluyordu. Sanki biri beni sarsmaya, yavaşlatmaya ve sesini duyurmaya çalışıyordu. Sürekli Mevlana'yla ilgili veriler düşüyordu önüme. Ne bileyim, hediye gelen kitaplar onun hakkında yazılan kitaplar oluyordu mesela... Arkadaşlarımla sinemaya gittiğimde onunla ilgili ufak tefek şeyler çıkıyordu karşıma. Konya'daki bir inşaat firmasından defalarca kez iş teklifi aldım mesela. Fakat çok yoğun olduğumuz gerekçesiyle kabul etmedim. Üst üste gördüğüm o rüyalardan sonra Mevlana hakkında okumaya ve araştırmaya başladım. Onunla ilgili yazılan kitapları aldım. *Mesnevi*'nin şimdilik üç cildini bitirdim. Buna rağmen bugün bütün bu olan biteni ve seni bu kadar geç anladığım için üzgünüm Selçuk..."

Gecenin siyahı bir kez daha kırıldı Selçuk'un yüzünde... Gülümserken karşısındakine sarılıyor gibiydi... Sıcacık...

"Öğrenmek için çok okumak, çok araştırmak, çok gezmek, incelemek, karşılaştırmak, sınamak ve deneyimlemek gerektiğine ben de katılıyorum Canan. Hz. Ali'nin dediği gibi, bir harf öğretenin kölesi olur, ilim için Çin'e de yürüyerek gitmekten gocunmam. Lakin bilgi dünyasında insanlar neden çok bildikleri ve okudukları halde mutsuzlar düşündün mü hiç?"

"Açıkçası hiç düşünmedim..."

"Durmadıkları için... O kadar hızlı yaşayıp öğreniyorlar ki, durup arkada kalan ruhlarının kendilerine yetişmelerini beklemiyorlar. Ruhunu, ancak yavaşladığın vakit duyarsın. Dışarıdaki sesleri kıstığın an, ruh sana seslenmeye başlar. Sen durup dinginleştiğinde, o ruh sana doğru koşar... Sen o ruhun adına aşk dersin... Ben Allah... Adının ne olduğu önemli değil. Yeter ki biraz dur ve onun sana akmasına izin ver. Bahaneler için ağlamaktan, koşturmaktan, kavga etmekten, sebep arayıp durmaktan, bağırıp çağırmaktan, nefret etmekten, küsmekten, kırılmaktan vazgeçip sakinleştiğinde, O'nu işitirsin. Seninle konuşur... Sana bu kadar yakın oluşuna hayran olursun... Sevgili gönül dostum Canan... Ya Vedud... Ya Hayy..."

İşaretlerin Dili (Evrensel Rehberlik)

Evren bir konu hakkında eğitilmene karar verdiyse, senin buna hazır olduğun, o önemli ve değerli vakit gelip çattığında karşına birtakım öğreticiler çıkar.

Bu öğreticiler, gün boyu yolunun kesiştiği herkestir: Ailen, akrabaların, arkadaşların gibi yakın çevrenin yanı sıra yoluna tesadüfen çıktığını düşündüğün ve aslında hiç tanımadığın insanlar bile bu bahsettiğim görevli eğitmenlerdir.

Selam veren komşu, muayene olduğun doktor, banka kuyruğunda sohbet ettiğin yaşlı amca, otobüste ayağına basan çocuk, radyoda duyduğun bir anons, reklamlarda kulağına takılan bir slogan, akşam izlediğin filmin adı, okuduğun kitapta aklına takılan bir cümle, mırıldandığın şarkının içindeki bir söz... Her şey ve herkes tekâmülünün bir parçasıdır.

Kimden ne öğreneceğini bilemezsin!

Bu yüzden hocaların arasında seçim yapma. Sadece algını açık tut ve mesajın sana akmasına izin ver. Her zaman bilgili, kültürlü, eğitimli, tecrübeli ve kaliteli insanların sesine kulak vermeyi seçersen, dilencinin, hırsızın, yalancının, suçlunun, mağdurun, yoksulun, cahilin sana öğretebileceklerinden mahrum kalabilirsin. Algılarının açık olduğundan emin ol. Farkındalık pencereni geniş tut...

Canan'ın da Selçuk'la karşılaşması elbette planın bir parçasıydı. Fakat onun burada yaptığı en büyük hata şekilcilikten yola çıkmaktı. Canan sadece gördüklerini ve duyduklarını referans alarak etkilenmeye başladı. Oysa evrenin aktardığı bilgi ve enerji akışında, kişinin bir şeylerin etkisine kapılıp gitmesi yoktur. Kapılıp gitmek, yeni bir bağımlılık yaratmaktan başka bir şey demek değildir.

Aydınlanma ve farkındalık bir şeylerin çekim alanına girip etki altında kalmak ya da yoldan çıkmak anlamına gelmez. Akışta ol-

manın, irade kontrolünü devre dışı bırakmak olmadığını özellikle hatırlatmak isterim.

Canan'ın bu noktadan itibaren akışa teslim olmaktan çok, irade kontrolünden vazgeçmeyi tercih ettiğini anlamış olmalısın. Karşısındaki adamdan o kadar etkileniyor ki, içindeki manevi boşluğun onun bilgisiyle dolmaya başladığını hissediyor. Selçuk, Canan'ın içindeki bir apseye dokunarak onu uyandırmış olabilir, fakat kimse bir diğerinin apsesini tedavi etmek yetkisine sahip değildir.

KARMAŞANIN OLDUĞU YERDE HUZUR ARAMA... İNSAN ZİHNİ, HUZURSUZDUR!

Telefonun sesiyle fırladı yataktan. Ürkmüştü... Resepsiyondan arıyorlardı. Misafirleri Şeb-i Arus törenlerine götürecek olan araç on dakika sonra hazırdı. Canan'ın da zamanında aşağı inmesini bekliyorlardı.

Otele yerleşeli iki saat kadar olmuş... Gözleri tavanda, bu iki saat boyunca ne düşündüğünü hatırlamaya çalıştı Canan. Aslında hiçbir şey düşünmemiş, zamanın içinde donup kalmıştı sanki... Bundan dolayı da gayet huzurlu ve hafifti...

Geldiğinden beri zihni hiçbir şeyle meşgul olmamıştı. Ne sabah yaşadığı cüzdan krizini, ne kaybettiği bilekliği, ne kocasının şu an nerede olduğunu, çocukların eve dönüp dönmediklerini, evde akşam yemeği pişip pişmediğini, ne İstanbul'a döndüğünde onu bekleyen yeni projeleri, ne geciken ödemeleri, tahsil edilemeyen alacakları, ne de yol boyu sohbet ettiği Selçuk'la paylaştıklarını... Hiç ama hiçbir şey düşünmemişti şu iki saat boyunca...

Hafif, huzurlu ve derin bir "hiç"lik hali vardı üzerinde... Sonsuz bir boşlukta, küçücük bir "yok"luk gibi...

Fakat ağlamıştı galiba... Yanakları ıslaktı hâlâ... Yatağından kalkıp lavaboda yüzünü yıkadıktan sonra cep telefonunu uçaktan indiğinden beri açmadığını hatırladı. Ayhan, defalarca aramış, ulaşamayınca da ardı arında mesajlar yazmıştı... Onu sevdiğini, yaptığı şeyden dolayı çok üzgün olduğunu, biricik karısından defalarca kez özür dilediğini ve onu hasretle beklediğini yazmak yerine attığı dört mesajda da telefonun neden hâlâ kapalı olduğu ve uçuş izninin kim tarafından alındığını sorup durmuştu...

Canan, büyük oğlu Doğan'ı arayıp evdeki durumlarını sordu:

"Yemeğinizi yediniz mi anneciğim? Kardeşine yardımcı ol bir tanem. Onu sabah uyandırmayı unutma. Saat çalsa da kalkamaz o yataktan. Ev sana emanet aşkım... Baban geldi mi? Tamam o zaman... Hepinizi çok öpüyorum. Sizi çok seviyorum."

Neyse ki Doğan babasına çekmemişti. Evde unutulan cüzdanın kriz yarattığını öğrenir öğrenmez onu hemen kargoya verip yollamıştı. Annesinin heyecanla çıktığı bu seyahatten mutlu gelmesini istiyordu. Dönüşte havalimanında yeni bir kimlik sorunu daha yaşayıp zora girmesine gönlü razı değildi.

Marmara Üniversitesi İletişim Fakültesi Halka İlişkiler Bölümü'nde okuyan Doğan, henüz on dokuz yaşında olmasına rağmen sorumluluk sahibi ve duyarlı bir çocuktu. Oğlu Doğan'la ilgili her fırsatta "Bebek bedeninde bir yetişkin doğurdum. Helal olsun bana" esprisini yapan Canan, yıllar geçtikçe bu şakadaki haklılığını daha çok görüyordu. Kolejde okuyan on altı yaşındaki küçük oğlu Orçun ise, ağabeyinin zıttı bir çocuktu. Doğan ne kadar olgun, anlayışlı ve sakinse, Orçun da büyüdükçe çocuklaşan yaramaz ve haylaz bir afacandı...

Hepsi iyi ki varlardı... Birbirine hiç benzemeyen iki güzel oğlunu ve düşüncesiz kocasını da seviyordu aslında. Doğduğundan beri, hep onlarla beraber gibiydi. Kendi çocukluk ve gençlik yıllarında dahi oğulları ve kocası Canan'ın her daim yanında ya da yakınlarındaydılar sanki... Hepsiyle aynı gün doğmuş ve birbirlerinden hiç ayrı kalmadan büyümüşler gibi hissediyordu... Oğullarının ve Ayhan'ın içinde olmadığı tek bir hatıra bile anımsamıyordu neredeyse.

Canan, aynanın karşısına geçerek saçlarını düzeltip üzerine bir iki küçük dokunuşla çekidüzen verdi. Bir süre aynada yüzünü izledi... Üniversite yıllarında göründüğü kadar genç ve tazeydi hâlâ... Hiçbir zaman yaşını göstermemiş, hayatının her döneminde olduğundan hayli küçük görünmüştü. Çocukken hoşlanmadığı bu özelliğinden şimdi gayet memnundu. Aynada seyrettiği güzel kadının çekiciliğinden duyduğu memnuniyetle tebessüm etti. O da tıpkı Selçuk gibi güldüğü vakit güzelliğine güzellik katılan insanlardandı. Bambaşka bir insana dönüşüveriyorlardı gülümsediklerinde... Ne bakmaya doyulurdu onlara, ne de dokunmaya kıyılırdı.

Canan montunu da üzerine giyip odasından çıkmak üzereydi ki Şeb-i Arus törenleriyle ilgili düzenlenen programa göz atmak isteyerek sehpanın üzerinde duran beyaz dosyayı açıp okuyarak kendi etkinlik programını çıkardı. Kutlu doğum haftasını başlatacak olan meşale yakma törenin ardından Tarihi Kent Meydanı'nda gerçekleştirilecek olan "Sevgi ve Hoşgörü Yürüyüşü"nü izleyip otele dönecek, burada yemek yedikten sonra akşam saatlerinde de Mevlana Kültür Merkezi'nde törenleri izleyecekti.

Konya'da olmaktan heyecan duyan Canan, odasından çıkıp, anahtar kartını prizinden çekerek çantasına attı. Tam da bu sırada cep telefonunun çaldığını duydu.

"Efendim Ayhan... Odadan çıkıyorum şimdi... Araç gelmiş, programa göre dolaşacağız işte... Hayır hiçbir sorun yok. Gayet iyiyim. Odada uyuyakalmışım. Telefonumu açmayı unuttum. Bilmiyorum, öğrenemedim kimin hallettiğini. Biri halletmiş işte uçuş işlemlerimi... Şu an bunu araştıracak vaktim yok Ayhan. Her kim yaptıysa da iyi yapmış. Olmak istediğim yerdeyim en azından. Sana kalsa haftalardır düşlediğim bu yolculuk için şimdi evde oturup ağlıyor olacaktım.

Neyse geldim ben lobiye. Çıkmam lazım artık... Sonra konuşalım!"

Canan, resepsiyona doğru yürürken lobide Selçuk'un kalabalık bir kadın topluluğuyla birlikte oturup sohbet ettiğini gördü. Hem çayını yudumluyor, hem de dikkat kesilip ilgiyle onu dinleyen hanımlara o yumuşak ve sakin sesiyle bir şeyler anlatıyordu. Mavi gömleği ona çok yakışmıştı. Siyah uzun kabanı, yapılı gövdesinin ihtişamını artırmıştı sanki... Böyle daha alımlı ve dikkat çekici görünüyordu. Bütün otel ona mı bakıyordu, Canan'a mı öyle gelmişti bilemedi... Etrafındaki kadın kalabalığından neden bu kadar rahatsızlık duyduğunu da anlamadı.

Yanlarına doğru ağır adımlarla yaklaşan Canan'ı fark ettiğinde, Selçuk'un masadaki hanımlardan kibarca izin isteyerek ayağa kalkması ve o andan itibaren de artık bütün dikkatini Canan'ın üzerinde yoğunlaştırması, tuhaf bir şekilde kendisini iyi hissettirmişti... Ayrıca anlam veremediği bir şey daha vardı.

Bunca yıllık evliliği boyunca Ayhan'a hiçbir konuda hiçbir zaman yalan söylemediği halde, şimdi neden Selçuk'la ilgili konuşmak istemediğini çözemiyordu. Havalimanında başına gelen her şeyi olduğu haliyle kocasına rahatlıkla anlatabilirdi. Neredeyse hemen hepsi erkek olan inşaatçı müşterileriyle ilgili şimdiye dek küçücük bir konu dahi yoktu Ayhan'ın bilmediği... Onlarla çıktığı yemekleri, toplantıları, seyahatleri gayet açıksözlülükle ve hiçbir detayı atlamadan anlatırdı Canan... Selçuk'u, Ayhan'dan gizleme arzusunun altında ne yatıyor olabilirdi ki? Bu lüzumsuz yalanın yükünü boşu boşuna omuzlarına yüklemişti.

Ruhunu arıtmaya geldiği Konya'da bu önemsiz ama midesini bulandırmaya yeten gizeme hamallık ediyor olmaktan hoşlanmadı. İlk fırsatta kocasını arayıp Selçuk'tan bahsedecek ve uçuş işlemleriyle ilgili ondan yardım aldığını anlatacaktı.

Şimdiye dek tanıştığı ve kocasına anlatmaktan çekinmediği diğer erkek arkadaşlarından hiçbir farkı yoktu Selçuk'un... Ona karşı özel ve gizemli hiçbir duygu hissetmezken, böyle çocukça tavırlar sergilemesinin gereği yoktu. Derhal telefonunu eline alıp Ayhan'a her şeyi olduğu haliyle açıklama isteği duydu. İçindeki bu tuhaf huzursuzluk ancak o zaman rahat bırakacaktı yakasını...

Şu an içine düştüğü bu huzursuzluk girdabında çırpınıyor olmasına Selçuk'un sebep olduğunu düşünüp ona karşı yine öfkeyle dolduğunu fark etti. Canan'ın kendisiyle ilgili sürekli inip çıkan duygu yoğunluğundan habersiz olan Selçuk, kibarlıkla Canan'a yanına yaklaşıp selam verdi:

"Hayırlı günler Canan! Gönüllerimizin aşkla dolup taşacağı, çok hayırlı ve bereketli bir gün yaşayacağımızı hissediyorum. Dilersen benim arabamla gidelim Alaaddin Caddesi'ne. Meşalenin yakılmasını ve mehteran yürüyüşünü izleriz. Akşam saatlerinde de muhteşem bir tören bizi bekliyor."

"Aslında hiç gerek yok. Sabahtan beri bana yeterince iyilik yapıp durdun zaten."

Başıyla biraz önce Selçuk'un oturma grubunda yalnız bıraktığı kadınları işaret ederek, "Başka kadınların da senin merhametine ve değerli yardımlarına ihtiyacı olabilir. Bütün vaktini bana harcamanı istemem" dedi.

Bu da neydi şimdi? Selçuk'un başka kadınlarla sohbet ediyor olmasından kıskançlık duyar gibi konuşmuştu. Ağzından dökülen bu anlamsız sözlere ve yersiz serzenişine kendisi bile inanamamıştı. Selçuk'u bu saçmalığın içine itip aklını karıştırmaya hiç hakkı yoktu. Konuyu toparlaması gereken biri varsa o da Canan'dı...

"Selçuk, lütfen yanlış anlama. Küçük bir espri yapmak istedim sadece... Sabah evde unuttuğum cüzdanım büyük oğlumun sayesinde Konya'ya doğru yola çıkmış, geliyormuş. Keyfim yerinde olunca muzırlığımı dizginlemem de zor oluyor. Hadi senin arabanla gidelim o zaman. Ben resepsiyona başka arabayla gittiğimi bildireyim de, boşuna beklemesinler."

Canan, Selçuk'un karşılık vermesini beklemeden resepsiyona yöneldi. Anlayışı ve sükûnetiyle Canan'ın rahatlamasına neden olan Selçuk, bir daha ne bu espriye, ne de Canan'ın ilginç bakış açısına geri döndü.

Otelin önünde son model siyah bir BMW cip, kapıları açık halde onları bekliyordu. Ön koltuğa kurulan Canan, şoför mahalline yerleşen Selçuk'u izlerken onun hakkında hiçbir şey bilmediğini hatırladı. Her defasında Selçuk'un derin ve büyülü sohbetine kendisini kaptırdığından, onun hakkında hiç soru sormamış olduğunu fark etti.

"Bu senin araban mı?"

Selçuk, konuştuğu gibi kullanıyordu arabasını da; yumuşak ve güvenli...

"Evet... Benim."

"Neden Konya'da bırakıyorsun arabanı, İstanbul'da yaşamıyor musun?"

"Hayır... Ankara'da yaşıyorum ailemle. Orada bir inşaat firmamız var. Eski bir aile şirketidir. Konya'da da tekstil işi yapıyoruz. Buraya sık sık geliyorum. Fabrikayı ziyaret ediyorum."

Selçuk "ailem" derken kendi anne babasını kastetmiyordu herhalde... Büyük ihtimalle karısından bahsediyordu. Kırklı yaşlarında bu kadar yakışıklı, kibar, zarif, düşünceli, kültürlü ve belli zengin bir adamın hâlâ bekâr olması beklenemezdi zaten... Neyse ki kendisini anlatmak için soru sorulmasını beklemeden konuşmasına devam etti Selçuk:

"Karıcığım Konyalı bir ailenin kızı... Buradaki iş bağlantım da onun ailesinden dolayıdır. Yeni bir tekstil firması kurduk ortak... Fabrikayı onlar yönetiyorlar. Genelde yönetim kurulu toplantılarına gidiyorum. Kızcağızım da ODTÜ'de okuyor zaten. Ankara'da olmayı seviyorum. Ama Konya'daki işlerimi de İstanbul'daki ahbaplarımı da ihmal etmem."

Canan, Selçuk'un eşinden ve kızından bahsederken sevgi dolu sözcükler kullanmasından etkilenmişti. Hangi erkek, başka bir kadının yanında eşinden bahsederken "karıcığım" derdi ki. En azından Ayhan demezdi...

Canan, Ayhan'ın en özeli ve tek dokunulmazıydı. Karısı hakkında ne kimseyle konuşur, ne de başkalarının onunla ilgili konuşmasına izin verirdi. Yine de her kadın, kocasının başkalarıyla konuşurken karısına ne kadar âşık olduğunu karşı tarafa hissettirsin isterdi. Bu Canan'ın çok hoşuna giderdi.

Selçuk'un karısını merak etmişti şimdi... Onu görmeyi çok istedi. Bu adamın kendisine duyduğu aşkı nasıl hak etmişti acaba? Çok mu güzeldi, çok mu kültürlüydü? O da kocası gibi etkileyici, zeki ve kültürlü biri miydi? Belki de sadece şanslı bir kadındı... Selçuk her kadın için gerçekten büyük bir şans sayılabilirdi... Bu adam gibi birinin, bir kadına âşık olması ve bunu başkalarına ilan ederken hiç çekinmeyip rahatça ifade edebilmesi Canan'a göre çok kıymetli bir ayrıcalıktı...

Canan, Selçuk'la ilgili bunları düşünürken o kadar dalıp gitmişti ki, yüksek perdeden kulağına gelen o etkileyici tok sesi işitip irkildi:

"Efendim? Anlamadım..."

"Sen mimar mıydın diye sormuştum ama duymuyorsun beni... Neden bu kadar dalıp gittin böyle? Aklından neler geçiyordu?"

Canan, kızgın bir ateşin yanaklarına doğru yürüdüğünü hissetti. Küçük kız çocukları gibi utanmış, yanakları pembeleşmişti. Selçuk'la ilgili biraz önce aklından geçenleri kesinlikle söyleyemezdi. O buğulu kara gözlerini Canan'ın üzerine mıhlayan Selçuk ilgiyle onu izliyor ve anlamaya çalışıyordu. Canan'sa durumu toparlamak için ne söyleyeceğini bilemiyordu:

"Ben mi? Aslında şey... Pardon ne sormuştun sen?"

Selçuk gülümsüyordu... Onun bu tebessümlerini görüp de çözülmemek çok zordu. Daha önce hiç bu kadar güzel gülen bir erkek görmediğini düşündü Canan.

"Sana mimar olduğumu söylemiş miydim ki ben? Nereden biliyorsun bunu?"

Selçuk'un yüzünü karanlık bir gölge dolaştıysa da, Canan'ın sorusuna geri dönmesi zor olmadı:

"Aslında hayır... Uçuş müdürlüğünde işlemlerin yapıldığı sırada öğrendim mimar olduğunu... Çok dikkatlisin Canan. Bunu bilmem iyi oldu..."

"Anlamadım! Neyi bilmen iyi oldu?"

"Karşımda zeki ve dikkatli bir kadın olduğunu... Adımlarımı ona göre atmam gerekecek..."

"Strateji mi demek istiyorsun?"

Selçuk'un bu sohbetten hoşlanmadığını anlamak için müneccim olmaya gerek yoktu. Konuşmanın kinayesinden rahatsız olduğu belliydi. Kibarlığından olsa gerek, düşündüğünü gizleme çabasına girdi. Selçuk, Şeb-i Arus şenliklerini başlatacak kandil uyandırma töreninin tören alanına varmış olmalarından memnundu... Konuyu değiştirmek şimdi daha kolaydı:

"İşte geldik Canan! Burası Tarihi Kent Meydanı..."

Selçuk, daha şimdiden Canan'ın aklını da kalbini de fazlasıyla meşgul etmeyi başarmıştı. Etkileyici, hoş bir adamdı... Fiziğiyle, sesiyle, bilgisiyle, duygulu sohbeti ve centilmenliğiyle mıknatıs gibi çekiyordu Canan'ı kendisine... Fakat onun aklını karıştırdığı, zihnini bulandırıp kuşkuya düşürdüğü zamanlar da yok değildi... Canan, birbirinden oldukça uzak iki farklı duyguyu aynı anda hissediyordu Selçuk'la ilgili: güven ve kuşku...

Bir yanı bu adamın sıcak dostluğu ve samimiyetine yelken indirip teslim olmak isterken, diğer yanı onun gerçek olmayacak kadar kusursuz göründüğünü ve bu yüzden de temkinli davranmasının daha doğru olacağını söylüyordu...

İşaretlerin Dili (Evrensel Rehberlik)

"Güven" ve "kuşku" arasındaki ilişki, tıpkı "ışık" ve "karanlık" arasındaki ilişki gibi açık ve nettir. İki duygunun aynı anda var olması mümkün değildir.

Işık varken karanlık söz konusu olamaz. Eğer karanlık varsa, o halde ortada ışık yok demektir. İkisi aynı anda deneyimlenemez.

O halde "güven" söz konusuysa orada hiçbir kuşkudan söz edemeyiz. Yok eğer ortada bir "kuşku" varsa, artık "güven" yok demektir.

"Hem güveniyorum, hem de kuşku duyuyorum!" cümlesinin hiçbir geçerliliği ve gerçekliği yoktur.

"Burası hem çok aydınlık, hem de biraz karanlık" diyemeyeceğin gibi, "Hem seviyorum, hem korkuyorum" da diyemezsin. Çünkü "sevgi" söz konusuysa korkudan bahsedemeyiz.

Korktuğun bir şeyi sevmen mümkün değildir.

Haksızlığa uğramak, mağdur edilmek, yalnız kalmak, anlaşılamamak gibi bir dolu korkuya sahip olan insanların aslında ilahi sisteme ve evrensel kaidelere karşı güveni yoktur.

"Güven" ve "kuşku" aynı yürekte barınmaz.

"Korku" ve "sevgi" de aynı yerde, aynı anda bulunamaz.

Canan bu noktada da evrensel bir kaideyi ihlal ediyor. "Güven" ve "kuşku" duyguları arasında gidip geldiğini, ikisinden birinde karar kılamadığını fark ettiği an, o kişiye karşı var olan bütün enerji akışını kesmesi gerekirdi.

Herhangi bir iş, olay, kişi ya da durum karşısında "güven" ile "kuşku" arasında gidip geliyorsan ya da "korku" ile "sevgi" duyguları arasında sıkışmışsan bilmelisin ki o bölge kocaman bir kara deliktir. Orada sağlıklı bir enerji akışı yoktur. Oraya ait değilsindir.

Selçuk, arabanın kapısını açıp aşağı indikten sonra Canan'ın oturduğu tarafa geçerek onun da cipten aşağı inmesine yardım etti. Birlikte meşalenin yakılacağı alana doğru yürüyüp kalabalığın arasında en sakin bölgeyi seçerek dualarla gerçekleşen açılışı izlediler. Mehteran takımının da eşlik ettiği sevgi ve hoşgörü yürüyüşünün başlamasıyla arabaya geri dönüp otele gitmeye karar verdiler.

Otelin restoranında yemek siparişi vererek dinlenmek ve baş başa sohbet etmek fikri Canan'ın çok hoşuna gitmişti. Selçuk'la ilgili öğrenmek istedikleri henüz bitmemişti zira... Siparişlerini verdikten sonra sorularına kaldığı yerden devam eden Canan, bu yersiz merakının Selçuk'u rahatsız etmesinden de endişe ediyordu. Buna rağmen kendine engel olamayıp öğrenmek istediklerini bir bir sıralamaya başladı:

"Kaç yıldır evlisin Selçuk?"

"On sekiz yıl oldu..."

Canan, açıklamanın devam etmesini beklediyse de Selçuk'un evliliği hakkına söyleyecekleri bundan ibaret gibi görünüyordu. Nasıl tanışmışlardı, karısına evlenme teklif etmiş miydi, mutlular mıydı, birbirlerine âşıklar mıydı, neden tek çocukları vardı? Bütün bu soruların romantik bir hikâyesi olmalıydı... Fakat Selçuk'un özel konularla ilgili konuşmaya çok hevesli olmadığı da belliydi...

Uzayan sessizlikten canı sıkılan Canan, daha kolay bir soruyla sohbeti sürdürmek istedi:

"Ne mezunusun?"

"İmam hatip mezunu bir inşaat mühendisiyim. İnşaatçılık aile mesleğimiz. Dedem, Karadeniz'de meşhur bir müteahhitmiş. Ben altı yaşındayken kanserden vefat etti. Hayal meyal hatırlıyorum onu. Babam çok çalışkandı. Çok da girişken. Öngörülüydü. Burnu iyi koku alırdı. İşleri kısa sürede büyüttü. Ankara'da bakanlıklarda çok güçlü bağlantıları vardı. Ankara'ya yerleşmemiz de o dönemde oldu. Babam iki yıl önce felç geçirip sol kolunda araz kalınca, uzaklaştırdım onu bu stresli ortamlardan. Yalova'da dinleniyorlar annemle."

Bu anlattıkları hiç ilgisini çekmiyordu Canan'ın... Aslına bakılırsa babasından çok, karısını dinlemek isterdi. Aile şirketlerinin nasıl büyüdüğü ve babasının şu sıralar nerede olduğu pek umurunda değildi Canan'ın... Bu koşmanın devamı dedesinin gençlik yıllarına kadar gidecek gibiydi. Oysa Canan sadece hangi okuldan mezun olduğunu sormuştu. Konu oradan dolanıp nasıl da babasının geçirdiği felce kadar gelmişti anlamadı.

Yemek servisi yapıldığı sırada sohbetin kesilmesini fırsat bilen Canan, konuyu değiştirmek için hiç vakit kaybetmedi:

"İstanbul'da inşaat projeleriniz var mı?"

"Şimdilik o bölgede bir yatırımımız yok. Arazi ihalelerinde birkaç kez problem yaşadık. Bazı aksilikler oldu. Birkaç girişimde bulunduğumuz halde şimdilik elimiz boş döndük. Buna rağmen hedeflerimiz var tabii ki."

"Karın da bu işlerle ilgili mi?"

"Beyza da köklü ve inşaatçı bir ailenin kızı. İyi eğitimlidir. Sanatçıdır. Seramikten çok şık dekoratif eşyalar yapıyor. Ama bizim işlerimizin içinde değil tabii ki. Onun iş dünyasında hırpalanmasını istemedim. Stresli, tuzaklı, zor bir sektördür inşaatçılık... Beyza sanatçı ruhlu hassas bir kadındır. Bu işler hiç ona göre değil. Aslında hiçbir kadına uygun değil iş dünyası. Erkeklerin yönettiği çetin bir savaşın içine dahil olan kadınlar da giderek erkekleşiyorlar. Dişiliklerinden, yaratıcılıklarından, inceliklerinden hiçbir şey kalmıyor geriye. Çatık kaşlı, sert, duygusuz, maddiyatçı kadınlar türüyor iş dünyasının içinde. Kadınlar üreticidir. Sanatkârdır. Zarif, ince, duygulu, narin yaratıklardır... Onların hak ettikleri gibi yaratıcı ve kreatif bir dünyada mutlu olabileceklerini düşünüyorum ben. İş dünyasında mutlu bir kadın olamazmış gibi geliyor bana..."

Bu sözleriyle Canan'ı aşağılayıp ona hakaret ediyor gibiydi sanki. Selçuk'un hoşlanmadığı o sert, kaba ve duygusuz kadınlardan biri olduğunu düşünmeye başlamıştı Canan... Selçuk bu söylediklerinde haklıysa eğer o halde bunca yıldır erkekler dünyasında savaş veren Canan da erkekleşmişti farkında olmadan. Belki de bu yüzden kalbinin içinde kocaman manevi bir boşluk hissediyordu. Yüreğindeki isyanın sebebi sadece duygusal yoksunluk olmayabilirdi o halde... Bunca yıldır ihmal ettiği, hatta belki farkında bile olmadan erkekleştirdiği kadınlığı da can çekişiyordu... Kırılmış, yaralanmış, incinmiş hissetti kendini. Selçuk'un karşısında dimdik duran omuzları çökmüş gibiydi. Yüzü solmuş, gözleri buğulanmıştı...

Canan'ın bu konuyla ilgili konuşmak istemediğini fark eden Selçuk, onu incitmiş olabileceği mahcubiyetiyle konuyu kapatıp karşısındaki bu gelgitli kadını daha yakından tanımak için sorular sormaya başladı. Artık öğrenme sırası Selçuk'a gelmişti:

"Sen bekârsın galiba. Parmağında alyansın olmadığına göre..."

Uykudan uyanır gibi mahmurca toparlanan Canan, içinde kopan sert fırtınanın dışarıya doğru esmemesine dikkat ederek yanıtladı:

"Ha... Hayır... Evliyim ben de. Manevi değeri çok yüksek bir alyansım vardı. Kayınvalidemin nikâh yüzüğünü taşıyordum. Bir talihsizlik sonucu yüzüğümü kaybettim. Sonra yerine formaliteden başka bir alyans takmak istemedim."

Nikâh yüzüğüyle ilgili açıklamasını bitirdikten sonra evliliği hakkında tek bir söz daha etmedi Canan... Bu kez evliliğiyle ilgili ağzından cımbızla laf alınan kişi Canan oldu... Fakat o bu tutumu bilinçli olarak sergiliyor, Selçuk'a kısasa kısas uyguluyordu. Neyse ki Selçuk, soru sormak konusunda Canan'dan daha rahat ve cesaretliydi:

"Çocuk var mı peki?"

"İki oğlum var. Okuyorlar."

"Kaç yıldır mimarlık yapıyorsun, bir inşaat firmasına mı bağlısın?"

"Kendi mimarlık şirketim var. On beş yıl önce kuruldu. İstanbul'daki önemli mimarlık şirketlerinden biri sayılırım."

"Çok güzel... Başarılı bir kadın olduğun her halinden belli oluyor zaten. Hem güzel hem de çok zekisin. Şirketin misyonu nedir?"

"Proje, çevre düzenlemesi, gayrimenkul geliştirme, restorasyon, inşaat ve imalat... Arsanın bulunması, gerekli uzmanlara danışarak fonksiyonunun belirlenmesi, proje ve inşaatın yapımı; kısaca pazarlamaya kadar bütün o karmaşık süreci biz yönetiyoruz."

"Tahmin ettiğimden çok daha iyi bir şirketin var. Bu saydıklarının çoğunu bir arada bulamıyoruz bazen. Özellikle imalat her mimarlık şirketinde karşımıza çıkmıyor maalesef..."

"Evet... Benim bir atölyem de. Burada PVC ve alüminyum doğrama, ahşap kapı, mutfak dolabı, demir konstrüksiyon imalatı da yapılıyor."

"Seninle birlikte çok iş yapabiliriz aslında. İnşaat ve restorasyonda iyi misinizdir?"

"İnşaatta altyapı uygulamaları, toplu konut, konut, işyeri, benzin istasyonu inşaatı ve sulu zemin inşaatları yaptık. Tarihi yapılarda da iç ve dış tasarıma bütünüyle bağlı kalarak fonksiyonlarını bozmadan sağlamlaştırma, işlevsel konuma getirme hizmeti veriyoruz. Dediğin gibi düşündüğünden çok daha iyiyiz..."

"Sana hayranlık duymaya başladığımı itiraf etmeliyim... Şu sıralar elinizde çok iş var mı?"

"Evet çok yoğunuz. Bir bankanın Ümraniye şubesinin inşaatı var. Aynı bankanın genel müdürlük binasına ilave inşaat yapılacak. Silivri'de bir otelin eğitim salonun kaba inşaatı, Avcılar'da 8 katlı bir iş merkezinin inşaatı, Reşadiye'de on villa inşaatı, Mimaroba'da 410 konutun kalorifer, sıhhi tesisat ve parke işi, Bebek korusunda eski bir müsteşarın ev dekorasyonu... Bizde iş çoktur... Saymakla bitmez..."

"Çok etkilendiğimi söylemeliyim."

Canan, kendini daha iyi hissediyor gibiydi şimdi. Biraz

önce kadınların iş dünyasında geçirdiği evrimden rahatsızlık duyduğunu anlatan bu adam, şimdi emektar bir iş kadınına iltifat ediyordu. Selçuk bu keyifli sohbetin ve yemeğin sonunda saatine bakıp, geciktiği hissiyle Canan'dan kibarca istedi:

"Beni mazur görürsen kalkabilir miyim Canan? Namaz vaktini geçirmek istemiyorum. Odama dönmem gerekiyor. Akşam tören salonunda görüşürüz olur mu?"

"Olur tabii."

"Hayırlı günler..."

Selçuk, tören alanına birlikte gitmekten bahsetmediği gibi vedalaşırken Canan'a elini bile uzatmamıştı. Arkasına bile bakmadan hızlı adımlarla rüzgâr gibi esip restorandan çıkan bu baş döndürücü adamdan etkilendiğini kabul eden Canan, onun sadece yakınlığından ve samimiyetinden değil yarattığı ilginç mesafeden de hoşlanmıştı.

Restorandan yalnız çıkan Canan, odasına döndüğü gibi kendisini yatağa atıp uzandı. Gözlerini yine tavana dikip daldığında bu kez düşündüğü tek şey Selçuk'tu... Bir an için onun karısı olduğunu hayal etti. Onunla aynı evde yaşadığını, birlikte uyuduklarını, elini tuttuğunu, onu öptüğünü, hatta seviştiklerini düşündü... Her zaman onun yanında olduğunu, onun evde oturma teklifini kabul etmeyip birlikte çalışmaya devam ettiklerini, Selçuk'un ona her geçen gün daha da hayranlık duyduğunu itiraf ettiği güzel anlar düşledi zihninde. Bunları düşünürken kalbi daha hızlı atmaya başlıyordu nedense... Burnunda sürekli Selçuk'un baş döndüren kokusunu duyuyordu sanki.

Çantasının içinde unuttuğu cep telefonun derinlerden gelen ısrarcı sesiyle ayılan Canan, bu tatlı hülyasından dolayı kendisinden utandığını hissetti. Arayanın Ayhan olduğunu fark ettiğinde telefona yanıt vermek istemedi. Uçuş işlemlerini kimin ayarladığı hakkında uzun uzadıya açıklama yapmaya hali yoktu şimdi. Daha birkaç saat önce konuştuklarına göre büyük ihtimalle karısının nasıl olduğunu merak etmiyordu.

Öyle uzun uzadıya sohbet etmekten hoşlanan biri de değildi zaten. Belli ki kafası uçuş işlemlerine takılıp kalmıştı. Hem o nasıl arayanı gördüğü halde telefonlarını açmıyorsa, pekâlâ Canan da bu hakkını kullanabilirdi bu kez.

Tören için fazla vaktinin kalmadığını fark eden Canan, abdest alıp giyindikten sonra, tasavvuf konserlerinin ve konuşmaların yapılacağı tören salonuna yalnız gitti.

Canan, mekânın kokusundan da, duyduğu seslerden de adeta mest olmuştu. Bunca zaman içinde bir an olsun Selçuk'u düşünmemişti. Okunan şiirlerin ve ilahilerin ardından semazenlerin aşk dansına kapılan Canan, bir an için yerinden kalkıp onlarla birlikte dönmek istedi.

Tüy gibi hafifti bedeni... Yerinden kalksa uçacaktı sanki. Her şey yavaşlamıştı birdenbire... Hareketleri, düşünceleri, duyguları, karmaşası, zihni... Her şey yavaşlamıştı... Dünya bile daha yavaş dönüyordu şimdi. Gece yavaşladı... Koca kâinata bir sükûnet çöktü. Soluduğu hava dinginleşti. Sesi yavaşladı... Hissettiği tek şey teslimiyetti... Koşulsuz "aşk"a sorgusuzca teslim olmak! Bütün kâinat, "aşk"ın içinde güvendeydi... Kendisi de aynı aşkın parçasıysa eğer, ancak aşk içinde güvende olabilirdi.

Aşka teslimiyet zarar veremezdi bir insana... Meğer ne kadar çok ertelemişti kendisini. Başkalarını sevmekten, varlığıyla barışmaya vakti olmamıştı. Ne çok koşmuştu, ne çok kazanmış ve ne çok işler başarmıştı. Bunlar takdir edilmek, saygı görmek, önemsenmek ve sevilmek için elzemdi. Ona göre her şeyin bir bedeli vardı. Hak etmeyeni sevmek zordu. Aşkın bile koşulu vardı. Koşulsuzca sevmek, bütüne teslim olmak boş zamanlarda okunacak kitap konularıydı sadece...

Gerçek hayat böyle değildi. Hayatın içinde koşullar vardı. Zorunluluklar, menfaatler, çatışmalar, iradeler ve bedeller vardı hayatın içinde. Bir çocuk uğruna, gözünü kırpmadan hayatını verebilmen için bile o çocuğun sana ait olması koşulu gerekirdi. Başkasının çocuğu için ölümü göze almak zordu. Sevgilerimiz kaidelere bağlıydı. Biz sadece bize ait olana âşıktık. Biri için ölünecekse, o biri senin olmalıydı.

Paylaşırken de bencildik! Önce bize ait olanlara verdik sahip olduğumuz bütün güzel şeyleri... Var olana açık değildik. Sonsuz sevmelerimiz yoktu bizim. İçine kapanık bir aşk oyununda kendimizi kahraman zannediyorduk. Kimseye hayrımız da yoktu. Ne bir ağaç dikmiştik şimdiye kadar, ne de aç kedileri doyurmuşluğumuz vardı. Sadaka vererek kutsallaşmaya çalışıyorduk. Oysa severek yücelmek vardı. Kabullenerek büyümek vardı. Yaradan'dan ötürü yaratılanları bağrına basmak ve onları sorgulamadan, sevgiyle kabullenmek vardı...

İnsan zihni çok karmaşıktı, çok gürültülüydü... Karmaşanın olduğu yerde huzur bulmak imkânsızdı. Belki de bu yüzden insanın cehennemi kafasının içindeydi. Belki de bu yüzden dünyanın en huzursuz yeri insan zihniydi...

İşaretlerin Dili (Evrensel Rehberlik)

Canan, bulunduğu ortamın da pozitif enerjisinin etkisiyle zihnini yavaşlatmayı başardığında doğru mesajlar alıyordu aslında.

Sahip olmak istediği huzurun ancak zihin sessizliğiyle mümkün olabileceği bilgisine ulaşmıştı. İnsan zihni hem çok gürültülü hem de çok zekidir. Sürekli düşünce, endişe ve olasılık üreterek huzursuzluk ve korku yaratmayı başarır.

Korkularını karşına alıp onlarla yüzleşmeye cesaret edersen, hepsinin zihnindeki akıl oyunlarından doğmuş olduğunu görürsün. Evren sevgi enerjisiyle işler ve sevginin olduğu yerde korkunun barınması mümkün değildir demiştik. Bu yüzden evrende "korku" duygusunun olmadığını rahatlıkla söyleyebilirim.

Sahip olduğun bütün korkular, zihinsel üretimdir!

Canan'ın yaptığı gibi şu "an"ın içinde kalmayı başarıp zihnini yavaşlatmaya başladığında evrenle güçlü bir işbirliği başlar. Fakat şunun altını da hemen çizmek isterim ki, önemli olan evrenden bilgi almak değil, o bilgiyi kullanmaktır.

Kullanmadığın bilgi işe yaramayacaktır!

Canan huzuru, rahatlığı, mutluluğu ve "bir"lik duygusunu nasıl yakalayabileceğini öğrendiği halde ne azık ki bu bilgiyi hayatına adapte etmeyi başaramıyor. Dolayısıyla bildiği bir doğru, onun gerçeği haline dönüşemiyor.

Şimdi sana da zihnini nasıl yavaşlatabileceğini öğreteceğim. Fakat bunu kullanmayı denemezsen, gerçekliğin haline getirmeyi de başaramazsın.

Her gün arzu ettiğin ya da müsait olduğun bir zaman dilimi içinde gözlerini kapatıp dört birimde aldığın nefesi, sekiz birimde vererek nefes egzersizini on dakika boyunca yapabilirsin. Bu egzersizler bir süre sonra beyin dalgalarını düşürmeye ve zihnini yavaşlatmaya başlayacaktır.

Nefes egzersizini istikrarla sürdürmeye devam ettikten sadece bir ay kadar kısa bir süre sonra, kendinde çok önemli değişiklikler fark etmeye başlayacağının garantisini veriyorum sana.

Giderek daha az sinirlendiğini, kavga etmediğini, olur olmaz şeylere öfke duymadığını, daha hoşgörülü ve anlayışlı olduğunu, daha çözümcü, güler yüzlü ve huzurlu olduğunu göreceksin.

Nefes almakla kaybedeceğin hiçbir şey olmadığına göre, dilersen hemen şimdi egzersizlere başlayabilirsin.

Bu arada zihni yavaşlatmak ayakta uyumak demek değildir!

Kutsal kitaplarda "şeytan işi" olarak tanımlanan "vesvese" ya da "kuruntu" dediğimiz asılsız zihinsel verileri devre dışı bırakmak demektir. Kuruntular seni ayakta ve dinç tutmazlar, anbean zehirlemeye devam ederler. Bu yüzden zihinsel yavaşlama çok önemlidir.

Tasavvuf eğitimlerinde, sufi nefesi egzersizlerine ağırlık verilmesinin sebebi de budur.

Bir şiir doldu kulaklarına Canan'ın!

Kalbine, ruhuna doldu sonra bu şiir... Her bir satırı istila etti varlığını. Gözlerini kapadı ve tutamadı gözyaşlarını...

Tanıyordu bu sesi... Kulağına fısıldayan bu huzuru biliyordu. Nefesini yanağında duyduğu bu bilgenin yakınlığına yabancı değildi:

Selçuk...

"Duydum ki bizi bırakmaya azmediyorsun, etme...
Başka bir yâr, başka bir dosta meylediyorsun, etme...
Sen yad eller dünyasında ne arıyorsun yabancı?
Hangi hasta gönüllüyü kastediyorsun, etme...
Çalma bizi, bizden bizi, gitme o ellere doğru
Çalınmış başkalarına nazar ediyorsun, etme...
Ey ay, felek harap olmuş, altüst olmuş senin için
Bizi öyle harap öyle altüst ediyorsun, etme...
Ey makamı "var" ve "yok"un üzerinde olan kişi
Sen varlık sahasını öyle terk ediyorsun, etme...
Sen yüz çevirecek olsan, ay kapkara olur gamdan
Ayın da evini yıkmayı kastediyorsun, etme...
Bizim dudağımız kurur sen kuruyacak olsan
Gözlerimizi öyle yaş dolu ediyorsun, etme...
Âşıklarla başa çıkacak gücün yoksa eğer,
Aşka öyleyse ne diye hayret ediyorsun, etme...
Ey cennetin, cehennemin elinde olduğu kişi
Bize cenneti öyle de cehennem ediyorsun, etme...
Şekerliğinin içinde zehir zarar vermez bize,
O zehri o şekerle sen bir ediyorsun, etme...
Bizi sevindiriyorsun huzurumuz kaçar öyle
Huzurumu bozuyorsun sen, mahvediyorsun, etme...
Harama bulaşan gözüm güzelliğinin hırsızı
Ey hırsızlığa da değen, hırsızlık ediyorsun, etme...
İsyan et ey arkadaşım söz söyleyecek an değil
Aşkın baygınlığıyla ne meşk ediyorsun, etme..."

HER ŞEY, ONUN DEĞERİNİ BİLENİN YANINDA KIYMETLİDİR...

Günün ilk ışıkları yüzlerini aydınlatmaya başlamıştı. Ayaza durmuş bu Konya sabahını, tadına doyamadıkları bir sohbetle karşılıyor olmaktan ikisi de hoşnuttu. Bütün gece, hiç durup dinlenmeden konuştular... Birbirlerini duydular, yüreklerindekini cömertçe söylediler... Gölgede kalmış pek çok duygularını açık ettiler... Hiç tereddütsüz, kaygısız ve korkusuzdular...

Birbirlerine karşı bu denli şeffaf ve açık olabilmenin cesaretiyle gönüllerindekini döktüler. İki coşkun ırmak gibi kalpten kalbe çağladılar. Ne sabah olsun istediler, ne de şehir uyansın.

Birlikte dua ettiler yeni güne... Ellerini açtılar gökyüzüne ve şükrettiler sahip oldukları her şeye... Yaradan'dan gönül dilediler; sevgiyle büyüyen, koşulsuzca kucaklayan merhametli, adaletli, engin ve zengin gönüllere sahip olabilmeyi dilediler.

Çaresizlikler içindeki çareleri, yoklukta barınan varlığı, paylaştıkça çoğalan bereketi, verdikçe artan nimeti, yardım etmekteki hikmeti görebilmeyi istediler...

Aşk'ın sahibine sığındılar. "Ya Vedud" dediler... "Sen 'aşk'ın kendisisin... Bizi aşkla var ettin, aşka yakın ettin, bizi aşkla güzelleştirdin. Biz sana layık olamadık... Sen Vedud'sun! Bizi 'aşk'ından ayrı düşürme, gönlümüzü çorak etme... 'Aşk'ının katresine muhtacız" dediler...

Otelin rufundan bütün şehri izlediler sabaha kadar... Selçuk, tasavvuf ilmine olan hâkimiyetinin yanı sıra, okuduğu birbirinden duygulu şiirler ve anlattığı dokunaklı güzel öykülerle Canan'ı bambaşka bir dünyayla tanıştırdı. İlahi aşkın susuzluğundan kavrulan bu güzel kadını, sonsuz ve kudretli bir ummana attı.

Sabah ezanı okunup gün kendini göstermeye başladığı an, ruf katındaki bu kafeye de aydınlık dolmaya başladı. Selçuk, akşam on birde kapanan mekânı sabaha kadar açık kalmak üzere ayarlamıştı. Şehirle birlikte, bulundukları yer de renk ve şekil değiştiriyordu sanki. Gece boyunca üzerinde oturdukları yıldızlar, gün ağardıkça balkabağına dönüşüyordu... Biraz önce ayın durduğu yerde masalar, sandalyeler vardı şimdi. Semanın siyahına baktıkları yer, koca bir şehirdi şimdi... Masal sahnesi perdelerini kapatmıştı. Aşağıya inip dünyaya karışmanın zamanı gelmişti sonunda.

Selçuk sandalyesinden kalkıp namaz kılmak üzere izin istedi Canan'dan... Ellerini uzatıp, iki elini de avuçlarının arasına aldı gönül dostunun. Şefkatle tuttu; uzun uzun... Sabahın ayazına rağmen ikisin de sıcacıktı elleri...

"Yüzünün güzelliğini, kalbinde ara gönül dostum" dedi Selçuk...

Yanakları pembeleşti Canan'ın... İltifat duymuşluğu çoktu ama bu başkaydı. Ona çalışkan, başarılı, güçlü, lider, işini bilen, çetin ceviz, demir bilek diyen çok erkek tanımıştı. Oysa dişiliğine, yüzüne, güzelliğine bakıp konuşan bir adamın karşısında mest olmayalı çok uzun zaman olmuştu.

Ayhan değil evlilik hayatları boyunca, sevgili oldukları dönemlerde bile Canan'a ne kadar güzel bir kadın olduğundan bahsetmemişti. Kocasının onu alımlı ve çekici bir kadın olarak görüp görmediği hakkında en ufak bir fikri bile yoktu Canan'ın. Ayhan'ın karısı hakkındaki duygularını gerçekten bilmek isterdi. Acaba güven duyduğu bir kadınla mı paylaşıyordu hayatını? Yoksa artık çok alıştığı ve yanında kendini rahat hissettiği biriyle mi yürütüyordu gemiyi? Kim bilir belki de çocuklarının annesi olduğu için değer verdiği bir kadınla ortak müşterekte buluşmuştu sadece... Canan'ın bu konuyla ilgili aklı çok karışıktı. Kadınlığının, kocası için ne anlama geldiğini bilmiyordu henüz. Sevişmeleri sırasında Ayhan'ın ne kadar heyecan duyduğunu öğrenmek isterdi. Kalbi yerinden oynarcasına arzuluyor muydu acaba karısını?

"Kocan için ne ifade etmek isterdin?" diye sordu içindeki küçük kadına... Aslında bu soruyu uzun zaman önce sormalıydı kendine. Ruhunun ve bedeninin unuttuğu bir dişilikten dolayı Ayhan'ı suçlamaya hakkı yoktu şimdi. Dişiliğini yoklamak aklına bile gelmemişti bunca yıl...

Başarılı bir mimar, iyi de bir anne olduktan sonra dişiliğini kurcalamak için ne vakti olmuştu, ne de ona kadın olduğunu hatırlatan en küçük bir ima duymuştu erkeğinden... Onlar, aşktan ve tutkudan gönüllü vazgeçmiş karıkocalardı belli ki! Aynı hayatın içinde, birbirlerine âşık kalmayı, aynı evin içinde özlem duymayı, aynı yatakta tazelenmeyi, aynı gönülde bir olmayı ve bu uğurda karşılıklı emek harcamayı akıl edemeyen ya da beceremeyen çiftlerdendi.

Canan, ağlamaklı bir tebessümle teşekkür etti Selçuk'a:

"O kadar çok insan tanıyorum ki Selçuk... Çoğu güçlü ve popüler işadamları, işkadınları, müsteşarlar, yöneticiler... Çoğu üretken ve sanatkâr insanlar. 'Merhaba' dedikleri an bedenlerinden içeri sızarım her birinin. Ayakkabısından tarzını, giyiminden karakterini, sesinden zaaflarını, gözünden korkularını, oturuşundan hedeflerini, yediği yemekten hayatı yaşayış biçimini yakalarım. Bana kimi sorsan, emin ol uzun uzun anlatabilirim sana. Söylediklerimin çoğunda da yanılmam. Oysa Canan'ı sorsan onun mutlu olup olmadığı hakkında bile sana bir şey söyleyemem. Ne beklentilerini biliyorum Canan'ın, ne umutlarını, ne karakterini... İnan ne kalbimdeki boşluklardan haberim var, ne de aklımda dolanan tilkilerden. İşin tuhaf yanı sen karşıma çıkana dek, kendimi mutlu sanıyordum. Manevi boşluk dediğim şey bana şımarıklık gibi geliyordu. O maneviyata sahip olamadığım için komplekse girip ıstırap çekiyordum. İyi bir işim, kariyerim ve ofisim var. İyi para kazanıyorum. Sorunsuz bir evliliğim, dünya güzeli iki oğlum var. Arkadaşlarım var. Sağlam ve yetenekli bir ekibim var. Hatırı sayılır müşterilerim, ahbaplarım var. Bütün bunlara sahip olup da kendini iyi hissetmemek nankörlüktür. Buraya gelirken de kalbimin şımarıklığını dindirmek istemiştim. Hayatımda her şey tamsa duygularımda da boşluk hissi olmamalıydı. Oysa şimdi büyük ve acı bir yokluk hissediyorum içimde. Sana kızmalı mıyım, minnet mi duymalıyım bilmiyorum ama hayatımdaki duygusal boşluklarla dürüstçe yüzleştirdin beni. Terbiye edilmemiş gönlümü uyandırdın. Başka bir dünyanın, başka bir aşkın, başka paylaşımların ve güzelliklerin olduğunu hatırlattın. Hırslarımı, bencilliğimi ve doyumsuzluğumu sakinleştirdin. Şimdi her şeyi yeniden gözden geçiriyorum. İş hayatımı, hedeflerimi, paylaşımlarımı, kazancımı, evliliğimi, anneliğimi, kalbimi, aynadaki halimi ve kadınlığımı da... İnan, sen söyleyinceye kadar güzel bir kadın olup olmadığımı bile sorgulamamıştım..."

"O halde ben sana söyleyeyim gönül dostum... Çünkü ben senin yüzünün güzelliğine kalbindeki aynadan baktım. Senin çok güzel bir yüreğin, çok da güzel gözlerin var... Aşkla bakan ve baktığı yeri yakan kocaman ela gözlerin var. Hani ölsem, içine gömülmek isteyeceğim derin gamzelerin var. Saçların sonsuz bir kahve denizi gibi; dalgalı... Çillerin çöle serpilmiş küçük kırmızı yakut kırıntıları gibi... Seyrek ama göz alıcı... Hani şu saate kadar, yüce Yaradan'ın aşkından konuşup anlattık ya seninle, işte oraya doğru uzanan en kestirme yolu da söyleyeyim sana sevgili gönül dostum; Yaradan'a kendinden gidebilirsin ancak. Ne ben, ne hoca, ne ermiş, ne de başkası... Hiç kimse seni ona yaklaştıramaz. Kendinde olanı bilirsen, O'nu da bilirsin... Kendinde olanı görürsen, O'na uzanan yolu da görürsün... Sen çok güzel ve sevgi dolu bir kadınsın. Kültürlü ve bilgesin. Sadece çok fazla yorulmuş ve sahip olduğun şeyleri unutmuşsun... Ben bekli sende olanı sana hatırlatmak için çıkmışımdır karşına, kim bilir? Sen arş-ı âlânın en güzel kadınısın..."

Canan'ın tebessümüne aşk, umut, hoşluk ve dişilik de bulaşmıştı şimdi... Kendine güvenen, güzel, alımlı ve engin bir kadın olarak konuşma cesaretini buldu kendinde:

"Senin gibi gönlü zengin, güzel bir adamdan bunları duymak, beni çok mutlu etti Selçuk. İyi ki çıktın karşıma... İyi ki çok istemişim bu yolculuğu... İyi ki cüzdanımı evde unutmuşum... Havalimanında aksilik sandığım bütün o olaylar, iyi ki gelmiş başıma... Sen iyi ki gelmişsin hayatıma... Burada olmaktan ve seninle bu denli açık, bu denli dürüst konuşabilmekten çok memnunum. Evet seni tanımıyorum, hayatını bilmiyorum. İşini ve etrafındaki insanları görmedim. Evini, eşini, dünyanı bilmiyorum. Ama seni anlıyorum. Sana kendimi anlatabiliyorum. Senden utanmıyorum. Üstelik sana çok güveniyorum. Güven kazanmak, uzun zaman ve emek isteyen bir iş. Sana neden itimat ettiğimi bilmiyorum ama içimden geçen bu..."

İşaretlerin Dili (Evrensel Rehberlik)

Canan uzun süredir içinde manevi bir boşluk hissi duyduğunu zannedip kendisine sığınabileceği bir liman arayışı içinde yaşıyor. Bu noktada yine büyük bir yanılgı içinde olduğunun farkında değil.

Evrende boşluk yoktur!

Evren boşalan her enerji alanını muhakkak tamamlar. İnsanın boşluk ya da eksiklik olarak hissettiği şey, sahip olduğu enerjinin negatifliğidir.

Hayatında birtakım duyguların yoksunluğunu hissediyorsan, sahip olmak istediğin duyguların yerinde aslında şu an olumsuz bir enerji var demektir. Yapman gereken tek şey enerjini değiştirmektir.

Enerji yenilenmesini sadece sen kendi başına yapabilirsin. Dışarıda, başka insanlardan alabileceğin hiçbir şey yok.

Hiçbir olay, hiçbir gelişme ya da hiçbir durum sana dışarıdan enerji takviyesi yapmayacaktır.

Örneğin sen de Canan gibi hayatında sevgi ve paylaşım duygusunun eksikliğini hissediyorsan, demek ki bu duyguların yerinde şu an başka olumsuz duygular oturuyor. Aslına bakacak olursan ortada boş bir enerji alanı yok.

Canan boşluk zannettiği duyguları dışarıda bulabileceğine inanarak rotasını kendi içine çevirmek yerine başkalarına yöneltiyor. Selçuk'a sevgi, aşk, dostluk, samimiyet, paylaşım gibi değerli duygular yüklemeye başlayarak, karşısındaki adama onun farkında bile olmadığı büyük sorumluluklar veriyor. Başkasına duygu yükleme işleminden sonra doğal olarak beklentiler devreye girmeye başlayacaktır.

Unutma! Beklenti "ego"yu kırıp parçalayan çok güçlü bir etkendir. Her beklenti, acı ve mutsuzluk hissini de beraberinde getirir.

Almak istediğin bütün duyguları başka insanlara yükleyip sonra kendi yüklediğin anlamları ondan geri istemek yanılgısına düşme!

Karşındakine "değer" ya da "duygu" yükleyen kişi sensin. Yükleme işlemi yapabildiğine göre demek ki zaten sende mevcut olan şeylerin arayışındasın.

O halde ihtiyaç duyduğunu sandığın her duygu senin içinde mevcut! Onları açığa çıkarmak yerine dışarıda hayali enerji limanları aramanın hiç gereği yok. Dışarıda herhangi bir enerji ve duygu limanı bulunmuyor.

"Anlam" yükleme işlemini başkalarından önce kendine yapmak zorundasın! Aksi halde sende olanın peşine düşünüp dışarıda koşturup durmaya ve yaralanmaya devam edersin.

Selçuk, güçlü ve şefkatli ellerini yavaşça çekti Canan'ın ellerinden. Onun yüzünü avuçlarının içine aldı bu kez. Yanaklarının yandığını hissetti Canan. İşte şimdi utanmıştı... Gözlerinin içine bakmaya cesaret edemedi. Bakışlarını kaçırmak istediyse de Selçuk'un gözleri gözlerine iliklenmişti bir kere... Kaçamadı... Selçuk'un yumuşacık yanık sesi şimdi daha yavaş ve çok daha ölümcül geliyordu kulağa:

"Güven kazanmak diye bir şey yoktur gönlümün dostu... Herkes güvenilirdir ve herkes biraz da hain. Karşındakinin hangi yüzüyle muhatap olduğun senin seçiminle alakalıdır. Dünyanın en güvenilir adamı dediğin adamın içindeki haini uyandırırsan bu onun suçu olmaz. Ben senin içindeki mutsuz ve hırçın kadınla muhatap değilim bak... Ben senin aşk dolu kalbin, sıcacık ellerin ve huzur dolu gözlerinin derdindeyim. Hepsi bu..."

Selçuk, ellerinin arasında tuttuğu güzel ve utangaç yüze doğru uzattı başını... Dudaklarını, tüy gibi kondurdu Canan'ın dudaklarına. Zamanın durduğu ve dünyanın artık dönmediği bir andı bu Canan için. Bu yüzden dudağındaki yangının ne kadar sürdüğünden emin değildi. Birkaç saniye mi, birkaç asır mı? Bilemedi... Fakat hiç bitmesin istiyordu bu ayin. Şu "an"ın içinde sonsuza dek kalmayı diliyordu. Dudaklarıyla birlikte bütün bedenini ona teslim etmeye hazırdı. Her şeyiyle bu yangının içine dalmayı göze almıştı. Bu adamda küle dönmeye razıydı.

Selçuk, yaşadığı her "an"ın dozunu ustaca ölçüp ayarlıyordu sanki... Hangi duygunun içine hangi tutkudan kaç tutam atılacağını iyi biliyordu. Hayatın bütün lezzetinin tutam tutam seçtiği bu duygu baharatlarıyla lezzetlendiğinin farkındaydı. Canan'ın dudaklarında biraz daha dinlenirse, paylaştıkları her şeyin tadı kaçacaktı. Sıcak öpüşünü hafifçe kaldırıp çekti. En tatlı yerinde sonlandırmıştı her şeyi... Sessiz sedasız, sabah namazını kılmak için odasına döndü.

Canan ne bu kısa süreli yangının, ne de dudağındaki küçük dokunuşun tadına varabilmişti. Duygularını dizginlemekte zorlanıyordu. Oysa taşkınlıklarını kontrol edebilmekte yeterince deneyimliydi. Neyi neden yaşadığını sorgulayacak değildi bundan sonra... Hissettiği coşkuya ve huzura küçücük bir gölge dahi düşürmeyecekti. Ne kendini suçlu hissedeceği bir durum vardı ortada, ne de herhangi bir haksızlık... Hiç bu kadar aşkla dolmamıştı gönlü. Hiçbir erkek yüzünü ellerinin arasına alıp izlememişti çillerini. Hiç bu kadar yanmamıştı dudakları birini öperken... Ve hiç bu kadar istememişti sevişmeyi...

Kimdi bu adam? Canan'ı bir duygudan başka bir duyguya hoyratça fırlatıp atıyordu. Ne açıklama yapıyordu, ne de istediği bir şey vardı... Nasıl bir rüyaydı ki bu hem bilinmezlerle doluydu, hem de yoğun ve güzel duygularla... Bir yanı dingin, diğer yanı mahşer yeri gibiydi Canan'ın...

En azından şimdilik dingin tarafta durmaya gayret ediyordu. Derin ve huzurlu bir nefes alıp ruf kafenin uzun pencerelerine doğru yürüdü. Konya'yı ve ayazını seyretti bir süre... Kafe çalışanlarının servis hazırlıklarına başladığını işitti sonra. Masaya geri dönüp çantasını aldı. Selçuk'un biraz önce oturduğu sandalyede atkısını unutmuş olduğunu gördü. Siyah kaşmir atkıyı yerinden kaldırdığında gözüne ilişen kitap, tüylerini ürpertti. Bu mümkün değildi. Konya yolcuğunda okumak üzere severek satın aldığı fakat evden çıkarken cüzdanıyla birlikte unuttuğu *Aşkolsun* kitabı buradaydı işte...

Şaşkınlıkla eline alıp kapağını açtığı an, kitabın aslında Selçuk'a ait olduğunu anlamıştı. Fakat elyazısıyla içeriye yazılmış olan şiiri okuduğunda kalbi kanat takıp uçmak üzereydi.

" 'Bugün yüzünde bir başka güzellik var senin,
Bugün dudağında başka bir tat var
Boyunca başka bir yücelik,
Bugün kırmızı gülün başka daldan.
Ayın gökyüzüne bugün sığmamış,
Gökle benzeyen göğsün bugün daha geniş
Hangi yanından kalktın bu sabah söyle
Bir başka kavga var dünyada senin yüzünden
Dünyada bir başka gidiş...
Biz senin gözlerinden gördük aslanlara meydan okuyan o ceylanı,
Başka bir ovası var o ceylanın bugün
İki cihandan da dışarı
Seven insanın ayağı mı yok
İşte ona ölümsüzlük kapandı
Yukarılarda onunla uçar gider
Gözlerinin denizinde onu arama
O inci bir başka denizde
Bakarsın bugün sever bu yürek
Yarın sevilir bakarsın
Yüreğimin özünde başka yarınlar var...'

Herkes gibi sen de, değerini bilenin yanında güzelsin. Senin kıymetini bilenlerden olmayı diliyorum Allah'tan...

Yüzünün güzelliğini, kendi kalbinde ara arş-ı âlânın en güzel kadını...

Selçuk A."

GEL BİRBİRİMİZİN KIYMETİNİ BİLELİM ÇÜNKÜ ANSIZIN AYRILACAĞIZ SENİNLE...

Küvetteki su soğumaya başlamıştı. Belki bir saattir banyodaydı. Sıcak suyla doldurduğu küvetin içinde uyuyup dinlenmek istediyse de yapamamış, gözlerini kapatıp uzun uzun öpüşmüştü Selçuk'la... Başka bir şey düşünmesi ya da başka bir işle meşgul olması imkânsızdı. Gözünün önüne başka bir sahne gelmiyordu işte. Ne yaparsa yapsın olmuyordu. Sabahladığı halde uykuya dalamıyordu. Kocasını ve çocuklarını düşünmek istese de başaramıyordu. Kitap okuyacak hali yoktu. Televizyonu açmak da istememişti. Küvetin içinde çırılçıplak uyumaya ve Selçuk'u öpmeye devam etmek istiyordu sadece.

Odasının telefonu çalmaya başladığında bile bu rüyanın içinden çıkmaya niyeti yoktu. Sonra arayanın Selçuk olma ihtimali geldi aklına. Selçuk'a cep telefonu numarasını vermemişti henüz. Büyük ihtimalle oda numarasını öğrenip Canan'ın hem sesini duymak, hem de onu kahvaltıya davet etmek istiyor olabilirdi. Küvetten fırladığı gibi, banyo kapısında asılı duran beyaz bornozu üzerine geçiriverdi. Komodinin üzerinde çalan telefona koşarken nefes nefese kalmıştı. Sesindeki heyecanı ve coşkuyu ayarlamaya fırsat bulamadan kaldırdı ahizeyi:

"Efendim... Günaydın."

Arayan Selçuk değildi. Beklediği telefon gelmemişti. Yaşadığı hayal kırıklığını abartmamaya çalışarak aynı sevecenlikle konuşmaya devam etti resepsiyondaki görevliyle:

"Hayır, odaya getirmenize gerek yok. Zaten birazdan kahvaltıya ineceğim. Geldiğimde kargomu sizden teslim alırım. Teşekkür ederim..."

Bütün bu romantik hikâyenin başlamasına neden olan o meşhur cüzdan artık Konya'daydı ve sahibine kavuşmasına sadece birkaç dakika kalmıştı. Canan, yanına almayı unuttuğu için iç hatlar terminalinin ortalık yerinde salya sümük ağladığı bu cüzdanı şimdi geri istemiyor gibiydi. Niye gelmişti ki? Ne işine yarayacaktı şimdi? Canan İstanbul'a dönmeyi düşünmüyordu ki... Ne kimliğine ihtiyacı vardı, ne de başka bir şeye... O böyle gayet iyiydi. Mutluydu... Heyecanlıydı... Her şey yolundaydı... Güzeldi... Keyifliydi...

Selçuk'la tanışmasına vesile olan o cüzdan eline ulaştığında, sanki içinde yaşadığı bu romantik aşk filmi de sona erecekmiş gibi geliyordu.

Canan kurulanıp giyindikten sonra makyaj çantasının valizde olup olmadığına baktı. Eski ve küçük bir çanta almıştı yanına ama olsun, hiç yoktan iyiydi. Zaten ağır ve yoğun makyajdan hiçbir zaman hoşlanmamıştı. Bugün canı biraz taşkınlık yapmak istediyse de rujunu ve farını frenlemeye dikkat etti.

Odasından çıkıp uçar adımlarla kahvaltı salonuna indi. Şimdilik resepsiyona uğramak gibi bir niyeti yoktu. Hatta rezervasyonunun son gününe kadar kargosunu teslim almayacaktı. Belki bu kez cüzdanını hiç bulamamak üzere kaybederdi. Burada Selçuk'la birlikte kalmaktan şikâyetçi olacak değildi.

Kahvaltı servisi bitmek üzere olduğundan salonda sadece iki masa doluydu. Onların da kalkmaya hazırlandıkları belliydi. Gözleriyle salonu köşe bucak taradığı halde Selçuk'u göremedi. Anlaşılan henüz kahvaltıya inmemişti. Belki de uyumayı tercih etmişti. Sabah namazını kıldıktan sonra bir iki saat kestirmek istemiş olabilirdi. Bütün gece uymamıştı ne de olsa. Daha birkaç saat önce dudaklarından öptüğü kadını davet etmeden, tek başına kahvaltı yapmayacağına göre, muhtemelen bu salona hiç gelmemişti.

Canan, temiz bir masa seçip pencere kenarına oturdu. Buradan, salona girip çıkanı görmek de kolaydı. Tabağına bir parça peynir, biraz zeytin, tereyağı ve çilek reçeli alıp oturdu. Kızarmış ekmek ve demli bir çay söyleyip keyifle kahvaltısını yaptı. Konya'da yaşadığı her anın tadını çıkarmakta kararlıydı. Burada olan biten hiçbir şeyi yadırgamayacak, suçlamayacak, eleştirmeyecek ve sorgulamayacaktı. Hiçbir şeyden pişmanlık duymayacak, suçluluk hissetmeyecek ve utanmayacaktı.

Kahvaltı salonunda temizlik hareketleri başladığına göre artık servisi kapatmak istiyorlardı. Yine de müşterinin yanında temizliğe başlamasalardı iyi olurdu. Canan'ın bugüne kadar personel düşüncesizliği yüzünden otel müdürleriyle dalaştığı çok olmuştur. İzmir, Antalya, Ankara ve Bodrum'daki pek çok otelde bu tür anıları vardır. İşinden dolayı aynı otellere defalarca giden Canan'ın huyunu iyice öğrenen otel müdürleri o iştirak ettiği vakit servise ve düzene ayrıca dikkat ederlerdi. Canan'ın nüfuzlu işadamlarıyla olan bağlantıları, işletmelerin dikkatinden kaçmadığından hiçbir kurum bu kadınla anlaşmazlığa düşmeyi göze alamazdı.

Nedense bugün otelin müdürünü bulup, personelden şikâyet ederek kavga çıkarmaya niyeti yoktu. Nasıl oldu da bu saygısızlığa öfkelenmediğine kendisi de şaşmıştı. Keşke asistanı yanında olsaydı da bu özel anlara tanıklık etseydi. Zavallı kızcağız iş stresi ve patron öfkesiyle az mücadele etmemişti. Canan anlamlandıramadığı veremediği bir sükûnet ve tepkisizlik içindeydi. Üstelik böyle olmak için mücadele de etmiyordu. Sakin kalmak çabasında değildi. Gerçekten sakindi... Garsonların tavrını hoş görmüştü... Öfke duymamıştı... Sinirlenmemişti... Kimseye kızmamıştı... İlginçti ama çok güzeldi. Canan böyle olabilmeyi çok sevdi.

Kahvaltı salonundan çıkarken Selçuk'u lobideki kafede görebileceğini düşündü. Burada da yoksa, kesinlikle odasında uyumaya devam ediyordu. En iyisi yeniyetme genç kızlar gibi adamın peşine düşüp avcılık etmektense, olgun ve anlayışlı bir kadın olarak odasına çıkmalı ve bu ateş dudaklı beyefendi tarafından aranmayı beklemeliydi. Nasıl olsa sabah saatlerinde katılmak istediği bir etkinlik de yoktu. Odasına gidip kitabını okumaya başlayabilirdi.

Resepsiyondaki çocukla göz göze gelmemeye dikkat ederek, asansöre doğru yürüdü. Cüzdanıyla buluşmaya henüz hazır değildi. Odasına girip yatağına bıraktı kendini. Selçuk'un ona hediye ettiği kitabı aldı eline. Atkısı da başucundaydı. Yaptığından utanarak kokladı atkıyı. Bu kokunun içinde ne aradığını bilmiyordu ama dudağında hissettiği yangınla karşılaşırsa da şaşırmayacaktı. Düştüğü bu komik durumdan çekip çıkarmak istedi arzularını. Atkıyı sandalyeye doğru fırlatıp kitabına döndü. Selçuk'un yazdığı şiiri okudu bir kez daha... Sonra kitabın ilk sayfasını açıp şunu okudu:

"*Aşk olmak zamanı şimdi...*"

Koynunda bu kitapla uykuya daldı. Gözlerini açtığında hava çoktan kararmıştı. Yattığı yerden uzanıp ışığı açtı. Ayakucunda duran çantasından cep telefonunu çıkardı. Ayhan aramıştı defalarca... Doğan ve Orçun da... O kadar derin uyumuştu ki, telefonun çaldığını duymamıştı. Önce oğullarını aradı. İkisinin de sesini duydu. Günleri iyi geçmiş, okuldan çıkar çıkmaz da eve dönmüşlerdi. Ayhan, çocuklara akşam yemeği hazırlamak için mutfağa girmişti. Kocasıyla konuşmak istemediğini düşündü. Sonra böyle düşündüğü için kızdı kendisine. Doğan'a telefonu babasına götürmesini söyledi.

"Nasılsın? Yemek işine girişmişsin duyduğuma göre... Yaparsın sen, aslansın! İyi kolay gelsin o zaman sana... Şimdi uyandım. O yüzden böyle çıkıyor sesim. Dün gece sabaha kadar uyumadım. Burası çok güzel... Otele tören için gelen grup da çok iyi. Bazılarıyla ahbap oldum. Çok keyifli. Kendimi çok mutlu hissediyorum. Burası bana çok iyi geldi. Dönünce anlatırım her şeyi... Konuşacak çok şeyimiz olacak."

Selçuk'la yaşadığı her şeyi anlatacaktı kocasına... Gizlemesinin anlamı yoktu. Bu Ayhan'a ve çocuklarına karşı haksızlık olurdu. Canan her zaman dürüst, açık ve şeffaf olmaktan yanaydı. Sahte bir dünya yaratıp olmadığı biri gibi davranamazdı kimseye. Oyun oynayamazdı. Selçuk'la paylaştığı yeni dünyasından kocasının da haberi olmalıydı.

İyi de Selçuk'la nasıl bir dünya kurmuştu ki? Kocasına ne anlatacaktı? Selçuk'la sevgili mi olmuşlardı, bundan sonra hayatı birlikte mi paylaşacaklardı, sevişmişler miydi, eşlerinden boşanıp evlenmeye mi karar vermişlerdi, birbirlerine aşklarını mı ilan etmişlerdi, artık hayat arkadaşı mı olmuşlardı ki?

Hayır...

Selçuk bunların hiç birini vaat etmemişti Canan'a... Ona âşık olduğunu, hayatının geri kalanını birlikte yaşamak istediğini söylememişti. Karısından boşanıp İstanbul'a Canan'ın yanına yerleşeceğinden de bahsetmedi. Sevgili olmayı, evlenmeyi, birlikte yaşamayı istememişti Selçuk. Birbirlerine "Seni seviyorum, sen benim tek aşkımsın" dememişlerdi henüz...

Canan, yeni bir hayat kurma fikrine altı üstü tek bir öpücükle mi ulaşmıştı? Üstelik gerçek bir öpüşme bile değildi bu. Kısacık bir tutuşma anıydı sadece. Çelimsiz bir kıvılcım... Alev alıp yanmalarına dahi yetmemişti.

Evliliğinden nasıl bu kadar çabuk vazgeçebildiğine kendisi de şaşırdı. Daha dün burada, bu odada Ayhan'ın olmadığı bir hayat yaşamamış olduğunu düşünüyordu. Koskoca bir ömrü birlikte yarıladıkları kocasını, yabancı bir erkeğin dudaklarına kondurduğu belli belirsiz bir dokunuşla mı hayatından uzaklaştırmayı göze alacaktı?

Selçuk'la yaşadığı romantik anlarla ilgili yanılıyor olabileceğini hissetti Canan... Sonuçta onun "karıcığım" diye sevdiği bir kadını vardı. Üniversitede okuyan bir "kızcağız"ı vardı. Evliliğini omuzlarından silkeleyip atmaya çalışan bir adam gibi değildi Selçuk. Öyle olsa bile, Canan nasıl olur da sevgiyle ve emekle kuruduğu düzenini anlık bir kararla bozmayı düşünebilirdi. Bugüne kadar iş hayatında bile anlık kararlar alıp uygulamış değilken, eşini ve çocuklarını seven bir kadın olarak bütün bu düşünceler aklına nasıl gelebilmişti?

Cep telefonunu alıp Ayhan'ı aramak istediyse de, bilmeceyi çözebilecek tek adamı arayıp onunla konuşmanın daha iyi geleceğini düşündü. Oysa Selçuk'un telefon numarasını bile bilmiyordu. Bu sabah öptüğü adam aslında yabancının tekiydi. Daha sonra aklına santrali arayıp odasını bağlatmak geldi. Soyadının A.'yla başladığını görmüştü kendisine hediye edilen kitapta. Oysa bu bilgi, aynı otelde kaldığı adamla telefon görüşmesi yapabilmek için bile yeterli değildi.

Kalbi öfkeyle doldu birdenbire... En çok da kendine kızgındı. Dünkü çocuk gibi davranıyor, abuk sabuk boyanıyor, küvette hayaller kuruyor, adamın peşinden koşuyor, her yerde onu arıyordu. Yok cüzdanını eline alırsa film bitecekmiş, yok Ayhan'la konuşması lazımmış, Konya'da da yaşarmış, yok İstanbul'a dönmese de olurmuş, vay efendim kadınlığını yaşayamamış, içinde boşlukları varmış, çilleri de kırmızı yakut gibiymiş...

Kırk bir yaşında, iki çocuk annesi, eğitimli, kültürlü bir kadının aklını başından almak bile iki satır şiire bakıyorsa, aşk uğruna evden kaçan liseli kızlara ne demeliydi o halde?

Canan, bu kadar hayat acemisi bir kadın olamazdı.

Derin bir uykudan uyanır gibiydi şimdi... Yüzündeki makyajı sildi. Kıyafetlerini değiştirdi. Saçlarını topladı. Selçuk'un hediye ettiği kitabı valizine attı. Makyaj çantasını da ortalıktan kaldırıp kitabın yanına koydu.

Odasından çıkıp lobiye indi. Sabahki neşesi, hoşgörüsü ve güzelliği gitmişti. Gergin olduğu resepsiyondaki çocukla ters konuşmasında anlaşılıyordu:

"Şu benim kargoyu verir misin artık?"

"Derhal efendim."

Resepsiyon görevlisi Canan'ın cüzdanını önündeki standın altında aradı önce. Fakat daha sonra kaybolmaması için kargoyu ofise götürdüğünü hatırlayıp içeri geçti. Personelin beceriksizliğine sinirlenen Canan, sakin olmaya çalışırken omzunun üzerinden birinin kulağına doğru fısıldadığını duydu:

"Seni aramak da, bulmak kadar güzelmiş aslında..."

Canan, ateş çakan gözlerini Selçuk'un yüzüne dikti. Hissettiği bütün karmaşık duygulardan dolayı kendini suçluyor olsa da, aslında Selçuk'a karşı da öfkeliydi. Dokunsalar ağlayacak haldeydi şimdi... Konuşurken sesi titredi:

"Selçuk?"

"Birlikte bir akşam yemeği yiyelim mi?"

Resepsiyon görevlisi elinde kargoyla geri dönmüştü bile:

"Buyurun efendim. Kargonuz!"

"Kalsın şimdi, çıkarken alırım."

Bu gerçekten romantik bir aşk filmiyse eğer ve o cüzdanın sahibine ulaşmasıyla sonra erecekse, en azından akşam yemeğini bekleyebilirdi. Canan, kocasından önce Selçuk'la konuşması gerektiğini düşündü. Aralarında yaşadıkları şey her neyse, bunun biraz daha netleşmesi gerekiyordu.

Canan'ın sabah kahvaltı ederken oturduğu masa boştu. Selçuk'un aralarında hiçbir şey geçmemiş gibi rahat ve sakin davranıyor olması Canan'ı daha da geriyordu. Sanki sabah öpüştüğü adam o değildi. Ne bir mahcubiyet, ne de bir adım daha yakınlık vardı Selçuk'ta... Oysa Canan'ın içi kıpır kıpırdı... Bilinmezliğin içine düşmüş, ne yapması, nasıl davranması gerektiğini kestiremiyordu. Böyle bir yakınlaşma yaşanmamış gibi davranmayı kabul edemezdi. Bu kadınlığına da, paylaştıkları onca özel duygulara da hakaret etmekti.

Selçuk, yemek servisinin masaya yapılmasını istedi. Canan, söze nereden başlayacağını bilemediğinden, susmaya devam ediyor ama gerginliğini gizlemekte de başarılı olamıyordu. Selçuk, Canan'ın üzerindeki tedirginliği fark etmişti:

"İyi misin? Bütün gün ne yaptın?"

Bütün gün ne mi yaptım? Aslında güne küvet keyfiyle başladım. Banyoda sadece seni düşündüm. Seninle öpüşmeye devam ettim. Sonra bütün otelde seni aradım. Senin için giyindim, süslendim, makyaj yaptım. Telefon numaran olmadığı için seni bulamadım. Soyadını bilmediğim için odanı da bağlatamadım. Senden başka hiçbir şey düşünmedim. Kocamı ve çocuklarımı aradım. Kocama senden bahsetmek istedim çünkü seninle bir ilişkim olduğu fikrine kapıldım. Bana âşık olduğunu, artık benimle yaşamak istediğini ve karından boşanacağını düşündüm. Aklımdaki bu deli soruları bir bir yanıtlamanı bekledim.

Söylemek istedikleri buydu... Keşke söyleyebilseydi ama yapamıyordu işte. Sesi artık soğuk ve duygusuzdu:

"Uyudum..."

Selçuk, masanın üzerindeki kaşıkla boğuşan ince parmaklı zarif eline uzandı Canan'ın. Kalabalığın ortasında, hiçbir sakınca görmeden, avucunun içine aldı bu kuş gibi çırpınıp titreyen küçük eli...

"Ben bütün gün seni düşündüm. Hiç uymadım. Odamdan çıkmadım. Akşama kadar dua ettim..."

"Lütfen susma Selçuk" demek istiyordu. Konuş ve beni bu bilinmezliğin içinden çekip çıkar.

Selçuk'un keyfi yerindeydi... Duyguları doludizgin, kementsizdi. Canan'a doğru akmaya başlamıştı gönlündeki çağlayan:

"Ey sevgili... Sen benim içten içe kanayan en derin yaramsın... Ne kadar özlendiğini bir bilsen, yokluğundan utanırsın."

Canan'ın gülümsemesi ağlamaklıydı. Sitemlerinin verdiği ıstıraptan çok, duyduğu sevinçten dolayı gözyaşları akmak istiyordu.

"Açıkçası ben de özledim... Seni aradım. Fakat soyadını bilmediğim için odanı bağlatamadım. Selçuk adında birkaç müşteri daha varmış otelde. Öyle rastgele bağlayamayacaklarını söylediler. Cep telefonunu da bilmiyorum tabii..."

Selçuk da susmuştu şimdi... Şiirli sözleri tükenmişti sanki... Oysa hemen telefon numarasını vermesi gerekmiyor muydu? Zaten şimdiye dek bu meselenin çoktan aşılması lazımdı. Onlar istedikleri her an birbirlerini arayabilmeli, bulabilmeliydiler. Üstelik buradaki günleri sayılı olduğuna göre, bir an bile ayrılmamaları, yalnız kalmamaları gerekirdi. Koca gün niye görüşememişlerdi? Niye bu saate kadar birbirlerinin sesini dahi duymamışlardı ve bütün gün baş başa kalamamışlardı?

Garsonlar yemek servisini yaparken bile elini çekmedi Canan'ın elinden. Bu şekilde görülmelerinin ikisi için de bir sakıncası yoktu demek ki... Selçuk, Canan'ın gözlerine baktı bir süre... Aklından geçen her şeyi okuyormuş gibiydi. Onun bütün kaygılarını anlıyor, sorularını duyuyor ve bütün kaprislerini biliyordu sanki.

"Sanırım sana pek iyi gelmedim gönül dostum..."

Canan, bunu beklemiyordu. Onun her şeyi yoluna koymak için güçlü bir hamle yapıp açıksözlülükle konuşmasını beklerken, Selçuk geri adım atmıştı. Madem Canan'ın kafasını karıştırıyordu, o halde bu dostluğun da her şey gibi tadında kalıp sonlanması gerekiyordu. Canan, bunu kabul edemezdi. Selçuk'a karşı hissettikleri ve birlikte yaşadıkları o yoğun coşku, böylesi bir sonu hak etmiyordu. Bu duygusal ve macera dolu bir film için oldukça kötü bir final sahnesiydi. Bundan sonra dostlukları devam etmeyecek olsa da, hiç değilse çok daha romantik bir ayrılıkla birbirlerinin aklında kalabilirlerdi. Canan, Selçuk'un şu andan itibaren yapabileceklerinden emin değildi. Akşam yemeğinden sonra vedalaşıp bir daha görüşmemek üzere otelden ayrılabilirdi. Telefon numaralarını da henüz birbirlerine vermediklerine göre, büyük ihtimalle onu hiçbir zaman aramayacaktı da.

Canan, yaşadıklarının yalan olup uçmasına izin vermeyecekti. Önemli olan birbirlerini kaç gündür tanıyor olmaları değildi... Ayhan'la yirmi yıldır birlikte olduğu halde aşkta bu kadar yoğun ve güçlü paylaşımlar yaşamamışlardı. Selçuk, sadece küçücük bir öpüşle bile Ayhan'dan çok daha fazla istila etmişti ruhunu. İkisi de bu kadar çabuk ve çabasız bir ayrılığı hak etmiyordu. Madem Selçuk geri adım atıyordu, o halde Canan ona doğru koşacaktı.

"Sen beni iyileştirmeye başladın Selçuk... Fakat bu öyle hemen etkisini gösterecek bir tedavi değil. Ben çok uzun yıllardır kalbimin ortasında koca bir boşlukla yaşıyormuşum. İçimdeki kara deliği tümör gibi besleyip büyütmüşüm. Sen benim bu hastalıklı yanıma dokundun. Uyuyan bir apseyi uyandırdın. Elbette sarsıldım. Etkilendim. Seninle şifa bulduğumu hissediyorum. Ruhumdaki boşlukları dolduruyorum. Dostluğun benim için çok kıymetli. Bana her zaman bu kadar yakın, sevgi dolu ve dürüst olmanı isterim senden."

"Kafan karışık değil mi Canan?"

"Oh... Şükürler olsun!" diye geçirdi içinden... Selçuk artık anlamaya başlamıştı Canan'ı. Üstelik anlaşılan bunları konuşmaya da hazırdı. O halde her şeyi halledeceklerdi şimdi. Selçuk, Canan'ın aklındaki bütün açmazları çözecekti. Kalbine çöken sisi dağıtacaktı. Bütün bilinmezlikleri şeffaflaştıracaktı. Aralarındaki bulanıklık berraklaşacaktı birazdan. Selçuk'a da bu yakışırdı zaten. Onun gibi ince düşünceli, hassas, kültürlü ve bilge bir gönül adamına su gibi aydınlık olmak yakışırdı. Canan, Selçuk'un konuşmaya devam etmesini istediğinden ağzını bile açmadı. Onun bir an evvel duygularındaki bu keşmekeşten sıyrılmaya ihtiyacı vardı. Bundan sonrası için ne hissetmesi, nasıl davranması ve ne umması gerektiğini bilmeliydi.

Selçuk, kelimelerini dikkatli seçmeye çalışıyor gibiydi:

"Sen zamanı sevmiyorsun Canan. Her şeyi bir oldubitti içinde yaşamaya alışmışsın. Tez canlısın. Heyecanlısın. Telaşlısın. Önünü görmeden, sonunu görmeye çalışıyorsun. Yaşadığın anın farkına varırsan, bilinmezlerin kendiliğinden çözülür. Gelecek yoktur Canan, tıpkı geçmiş gibi... Her şey şimdi, "şu an"ın içinde vardır. O çok merak ettiğin gelecek bile şimdinin içinde yaratılır. Nasıl bir gelecek tasarladığına dikkat et. Ben seninle şu anın içindeyim. Sonsuz mutluyum. Huzurluyum. Güvendeyim. Seninle paylaştığım ve yaşadığım her şeyi çok sevdim. Bunun tadını çıkarabilmek için de bütün gün seni arayıp bulmak telaşına düşmedim. Ben plan yapmıyorum gönül dostum... İnsanoğlu planlar konusunda çok beceriksizdir. Seni karşıma çıkaranın bu konudaki sonsuz hikmetine güven. Biz birbirimizi bulmak için onun sayesinde hiç çaba harcamadık. Şimdi birbirimizde kalmak için neden çaba içine girmek zorunda hissediyorsun ki kendini? Bizi buluşturmaya gücü yeten Allah, bir arada kalmamızı dilerse eğer, emin ol onun buna da gücü yeter güzel yüzlüm... Hiç değilse bir kerecik teslim ol ona..."

Canan çok utanmıştı. İçine düştüğü bu anlamsız telaştan, yarattığı stresten, duyduğu panik hissinden ve bütün bunları Selçuk'un anlayacağı şekilde uluorta yaşamış olmasından dolayı mahcuptu. Selçuk yine haklıydı. Akışa güvenmeyi öğrenmeliydi artık. Yaşamındaki her şeyi kontrol etmesi imkânsızdı. Denetleyebileceği tek kişi kendisiydi. İnsanları ve olayları yönetemezdi. Değişmesini istediği şey hakkında önce kendisini yeniden programlamalıydı, hepsi bu kadar... Yapabileceği başka bir şey yoktu. Hayatı boyunca hep kontrolcü bir kadın olmuştu. İş hayatında da, evliliğinde de, anneliğinde de her şey, Canan'ın bilgi ve kontrol ekseni içinde cereyan ederdi. Kendinden başkasını şekillendiremezsin. Kendinden başkasına ne yapması gerektiğini söyleyemezsin. Kimsenin duygularına ve kararlarına karışamazsın. Olayların gidişatını yönetemezsin. Yaşadığın şeye göre ancak kendini yönetebilir, kendini değiştirebilir ve sadece kendinden sorumlu olabilirsin.

Başkalarını değiştirmek çabası her ne kadar boşunaysa, kendini değiştirmek hamlesi de bir o kadar mucizevidir...

Canan da, bundan sonra daha sakin olmaya karar verdi. Endişelerinin gereksizliğiyle yüzleşti. Evet, değişim her zaman mümkündü. Hiçbir şey kalıcı değildi. Duygular da, karakterler de... Hayat bir değişim ve dönüşüm tekâmülüydü. Canan da değişecekti! Duyguları, fikirleri, hayalleri, hayata bakış açısı, yaşama biçimi, değerleri, öncelikleri, algısı, davranış biçimi hep değişecekti. Kendisi değiştikçe, deneyimleri ve etrafına çektiği insanlar da başka olacaktı.

Selçuk konusunda da böyle davranmalıydı. Yaşanan her şeyin muhakkak bir anlamı vardır, lakin illa bir adı olmak zorunda değildir. Bazı duyguların ya da deneyimlerin bir ismi yoktur. Onun ne olduğunu senden başkası bilemez...

İşaretlerin Dili (Evrensel Rehberlik)

Canan kısa süre için bile olsa kendini iyi hissettiği, mutlu olduğu ve enerjisini şimdiye dek en yüksek seviyeye çıkarabildiği bir "faktör" yakaladı. Bu faktör "aşk", "beğenilme", "paylaşım", "değerlilik" gibi olumlu enerjileri barındırıyor içinde.

Fakat Canan öyle bir büyük algı hatası yapıyor ki, ona kendini iyi hissettiren ve yüksek enerji enjekte eden faktörün Selçuk olduğunu kodluyor zihnine.

İnsanların "aşk acısı" sandıkları büyük hezeyanın tohumları, aslında bu yanlış kodlamanın yapıldığı gün ekilir.

Sana şimdiye dek hiç deneyimlemediğin seviyede yüksek enerji aşılayan dışsal faktörün zihnine "hayat enerjisinin kaynağı" olarak kodlanması yazık ki bir müddet sonra senin o faktöre karşı büyük ve hastalıklı bir bağımlılık yaratmana neden olacaktır.

Onu kaybettiğinde de programlanmış zihnin doğal olarak, senin bir daha hiç bu kadar yüksek seviyede mutluluk deneyimleyemeyeceğine kanaat getirmene neden olacaktır.

Beyin aldığı bu olumsuz talimatla hormonal salgıyı değiştirerek bedene müthiş bir ıstırap ve acı salgılayacaktır. Giderek depresyona girmen de kaçınılmaz bir hal alacaktır.

Oysa daha önce de söylediğim gibi, sana enjekte edilen dışsal hiçbir enerji faktörü yoktur. Sadece tetikleyiciler vardır. İnsanlar yazık ki bu tetikleyici etmenleri büyük hazzın kendisi zannederek, zihinsel bir kodlama hatası yapıyorlar.

Âşık olduğun insanla kendini çok iyi hissettiğin için onu kaybettiğinde aynı hisleri tekrar üretemeyeceğine inandığından sürekli ayrılık korkusu içinde yaşarsın. Bu korku giderek hastalıklı bağımlılıklar yaratır. Karşındakinden sürekli sana kendini iyi hissettirmesini beklersin. Böylece ona kaldıramayacağı bir görev vermiş olursun. Oysa kimsenin bu türden görevleri yoktur. Ne senin, ne de âşık olduğun kişinin...

Kendi hayatının enerji kaynağı sensin.

Bir müddet sonra dışsal faktörlere verilen görevlerin sona erebileceği korkusundan dolayı başka bir aşamaya geçilir. Bu aşama da "kontrol etme" evresidir.

Canan bu evreye çok hızlı bir şekilde ulaştı. Haz aldığı dışsal faktörleri kendi algısına ve kendi zihinsel biçimine göre oldurma çabasına girdi.

Bir şeyleri oldurmaya çalışmak, istenen şekle sokma mücadelesine girmek, sağından solundan çekiştirerek kendine uydurmaya uğraşmak evrendeki en gereksiz eylemdir. Çünkü hiçbir şekilde, herhangi bir karşılığı yoktur. Yeryüzünde başaramayacağın tek şey, kendi dışındaki bir iradeyi kontrol etmektir.

Hiçbir olayı, durumu ya da kişiyi kontrolün altında tutamaz, dilediğince şekillendiremezsin. Kontrolcülük insanın kendisine verebileceği, bence en az uyuşturucu kadar zararlı ve tehlikeli bir seçimdir.

Hayatı ve akışı denetim altında tutman imkânsızdır. Evren kendi kurgusunda ve kendi kaideleri içinde işler.

"Şu insanın bana böyle davranmasını istiyorum."

"Çocuğumun yemeklerini benim dilediğim miktarda yemesi gerekiyor."

"İlişkimin bir misyonu olmalı."

"Değer verilerek sevilmeliyim."

"Toplantının bugün ertelenmemesini sağlamalıyım."

"Başarısızlığı kabul etmiyorum."

"Arkadaşlarım bana her zaman güven ve ilgi duymalı."

"Eşim beni sevmekten vazgeçmemeli."

gibi denetimli dürtülerin seni bir müddet sonra sertleştirip fazlasıyla toleranssız ve katı bir insan haline getirecektir.

Unutma!

Sert olan her şey en küçük darbede bile kırılmaya mahkûmdur. İnsanı tam ve bütün tutan şey onun esnekliğidir.

Sen kontrol mekanizması değil, "kaynak"sın!

Seçimini iyi yap...

Sevmediğin dışsal bir faktörde değiştirebileceğin tek şey kendi algı biçimindir. Bakış açın değiştiğinde, deneyimlediğin olay da bambaşka bir anlama gelecektir.

Duyguların değişirse, algın değişir! Algın değişirse deneyimin değişir!

Canan, yemek boyunca konuşmadığı halde kendisini çok daha iyi hissettiği her halinden belliydi. Onun bu keyifli hali Selçuk'un da hoşuna gitmişti.

Birlikte yemek salonundan çıkarlarken, ruf katında kahve teklifinde bulundu Selçuk:

"Benimle rufa gelmek ister misin? Türk kahvesi içelim..."

"Tabii ki gelmek isterim. Bu teklife hayır diyemeyeceğim..."

"Fakat yukarıda başka misafirlerim de olacak, eğer hoş görürsen... Bu akşam için dostlarımla bir arada olmaya söz verdim. Konya'da geniş bir arkadaş çevremiz vardır. Karıcığımla her geldiğimizde sevdiğimiz dostlarımızla buluşuruz. Burada olduğumu duyan ahbaplar arayıp birlikte olmayı isteyince kıramadım onları, rufa davet ettim."

Bu da neydi şimdi? Biraz önce birlikte yaşadıkları özel anları ve paylaşımları çok sevdiğinden bahseden adam, ışık hızıyla "karıcığım" sevgisine geri dönüp dostlarıyla program yapmıştı.

Anlaşılan bu geceyle ilgili planlarında Canan yoktu. Şimdi de nezaketen, ağız kenarıyla ayaküstü bir davette bulunuyordu.

Canan, anlayışlı davranmaya gayret etti. Madem etrafındaki olayları ve insanları değiştirmesi mümkün değildi, şu saatten sonra kontrol etmesi gereken tek kişi kendisiydi. Selçuk, Konya'da ve Ankara'da inşaat ofisleri olduğunu söylemişti. Elbette burada da arkadaşları vardı ve her biriyle dilediği zaman görüşebilirdi. Bunun için Canan'ın iznine ihtiyacı yoktu. Hayatını Canan'a göre düzenlemek zorunda değildi.

Şu an ne kızılacak, ne de gücenilecek bir durum vardı ortada. Bu yüzden tavır yapıp Selçuk'a küsecek hali yoktu. O olgun ve aklı başında bir işkadınıydı. İki aslan gibi erkek çocuk yetiştirmişti. İstanbul'un sayılı mimarlık şirketlerinden birinin sahibiydi. Görgülü, bilgili ve zeki bir kadındı. Duygularını dizginlemek konusunda oldukça mahir insanlardan biriydi. Şimdi de böyle davranmak zorundaydı. Şımarık kız çocukları gibi kıskançlık tripleri atmak ona yakışmazdı.

Üstelik bu kahve daveti, Selçuk'u ve çevresini daha yakından tanımak için iyi bir fırsat olabilirdi. Onun hakkında bilmek istediği pek çok şeyi bu gece dostlarıyla yapacağı sohbetten öğrenebilirdi. Selçuk'u başka insanların arasında, onlarla muhatap olurken görmek Canan'ın onun hayatı ve karakteri hakkında daha fazla fikir sahibi olmasını sağlayabilirdi. Bu yüzden keyfini hiç bozmadı ve severek davetini kabul etti.

Selçuk'la birlikte rufa çıkmak üzere lobi katında asansör bekledikleri sırada birinin kendilerine doğru gelmekte olduğunu gördüler.

"Canan hanım, buyurun kargonuz..." dedi resepsiyon görevlisi... Vardiyası değişeceği için, emaneti sağ salim sahibine ulaştırmak istemişti.

Canan, cüzdanıyla ilgili geliştirdiği ilginç totemi zihninde mantıklı bir yere oturtmayı henüz başaramadığı için, bir müddet daha bu paketi almamaya kararlıydı.

"Teşekkür ederim. Ben sabah gelip alırım. Şimdi kargo paketiyle kafeye gitmek istemiyorum."

"Peki efendim. Ben yine ofiste saklarım."

Selçuk, kargo paketinin içinde Canan'ın yana yakıla beklediği cüzdanın olduğunu tahmin etmişti:

"Neden almadın cüzdanını? Çantana koyabilirdin? Yanlış hatırlamıyorsam bu cüzdan için az gözyaşı dökmemiştin."

"Alırım canım, acelesi yok şimdi. Asansörümüz de geldi işte... Hadi çıkalım."

Selçuk'un ısrarcı bir adam olmaması güzeldi. Cevabını alamadığı soruların peşine düşüp iz sürme alışkanlığı yoktu anlaşılan... Aynı konuyla ilgili üst üste sorular sormaması en azından şimdilik Canan'ın işine gelmişti.

Kafeye geldiklerinde, iki masanın birleştirilmiş olduğunu gören Canan, bütün misafirlerin kadın olmasından dolayı çok şaşkındı. Selçuk'un gösterdiği boş sandalyeye otururken yanlış saymadıysa eğer, tam sekiz kadın vardı masada. Selçuk'u görünce hepsi birden ayağa kalkıp el sıkışarak öpüştüler onunla.

Misafirlerine Canan'ı takdim etmek isteyen Selçuk, hanımların yerlerine oturmalarını da bekledi kibarca. Ardından beklenmedik şekilde Canan'ın elinden tutup konuklarına hitaben konuşmaya başladı:

"Değerli dostlarım. Gönül arkadaşlarım. Şu hanımın güzelliğine bakar mısınız lütfen? Birazdan yüreğindeki zenginliğe de tanık olacaksınız. Bana göre Canan'ı tanıyıp da kendini şanslı hissetmeyen insan yoktur. Size bir cevher getirdim bu akşam. Onu tanıyınca bana dua edeceksiniz. Hepiniz iyi ki geldiniz. Sizi görmek çok güzel. Hepinizi çok özlemişim..."

Canan, hemcinsleri karşısında Selçuk'un ağzından duyduğu bu güzel sözlerden mest olmuş gibiydi. Gururu okşanmıştı... Ayakları yerden kesildi... Kendini bütün bu kadınların yanında ayrıcalıklı ve özel hissetti.

Hanımlara Türk kahvesi, pasta ve meyve söyleyen Selçuk,

masayı bir anda donatmıştı. Selçuk'un konuştuğu her kadına ismiyle hitap etmesi, "gönül dostum" deyip iltifatlar düzmesi ve her konuştuğunun elini tutup gözlerinin içine bakarak şiirler söylemesi Canan için yeni bir sarsıntıydı.

Hep birlikte masaya oturalı bir saati geçmiş olmasında rağmen, misafirlerle konuşabildiği hiçbir ortak mevzu yoktu henüz. Kadınların amacının bir araya toplanıp hasret gidermek ve sohbet edip iyi vakit geçirmek olmadığını anladı Canan... Onların tek bir hedefi vardı: Selçuk...

Herkes kendi sırasını bilir gibi, Selçuk bir kadınla meşgulken kimse onu rahatız etmiyor, lafını bölüp araya girmiyordu. Belli ki bu kendi aralarında kurulu bir düzendi... Daha önce defalarca bu şekilde toplandıkları muhakkaktı. Selçuk'tan özel terapi seansları almaya gelmiş gibiydiler. Onun iltifatlarına, sıcak dokunuşlarına ve duygulu şiirlerine mazhar olan yegâne kadın kendisi değildi anlaşılan. Gördüğü üzere Selçuk, tanıdığı bütün kadınlara "gönül dostum" diye hitap ediyordu. Hepsinin gözleri için yeni bir şiir okuyor, ellerini yüzlerinde rahatça hiç çekinmeden gezdirebiliyordu. Kadınlar, bu yakışıklı ve romantik adama temas ettikleri an hipnotize olmuşlar gibi adeta kendilerinden geçiyorlardı.

Selçuk'un hazır bulunduğu her yerde her şeyi yapmaya hazır gibiydiler. Kadınların bazılarının parmağında alyansları vardı üstelik. En gençleri yirmi ya da yirmi iki yaşlarında olmalıydı. Canan'ın izlenimlerine göre muhtemelen masanın en yaşlı kadını kendisiydi. Misafir hanımların hepsi gayet genç, şık ve güzellerdi. Selçuk'a bu kadar meftun olmalarının sebebi ne olabilirdi ki acaba? Aslında bu soruyu kendisi için de çok sormuştu Canan... Maalesef bu sorunun kesin ve açık bir cevabı yoktu! Selçuk çekici ve etrafını etkisi altına almayı başarabilen ilginç bir adamdı. Galiba en iyisi bunu kabul etmek ve kadınlar üzerinde nasıl bu kadar tesirli olduğunu daha fazla kurcalamamak gerekiyordu.

Bireysel seansların ardından Selçuk bu kez toplu terapiye

başladı. Ardı arında muazzam şiirler okuyordu ve ilahi aşkla dolu etkileyici tasavvuf hikâyeleri anlatıyordu. Onun nasıl baş döndürücü bir nüktedan olduğunu artık söylemeye gerek yoktu. Konuştukça büyülüyordu. Fareli köyün kavalcısı gibi, bütün kadınları peşine takıp onları dilediği yere çekebilirdi. Bu hünerini, Canan gibi akıllı, eğitimli ve olgun bir kadın üzerinde bile gösterebiliyorsa masadaki yirmiliklerin nasıl bir çekim alanı içinde olduklarını tahmin etmek zor değildi...

Selçuk bu şiiri Canan için seçmiş olmalıydı ki, yüzünü de sesini de ona doğru döndü:

"Kalp midir insana sev diyen, yoksa yalnızlık mıdır körükleyen? / Sahi nedir sevmek... / Bir mumda ateş olmak mı, yoksa yanan ateşe dokunmak mı?"

Selçuk, şiirini bitirip de Canan'ın gözleriyle vedalaştıktan sonra, onu ilgiyle dinleyen bütün kadınlara yönelip bir Derviş hikâyesi anlatmaya başladı:

"Dervişin biri bir gün akrebi kurtarmak isteyip ona elini uzatır. Bunun üzerine akrep de dervişin elini sokar. Derviş yine akrebi kurtarmaya yeltenir fakat akrep onu yine sokar. Bunu görenler dervişin haline dayanamayıp sorarlar: 'Sen iyilik yapmak istediğin halde, sana zarar verene daha ne diye yardım etmek derdindesin?' Derviş de gülümser ve 'Akrebin yaradılışında sokmak var. Benim yaradılışımda yaratılanı sevmek var. Merhamet etmek, yardımcı olmak var. Akrep yaradılışının gereğini yapıyor diye ben neden kendi yaradılışımı değiştireyim ki?' der... Hiçbirinizin karakteri karşınızdakine bağlı değildir gönül dostlarım... Hiçbir zaman size yapılana göre tavır almayın. Sevilmediniz diye sevmekten vazgeçmeyin mesela... Haksızlığa uğradınız diye haksızlık etmeye kalmayın. Alamadınız diye vermekten vazgeçmeyin. Çok kırıldınız diye onu affetmeyi unutmayın. Size yapılan kötülüğe aynı kötülükle karşılık vermek adaleti sağlamak demek değildir. Sizi üzen insana benzemeyin. Ondan bir farkınız olsun. Kötülüğüne lanet ettiğiniz insana dönüşmeyin. Unutmayın, susmak bile Allah'ın kulunda sevdiği davranışlardan biridir. Susmak, çaresizlik ve zayıflık değildir. Haklıyken bile susmak en büyük erdemdir. Çünkü sen susarsan, Yaradan konuşur..."

Selçuk, anlattıkça kadınların gözleri doluyordu sanki. Canan, masadaki bu durumdan giderek sıkılmaya başladıysa da Selçuk'un şiirlerinden ve anlattıklarından kopmak kolay değildi. Selçuk'la konuşması gereken çok şey vardı artık. Bu kez onunla yalnız kaldığında duygularının sarhoşluğuyla kendinden geçmeyip, Selçuk'un sözlerinden ve dokunuşundan etkilenmemeye gayret ederek onun hakkında bilmek istediği her şeyi cesaretle soracaktı. Evini, işini, ailesini, eğitimini, hayatını, arkadaşlarını ve bu tuhaf kadınları mutlaka öğrenmeliydi. Yavaşça masadan kalkan Canan, rüyadalarmış gibi kendilerinden geçmiş bu hanım ahbapları rahatsız etmemeye dikkat ederek Selçuk'un kulağına eğildi ve fısıltıyla konuştu:

"Selçuk ben odama iniyorum. Misafirlerin gidince bana uğrar mısın? 3204'teyim..."

Selçuk, ilgisini masadan koparmadan Canan'a dönerek, "Tamam canım. Uğrarım" dedikten sonra toplu seansına kaldığı yerden devam etti.

Selçuk'la ilgili üst üste yaşadığı şaşkınlıklar, mantıklı ve sağduyulu kalabilmesi konusunda Canan'ı zorlasa da en azından bu sefer yeniyetme genç kızlar gibi "İlişkimizin adı ne olacak?" serzenişine girmeyecekti. Her zamanki soğukkanlı Canan gibi, problemlerin ve bilinmezlerin üzerine sorularla, kuşkularla ve çözümlerle gidecekti. Bu adamı iyi analiz etmeli ve hakkında doğru karar verip yoluna bakmalıydı.

Odasına girdikten üzerindeki günlük kıyafetleri çıkarıp, kendisini daha şık ve iddialı hissedebileceği saks mavisi, diz hizasındaki dar kesim eteğini ve krem renkli ipek, dökümlü gömleğini giydi. "Keşke gece elbiselerimden birini de yanıma almış olsaydım" diye geçirdi aklından. Fakat bu giydikleri de havasını baştan aşağı değiştirmişti. Hafif ama iddialı bir makyaj yapıp saçlarını at kuyruğu eziyetinden kurtararak özgür bıraktığında çok güzel, alımlı ve baş döndürücü görünüyordu...

Odanın içinde heyecanla Selçuk'u beklemeye başladı. Televizyonu açmayı düşündüyse de hiçbir şey izleyecek hali olmadığından vazgeçti. Berjer koltuğa oturup çantasından Selçuk'un dün gece ona hediye ettiği kitabı çıkardı. Açıp okumak yerine kendisine yazılan şiirde durup kaldı. Anlaşılan bu şiir burada durduğu sürece kitaba başlayabilmesi çok da kolay olmayacaktı. Gözü bir an karşısındaki sandalyede duran atkıya takıldıysa da, bu kez eline alıp koklamaya cesaret edemedi. Zira yaptığı bu taşkınlıkları kendisine bile izah edemiyordu sonra...

En iyisi Nuray'ı arayıp onunla sohbet ederek vakit geçirmekti. Hem Selçuk'la ilgili yaşadığı şu heyecanlı ve karmaşık duygularından bahsederek rahatlayabilir, arkadaşından akıl alabilirdi. Nuray'ın spritüel eğitimine, bilgisine ve deneyimine çok güvenirdi. Ayrıca Canan'ı akşamın bu saatinde anlayışla ve sabırla dinleyebilecek tek güvenilir dostu oydu.

"İyi akşamlar Nuraycığım, müsait miydin?"

"Senin için her zaman müsaidim arkadaşım, hayırdır bu saatte bir şey mi oldu, iyi misin?"

"Hem çok iyiyim. Çok mutluyum. Heyecanlıyım. Karnımın içinde kelebekler uçuyor. Kalbim küt küt atıyor. Hem de tuhaf bir şekilde kafam karışık... Kendimi yorgun ve küskün hissediyorum bazen."

"Bu kadar yoğun ve farklı duyguları aynı anda yaşayabildiğine göre enerji alanınla çakışan biri var sanırım. Seni sürekli duygusal çalkantılara sokmayı başarıyorsa, önce o kişinin kim olduğunu anlat bana..."

"Cin gibisin yemin ederim. Nerden anladın? Evet öyle biri var. Tam da dediğin gibi onunla ilgili çalkantı halindeyim. Buraya gelirken havalimanında tanıştım. Çok yakışıklı bir adam. Müthiş romantik. Benden etkilendiğini sanıyorum. Adam bana âşık oluyormuş gibi davranıyor. Üstelik o da evli... Şu an nerede diye sorarsan adam rufta sekiz kadınla oturup muhabbet ediyor. Ben de odamda kıskançlık tripleri atıyorum kendi kendime."

"Canancığım şu duyduklarımdan dolayı çok şaşkınım. İnsanların birbirlerinden etkilenmeleri elbette doğal. Evren kimsenin nikâh cüzdanına bakmıyor biliyorsun. Fakat kalplerinin içinden geçen her şeyi bilir. Kalbindeki iki adam arasında adaleti sağlayamayabilirsin. Gönül haksızlığı yaptığındaysa, maalesef bunun bedelini kendine ödetmiş olursun. Bence bu kadar hızlı ve telaş içinde yol alma. Duygularının yoğunluğu ve karmaşası seni şaşırtabilir. Her şeyi görmek istediğin gibi görür, anlamak istediğin gibi anlarsın... Karmaşık heyecanlar ve yoğun telaş kalbinin üzerine serilen kalın bir perdedir. Görmeni ve duymanı engeller. O perde kalkmadan şu adamla ilgili bu kadar yoğun ve olumsuz enerji üretmemeni isterim."

"Bir şey olduğu yok zaten. Hem ne olacak ki? İstanbul'a dönünce hatırlamayacağım bir adam işte. Komplimandan hoşlandım o kadar. Neyse canım. Yarın konuşuruz yine. Sana iyi geceler."

"İyi geceler arkadaşım..."

Nuray'ın anlattıklarından keyfi kaçan Canan, Selçuk'un sekiz kadınla birlikte yukarıda ne yaptığını düşünmeye başladığında arkadaşının ikazlarını unutmuştu bile. Saat gece yarısını geçtiğine göre artık Selçuk'un da gelmeyeceğini düşünüp derin bir hayal kırıklığı hissetti. Kıyafetlerini çıkarıp makyajını silerken dizginleyemediği kontrolsüz duygularından dolayı kendine kızıyordu. Ağlamamak için kendini zor tutup yatağa uzandı. Gözlerini kapar kapamaz da uykuya daldı.

Kapısının çaldığını duyup uyandığında saat üçü geçiyordu. Anlaşılan Selçuk'un misafirlerinden kopması kolay olmamıştı... Canan, kapıyı açmaya giderken gelişigüzel bir iki el hareketiyle saçının dağınıklığını düzeltmeye çalıştı. Uykudan kalktığını saklayabilmesi imkânsızdı. Gözlerinden rüyalar akıyor gibiydi. Kapının önünde bekleyen Selçuk, tatlı bir tebessümle selam verdi:

"Hayırlı akşamlar... Uykulu halin de çok tatlıymış. Sen her hali ayrı güzel kadınlardansın anladığım kadarıyla..."

Şimdi bu güzel sözlerin üzerine ne söylenebilirdi ki? Canan duyduklarından gayet memnun halde, yanakları kızarıp utana sıkıla gülümsemeye başlamıştı bile. Bu yakışıklıyı neden odasına çağırdığını bile unutmuştu. Neyse ki, Selçuk konuyu da Canan'ı da çabuk toparladı:

"Beni neden çağırdın güzel kadın? Her şey yolunda mı?"

"İçeri gelsene lütfen."

Selçuk odaya girmek istemedi. Aslında bu da Canan'ın beklemediği bir hareketti ama artık alışıyordu Selçuk'un bu tür sürprizlerine.

"Bu saatte odana girip seni rahatız etmek istemiyorum. Konuşmaya ihtiyacın varsa, istersen giyin yukarı çıkalım."

"Hayır... Uzun uzun konuşacak değilim. Şimdi giyinmeye hiç halim yok. Gir lütfen. Bir iki dakika konuşalım, gidersin olur mu?"

"Eh pek iyi o zaman. Sen nasıl istersen..."

Selçuk gönülsüz adımlarla içeri girip odanın ortasında ayakta beklemeye başladı. Canan yatağa oturabileceğini söylediyse de, o bir sandalye çekip pencere önünde kendine yer seçti. Canan'ın hemen konuya girmesini istiyordu:

"Seni dinliyorum..."

Canan, yatağın Selçuk'a en yakın kısmına geçtikten sonra bacaklarını yukarı toplayarak bağdaş kurup oturdu. Derin bir nefes aldı ve sözlerini seçmeye çalıştı. Konuya nerden başlayacağını bilmiyordu. Canan'ın kendisiyle mücadele ettiğini fark eden Selçuk, onu rahatlatmaya çalıştı:

"Benimle konuşurken rahat olmalısın. Her şeyi, dilediğin gibi söyleyebilirsin. Söylemek istediğin her şeyi, aklına gelen ilk kelimelerle anlat. Cümle kurmaya çalışma. Sen zaten güzel bir cümlesin Canan... Ben seni anlarım!"

"Selçuk... Ben aslında... Ne bileyim... Konuşmam lazım seninle... Çok şey söylemek istiyorum ama... Nasıl söyleyeceğimi de bilmiyorum işte..."

Selçuk oturduğu sandalyeden kalkıp yatağın kenarında tüneyip kalmış, üstelik de yaprak gibi titremeye başlamış olan Canan'ın önünde diz çöktü. Onun titreyen çenesini de kavrayarak, çilli küçük yüzünü, şefkatli avuçlarının arasına aldı. Canan'ın kaçırmaya çalıştığı gözlerini, kömür karası bakışlarıyla yakaladı. Selçuk'un yüzüne uzun uzun bakamayacağını hisseden Canan, gözlerini kapattı. Sonra dudaklarının üzerinde aynı ateşin yakıcılığını duyup ürperdi. İşte bu anın sonsuzluğu için ölebilirdi. Selçuk, yavaşça çekti dudaklarını bu yangın yerinden, öyle bir sesle konuşuyordu ki uçurumdan düşmek gibiydi her söylediği:

"İki gecem var benim, ikisi de uykusuz! Ya sensizim uyuyamam ya da sen varsın yine uyku haram... Hadi şimdi rahat ol ve bana istediğin her şeyi söyle... Hadi!"

Canan gözlerini kapatarak konuşmaya karar verdi. Aksi halde sesi bile çıkmayacaktı:

"Selçuk! Ben senden çok etkileniyorum. Kafamı çok karıştırıyorsun. Kendimi tanıyamaz haldeyim. Bana bunu yapmaya hakkın yok..."

Selçuk, kelimelerle savaşan bu kadının daha fazla konuşmasına izin vermek istemiyor gibiydi. Bir kez daha dayadı dudaklarını Canan'ın titreyen dudaklarına... Bu kez daha güçlüydü aralarında çakan kıvılcım. İkisinin dudakları da alev almıştı bu kez. Bir kadınla erkek arasında yaşanabilecek her türlü arzunun fitilini ateşlemeye yetebilirdi bu sıcaklık...

Canan teslim olmuştu. Nereye gittiğini ve ne yaptığını bilemez halde yolun uzandığı yöne doğru gözleri kapalı koşuyordu. Gittiği yolun sonunda karılaşabileceği her şeye hazırlıklıydı. Bir denize de düşebilirdi, uçurumdan aşağı da kayabilirdi. Olacakları yaşamadan bilemeyecekti. Bütün ihtimallere razıydı. Selçuk'un öldüren sıcaklığı daha da yakındı şimdi bedenine. Vücudunun bütün ağırlığını üzerinde hissedebiliyordu. Karnında, göğüslerinde ve bacaklarında taşıyordu Selçuk'un güçlü vücudunu. İnce uzun kolları, onu kavrayıp sarmaya yetmedi.

Dudaklarından yürüyen yangın boynundan, göğüslerine doğru iniyordu. Selçuk öptüğü her yeri yakıyordu. Canan, ellerini Selçuk'un gömleğinden içeri soktu. Karnını, göğsünü sevdi uzun uzun... Her yerine dokunmak, onu tanımak, bilmek, ezberlemek istiyordu. Bu adamı son damlasına kadar içmediği sürece, kadınlığının aşka susuzluğu kanmayacaktı. Karnından aşağıya doğru kaydırdı dokunuşlarını hafifçe... Sonra kemerini bulup okşadı... Elleri bedeninden kopmuş gibiydi. Nereye dokunmak istiyorlarsa oraya hesapsızca kaçıveriyorlardı sanki. Canan'ı duyup dinleyen, kontrolünde olan hiç bir uzvu yoktu artık. Kasıklarında hissediyordu Selçuk'un sertliğini... Bir eliyle adamın kemerini çözmeye çalışan Canan, diğer eliyle de pantolonun fermuarını indirdi aşağıya, yavaşça... İnce parmakları açık fermuarın içinden süzülürken, Selçuk'un eli kavradı bu muzır, meraklı ve aceleci eli... Daha da heyecanlanmıştı şimdi Canan. Selçuk'un bedenine birlikte dokunacaklardı bundan sonra. Erkekliğini altında hazdan kıvranan kadının ellerine teslim etmek için acele etmeyen bu baştan çıkarıcı adam, Canan'ın yaramaz parmaklarını fermuarından dışarı çıkarıp öpmeye başladı. Canan yaşadığı sarhoşlukla kendinden geçmek üzereydi. Selçuk'un iki göğsünü birden kavrayan ellerinin arasında ezilip yok olmak istedi. Nefesinin yakıcılığını göğüs uçlarında duymuştu önce, daha sonra boynunda... Selçuk, bedeninin bütün ağırlığını Canan'ın bırakıp sessizce fısıldadı kulağına:

"Aşkım! Arş-ı âlânın en güzel kadını... Daha fazla ileri gidemeyiz... Buraya kadar..." dedikten sonra hızlıca indi yataktan.

Duyduklarına inanmamıştı Canan... Kötü bir şaka olmalıydı bu. Buz kesen bedeninin sızladığını hissetti. Bütün bedeni acıyordu... Selçuk, gömleğinin düğmelerini ilikleyip fermuarını çekti.

Ne olmuştu da kısacık zaman içinde, sevişecek kadar birbirlerine yakınlaşmışları ve şimdi neler oluyordu da alev alan bedenleri böyle zalimce soğuyup ayrılıyordu birbirinden?

Canan kendini yorgun ve şaşkın hissediyordu. Söyleyecek hiçbir şeyi yoktu. Yalnız kalmak ve ağlamak istiyordu sadece.

Tek bir açıklama bile beklemiyordu artık. Hiçbir şey duymak istemiyordu. Konuşmaya da gerek yoktu. Ne bir özür, ne teselli, ne de mantıklı bir açıklama... Hiç bir şeye ikna olmak istemiyordu. Onarılmayı beklemiyordu. Anlamasa da olurdu bundan sonra. Hatta artık hayatı boyunca sevişmese de olurdu. Bu yaşadığı şey, bütün sevişmelerini silip götürmüştü bedeninden. Bomboştu... Üstüne basıp geçsen hissetmezdi.

İşaretlerin Dili (Evrensel Rehberlik)

"Farkındalık" çok değerli bir yetenektir. Her insanda mevcut olup sadece geliştirilmeyi ve terbiye edilmeyi bekler.

Canan, farkındalıklı bir insan olarak yaşayabilme tekâmülünden acı bir deneyimle geçmek zorunda kalıyor çünkü bu hünerini geliştirmeyi fazlasıyla geciktirmiş durumda.

Kırklı yaşlarını yaşamasına rağmen, kendisine karşı sorumlu olduğu "aydınlanma" ödevini hayatı boyunca hep ertelemiş.

Yaşadığı olayları tarafsızca izleyip anlamaya çalışmaktansa, ne yaşamak istediğine odaklanıp kontrolcülük mekanizmasını devreye sokuyor.

Oysa dingin ve tarafsız kalmayı tercih etse, yaşadıklarının ne anlama geldiğini fark etmesi çok daha kolay olacaktı. Böylece deneyimleyeceği yıkımı da azaltmayı başarabilecekti. Fakat öylesine toy ve heyecanlı bir ruh hali içinde ki, ne yaşadığından çok, ne yaşamak istediğine odaklanıp kalıyor.

"Israr"da "yıkım" kaçınılmazdır!

"Direnmek" ile "diretmek" aynı şeyler değildir.

Direttiğin her şeyi uzaklaştırır, ısrarcı olduğun her şeyi itelersin...

"Israr", oyunu tersine çeviren tehlikeli bir silahtır. Hatta silahı kendi yüzüne doğrultup uzaklara hedef aldığını sanmak yanılgısına düşmektir.

Israr etmek direnmek değil, diretmektir... Birinde kayıp, diğerinde kazanç vardır.

Bu ayrımı çok iyi yapmalı, yaşadıklarını bu bilgiye göre tekrar gözden geçirmelisin.

Selçuk biraz mahcup, biraz da üzgündü galiba. Toparlandıktan ve sandalyede duran atkısını da boynuna attıktan sonra yatağa oturup Canan'ın yanına ilişti yavaşça... Daha az dokunarak ve uzaktan seslenir gibi konuştu:

"İkimiz de evliyiz... İçine girdiğim an günahkâr oluruz. Yaptığımız şey zina olur. Sen buna layık değilsin. Beni anla lütfen."

Canan konuşacak değildi. Selçuk'la ahlak pazarlığına girip namus tartışması da yapmayacaktı. Fakat ağzından dökülen sözlere kendi de inanamadı. İçindeki kırgınlık dile gelmişti sanki:

"Biz zaten sevişmedik mi Selçuk? Böyle de günahkâr sayılmaz mıyız?"

"Ben sana sahip olmadım. Mahremine girmedim."

"Bizi böyle mi koruyacaksın cehennemden? Sen bu söylediğin her şeyi yaptın. Ruhuma sahip oldun. Gönlümü istila ettin. Mahremime girdin. Üzgünüm Selçuk, teselliyi yanlış yerde arıyorsun. Sen benim içime girdin. Aklıma girdin. Vicdanınla yüzleşirken, böyle bana yaptığın gibi çalım atamazsın ona. Ben senin kadar günah-sevap hesabı bilmem. Senin geçtiğin eğitimlerden de geçmedim. Ama şunu iyi biliyorum ki, dürüstlük duruma göre şekil değiştirmez. Onu eğip büküp kendine uyduramazsın. Deliler gibi sevişip bunun hazzını yaşamak olağan, bacakların arasına sızmak günah, öyle mi? Sen o çok kıymetli ahlakını bence bu gece bir kez daha sorgula. Hadi şimdi sana rahat uykular..."

"Beni yanlış anlıyorsun Canan... Ben sadece seni bu..."

"Çık dışarı Selçuk! Müsamere bitti."

DÜNYA BİR KURT, İNSAN İSE KUZU... KURDUN DERDİ KUZUYU AVLAMAK, KUZUYSA KURDA ÂŞIK...

İstanbul uçağının Atatürk Havalimanı'na inmesine sadece yirmi dakika vardı. Umduğundan erken dönüyordu evine. Oysa dört gün daha Konya'da kalacaktı. Hem Şeb-i Arus törenlerini sonuna kadar takip edecek, hem de Selçuk'la ruhunu tazelemeye devam edecekti. Onunla yeni bir aşka düşecekti. Birbirlerini seçeceklerdi. Ortak bir hayata başlayacaklardı. Gönülleri ve bedenleri giderek daha da yakınlaşacaktı. Bütüne dönüşeceklerdi. Bir olacaklardı. Aynı düşün parçası olacaklar, aynı geleceği planlayacaklardı. Elleri bir daha ayrılmamak üzere kenetlenecekti. Başkasına sevdalı, göçe hazır insanlar olarak döneceklerdi ailelerine. Dürüst davranacaklardı onlara da. Geçmişlerini ve çocuklarını sevip korumaya devam edeceklerdi. Birbirlerine tutunup geçmişi ve geleceği yeniden yazacaklardı. Konya'dan birlikte ayrılırlarken, artık ikisi de aynı insan olmayacaktı.

Aslında Canan, dün geceden beri aynı insan değildi. Konya'ya gelirken içini doldurup taşıran o heyecan, yol boyunca yaşadığı mucizelere duyduğu o ilahi güven ve kalbini kanatlandıran çocuksu uçuşmalar, yerini derin bir kırgınlığa ve hüzne bırakmıştı.

Bütün gece sabaha kadar ağlamıştı. Konya'nın keskin soğuğuna rağmen saatlerce balkonda oturup buz kesmişti. Ya bedenini dondurup öldürecekti ya da içindeki onuru kırık kadınla hesaplaşacaktı. İkisinden birini yapamadığı sürece bu otel odasından çıkıp hayatına kaldığı yerden devam edemeyecekti. Dudakları morarıp, kanı çekilinceye dek bekledi dışarıda. Zihnini, anılarını ve burada yaşadığı her şeyi özellikle de onurunun kırıldığı yatağı hafızasında dondurup bıraktı balkondan aşağıya.

Belki bir daha eski Canan gibi olamayacaktı ama en azından peşine taktığı kavgaları ve hesaplaşmaları da olmayacaktı Selçuk'tan geriye kalan... İçindeki bütün kırgınlıkları ve utancı bir bir dondurup atmıştı sabaha kadar... Kalbinin yaralarını yıkamış, onurunu düşünmeyi ise daha sonraya bırakmıştı. En azından İstanbul'a doğru yola çıkacak kadar derleyip düzenlemişti duygularını ve zihnini...

Eşyalarını toplamış, yüzünü yıkayıp kıyafetlerini giydikten sonra bir daha o yatağa oturmamıştı bile. Gün ışırken odasından çıkmış, resepsiyonda bekleyen cüzdanını alıp hesabını kapatarak otelden ayrılmıştı. Cüzdanına da kavuştuğuna göre, romantik komedi tadında başlayan bu film, can sıkıcı bir drama olarak son bulmuş demekti artık...

Otelden ayrıldıktan yirmi dakika sonra havalimanına varmıştı bile. Bileti yoktu... Neyse ki yer bulması zor olmadı. Yedek yolcu kontenjanından açılan ilk koltuğu satın aldı.

Ayhan'a ve oğullarına eve neden erken döndüğünü açıklaması gerekecekti. Onlara ne söyleyeceğini bilmiyordu şimdilik. Aslında içinden geçen her şeyi olduğu haliyle anlatması gerekiyordu. Her zamanki Canan olsa öyle yapardı. Ailesiyle arasına bir yalanın ya da gizemin sızmasına izin vermezdi.

"Konya'ya giderken bir adamla tanıştım. Nüfuzlu, güçlü bir adamdı. Ayrıca romantik ve yakışıklıydı da. Ayaklarımı yerden kesti. Başımı döndürdü. Güzel sözleri ve iltifatlarıyla sarsıldım. Kendimi çok iyi hissettirdi. Güzel ve çekici bir kadın olduğumu hatırlattı. Dokunmayı, heyecan duymayı, titremeyi, arzulanmayı öğretti. Aklımı çok karıştırdı. Duygularımı bulandırdı. Kadınlığımı ayaklandırdı. Ben de tutamadım kendimi. İçimde koşturan atları dizginlemek istemedim. Dörtnala şahlanıp gittim ona. Hiç de utanmadım. Kendimi suçlamadım. Sorgulamadım. Yargılamadım. Hesap yapmadım. Ölçüp biçip tartmadım. Akışa teslim oldum. Rüya gördüm. Denize düştüm. Seviştim. Öpüştüm. Dokundum. Hissettim. Sonra sarsılıp uyandırıldım. Başımdan aşağı koca bir kova kaynar su boşaldı. Dudaklarım, ellerim, saçlarım ve göğüslerim yandı. Canım acıdı. Soğukta tuttum kendimi. Yanıklarımı sarıp sarmaladım. Kırılan gururumun kırıntılarını topladım yataktan. Eşyalarımı topladım. Yoruldum. Eve dönüp dinlenmek istedim. Bu yüzden de erken döndüm" demeli ve dürüstçe konuşabilmeliydi kocası ve çocuklarıyla...

Ayhan'ın ve oğullarının da bütün bunları bilmeye hakları vardı. Canan sustukça, onların da gururu kırılacaktı. Üstelik bunun hiç farkında bile olmayacaklardı.

Selçuk'un yarattığı bu büyük sarsıntının etkisinden henüz kurtulamadan, kocası ve çocuklarıyla yeni bir hesaplaşmaya girmeye hazır değildi. Yaşadıklarını henüz kendisine dahi kabul ettiremeden başkalarına izah edemezdi. Hem şimdi ne gerek vardı yeni bir sorun daha yaratıp zora düşmeye... Dürüstlüğün bile doğru bir yeri ve zamanı vardı. Hiç değilse şu sıralar, ne yaptığını bilmez bir halde alelacele hayati kararlar alıp uygulamasa iyi ederdi. En iyisi evdekilere Konya'da hastalandığını ve bu yüzden de erken döndüğünü söyleyip konuyu kapatmaktı... Hazır kanı çekilmiş, zihni donmuş, duyguları şoklanmıştı. Şimdi kimsenin karşısında eriyip çözülmesine gerek yoktu.

Uçak yere indiğinde, koltuğundan kalkmadan evvel çantasındaki kitabı çıkardı. Ona Konya'yı ve Selçuk'u hatırlatacak her veriden kurtulmalıydı. Bu kitabın olur olmaz bir yerde eline geçmesini, durduk yerde Selçuk ve onun şiirleri tarafından kuşatılmayı istemiyordu. Kitabın kapağına baktı bir kez daha. "Aşkolsun" deyiminin bir derviş selamı olduğunu bilmiyordu daha önce... Bu kitapla Selçuk'u selamlamıştı aslında. Aynı selamla da sonsuza dek veda edecekti şimdi ona... Üstelik *Aşkolsun*'la sadece Selçuk'u değil, eski Canan'ı da uğurluyordu hayatından...

Kitabın kapağını açar açmaz Selçuk'un yazdığı şiire baktı uzun uzun... Eski bir fotoğrafta akrabalarını arar gibiydi bakışları... "*Herkes onun değerini bilenin yanında kıymetlidir*" yazmıştı Selçuk... Canan, kıymetli olduğu yere doğru mu gidiyordu şimdi, yoksa değerini bilenin yanından mı kopup kaçıyordu... Bu sorunun cevabını bilmeye de gerek yoktu. Çıktığı yol eve doğru gidiyordu. Kendini değerli ya da değersiz de hissetse, aslında ait olduğu yere dönüyordu. Kitabı koltuğa bırakıp kalktı yerinden... Koridora çıkmadan son kez dönüp rastgele bir sayfa araladı ve gözünün gördüğü ilk cümleyi okudu:

"Çok sevdiğimiz sürece değil, doğru sevdiğimiz sürece beraberizdir ancak..."

Kitabını ardında bırakıp indi uçaktan... Yürüyen bantta valizini beklerken, cep telefonunu çıkarıp açtı. Selçuk'un aramayacağını biliyordu. Beklentisi yoktu. Zaten birbirlerinin telefon numaralarını da almamışlardı. İyi ki de öyle yapmışlardı. Birine yabancılaşmanın en hızlı yolu ona ulaşabilme imkânlarını tamamen ortadan kaldırmaktı. Ayhan'ı arayıp döndüğünü haber vermek istediyse de bunu evine gittikten sonra yapmaya karar verdi. Büyük ihtimalle Ayhan şirkette, oğulları da okuldaydı. Bir süre evde yalnız kalmak iyi gelecekti.

Valizini alıp çıkış kapısına doğru ilerlerken bir kadının kendisine doğru el sallayarak geldiğini gördü.

"Hanımefendi... Hanımefendi... Durur musunuz?"

Canan, olduğu yere çakılıp kalmıştı. Bu gördüğü şey gerçek olamazdı. Kırmızı saçlı, güler yüzlü, şişman bir kadın, koca gövdesini uçurarak ona doğru koşuyordu. Kadının elinde, biraz önce uçağın koltuğunda bıraktığı kitabı gördü.

"Kitabınızı unutmuşsunuz hanımefendi... Durun... Durun!"

Aşkolsun yine ellerinin arasındaydı. Bu bir işaret sayılabilir miydi acaba? Bu Selçuk'tan ve onunla yaşadığı hiçbir şeyden kurtulamayacağının habercisi olabilir miydi?

Canan, kadına teşekkür edip gülmeye başladı. Sinirleri iyice bozulmuştu. Gülüşünün sesi giderek yükseliyordu. Kimseye aldırmadan kendi kendine kahkahalar atıyordu. Bir yandan elinde tuttuğu kitaba bakıyor, diğer yandan girdiği gülme krizini kontrol etmeye çalışıyordu.

Hayat ne garip bir oyundu böyle... Daha üç gün önce havalimanında bu kitabı ve cüzdanını unuttuğu için kalabalığın ortasında iki gözü iki çeşme ağlarken, şimdi yine havalimanında ve bu kez başka bir kalabalığın arasında gülmekten gözleri yaşarmıştı...

En iyisi Selçuk'un dediği gibi akışı kabullenip bu kurguya güvenmekti. Yaşananlara direnmenin anlamı yoktu. Her yaşanmışlık, bir deneyim ederdi ve her deneyim mutlaka bir gün, bir yerde, bir işe yarardı.

Yeryüzünde "boşuna" cereyan eden hiçbir şey olamazdı. Boş yere nefes alıyor, boş yere yürüyor, konuşuyor, boş yere gülüyor, ağlıyor, boş yere seviyor, yanılıyor, boş yere kırılıyor, boş yere kazanıp kaybediyor, boş yere yaşıyor olamazdı kimse...

Yaşadığın şey şimdilik ne kadar üzüyor, kırıyor ya da yaralıyor olursa olsun bütün bunların boşuna olmadığını bilmek, kâinat düzenine güvenmekti.

Bunların hiçbiri boşuna değildi. Ne Selçuk, ne unuttuğu cüzdan, ne Konya'da yaşanalar, ne de şimdi elinde tuttuğu kitap... Hiçbir şeyin beyhude olma ihtimali yoktu.

Canan gözlerindeki yaşları eliyle silerek ve yüzündeki gülümsemenin dozunu ayarlamaya çalışmaktan vazgeçip hislerini özgür bırakıp çıktı havalimanından... Taksiye atlayıp Anadolu yakasına geçmek istediğini söyledi.

Canan'ın yüzünde asılı kalan tatlı tebessüm taksi şoförünün bile dikkatini çekmiş, adam da sebepsiz yere dikiz aynasından bakarak Canan'a sırıtmaya başlamıştı.

"Böyle sizin gibi neşeli insanlar görmek bizim moralimizi düzeltiyor valla. Sabahtan akşama kadar trafik, stres, asık suratlar... İnsan sizin gibi olmalı vallahi billahi. Tamam milletimizin geneli bahtsız, çoğu gariban. Anlımıza kötü yazılmış. Ama yine de üç günlük dünya işte... Buna da şükredeceğiz."

Canan, şoförün samimiyetinden etkilenmişti. Onun bu içten sözlerini karşılıksız bırakmak istemedi:

"Adamın biri ne demiş biliyor musunuz? Kader kötü değildir. Sadece insanlar beklenmedik durumların kötü olduğunu düşünürler. Aslında mutsuz hayatımız, kocaman bir algı hatası... Sen kötü dediğin o kaderin içindeki fırsatları ve çözümleri göremiyorsan, bundan dolayı Yaradan'ı suçlayamazsın..."

"Vaay, adam güzel söylemiş be abla. Biraz karışık ama doğru. Sen inmeden bana yaz da ver şu lafı."

"Tamam... Bu lafı benim de kafamın bir köşesine yazmam lazım. Ara sıra hatırlayıp kullansam iyi olacak galiba..."

Canan, kendini kötü hissetmiyordu. Şu an bildiği bir şeyi kullanmak üzere devreye sokmuştu. Yaşananlarla ilgili hissettiğimiz duyguların, düşünce şeklimize ve algı biçimimize bağlı olduğunu biliyordu. Neden şimdi bu bilgiden faydalanmasın ki? İnsanın kullanmadığı bilgi onun hiçbir işine yaramazdı... Her dilden milyonlarca dua bilindiği halde belki de dünyanın hâlâ savaşıyor olmasının sebebi de buydu.

Sitenin önüne geldiğinde taksinin parasını ödeyip, şoförün çok beğendiği o sözü bir kâğıt parçasının üzerine yazarak indi arabadan. Site bahçesini yürüyerek geçerken, ağaçların arasından dolanarak yolu uzatmayı tercih etti. Dairenin kapısını anahtarıyla açıp antreye girdi. Burnuna gelen huzur kokusunu sevdi. Yuvasını özlemişti. Yol boyunca, evinde yabancılık çekeceğini düşünmüş, eski düzenini kabullenmekte zorlanacağını sanmıştı. Kavuşmaktan çok eski hayatına sığındığını hissetti. Burası güzeldi. Tertemizdi... Çocuklarının kokusu geziniyordu odaları... Burası su gibiydi... Şeffaf... Açık... Aşikârdı... Burası uluortaydı... Gizlisiz... Saklısız... Gizemsiz... Yalansız...

Olsun... Varsın aşksız, arzusuz, heyecansız, coşkusuz, dokunuşsuz, şiirsiz, sevişsiz olsun. En azından dürüst bir yuvası vardı onun... Değerlerini işine geldiği gibi kesip biçen insanları yoktu. Onun üç erkeği de olduğu gibi görünen, göründüğü gibi de yaşayan onurlu adamlardı. Şiir okumayı bilmeseler de, kadın kalbini kırmayı göze alabilecek erkeklerden değillerdi.

İyi ki eve dönmüştü... İyi ki orada kalıp Selçuk'un gizem denizinde boğulmaya devam etmemişti. İyi ki bu şuursuzluktan uyanmıştı... O aptal hipnotik etki, evine döner dönmez geçmişti. Nihayet iradesine kavuşmuştu...

İşaretlerin Dili (Evrensel Rehberlik)

Evrende her şey kendine "özel"dir!

Evreni eşsiz ve mükemmel kılan yanı da sonsuz çeşitliliği, muazzam bir düzen içinde ahenkle bir arada barındırmasıdır.

İnsan, evrenin bu karakterini kendisine örnek almalı ve hiçbir farklılığı sorgulayıp eleştirmeden sevgiyle kabullenebilmelidir.

Ayrımlar, zıtlıklar, başkalıklar kâinatta yıkım değil "uyum" yaratmak içindir. Yeryüzünde birbirinin aynı olan hemen hemen hiçbir şey yoktur. Toprağa inen kar taneleri bile ne kadar aynı gibi görünseler de aslında her biri başka ve "özel"dir...

Farklılıkları kucaklamak, ciddi bir gönül terbiyesi gerektirir. Bu tekâmülün önemli bir parçasıdır.

Bahsettiğim "farklılıkları koşulsuca kabullenme ve kucaklama" erdemini öğrenebilmenin en kestirme yolu da "kıyaslama" yapmamaktır. "Kıyas" ettiğin her şeyi küçümsersin ve yazık ki küçümsediğin her şey için gün gelir önemsediğin bir bedel ödersin.

Canan, bu büyük yanlışa hayatındaki insanları birbirleriyle kıyaslayarak düşüyor. Kıyaslayarak küçümsediği her şey için nasıl bir bedel ödemek zorunda kalacağını yazık ki henüz bilmiyor.

Selçuk ve Ayhan'ı birbiriyle kıyaslayarak, kendi değerleri içinde karmaşa yaratıyor. Onun bu olumsuz tutumu evrensel bir kaidenin ihlalidir. Dolayısıyla hayatına büyük yıkımlar çekmeye devam ediyor.

Şu evrensel kaideyi lütfen hiçbir zaman unutma:

"Zıtlıkları gör! Ama onları koşulsuzca kabullenip kucakla..."

Ayrı ve özel olan her şeyi, birbiriyle karşılaştırmaya başladığında hayatına karmaşadan başka bir şey çekmezsin.

Yeryüzünde her şey zıddıyla vardır. Zıtlıklar daha önce de söylediğim gibi çatışma değil "uyum" yaratılar.

Her şeyi zıddıyla görmek ve koşulsuzca kabullenmek çok önemlidir. Bütün farklılıkları ve zenginlikleri bilmeli ancak bunları kendi içinde çatıştırmamalısın. Birbirine benzemeyen değerleri karşı karşıya getirerek onları savaştırmaktan dolayı zarar görecek tek kişi sensin.

Canan'ın ruh hali çok da kötü görünmüyordu. Eğer şimdilik yalancı bahar etkisi yaşamıyorsa, bu sakin duruşunu fırtınadan önceki sessizliklerden saymak doğru olmazdı. İçin için fokurdayarak patlamaya hazırlanmaktan ziyade, sanki çoktan soğuyup küle dönmüş bir volkan izlenimi veriyordu. Belki de balkonda donarak sabahlamak iyi gelmişti.

Dün geceki hayal kırıklığından sonra Canan, bugün bütün

gün evde tek başına oturup ağlayacağını sanıyordu. Planlarında sızım sızım sızlanmak, kendini yerden yere atıp hırpalamak ve bildiği bütün küfürleri itinayla Selçuk'a sıralamak vardı. Belki akşama doğru da kendini banyoya kilitleyip bedenini suya basacaktı... Bunları yapmadan içindeki zehri akıtamayacağını düşünmüştü. Oysa şimdi hiçbir şey düşündüğü gibi değildi. Ne dün gece o otel odasında yaşananlar, ne de bugünkü Canan'ın sükûneti, hiç de tahmin ettiği gibi değildi. Demek ki hayatla ilgili çok da tahminci olmamak gerekiyor. İnsan kendisine karşı bile büyük bir sürprizken, dışarıdaki dünyayı olasılıklara hapsetmek işin eğlencesini kaçırıyordu. İşte bu yüzden yaşamdaki espriyi anlamak çok önemli... Hayat senin olmasını istediğin gibi değil, olması gerektiği gibi olur aslında...

Canan, en azından şu an için bulunduğu yerden memnun görünüyordu. İçinden geçip geldiği karanlık ormanı hatırlayıp yakınmıyordu. Bu ormanda duyduğu huzurdan ve özgürlükten hoşnut kalmıştı. Issızlıkta kaybolup kurda kuşa yem olmadığı için de şükretti... Ne de olsa artık yapacak bir şey yoktu. Teselli bulmanın yollarını aramak gayet akıllıcaydı. Madem yaşadığı olayı değiştiremeyecekti, o halde dün geceyle ilgili hissettiği duyguları değiştirirdi...

Sıcak bir kahve yapıp salondaki üçlü koltuğa bıraktı bedenini... Digitürk'ü açıp radyo kanallarından birini seçti.

Bu şarkıyı sevmişti:

"Hayalin kırılınca,
İmkânsızı umunca,
Korkular gerçek olunca
Gözyaşım kurumuyor...
Bu yürek ilk defa bugün kırılmıyor,
Ben unuttum desem de, yerin hâlâ dolmuyor..."

Telefonuna mesaj geldiğini duyup sehpaya uzandı. Tanımadığı bir numaradan gelmişti. Yine de açıp okudu:

"Ben sana dokunmaya kıyamadım gönlümün güzel kadını... Sana layık olduğun bir ilişki sunmadan, seni hak etmeden, kendimi senin eşsiz güzelliğinle ve kutsal bedeninle ödüllendirmek istemedim. Sen bir otel odasında, ayaküstü sevişilecek kadınlardan değilsin. Ben seni damla damla içip gönlümü suluyorum. Sana bir hayat vaat etmeden, güzel dünyana musallat olamazdım. Kendimi senden sakınıyorsam, bil ki bu sana verdiğim sonsuz değerdendir. Sen kurda âşık olmuş bir kuzusun... Sana zarar vermemek için bu kurdun nasıl bir mücadele içinde olduğunu bilemezsin... Ben kaybedeceklerimden korkmuyorum. Kaybetmekten üzüntü duyacağın şeylerden seni korumaya çalışıyorum. Ey canımın sahibi yâr! Sen benimle olduktan sonra kaybettiklerimin ne önemi var...

Selçuk Arslan"

ÂŞIK İNSANLARIN, AFFETMEK İÇİN HER ZAMAN GÜÇLÜ BAHANELERİ VARDIR VE AFFEDİLMEYENLERİN ÇOĞU, ASLINDA HİÇ SEVİLMEMİŞLERDİR...

Sabah gözlerini açtığında yatakta yalnızdı. Ayhan çoktan kalkıp işe gitmiş olmalıydı. Komodinin üzerinde duran dijital saate doğru hafifçe başını kaldırıp baktı. Güne başlamak için çok geç bir saatti. Demek ki çocuklar da çoktan çıkmışlardı evden. Canan zaten uzun zamandır kocasına ve oğullarına kahvaltı hazırlamıyordu. Bugün de aç karınla işe ve okula gitmiş olmalarını kafaya takacak değildi. Hepsi koca adamlardı, iki poğaça, bir çay ısmarlamayı becerebilirlerdi herhalde... Artık onların yemelerini, içmelerini, giyimlerini ve temizliklerini düşünmek istemiyordu. Her birinin sağlıklı beslenip temiz giyinmeleri konusunda yirmi yıldır ağır mesai yapıyordu. Bu konuda kendisini emekliye ayırmanın zamanı gelmişti. Canan neredeyse son bir aydır mutfağa sadece su almak için giriyordu.

Gözlerini kapatıp, yastığına teslim etti başını... Saatin yanında duran cep telefonuna el yordamıyla uzandı. Tek hamlede aldı yerinden. Bugünün planını yatakta organize edecekti. Oysa usta mimar Canan'ın günlük programı haftalar öncesinden belli olurdu. Toplantılar, inşaat ziyaretleri, seyahatler, sunumlar hatta iş yemekleri ve boş zamanları bile haftalar öncesinden düzenlenirdi. Şimdiyse her an her şey olabilirdi... Canan, bu yeni düzenini daha çok sevmişti. Artık öncelikler skalasında ilk sırada kendisi yer alıyordu. Bu da kötü bir seçim sayılmazdı.

Gözlerini açıp telefonunda gelen çağrılara baktı. Sabahtan beri ofisten arayıp durmuşlardı. Asistanı Aslı iki dakikada bir aramış, yirminci aramadan sonra da vazgeçmişti. Her ne için aradıysa belli ki işi kendisi halledebilmişti... Aksi halde evin kapısına dayanır, Canan'ı yatağından çıkarıncaya kadar apartmanı ayağa kaldırırdı. Bu yüzden gelen çağrıların çokluğu Canan'ı pek de telaşlandırmadı.

İşaretlerin Dili (Evrensel Rehberlik)

Canan, Konya'dan döndükten sonra İstanbul'da geçirdiği bir ay boyunca yaşam biçimiyle ilgili önemli kararlar alıp uygulamaya başlıyor.

Öncelik sırlamasında kendisini merkeze alması aslında doğru bir karar. Hayatının merkezinde daima sen varsındır. Ne evlat, ne aile, ne de başka biri... Sevdiklerinin mutluluğu ve onlarla paylaştığın güzelliklerin devamı bile önce senin tam ve bütünlük duygusu içinde olmana bağlıdır. Başkalarını mutlu etmek için, önce kendin mutlu olmayı başarmalısındır. Bu yüzden hayatının merkezi sadece sana aittir.

Fakat her konuda olduğu gibi bu konuda da dengeyi doğru yakalamak gerekir. Zira evren "denge" üzerinde kuruludur. Kâinatta her şey muazzam bir denge içinde var olmaya devam eder. Buna doğanın dengesi de dahildir, gezegenlerin ve yıldız hareketlerinin hiç bozulmayan ahenkleri de...

Hayatının merkezine kendini koymak, başkalarına karşı olan sorumluluklarından vazgeçmek anlamına gelmez. "Sadece ben" diyerek yaşayamazsın. "Önce ben" diyerek var olabilirsin...

Canan, öncelik sıralamasını değiştirirken kendisini merkeze ala-

rak aslında en sağlıklı hareketi yapıyor. Fakat işine ve ailesine karşı o denli sorumsuzlaşıyor ki, dengeyi bozarak olumsuz enerji yaratıyor.

Mevlana'nın da dediği gibi, "Bu yollar yalnız yürünmez". Hiçbirimiz dünyada tek başımıza yaşamıyoruz. Başkalarının haklarını da korumak ve onların enerji alanlarını ihlal etmemek zorundayız.

Mesaj kutusunda okunmayı bekleyen bir de yazı vardı... Selçuk yine romantik "günaydın" mesajlarından birini atmış olmalıydı. Canan'ın yüzünde bir hoşnutluk bulutu dolandı. Nazlanarak, yavaş yavaş açtı mesajı ve okumaya başladı:

> *"Senin nefes aldığın bir dünyaya uyanmak ne güzel, seni ısıtan güneşe sokulmak ne sıcak, senin baktığın gökyüzünde gözlerini görmek ne anlamlı... Senin var olduğun dünyada uzak diye bir yer yok. Seni düşündüğümde bana herkesten daha yakınsın... Senden ayrı kalmak diye bir şey yok bana... Kokunu duyuyorum şu an, saçlarına dokunuyorum, küçük yüzün avuçlarımın içinde yine, dudaklarını öpüyorum... Hissediyor musun?"*

Konya'dan döneli tam bir ay olmuştu. Bunca zaman içinde Selçuk'la yüz yüze gelip görüşememişlerse de aralarındaki bağ hiçbir zaman kopmadı. Canan'ın otelden apar topar ayrıldığını duyan Selçuk, yaşananlardan dolayı çok üzülmüştü. Duygularını doğru ifade edemediği için sürekli kendisini suçlayıp durdu. Saygın ve nüfuzlu bir işadamı olması, Canan'ın cep telefonuna ve İstanbul'daki evi ile işinin adreslerine ulaşmasını kolaylaştırdı. O günden beri, bir ay boyunca ve tek bir gün bile aksatmadan her sabah Canan'ın ofisine sepetler dolusu kırmızı güller yolladı. Her sepetin içinde kırmızı kalpli mühürle kapatılmış, beyaz zarflı mektuplar vardı. Selçuk'un bu istikrarlı alakası, Canan'ın kalbine iyi gelmiş, dişiliğini onarmasına yardımcı olmuş ve özgüvenine güçlü bir ivme katmıştı. Selçuk'u affetmek Canan için zor değildi. Bunu yapmaya dünden hazırdı. Selçuk'un sepet gülleri, ateşli mektupları ve aşk dolu mesajlarındaki istikrar, Canan'ın yelkenlerini ustaca suya indirmeyi başarmıştı. Ne de olsa, âşık insanların, affetmek için her zaman güçlü bahaneleri vardı... Belki de bu yüzden affedilmeyenlerin çoğu aslında hiç sevilmemişlerdi...

Canan için artık her yeni gün, Selçuk'un şiir dolu mesajlarıyla başlıyordu. Akşam saatlerine kadar onunla sık aralıklarla sohbet edip, dertleşerek hayatında olanı biteni anlatıyordu. Selçuk'un görgüsünden, bilgisinden ve telefonda bile şarkı gibi gelen sesinden beslenerek koca günü geçiriyor ve bundan büyük haz alıyordu. Mail kutusu ve cep telefonu Selçuk'un bıkıp usanmadan yazdığı şiirler ve öykülerle doluydu. Hiçbirini silmeye kıyamıyor, çoğunu dönüp dönüp defalarca okuyordu. Sıcak yatağından çıkmadan evvel telefonuna heyecanla sarılıp Selçuk'tan günün ilk mesajını almak, ardından ofise gidip ondan gelen mailleri okumak Canan'ın en keyifli rutini haline gelmişti.

Selçuk, duygulu ve hassas bir adamdı. Canan ne yazık ki onu hep geç anlıyordu. Onun zarafetini, inceliğini, duyarlılığını ve olgunluğunu sonradan değerlendirebiliyordu. Selçuk, o gece yaşananlar konusunda Canan'ın kırgınlıklarını onarabilmek için çok çaba sarf etti. Her durumda çocuk gibi kızmaya ve küsmeye hazır olan Canan'ı yatıştırmak kolay olmadı.

"O otel odasında incinen kadınlık gururundan çok, değer verilen bir kadına karşı sorumluluk söz konusudur gönül dostum" dedi Selçuk... Sonra ona duyduğu sevgiden ve duygularından söz etti: "Etrafımda sayısız kadın var Canan... Hepsi de bana âşık. Nereye gitsem peşimden geliyorlar. Taciz ediyorlar. Ceplerime telefon numaralarını sıkıştırıyorlar. Takip ediyorlar. Arıyorlar. Çıplak fotoğraflarını yolluyorlar. Beni yataklarına davet ediyorlar. Evimi, şirketimi, yemek yediğim lokantaları biliyorlar. İnan hiçbiriyle sevişmem zor değil. Geceyi kadınlarla geçirmek, hüner sayılmaz. Evet, bütün erkekler için, kadının içine girmek önemlidir. Çok heyecan verici... Çok baştan çıkarıcıdır... Orası büyülü bir gayya kuyusu... Kimi düşer boğulur, kimi gönüllü kaybolur! Ama gerçek bir erkek, sevmek için seçtiği kadının içine, bacaklarının arasından girmez! Gerçek bir erkek, kalp yolundan gider kadınına..."

Bu sözler aslında önemli bir itiraf da barındırıyordu içinde... Selçuk, Canan'a karşı takındığı tutucu tavrını açıklarken ona "bir erkeğin sevmek için seçtiği kadın" payesini veriyordu. Onu özel bir yere koyuyor ve dokunulmaz kılıyordu. Diğer yandan Selçuk'un kadınlar tarafından bu denli abluka altına alınmış olması da şaşırtıcıydı. Gördüğü ilgiyi abartmıyorsa eğer, Selçuk'un pop star gibi taciz edilmesi, evinin, işinin ve yemek yediği lokantaların takip altında olması, kadınların sözle veya açık seçik fotoğraflarla onu baştan çıkarmaya çalışmaları ilginçti...

Canan, bu konuşmanın ardından duyduklarını defalarca mantık süzgecinden geçirmeye çalışmış ama bir türlü başaramamıştı. Selçuk gibi kırklı yaşlarında, evli ve çocuklu bir adamın, kadınlardan oluşan geniş bir hayran kitlesine sahip olması için dışarıdan bakıldığında George Clooney gibi yakışıklı, ünlü, zengin ve bekâr bir erkek olması gerekmez miydi? Selçuk ünlü ve bekâr olmadığına göre, bu denli talep görmesinin altında sadece zengin ve yakışıklı olması mı yatıyordu acaba?

Muhafazakâr yetişip büyümüş bir erkek olduğundan, büyük ihtimalle kadınlardan gördüğü en küçük bir ilgi bile Selçuk'un gözünde büyük ve abartılı yaklaşımlar sayılıyordu. Canan, bu kadın fanatizminin mantıklı başka bir açıklamasının olamayacağını düşündü. Muhtemelen Selçuk, Konya'daki otelde sohbet ettiği sekiz kadın gibi onun sohbetinden, bilgisinden ve kibarlığından hoşlanan hanımların yakınlığını fazla buluyor ve bütün bunları taşkınlık olarak yorumluyordu.

Ziyanı yoktu... Canan için artık hiçbir şey fark etmezdi. Sonuç olarak Selçuk, sevmek için Canan'ı seçmiş ve ona karşı sorumlu olduğunu hissetmişti. Bundan daha önemli başka bir konu olamazdı. Hangi kadının neyi neden yaptığı umurunda bile değildi Canan'ın... O özeldi, farklıydı, herkes gibi değildi... O sevmek için seçilmişti... Selçuk ona bacaklarının arasından değil, duygularının içinden sızmaya çalışıyordu.

Canan, yataktan çıkarken keyifli ve mutluydu... Banyoya gidip küveti doldurmak istediyse de fazla oyalanacak vakti kalmadığından duş alıp çıktı. Saat on buçuk olmuştu...

Saçlarını sardığı baş havlusunu açtı. Gardırobun boy aynasında kendisini gördü. Yeni kestirdiği saçlarına baktı. Uzun zamandır onlarla ilgilenmemişti. Kırık ve bakımsızdılar. Eski saçları onu hem solgun, hem de olduğundan daha yaşlı gösteriyordu. İyi ki kestirmişti... Omuzlarına değen bu yeni ve hareketli modeli çok sevmişti. Selçuk da gördüğünde, Canan'ın yeni halini çok beğenecekti.

Bornozunu da üzerinden atan Canan, aynanın karşısında çıplak vücudunu izlemeye başladı. Göğüslerine, boynuna, karnına, bacaklarına ve kadınlığına baktı. Vücudunun yaşıtlarınınkinden çok daha iyi göründüğünü biliyordu. İki çocuk annesi ve kırk bir yaşında bir kadın olmasına rağmen göğüsleri hâlâ diri ve yuvarlaktı. Estetik yaptırıp birazcık daha dikleştirmeyi düşündüyse de doğal ve dolgun göğüsleri hayatındaki erkekler tarafından daha çok seviliyordu. Selçuk, göğüslerini iki eliyle kavrayıp sıkmış, onları cennet vadilerine benzetmişti. Ayhan her ne kadar güzel sözler ve incelikler konusunda beceriksiz olsa da karısının göğüslerine her dokunduğunda "Sende hâlâ iş var" derdi...

Canan, çıplaklığını izlemekten hiç bu kadar zevk almamıştı. Beyaz tenli, ince yapılı, uzunca boylu, zarif ve diri bir kadındı. Kahverengi gür saçları, ağlamaklı gibi buğulu bakan ela gözleri, kırmızı yakut kırıntıları gibi küçük yüzüne serpiştirilmiş çilleri vardı... Biçimli kalçalarına ellerini yerleştirip seyretti onları uzun uzun. Gayet sıkı ve pürüzsüzdü. Bu selülitsiz, dolgun ve beyaz kalçalar annesinden aldığı genetik bir mirastı... Kaç yaşında olursa olsun, kalçaları her yaştan erkeğin yüreğini hoplatacak sıkılıkta ve dirilikteydi... Bacakları ince ve düzgündü... Teni bembeyaz, yumuşacık... Küçük bir ayva göbeği vardı... Ayhan en çok göbeğini öperdi Canan'ın... Uyurken de karısına arkadan sarılıp bu ayva göbeği avuçlarının içine alır, sabaha kadar kımıldamadan yatardı.

Canan, sahip olduğu bu doğal güzelliği, tazeliği ve dişiliği uzun yıllar ihmal ederek, kadınlığına haksızlık yaptığını biliyordu... Şimdiye dek kalın kumaş pantolonlar, klasik gömlekler ve eski saç modellerinin gölgesinde kalan çekiciliğini, artık cömertçe sergileyebilmenin tadını çıkarıyordu.

Kadınlığına ev sahipliği yapan düzgün fiziğini ve güzelliğini en şık ve iddialı haliyle gözler önüne seriyordu artık. Üstelik bu konuda hiç de gelişigüzel hareket etmedi. Kuaföründen giyimine, bakımından sporuna kadar İstanbul'un en ünlü isimlerinin ellerine teslim etti kendisini. Ulus'taki kuaföründe saçlarını kestirdi. Nihayet lise yıllarından beri ense hizasında at kuyruğu yapıp topladığı saçlarından kurtulmuştu. Şimdi kendisini çok daha alımlı ve çekici hissediyordu.

Kahverengi sıkıcı döpiyeslerini, beyaz gömleklerini, fularlarını ve kumaş pantolonlarını atmadan önce soluğu Nişantaşı'nda aldı. Ünlü modacıların mağazalarını dolaşıp içindeki kışkırtıcı kadını ifade edebilecek en doğru tasarımcıyı buldu. Onlardan kıyafet seçmeyi ve bunları kendi içlerinde uyulmayarak meşhur tabirle "kombin" yapmayı öğrendi. Piyasadaki bütün moda dergilerini satın aldı. Türkiye'de ve dünyada kırklı yaşlarını yaşayan seksi ve güzel kadınların nasıl giyindiklerini, ne yiyip içtiklerini, nasıl bir yaşam biçimi benimsediklerini inceledi. Elinde moda dergilerinin kupürleriyle Akmerkez, Kanyon, Zorlu Center ve Trump Tower'da günlerce süren alışverişler yaptı. Vaktinin çoğunu bu ünlü ve pahallı alışveriş merkezlerinde geçirdi. Kot pantolonlar, dekolteli bustiyerler, taşlanmış tişörtler, derin yırtmaçlı etekler, dantelli iç çamaşırları, kırmızı stringler, siyah jartiyerler, göğüsleri dik ve dolgun gösteren sutyenler, ince topuklu ayakkabılar, parlak rugan botlar, baştan çıkarıcı parfümler Canan'ın ilgi alanına giriyordu artık...

Neredeyse bir servete mal olan ünlü bir markanın cilt bakım setini eksiksiz satın aldı. Selülit kremleri, sıkılaştırıcı losyonlar, göz kırışıklıkları için minik tüpler halinde satılan serumlar, hücre yenileyiciler, temizleme sütleri, tonikler, el ve ayak kremleri sabah akşam ve hiç aksatmadan, muntazaman kullanılması gereken ürünlerdi. Canan'ın düzenli kullanım konusunda gösterdiği istikrar gerçekten göz yaşartıcıydı. Saçları da tabii ki artık özel bakım kapsamındaydı. Haftada iki üç kez kuaföre gidiyor, besleyici maske uygulatıyor, o günkü enerjisine göre ya fön çektiriyor ya da genç ve şık bir model yaptırıyordu.

Bir süredir tatlı da yemiyordu. Ofiste öğle yemeklerinde salata ya da ızgara ısmarlıyordu. Konya'dan döndüğünden beri kendisinden başka hiçbir şeyle fazla ilgili değildi. Hayatının merkezinde, içindeki küçük kışkırtıcı kız vardı. Onu yeterince ihmal etmişti. Bu küçük kızın da ortaya çıkması, deliliğini ve dişiliğini doyasıya yaşayıp hayattan keyif alması gerekiyordu. Şimdi devir bu küçük deli kızın devriydi.

Canan, hayatında hiç olmadığı kadar kendisiyle ilgili olduğundan, etrafında cereyan eden her şeyden en son onun haberi oluyordu. Ofiste ve evde yaşanan olayları ve aksilikleri geç duymasına öfkelense de bunu hayat memat meselesi haline getirmiyordu. Sonuçta her şeyin bir çözümü vardı. Bağırıp çağırıp etrafındakilere hesap sorana kadar, çarelere odaklandığında üstesinden gelemeyeceği şey yoktu. Yeter ki herkes hayatta ve sağlıkta olsun... Gerisi bir şekilde hak ettiği çözüme ulaşırdı. Çözümcülük konusunda zaten her zaman çok iddialı bir kadın olmuştu. Çocukluğundan beri taşıyıp getirdiği bu yetenek onu İstanbul'un gözde mimarlarından biri haline getirmişti. Şimdi bu yeteneğini sadece meslek hayatında değil, yaşamının her alanında kullanmayı seçiyor, çok da faydasını görüyordu. Böylece Ayhan'la bile daha az tartışır olmuştu.

Karısının kendisinde yaptığı değişiklikleri geç fark eden kişi olmasına rağmen Ayhan bile Canan'daki başkalığı hayranlıkla izliyordu. Karısındaki büyük değişime şaşıyor ancak hiç müdahil olmuyordu. Canan'ın seksi iç çamaşırlarını ve geceliklerini üzerine giyip kocasına göstermesi ve erkek gözüyle onu nasıl bulduğunu sorup fikrini öğrenmek istemesi Ayhan'ı eğlendirse de karısının beklediği cevapları bir türlü veremiyordu.

Canan'ı bu yeni iç çamaşırları içinde Selçuk görmüş olsaydı, acaba nasıl bir tepki verirdi? Belki bu kez duygularını ustaca yönetip dizginlemeyi başaramayabilirdi... İradesini kontrol altına alması ve sevişmekten cayması artık çok da kolay olmazdı.

Selçuk, belli ki Canan'dan kolay vazgeçmeyecekti. Bu kadına karşı kayıtsız kalamıyordu. Uzun zamandır yüzünü bile göremediği halde Canan'ın sesini duymadan yatıp uyuyabildiği hiç olmamıştı. O gece Canan'la sevişmemiş olmasından dolayı sanki pişmanlık duyar gibiydi... Bir aydır gönderdiği her mesajda, yarım kalanların sonsuzluğundan bahsedip duruyordu Canan'a...

> *"Bir şey yarım kaldıysa eğer, bu henüz hiçbir şeyin bitmediği anlamına gelir... Yarım kalan sevişmeler,* âşıkları *sonsuza dek bir arada tutar. Buluşamayan bedenler,* âşıkların *ruhundaki yangını* körükler*... Gözüme uyku girmez oldu. Alev aldım, yanıyorum Canan... Nedir bu yaşta başıma şu gelen? Yeniyetme delikanlılar gibiyim. Sana kavuşacağım günü ve sonsuz gecelerimizi düşlüyorum. Beni bekle gönlümün sevgilisi..."*

Selçuk bu yakarışı defalarca yaptı. Güllerin içinde gelen aşk mektuplarında, attığı maillerde ve telefon mesajlarında hep yarım kalan sevişmelerinden duyduğu yangını anlattı. Bu âşık adamda sonradan başlamış olan amansız yangın, Canan'ın otel odasında açılan yaralarını güzelce onardı...

Selçuk'un dediğine göre, onlar başka bir paylaşımın âşıklarıydı. Herkesin yaşamaya cesaret edemeyeceği ya da belki göze alamayacağı gönül temelli duygusal bir ilişkinin kahramanlarıydılar. Hiçbir sevişmenin gölgesinde kalmayacak kadar bağlanıyorlardı birbirlerine. Aralarında açık duran o ateşli mesafe, bu ilişkinin kalıcılığıydı. İnsanın doğası, aşktan yana hiçbir şeyi yarım bırakmaya programlı değildi. İkisi de birbirinden kolayca vazgeçip gidemezdi... Zaten böyle bir niyetleri de yoktu. Birbirlerinin varlığından büyük keyif aldıkları aşikârdı...

İşaretlerin Dili (Evrensel Rehberlik)

İnsan zihni "tatmin" bulmaya programlıdır. Bu yüzden de egoyla sürekli işbirliği halindedir. Ego sürekli tatminsizlik hissi yaratmakla meşgulken, zihin de bu hissi destekleyerek beyni ve bedeni kışkırtarak "eksiklik" duygusuyla sert reaksiyonlar üretilmesini sağlar.

Tatmin duygusunun en güçlü silahı "tutku"dur!

"Tutku" her ne kadar olağan bir duygu gibi görünse de, hiçbir koşulda pozitif ve yapıcı bir duygu değildir.

Her neye karşı tutku hissediyorsan, onun kölesi olmuşsun demektir.

Sadece aşktan, sevgiliden, cinsellikten bahsetmiyorum. Tutku hayatın her alanında filizlenmeye müsait istilacı, arsız, kötü otlar gibidir. Sigara, alkol, yemek, televizyon, uyku, iş, para, başarı, sevgi, neşe, coşku, eğlence vb...

Canan, cinsel olarak tatmin bulmadığında sadece fiziksel değil, duygusal olarak da acı hissediyor. Bir şeylerin yarım kalmasını kişiliğine karşı yapılan acımasız bir saldırı olarak değerlendiriyor. Egosu zedelendiğinden tatminsizlik duygusunun peşine takılıp hayatına sevimsiz bir bağımlılık daha ekliyor. Egosu, Selçuk'la tam anlamıyla bir sevişme yaşanmadığı sürece bunu bir savaş ilanı olarak kabul edip her cephede mücadele gösterecektir.

Selçuk'u kaybetmek istememesinin en büyük nedenlerinden biri de ego savaşını henüz kazanmamış olmasından dolayıdır.

Selçuk bu stratejiyle özgür bir iradeyi yönetimi altına almakta ve onu dilediği gibi yönlendirebilme erkini eline geçirmektedir.

Hayatında tutku ya da tatminsizlik duyduğun faktörleri birer birer gözden geçirmelisin.

Seni kimin yönettiğinin farkına varman çok önemli. Böylece esiri olduğun şeyle yüzleşmen daha kolay olacaktır. Senin için hiç uygun olmadığı halde kimin her söylediğine boyun eğiyorsun? Kim sana yapmak istemeyeceğin şeyleri bile yaptırabilme gücüne sahip? Kimi kıramayacağını düşündüğün için her şeyi göze alabiliyorsun? Kim seni ait olmadığını hissettiğin bir yerde tutmayı başarabiliyor? Kim gitmek istediğin halde seni durdurma gücüne sahip? Kime "hayır" demek istediğin halde diyemiyorsun? Kime karşı içinden geçenleri olduğu gibi ifade edemeyip susmayı seçiyorsun?

Bu soruların yanıtı senin için çok önemli... Çünkü o kişi seni ve duygularını yöneten kişidir.

İnsan tatminsizlik hissini sadece kişiler üzerinden yaşamaz. Para, iş, başarı, aşk, mutluluk, sevgi, neşe, coşku, eğlence vb. bütün duygular tatmin bulmadıkça egoyu kışkırtmaya devam edecektir.

Bu esaretten kurtulmanın çok basit ve etkili bir yolu vardır! Varlığının bütün bu faktörlere endeksli olmadığının farkına varman yeterli...

Örneğin Canan, Selçuk'la hayatı boyunca hiç sevişemese bile, bu durumun onun varlığından ve değerinden hiçbir şey eksiltmeyeceğini bilseydi böyle şuursuzca tutkularını peşinden koşup gitme ihtiyacı hissetmez, yönetilmeye izin vermezdi...

Unutma!

KAYBETMEKTEN KORKTUĞUN HER ŞEYİN KÖLESİSİN!

Canan gecelerce Selçuk'la sevişmelerini düşünerek uyumuştu... Konya'dan döndüğünden beri kocasıyla daha az konuşuyor ama daha sık sevişiyordu. Genelde yeni aldığı iç çamaşırlarını sergilediği gecelerde, artık kocasıyla yatakta daha eğlenceli oynuyorlar oynuyor, daha cesur konuşuyor ve zevk alıyordu. Gece boyunca gözlerini hiç açmıyor, ellerini kocasının vücudunda hoyratça gezdiriyordu. Her defasında Selçuk'a dokunuyor, onun sıcaklığını hissediyordu. Kocasının dudaklarında Selçuk'u öpüyordu. Yumuşak dokunuşlarıyla kışkırttığı, okşadığı ve teslim olduğu şehvet, Selçuk'un erkekliği oluyordu.

Yeni aldığı siyah dantelli iç çamaşırlarını giyerken, aklından hep bu düşünceler geçti. Gardırobunu açıp güncellediği kıyafetleri arasından krem rengi ipek bir büstiyer ile kırmızı dizüstü bir etek seçti... Şeftali tonlarında hafif bir makyaj yaptı. Maskarasını sürüp uzun kirpiklerini nerededeyse kaşlarına kadar kaldırdı. Bugün ruj sürmek istemedi. Dudakları için tercihi kayısı renkli bir parlatıcıydı sadece... Aynanın karşısında etrafında dönüp nasıl göründüğüne baktı. Karşısındaki kadına "Yine çok seksisin bebeğim" diyerek gülümsedi. Şımarık ama sevimli kız çocukları gibiydi...

Evden çıkarken cep telefonu çaldı. Asistanı Aslı arıyordu... Kapıyı kilitleyip, otoparka yürümeye başladığında telefonunu açıp konuştu:

"Efendim Aslı? Bakıyorum bensiz hiç bir işi halledemiyorsun... Anlamadım! Otelcilerin toplantısı bugün müydü? Kızım sen bana niye haber vermiyorsun? Dün hatırlatsaydın o zaman... Hatırlattın mı? Cengiz gitseydi bari toplantıya. Hasta masta falan deseydiniz benim için... Niye kabul etmiyorlarmış Cengiz'le toplantı yapmayı? Tüh... Tüh... Ne diyeyim Aslı, ne diyeyim... Yoldayım geliyorum ben. Kimse çıkmasın bir yere toplantı yapacağız."

Bu görüşmeden sonra keyfi kaçmıştı. Gönen'de termal otel projesi olan büyük bir inşaat firmasıyla bu sabah saat dokuzda toplantısı olduğunu tamamen unutmuştu. Asistanı Aslı dün akşam ofisten çıkarken hatırlattığı halde toplantıyı kaçırmıştı. İnşaat firması, şirket mimarlarıyla toplantı yapmak yerine karşılarında projenin yöneticisini görmek etmeyince, iş sıkıntıya girmişti...

Canan aracına binip, Levent'e doğru yola çıktı. Biraz önce yaşadığı keyfin yerini stres ve kızgınlık almıştı. İşi nasıl kurtarabileceğini düşünürken cep telefonu yine çalmaya başladı. Şirketten arandığını düşünüp çağrıyı yanıtlamadı. Nasıl olsa yarım saat içinde orada olacaktı. Araç kullanırken sinirlerinin daha fazla bozulmasını istemedi. Radyoyu açıp rastgele bir kanal seçti... Duyduğu şarkıya eşlik edip moralini yüksek tutmaya çalıştı. Canan, ipten adam alan avukatlar gibi, kuyudan proje çıkaran mimarlardandı. Bu işi de kurtarmanın bir yolunu bulabilirdi. Yeter ki sakin kalıp soğukkanlılığını koruyabilsin.

Çok geçmeden Levent çarşıya gelmişti. Gül Sokak'a girip ofisin önünde durup kornaya basarak güvenlik görevlisini yanına çağırdı. Korna sesiyle dışarı fırlayan adam, kaldırımdaki dubaları kaldırıp Canan'ın aracına park yeri açtı. Dünden beri yağmur yağıyordu, hemen her yerde trafik yoğunluğu yaşandığı halde zamanında ve takılmadan ofise ulaşabildiği için şanslıydı.

Çalışanları başıyla selamlayarak içeri giren Canan, kimseyle konuşmadan odasına girip yerleşti. Selçuk'un yolladığı bir sepet dolusu kırmız gül masadaki yerini almış, sahibini bekliyordu. Canan, asistanı Aslı'yı yanına çağırıp termal otel projesinin dosyasını ve konuyla ilgili bağlantı kurudukları herkesin telefon numaralarını istedi. Güllerin arasındaki beyaz zarfı alıp çekmecesine attıktan sonra, gül sepetini diğerlerinin yanına koymasını söyledi Aslı'ya... Dosyaları Canan'ın masasına bırakan genç kız, güçlükle kaldırdığı sepeti botanik bahçeye dönüşen odanın içinde nereye yerleştireceğini bilemedi. Bütün sehpalar, masalar ve duvar dipleri güllerle doluydu. Canan, kızın bocaladığını görünce, "Aslıcığım, şu eski ve kurumaya başlayan sepetleri dışarı çıkarıp at. Gelen yenileri de boşalan yerlere yerleştir lütfen. Sen bunu düşünebilecek kadar zeki bir kızsın değil mi? Bunca işin arasında seni organize etmek istemiyorum" dedi...

Canan ne kadar sakin olmaya çalışsa da, gerginliğini üzerinden atamadığı belliydi. Asistanı Aslı'yı çok severdi ve ona karşı bu kadar sert ve kırıcı konuşmazdı.

İşi kurtarmanın telaşı içinde stresini kontrol edemiyordu. Aklının ufak tefek işlerle meşgul edilmesini istemiyordu. Termal otel işiyle ilgili inşaat firmasının yönetim kuruluyla görüşmek yerine, önce proje müdürünü arayıp konuşmanın daha mantıklı olacağını düşündü. Proje müdürünü ikna etmeyi başarabilirse, yönetim kuruluna tesir etmesi çok daha kolay olabilirdi.

Canan cep telefonunu eline aldığında, yolda kendisini arayan kişinin Selçuk olduğunu gördü. Önce inşaat firmasını arayıp sabah yaşanan aksiliği telafi etmeyi düşündüyse de, Selçuk'un çağrısına geri dönmek istedi. Tam bu sırada Selçuk'tan yeni bir mesaj geldi. Anlaşılan Canan'a ulaşamayınca mesaj yazmayı tercih etmişti. Selçuk'un yazdıklarını okuduktan sonra Canan'ın yüzü aydınlandı. Kendi kendine tebessüm etmeye başladı. Heyecanlanmıştı. Selçuk akşam saatlerinde İstanbul'a geliyordu. Üstelik üç gün boyunca burada kalacaktı. Canan bu sürprize inanamıyordu. Çok sevinmişti. Eli ayağına dolaştı. Ne yapacağını bilemedi.

Asistan Aslı ise, ikide bir odaya girip çıkarak Canan'ın telaşını izliyor ve olan biten hakkında fikir sahibi olmaya çalışıyordu. Sonunda dayanamayıp sordu:

"Canan Hanım, termal otel işini hallettiniz galiba... Sizi gerçekten tebrik ederim. Çok güçlü bir işkadınısınız. Sizin gibi olmak isterdim..."

Canan'ın aklı başından gitmişti... Aslı'nın ağzında ne geveleyip durduğunu anlamamıştı bile... Fakat halledilmeyi bekleyen bir sorun olduğunu hatırlamıştı nihayet.

"Ah ben şu otelcileri arayacaktım ya... Of kafam karıştı Aslı, sen de ne konuşup duruyorsun orada? Herkesi toplantı odasına çağır hemen. Konuşmamız lazım. Şu otelin proje müdürünü arayıp geliyorum, tamam mı?"

"Tamam Canan Hanım..."

Canan, bir yandan heyecanını dizginlemeye çalışıyor diğer yandan şu otelcileri nasıl ikna edeceğini düşündü. Proje müdürü, telefonunu açtığında aklına gelen ilk bahaneyi söyledi. Asistanının programsızlığından kaynaklanan aksilik için özür diledi. Birlikte çalışmaya devam edip etmemek konusunda düşünmek için karşı tarafa sadece bir hafta verdi. Sırada bekleyen ikiz kuleler ve Osmanlı konseptinde inşa edilecek olan toplu konut projeleri olduğunu hatırlattı. İkiz kuleler inşaatı, bu firmanın en güçlü rakibiydi. Bu kozu öne sürerek, karar verme süreçlerini hızlandırdı. Büyük ihtimalle üç dört gün içinde arayıp yeni bir toplantı talep edeceklerdi. Proje müdürü telefonu ilk beş dakika içinde kapamayıp kırk dakikadır konuşmaya devam ettiğinde göre, termal otel projesi Canan'larındı...

"Sizinle daha önce de başarılı işlere birlikte imza attık Serdar Bey... Takım arkadaşlığımızın ve doku uyumumuzun nasıl güzel sonuçlar doğurduğunu hepimiz biliyoruz. Bu ortaklığı küçük aksiliklere feda etmeyi siz de istemezsiniz, biz de. Birlikte yapacak daha çok işimiz var. Görüşmek dileğiyle" diyerek telefonu kapatan Canan, apar topar toplantı odasına geçip ekibine konuyla ilgili son bilgileri verdi. Asistanı Aslı'dan da programları hatırlatmak konusunda daha etkili bir kontrol sistemi bulmasını istedi. Bir gün önceden ofisten çıkar ayak yapılan hatırlatmaların işe yaramayacağını söyledi. Canan, toplantıyı unutmasında kendisinin hiç kabahati olmadığını düşünüyordu. Aklı hiç havada değildi. Ayakları yerden kesilmemişti. Günün büyük kısmını alışveriş merkezlerinde geçirmiyor, sabahları yatağında fırladığı gibi şirkete koşuyordu sanki. Bütün kabahat asistan Aslı'daydı, ayağını denk alsa iyi olurdu.

Canan, ekibine gerekli ikazları yaptıktan sonra odasına geri döndü. Sabah gelen gül sepetinin içinden çıkan mektubu henüz okumamıştı. Zarfı çekmecesinden alıp, üzerindeki kırmızı mührü açtıktan sonra okumaya başladı:

" '*Göz gamın ne olduğunu bilseydi*
Gökyüzü bu ayrılığı çekseydi
Padişah bu acıyı duysaydı
Göz, gece demez gündüz demez ağlardı
Gökler yıldızlarla, güneşle, ayla
Gece demez, gündüz demez ağlardı
Padişah bakardı ününe, tacına, tahtına, tolgasına, kemerine
Gece demez, gündüz demez ağlardı
Gül bahçesi güzün geleceğini duysaydı
Uçan kuş avlanacağını bilseydi
Gerdek gecesi bu özlemi görseydi
Gül bahçesi hem güle hem dala ağlardı
Uçan kuş uçmaktan vazgeçer ağlardı
Gerdek gecesi, öpüşmeye, sarılmaya ağlardı...'

Ey gönlümün gelini, benim sana duyduğum özlem her geçen gün çığ gibi büyür oldu yüreğimde. Seni görmek duası düşmez oldu dilimden. Kavuşmanın umudu da olmasa, tek bir an çekilir gibi değil artık... Kara sevdaya mı düştüm, nedir seni bunca düşlemem. Yüzünü görmeden deva bulacak gibi değil derdim... Sana hasretim günbegün artmakta, beklemeye tahammülüm tükenmekte gönül dostum. Vuslatı özledim. Ellerini, yüzünü, dudaklarını, çillerini özledim. Bir gece daha yüzünü görmeden uyumayacağım. Allah nasip ederse bugün İstanbul'a, yanına geleceğim...

Selçuk Arslan"

Selçuk'un bu duygulu şiirinden ve hasret dolu kavuşma isteğinden çok etkilendi. Cep telefonunu çıkarıp ondan gelen son mesajı bir kez daha okudu. Akşam saat yedide İstanbul'a inmiş olacağını, Canan'ın da kendisini karşılamasını çok arzu ettiğini yazmıştı.

Öğleden sonra ofisten çıkıp Etiler Akmerkez'e gidip üzerine şık bir kıyafet almayı, oradan da Ulus'a geçip kuaförde saçlarını yaptırmayı planladı. Üzerindeki kıyafetler de gayet şıktı ama bir aydır görmediği gönül dostunu karşılamak için çok daha seksi ve göz alıcı bir şeyler giyerse kendini daha iyi hissedecekti.

Bir iki telefon görüşmesi yaptıktan sonra o günkü inşaat ziyaretlerini yarına erteleyerek ofisten çıktı. Aracına bindikten sonra Selçuk'u arayıp sesini duymak istedi.

"Canım nasılsın? Bugün ne güzel bir sürpriz yaptın bana. Bu aralar İstanbul'a gelmeyi düşündüğünü bilmiyordum. Çok şaşırdım..."

"Hasretine dayanamadım artık. Sabah namazımı kılar kılmaz yola çıkmaya karar verdim sevgilim... Bugün sana koşup gelmeme hiç kimse engel olamaz. Allah izin verirse akşama yanındayım."

"Seni karşılayacağım aşkım. Kalacağın yeri ayarladın mı?"

"Hemen şimdi onu da organize ettiriyorum sekreterime."

"Hiç gerek yok. Kalacağın oteli ayarlarım ben. Hemen Maslak Sheraton'u arayıp iki kişilik bir oda ayırtıyorum."

"Nasıl istersen sevgilim. Hasretle kucaklıyorum seni..."

"Görüşürüz aşkım."

"Allaha emanet ol güzelim..."

Canan, Akmerkez'de çok uzun kalmadı. Artık giyim konusunda ne istediğini iyi bildiği için, aradığı şeyleri bulması da fazla vakit almıyordu. Siyah derin dekolteli parlak bir bustiyer ile kalçalarını sımsıkı saran dar paçalı bir kot pantolon satın aldı. Sivri uçlu, ince topuklu siyah ayakkabılarıyla çok seksi görünüyordu. Mağazadan çıkıp, otoparka ininceye kadar karşısına çıkan erkeklerin çapkın bakışlarıyla onu markaja almasından hoşlanmıştı. Demek ki umduğundan çok daha göz alıcı görünüyordu.

Kuaförde saçları yapılırken Türk kahvesini yudumlayıp moda dergilerini karıştırmaya başladı. Derginin birinde can dostu Nuray'ın röportajını görüp okudu. Anlaşılan yine yoğun günler geçiriyordu. Televizyon programları, gazete-dergi röportajları, seminerler derken Nuray'ı arayıp bulmak bazen yakın arkadaşları için bile kolay değildi. Konya'dan döndüğünden beri her hafta Nuray'ı aramış ancak işlerinin yoğunluğundan dolayı bir türlü görüşememişlerdi. Oysa onunla açıkça konuşmaya ve içinde kopan fırtınaları olduğu gibi anlatmaya çok ihtiyacı vardı.

Nuray onun için sadece başarılı bir astrolog ve kişisel gelişimci değildi. Kötü gün dostuydu da aynı zamanda. Varlıkta ve yoklukta insana yoldaştı. Yıllar önce ikisi de bekârken aynı mahallenin komşu kızları olarak tanımışlardı birbirlerini. Küçük bir mahallede kesişen yolları bir daha hiç ayrılmamıştı... İkisi de gençlik aşklarıyla evlenip erkek çocuklar doğurmuşlardı. İkisi de kendi işlerinde hatırı sayılır bir güce ve şöhrete sahipti.

Her ne olduysa şimdilerde Canan sahip olduğu bu güzellikleri yönetmekte zorlanıyordu. Kocasını ve çocuklarını neredeyse göremiyordu bile. Akşam saatleri bir iki saatlik sohbetlerle birbirlerinin varlığından haberdar olup odalarına çekiliyordu herkes. Canan için her şey farklıydı artık. Mesleğine ve kariyerine bakış açısı bile eskisi gibi değildi. Ruhu ve bedeniyle bile yeni tanışıyor gibiydi. İçinden çıkan afet-i devrana kendisi bile inanamıyordu. Bastığı yeri titretecek güzellikte bir kadın olduğuyla geç de olsa yüzleşmek çok hoşuna gitmişti ve bunun tadını çıkarmakta kararlıydı.

Fakat ne zaman Selçuk'la ilgili yaşadığı bir coşkuyu paylaşmak için Nuray'ı arasa "aceleci davranmaması" gerektiğini duymaktan da sıkılmıştı. Arkadaşı sanki ona moral vermekten çok keyfini kaçırıyor gibiydi. Bu düşüncelerine rağmen yine de Nuray'ı arayıp onunla buluşmak istedi. Her ne olursa olsun güvenebileceği en eski dostu oydu.

"Canım arkadaşım nasılsın? Bu ay dergide çıkan röportajını okuyordum. Seni çok özledim Nuraycığım... Bu hafta görüşsek artık diyorum."

"Ben de seni çok özledim arkadaşım. Bu hafta şehir dışında seminerlerde olacağım ama döner dönmez seni görmek istiyorum. Konya'da tanıştığını söylediğin şu adamla ilgili bir gelişme var mı?"

"Olmaz olur mu? Birkaç saat sonra İstanbul'a geliyor. Gece görüşeceğiz. Sheraton'u ayarladım. Orada buluşup hasret gidereceğiz. Keşke burada olsan, konuşacak o kadar çok şey var ki."

"Arkadaşım kendini mutlu hissetmen çok güzel fakat bu adamla ilgili bu kadar kısa süre içinde çok yoğun duygular hissetmeye başlaman beni düşündürüyor. Onu sadece bir kez gördüğün halde, bu geceyi onunla geçirmeyi planlıyorsun. Eve dönmediğin zaman kocanın ve çocuklarının kuşkulanabileceğini düşünmüyorsun bile. Anladığım kadarıyla onlara karşı duyduğun sorumluluk da irtifa kaybetmiş. Astrolojik verilere göre bu gece çok da umduğun gibi mükemmel geçmeyebilir. Mantıklı ve kontrollü olmanı istiyorum. Şu sıralar iş ortaklıkları ya da yeni ilişkiler için çok riskli bir dönem. En azından iki ay boyunca ne ilişkilerinle, ne de iş anlaşmalarınla ilgili ciddi kararlar verme. Benim dönmeme çok kısa bir süre kaldı. Gelir gelmez seni arayacağım ve her şeyi birlikte yoluna koyacağız anlaştık mı?"

"Ay Nuray iki dakika da bütün enerjimi bitirdin. Ortada hiç de öyle aksilik maksilik yok. Her şey yolunda. Gecem de mükemmel geçecek ayrıca. Ay niye moralimi bozuyorsun ama ya! Aşk olsun sana. Sen böyle mi terapi yapıyorsun insanlara."

"Canım arkadaşım. Ben kimseye ihtiyacı olan sözleri söyleyip, onları yalancı bir mutluluğa sürükleyip daha sonra uçurumdan aşağı nasıl yuvarlandıklarını izlemiyorum. İşim konusunda ne kadar tavizsiz ve prensip sahibi olduğumu en iyi sen bilirsin. Benim öğrendiğim ilim insanları uyutmak için değil, uyandırıp uyarmak için. Sana yıldızlardan rehberlik alarak kâinatın söylediği şeyi aktarıyorum sadece. Bu bilgiyle işbirliği yapmak ya da yapmamak senin kendi seçimin. Şu an enerjinin düşmesi, moralinin bozulması da duymak istediğin yalanı işitememekten kaynaklanıyor. Şunu hiç unutma bir tanem, gerçeklerin acısı baldan bile tatlıdır. Seni seviyorum. Sakin ve dingin kal..."

"Hoş çakal Nuraycığım... Ben de seni seviyorum!"

Görüşmeden sonra keyfi kaçan Canan, her ne olursa olsun hiç kimsenin birkaç saat sonra yaşayacağı mutluluğa gölge düşürmesine asla izin vermeyecekti. Bu gece sevdiği adama kavuşacak, onunla çok güzel bir gece geçirecek ve birlikte oldukları her anın tadını sonuna kadar çıkaracaktı. Canan, saatin altıya geldiğini görünce telaşlandı. Akşam trafiğinde Ulus'tan Yeşilköy'e bir saatte gidip gidemeyeceğini düşündü. Neyse ki fönü tamamlanmıştı. Nemli havada saçının kabarmaması için biraz köpük istedi. İstanbul iki gündür yağışlıydı... Şimdi yine yağmur başladıysa, bu saatte E-5'ten Yeşilköy'e gitmek zulümdü. Ödemesini yapıp teşekkür ederek çıktı. Kuaförün çırağı şemsiye açarak, aracına kadar Canan'a eşlik etti. Hava kararmış, yağmurun hızı artmış, trafik keşmekeşe dönmüştü adeta.

Moralini hiç bozmadan aracına binip yola koyuldu. Ulus'tan Zincirlikuyu'ya çıkıp oradan E-5'e bağlanmayı planladı. Bu arada Selçuk'tan yeni bir mesaj gelip gelmediğini kontrol etmek için yan koltukta duran çantasını kurcalamaya başladı. Gözünü yoldan ayırmadan el yordamıyla yaptığı arama çok sürmedi. Cep telefonunu zorlanmadan buldu. Selçuk mesaj atmamıştı... Aramamıştı da. Ama Ayhan'ın iki cevapsız çağrısı vardı. Muhtemelen Canan kuaförden çıkarken aramıştı. Çantanın içinde çalan telefonu duyamamıştı.

Kocasının çağrısına geri dönüp arayan Canan, Ayhan'ın telefonunu açmayacağını biliyordu. O genelde çağrıları inceleyip uygun bulduklarına geri dönenlerdendi. Doğan ve Orçun dışında arayan herkes, Ayhan'ın iletişim gümrüğüne takılırdı. Bu yüzden de oğulları dışında kimse Ayhan'ı acil durumlarda yardım istemek için aramazdı.

Canan, kocasının bu tuhaf huyunu kanıksamıştı artık. Birine ihtiyaç duyduğunda arayacağı son kişiydi Ayhan... Ya da belki aramaması gereken tek kişiydi, zira telefonunu açmayacağı kesindi...

Tam da düşündüğü gibi olmuştu işte, Ayhan karısının telefonuna cevap vermedi. Arabasının içinde kendi kendine söylenen Canan, kocasının tuhaf huylarından şikâyet etmeye başlamıştı:

"Ne antika adamsın Ayhan ya... Hem beni arıyorsun, hem sana döndüğüm halde açmıyorsun. Ruh hastası mısın arkadaş? Yemin ediyorum bu adam yoruyor artık beni. Çocuk gibi peşinden koşacaksın bunun..."

Bunca zaman içinde Ayhan'ı her haliyle kabul edip sevmişti Canan... Çok zaman onu sevmekten yorulduğunu hissetse bile Ayhan güvenilir bir hayat arkadaşı, iki oğlunun da şefkatli babası olmuştu... Dünyaya yeninden gelse oğulları için yine aynı babayı seçerdi muhakkak... Ayhan şefkatli ve ilgili bir babaydı. Oğullarına çok düşkündü. Bebekliklerinden beri onlarla ilgili her türlü sorumluluğa razı oldu. Oğulları için karısıyla görev pazarlığı bile yapmadı. Altlarını değiştirdiği de oldu, yıkayıp yatırdığı günler de... Oğullarıyla ders çalıştı, onlarla birilikte okula gitti, veli toplantılarına katıldı... Doğan'ı üniversite sınavına da kendisi götürmüş, elinde su ve leblebiyle üç saat kapıda beklemişti. Onların her ihtiyacıyla yakından ilgilendi Ayhan. Masraflarından hiç yakınmadı. Ailesi için canla başla, seve seve çalıştı. O bir çocuğun başına gelebilecek en iyi babaydı kuşkusuz.

Acaba yeniden dünyaya gelse kocası olarak yine aynı adamın elini tutar mıydı Canan? Bugüne dek bu sorunun cevabını kolaylıkla, hiç düşünmeden verebiliyordu. Oysa şimdi hiçbir şeyden emin değildi. Ayhan'a yeniden âşık olur muydu, ona tutkuyla bağlanabilir miydi bilmiyordu. Evet kocasını seviyordu ama bunun aşkla ilgisi yoktu. Onun romantik bir adam olmaması, karısına tutkulu bir aşk yaşatmayı becerememesi, şiir okuyup güzel cümleler kuramaması, kompliman yapamaması bir suç ya da zaaf sayılmazdı elbette.

Ayhan olduğu gibi bir adamdı... Onu okuması da anlaması da kolaydı. Kimsenin kafasını karıştırmazdı. Gizemli olmayı istese bile beceremezdi. Yalındı. Düzdü. Şeffaftı. Açıktı. Ortadaydı. Göründüğü gibiydi. Uzun bir yol arkadaşlığı için insanın yanında olmasını dilediği şeffaflıktaydı... Üstelik yakışıklıydı da... Hatta dikkatli bakıldığında Selçuk'a benzediğini söylemek bile mümkündü. O da uzun boylu, esmer, kapkara gözlü, siyah dalgalı gür saçlıydı... Onun şakaklarındaki seyrek kırlıklar da kemikli yüzüne derin, güzel anlamlar katıyordu. Onun gülüşü de cam gibi kırılırdı dudaklarında. Bakımlı, temiz, havalı ve dikkat çeken bir adamdı Ayhan da... Tamam biraz tuhaftı. Sohbet etmeyi pek sevmezdi. Az konuşur, iltifat etmez, sosyal ortamlara pek girmezdi. Telefonlarını açmaz, televizyon başından ayrılmaz, evde olmaktan hoşlanırdı. Bunları büyük sorunlar olarak algılamak Ayhan'ın dürüstlüğüne, ahlakına ve erdemlerine haksızlık etmek olurdu. Hem sanki Selçuk'un hiç tuhaflıkları yoktu. O, Canan için başlı başına bir muammaydı. Selçuk'u, kocasını okuduğu gibi okuyamazdı. O, Ayhan gibi kolay çözülecek adamlardan değildi. Gizemleri vardı. Ne kadar temiz ve düzgün bir adam gibi görünse de Ayhan kadar şeffaf olduğu söylenemezdi.

İşaretlerin Dili (Evrensel Rehberlik)

Selçuk ve Ayhan arasındaki fiziksel benzerlik ilk bakışta her ne kadar basit ve önemsiz bir detay gibi dursa da, aslında bütün bu karmaşık ve zorlu hikâyenin yaşanmasına neden olan en güçlü nedenlerden biridir...

Canan aslında çok sevdiği bir adamı, sırf kendisinin arzuladığı kriterlere ulaşmayı başarmıyor diye başka bir adamda deneyimlemeye kalkışıyor. Canan'ın içsel olarak yaşamak istediği esas adam aslında kocası Ayhan'dır... Bu yüzden iki adam arasındaki fiziksel benzerlik tesadüf değildir.

Hayatına aldığın insanların birbirlerine hangi yönlerden benzediklerini, hangi yönlerde birbirlerinden ayrıldıklarını iyi analiz et lütfen.

Yaşamını kendi kriterleri dahilinde yönetmekte ısrarcı olan insanlar, evrenin sonsuz olanaklarına ve fırsatlarına kapılarını kapatmış olduklarından genelde tatminsiz ve mutsuzdurlar. Bundan dolayı da hep "aradıklarını bulamamaktan" yakınıp dururlar.

Boyu uzun olsun, saçı sarı olsun, gözleri ela olsun kriterlerinde bir partner dileyip sonunda bu dileğine ulaşman elbette çok mümkün. Fakat ulaştığın bu dilekte uzun vadeli mutlu ve huzurlu kalman çok zor. Zira yukarıdaki listeye bir müddet sonra ayrıca romantik de olsun, eğlenceli olsun, keyifli olsun, güven versin, eğlenceli olsun, hayattan zevk alsın kriterleri de eklenecektir.

Ben bütün bunların aynı anda bir araya gelemeyeceğini, hayallerini sınırlaman gerektiğini söylemiyorum kesinlikle. Çok daha zengin hayaller bile kurabilirsin çünkü hayal edebildiğin sürece gerçekleştirme ihtimalin vardır. Fakat buradaki ayrıntıya dikkat edersen "aradığını bulamayan" mutsuz ve tatminsiz insanların zihni tamamen aramaya programlıdır, aradığını bulmaya değil.

Biraz önce verdiğim listedeki her şeye sahip olan birini buldukları takdirde de tatmin olmayacaklardır emin ol! Her defasında listeye yeni bir kriter daha ekleme arzusu duyacaklardır. Bu kez zengin de olsun, ünlü de olsun, çok tanınsın, fanatikleri de olsun gibi sonsuz, uçsuz bucaksız taleplerine devam edeceklerdir. Çünkü içsel olarak hedefleri aramaya devam etmektir. Bilinçaltında yatan birinci hedef "aradığını bulamayan insan" mertebesine ulaşmaktır.

Canan da bu noktada farkındalık sahibi bir kadın olsaydı aslında aradığı insanı çoktan bulmuş olduğunu, fakat üzerine yeni kriterler ekleyerek başka bir üst model arayışına geçtiğini fark edebilirdi.

Ben sana aramaktan vazgeç demiyorum! Sadece uzaklarda aradığın şey, tahmininden çok daha yakınlarında duruyordur olabilir, bu yüzden biraz daha farkındalıklı bakmayı dene diyorum.

Canan, bunları düşünerek yol alırken Merter'i geçip İncirli'ye kadar gelmişti. Şirinevler'den sonra havalimanı sapağından ayrılacak, iç hatlar geliş terminaline doğru yönelecekti. Uçağın inmesine henüz on dakika vardı. Birkaç dakikalık gecikmeyle de gelmiş olsa, Selçuk çıkış kapısında görünmeden evvel, Canan terminalde onu bekliyor olabilecekti.

Şirinevler metrobüs durağını geçtiği sırada cep telefonu çalan Canan, Selçuk'un erken gelmiş olma ihtimalini düşünüp telaşlandı. Arayanın Ayhan olduğunu görünce, sakinleşti.

"Efendim Ayhan..."

"Beni aramışsın Canan?"

"Asıl sen iki kez aramışsın beni Ayhan. Ne yapacağız şimdi böyle sen mi aradın ben mi aradım diye sorup duracak mıyız?"

"Yolda mısın sen? Eve mi dönüyorsun?"

"Hayır! Ankara'dan bir misafirim geliyor. Havalimanına onu karşılamaya gidiyorum şimdi. Siz yemeğinizi yiyip yatın, beni beklemeyin. Benim işim uzun... Geç dönerim. Hadi görüşürüz."

"Görüşürüz."

Canan, havaalanı otoparkına aracını çekip koşarak iç hatlar geliş terminali kapısına ulaştı. Güvenlik kontrolünden geçip, gelen yolcuların çıkış yaptığı kapının önünde durdu. Ankara uçağı tam vaktinde iniş yapmıştı. Bu hesaba göre Selçuk'un birazdan çıkış yapması gerekiyordu.

Nihayet artık kavuşacaklardı. Üstelik bu kavuşma ikisi için de farklı olacaktı. Aradan geçen bir ay boyunca yüz yüze görüşememiş olsalar bile duygusal olarak çok şey paylaşmışlardı. Birbirlerine karşı hissettikleri özel duygulardan bahsetmişler, kalplerindeki aşk özlemini anlatmışlardı. Birbirlerini düşleyerek uyuduklarını itiraf etmişler, her defasında vuslat dilemişlerdi. Yeniden öpüşmeyi ve cömertçe birbirlerine dokunmayı arzuladıklarını da dürüstçe itiraf etmişlerdi. Onlar birbirini özleyen iki arkadaş gibi değil, özlem çekmekten kavrulmuş iki sevgili gibi sarılacaklardı.

Canan, gelen yolcuların yüzlerinde Selçuk'u ararken, bir ay önceki tanışmalarını hatırladı. Onun kendisine kahve uzatışını, elinden tutup yerden kaldırışını, yol boyunca yaptıkları sohbeti ve Konya'yı düşündü. Selçuk'un mektuplarında ve mesajlarında yazıp yolladığı hatta bazen telefonda kulağına okuduğu aşk dolu tasavvuf şiirlerinden en çok hangisini sevdiğini sordu kendine...

Elbette, Şeb-i Arus gecesi kulağına sıcak nefesini üfleyerek okuduğu o şiiri seviyordu en çok... "*Duydum ki bizi bırakmaya azmediyorsun, etme... Başka bir yâr, başka bir dosta meylediyorsun, etme.*"

Selçuk'un sesi ve dokunaklı şiirleri kadar onun ellerini tutması, sıcağında yanması da güzeldi. Güçlü ve şefkatli elleri vardı Selçuk'un ve sanki dokunduğu her kişiye, içindeki bütün bilgiyi, sevgiyi ve derinliği akıtıyordu avuçlarının içinden...

Canan, sıcak bir kavuşma anı hayal edip durdu. Birazdan çıkış kapısı açılacaktı. Selçuk güçlü ve merhametli kollarını açıp bunca zamandır dizginlemeye çalıştığı özlemini havalandıracaktı yüreğinden. Canan da onu görür görmez boynuna atılıp sımsıkı sarılacaktı. Nefessiz kalacaklardı. Dünsüz, yarınsız duracaklardı şu anın sonsuzluğu içinde. Sonra ikisinden başka kimse kalmayacaktı yeryüzünde. Hiçbir şeyin kalabalığına aldırmadan öpüşeceklerdi. Dudakları vahaya ulaşacaktı sonunda. Sıcak ve ıslak...

Sheraton'daki odalarına çıkacaklardı beraber... İstanbul'un yağmurunu izleyeceklerdi pencereden. Belki sabahlayacaklardı yine. Aşk şiirleri okuyup, sohbet edeceklerdi gün ışıyana dek... Sevgiden, sevmekten, hayattan, güzelliklerden, paylaşmaktan, büyümekten ve çoğalmaktan konuşacaklardı. Ya da belki uyuyacaklardı. Birbirlerine sıkıca sarılıp, sevişmeden yatacaklardı aynı yatakta.

Selçuk bu kez, kabaran iştahına hükmedemeyebilirdi ama... Belki artık doludizgin sevişmek isteyebilirdi. Canan'ı ne çok arzuladığından bahsedip durmuştu hep. Ayrı kalmaya dayanamadığını söylemişti. Ellerini, dudaklarını doyasıya öpmekten, kalçalarını, göğüslerini kavrayıp sıkmaktan bahsetmişti sürekli. Belki bu kez arzularını denetleyemeyecekti. Canan'ı bütünüyle teslim alıp bacaklarının arasından içine sızmayı her şeyden çok isteyecekti.

Sürprizlerle dolu bir gece yaşayacağından emindi Canan... Düşündüğü şeyler heyecanını ve coşkusunu artırmıştı. Yanaklarının pembeleşmeye başladığını hissediyordu. Bu sırada çıkış kapısı bir kez daha açıldı ve kapkara gözlerinde yıldızlar çakan, esmer bir adam göründü karşısında... Uzun boyuyla onu kalabalığın içinden seçmek hiç de zor değildi. Siyah saçları yine yana düşmüş, itinayla geriye doğru taranmıştı. Dudağının kenarında her an düşüp parçalanmaya hazır, incecik bir tebessüm asılı kalmıştı sanki. Canan onu görür görmez şahlandı. Var gücüyle koşup sarılmak istedi. Bu kadar beklemek yetmişti. Bundan sonra olacakların hiçbir önemi yoktu. Selçuk'a atıldığı an, elinde başka bir kadının elini fark edip sendeleyerek durakladı. Heyecanı da, hareketleri de yavaşlayıverdi birden...

Selçuk yalnız değildi. Yanında başka bir kadın vardı...

ŞİMDİ SORARIM SANA EY GÖNÜL: HANGİ AŞK DAHA BÜYÜKTÜR? ANLATILIP DİLE DÜŞEN Mİ, ANLATILMAYIP YÜREK DEŞEN Mİ?

Canan, bütün yemek boyunca masadakilerin ilgi odağı olmayı başardı. Ateş kırmızısı, derin göğüs dekolteli ipek elbisesinin içinde bir içim suydu... Göğüslerine söz geçiremiyordu sanki. Canan hareket ettikçe onlar diledikleri gibi sallanıyor, her an dışarı taşacaklar heyecanıyla masadakilerin yüreğini ağzına getiriyordu. Sesi, kokusu, işvesi, neşesi ve özgüveniyle sadece Selçuk'u değil, yirmi yıllık kocasını bile büyüledi.

Canan, ailece oturdukları bu kusursuz yemek masasında, Ankara'dan gelen misafirlerini hakkıyla ağırlayabilmek için çok emek sarf etti. Hem masanın, hem de gecenin kraliçesiydi şimdi.

Selçuk, eve girdiğinden beri gözlerini Canan'dan alamıyordu. Ayhan'ın bu ilgiyi fark etmesinden bile endişe etmedi. Zira Ayhan'ın gözü de karısından başkasını görmüyordu. İki erkeğin delici bakışları altında hapis tutulmak, Canan'ın hoşuna gitmişti.

Sabahtan beri kendi elleriyle hazır ettiği eksiksiz sofrasıyla ve baş döndüren cazibesiyle adeta masadakilere medyan okuyordu. Onun bu kışkırtan özgüveniyle aslında ne yapmaya çalıştığını sadece bir kişi sezebiliyor gibiydi. Kafasının içindeki tilkileri kuyruklarını birbirine değdirmeden dolaştırmasını Selçuk'un karısı Beyza oturduğu yerden rahatça görebiliyordu sanki. Canan'ı izlerken, bu gece yapılan bütün hazırlıkların aslında kendisi için olduğunu hissediyor gibiydi...

Zira kadınlar masum yaratıklar değildir. Onların bedenleri kadar, zekâları da işvelidir. Bir kadının nerede, ne zaman ve kime karşı savaş açtığını ancak yine bir kadın fark edebilir. Bu yüzden kadının kurdu, daima başka bir kadındır...

İlk bakışta masum ve nazik bir akşam yemeği gibi görünse de, burası aslında karşıt kuvvetlerin bir araya geldiği bir muharebe alanıydı. Burada her an, her şey olabilirdi.

Canan, bu karşılaşma planını, dün akşam havalimanında Selçuk ve karısı Beyza'yı el ele gördüğü andan itibaren kurgulamıştı.

Yaşadığı hayal kırıklığıyla sarsılan Canan, Selçuk'un yanındaki kadınla birlikte kapıdan çıktığını gördüğü halde yanlarına gitmeyip beklemiş, elleri birbirine kenetlenmiş bu çifti çakılı kaldığı yerden bir müddet izlemişti.

Gördüklerine inanamıyordu. Bunca zaman sonra Selçuk'la kavuşup görüşmelerini böyle düşlememişti. Kalbinin üzerinde hissettiği baskı nefesini kesmiş, başını döndürmeye yetmişti. Midesi bulanıyordu. Ayakta kalabilmek için bünyesine direndiğini fark etti.

Selçuk'un yüzü gülüyordu. Elini tuttuğu kadın, kalabalığın içinde onu kaybetmekten endişe edercesine, her attığı adımda Selçuk'un kolunu gövdesine doğru çekiyor, göğüsleriyle ona değiyordu. Aralarındaki çekimi ve ahengi hissetmemek mümkün değildi. İki ayrı dünyanın insanı gibi görünmüyorlardı. Birbirlerinden bıkıp usanmış, aşkı ve coşkuyu başka kalplerde aramaya başlamış çiftlerin soğuk rüzgârları esmiyordu aralarında.

Canan, neredeyse çeyrek asırdır tanıdığı hayat arkadaşıyla hiçbir zaman sokaklarda böyle el ele dolaşmamıştı. Ayhan, kaybolmaktan korkan ilkokul çocukları gibi el ele tutuşarak yürümekten hiç hoşlanmazdı. Onlar üniversitede okurken sevgili oldukları dört yıl içinde bile birbirlerine bu kadar yakın durup dolaşmamışlardı kalabalığın içinde...

Oysa Selçuk'un yanındaki kadınla duygusal ve bedensel hiçbir mesafesinin olmadığı seziliyordu. Yakınlıklarından ve aralarındaki güçlü çekimden dolayı Canan, bu kadının Selçuk'un karısı olmayabileceğini düşündü. On sekiz yıldır aynı hayatı ve yatağı paylaşan çiftlerin yorgunluğu ve bıkkınlığı yoktu onların arasında. Selçuk muhtemelen, yeni sevgilisiyle İstanbul'a gelmiş olmalıydı. Belki de Canan'la tanıştığı gibi bu kadınla da havalimanında tanışmış olabilirdi. O halde hangi akla zarar bir kararla, hasretinden yanıp kavrulduğu kadının yanına elinde başka bir kadınla gelmeye cüret edebilmişti. Bütün bu soruların yanıtını yine Selçuk verecekti.

Kısa bir süre bakışlarıyla etrafı tarayan Selçuk, kalabalığın içinde görünmez olup kaybolmayı diler gibi küçülen ve saplanıp kaldığı yerden bir adım dahi kımıldamayan Canan'ı fark ettiğinde gülümseyerek ona doğru yürüdü. Yüzündeki aydınlık ve yumuşaklık, Canan'ın kalbine doğru akmaya başladı. Selçuk'un kara gözleri, tül gibi serilmişti kalbi kırık kadının üzerine.

Tebessüm etmek için çaba gösterdiğinin anlaşılmamasına imtina eden Canan, ağır bir demir külçesini kaldırır gibi yavaşça ve zorla uzattı elini. Selçuk, yüzündeki huzurdan ve güvenden hiç taviz vermeden tuttu Canan'ın elini. İçten, sıcacık ve özlemle uzun uzun kavrayıp avucunun içinde tuttu kuş gibi çırpınan yüreğini... Canan'ın duyduğu hüzünden içi ezilirken, Selçuk, yanındaki kadının elini de kuvvetle ve ısrarla tutmaya devam ediyordu. Canan bunu fark ettiğinde, sırtına giren ikinci hançerin acısını duydu ılık ılık...

Selçuk, gözünün önünde kıvranan bu güzel kadına yaşattığı

yıkımın hiç farkında bile olmadan, yanındaki kadını kibarca takdim etti ona:

"Karım Beyza... Bu da benim biricik gönül dostum Canan. Senden çok bahsettim Beyza'ya. O da gelip seninle tanışmak istedi, kıramadım..."

Canan'ın ağlamaya hazır gözleri Selçuk'un konuşan dudaklarına kilitlenip kalmıştı. Onun takdimi bittiği vakit, karşısında heykel gibi dimdik duran kadınla yüz yüze geldi. Elini ateşe sokar gibi uzattı...

Beyza'yla tokalaşırken onun beyaz tenli, mavi gözlü, güler yüzlü, güzel ve çok da genç bir kadın olduğunu gördü. Canan'dan çok genç olduğu belliydi. Gözleriyle aynı renk türbanı ve uzun beyaz kabanıyla hem şık, hem de zarifti...

Beyza'nın sesinin de kocası gibi özel olduğunu, yumuşak ve ağır konuştuğunu duydu:

"Çok memnun oldum Canan Hanım... Sizi çok merak ediyordum."

Havalimanından çıkışlarını hiç hatırlamayan Canan, otoparkta arabasının yanına geldiğinde, Selçuk ve Beyza'yı fark etti yeniden. Onlarla konuşmuyordu. Belki de konuşuyordu ama ağzından çıkanı duyduğu yoktu. Arabada Selçuk öne, karısı da arka koltuğa oturdu. Buna o an mı karar verdiler, yoksa daha önce aralarında yapılmış bir sözbirliği miydi anlamadı. Zaten şimdi ne bunu düşünecek hali vardı, ne de yol boyunca konuşacak tahammülü... Bu yüzden de otele varıncaya dek neredeyse hiç sesi çıkmadı.

Selçuk her ne kadar havadan sudan sorular yönelttiyse de, karşılığında "evet" ya da "hayır" dışında başka bir cevap alabilmeyi başaramadı Canan'dan. Ondaki bu durgunluğun nedeninin, yaşadığı hayal kırıklığından kaynaklandığını sezebilecek zekâda ve gönül derinliğinde bir adam olduğuna göre, herhalde Selçuk da artık yaptığı kabalığın farkına varmış olmalı ki bir müddet sonra kendisi de sustu.

Arka koltukta oturan Beyza, uzun zamandır görmediği İstanbul'un güzelliğini izlemek yerine arabayı kullanan Canan'ı seyre daldı. Güzel mi yoksa havalı mı olduğuna karar veremediği bu kadının, saçlarını, vücudunu ve dikiz aynasındaki gözlerini seyredip durdu.

Sevdiği adamla birlikte, aşk ve şiirler eşliğinde sabahlamayı düşlediği otele geldiğinde artık çiçek gibi solmuştu Canan... Bu cezanın daha fazla uzamasına fırsat vermemek için hızlı ve kestirme hareket etmeye özen göstererek misafirlerini resepsiyona kadar geçirdi. Selçuk ve Beyza'nın bütün ısrarlarına rağmen onlarla birlikte lobide oturup kahve içmeyi kabul etmedi.

"Yoldan geldiniz. Yorgunsunuz. Bu akşam baş başa kalıp dinlenin. Yarın sizi kendi evimde akşam yemeğinde ağırlamak isterim..." dedikten sonra zoraki tebessümünü bir süre daha yüzünde korumaya çalışarak, ikisiyle de tokalaşmadan çıkıp gitti otelden.

İkisinin de arkasından bakıp onu incelediğini bilen Canan, öfkesini ve kırgınlığını bedenine yansıtmamaya gayret ederek daha ağır, alımlı ve kıvrak adımlarla yürümeye çabaladı. Otelin döner kapısından çıkarken, camın yansımasında Selçuk'un ve Beyza'nın kendi üzerindeki şaşkınlık ve hayranlık dolu bakışlarını gördü. Tahmininde yanılmamıştı. Selçuk, Canan'daki iddialı değişimi fark etmişti. Ondaki dişiliğin bu denli şık ve güçlü ifşa bulmasına şaşırmıştı. Canan'ın kalçalarını sımsıkı saran kot pantolonun ona çok yakıştığını düşünmüş, bastığı yeri titretircesine işveli yürüyüşünden de başı dönmüştü. Gözlerini bir an için bile onun kalçalarından ayıramamıştı.

Bütün bu yaşananların bir anlamı yokmuş gibi görünse de, hiçbir şey yapmadan olana razı olmak Canan için kolay değildi. Sessizliğine tahammül gösterebilse de eylemsizliğe razı olamazdı. İçindeki hırçın kadını kim kaşıyıp kudurttuysa ve onunla cüretkârca dalga geçmeye yeltendiyse bu yaptığıyla yüzleşmeliydi. Selçuk, karısını oyuna dahil ederek aralarındaki büyüyü bozmuştu. Baş başa kalmaya, birlikte uzun vakitler geçirmeye, konuşmaya, paylaşmaya, anlaşmaya, durulmaya ve karşılıklı berraklaşmaya ihtiyaçları varken ve henüz bunların hiçbirini doyasıya yaşayamamışken Selçuk'un yaptığı bu düşüncesizliği hoş göremezdi. Selçuk bunca kavuşma umudunun ardından yanına karısını da alıp gelerek Canan'a ya onunla daha fazla yakınlaşmaktan korktuğunu anlatmak istemişti ya da her şey buraya kadardı ve oynadıkları bu aşk oyununun tadı kaçmadan geri adım atmak istediğini ifade ediyordu.

Canan bütün bunların cevabını alacak, üstelik taraflarla da cesaretle yüzleşecekti.

Bakalım, Canan kocasının ellerini tutup Selçuk'un gözü önünde onunla öpüşüp oynaşmaya başladığında bu sükûnet ve irade abidesi romantik adam neler hissedecek, nasıl tepki gösterecekti? Madem Selçuk, Canan'ın zaaflarını yakalamış ve onun zayıf karnına doğru acımasızca çalışmaya başlamıştı. Aynı şeyi Canan da yapacaktı. Bu bir aşk oyunuysa eğer, en acılısından ve çıldırtanından olacaktı.

Aklında bin bir taktik planlayarak eve gergin ve kırgın dönen Canan, Ayhan'ı ve çocukları televizyon karşısında DVD izlerken buldu. Annelerinin geç saatlerde dönmesini bekleyen Doğan ve Orçun, ailece tam kadro film seyredecek olmanın keyfini çıkarmayı tercih ettiler. Bu yüzden ikisi de annelerine eve neden erken döndüğünü sormadılar. Ayhan da oğullarının bu ince düşüncelerine eşlik edip sustu. Bir arada olmak güzeldi. Geçici bile olsa şimdilik var olan huzuru yaşamak iyiydi.

Canan, üzerindeki seksi kıyafetlerle çocuklarının karşısında oturup yayılmaktan rahatsızlık duydu. Bu hissinin sebebini anlayamasa da yatak odasına gidip mavi polar pijamalarını giyerek salona geri döndü. Bir yandan film izledi, diğer yandan elindeki temizleme sütüyle yüzündeki makyajı sildi. Doğan da, Orçun da gayet mutlu ve keyifli görünüyorlardı. Babaları onlara mısır da patlatmıştı. İki kova dolusu patlamış mısırla koltuklara serilmişlerdi. Canan'ın içindeki kızgınlık kolay kolay geçecek gibi değilse de, gerginliği yumuşamıştı sanki. Televizyona göz ucuyla bile bakmıyordu. Dudağının kenarında tatlı ama buruk bir tebessümle oğullarını izlemeye başladı. Oğlanlar Uğur Yücel'in *Ejder Kapanı* filmini ilgiyle izlerken, Ayhan ise karısındaki tuhaflığa bakıp durdu gece boyunca...

Sessiz sedasız bir gece geçirip, film bittikten sonra da yine çıt çıkarmadan yataklarına döndüler. Ayhan, dekolteli büstiyeri ve daracık kot pantolonu içinde düşlediği karısına sırnaşıp yanaştıysa da Canan'ın havalimanından beri taşıdığı mide bulantısı yatışmamıştı. Bu gece sevişirse istifra edebilirdi. Bu duygusunu Ayhan'dan gizleme gereği de duymadı.

"Midem bulanıyor Ayhan. Bu gece rahat bırak beni n'olur. Üstüne kusmayım..."

Ayhan, hiç beklemediği bu tepki karşısında birdenbire buz kesiverdi. Duyduğu şeyin şaka olma ihtimali vardır diye, karısının yüzüne bakıp küçük de olsa bir teselli aradı. Fakat Canan gayet ciddiydi. Şaka yapmıyordu. Gerçekten midesi bulanıyordu ve sevişirse istifra etmesi işten bile değildi. Fakat Ayhan'a karşı neden bu kadar sert ve kırıcı konuştuğunu kendisine bile açıklayamadı Canan... Bu kadar açıksözlü davranacaksa eğer, midesinin bulantısından önce Selçuk'a karşı hissettiklerini kocasına itiraf etmesi gerekmez miydi?

Ayhan, karısının bu kırıcı karşılığına söyleyecek söz bulamadığından arkasını dönüp, başını yastığına gömerek uyumaya çalıştı. Çocuklar da yeni yattığına göre henüz uyumamış olabilirlerdi. Anne ve babalarının sevişemedikleri için kavga ettiklerini duymaları iyi olmazdı. Ayhan, yatakta tartışmanın gereksiz olduğunu düşünüp konuyu şimdilik kapattıysa da rafa kaldırmadı. Canan'la açıkça konuşması gerektiğini uzun zamandır hissediyordu. Karısındaki değişimden her ne kadar memnuniyet duysa da, bugüne kadar bu değişimi sorgulamamış olmasından dolayı suçluluk duydu. Her şeyi bu gece konuşmaları gerekmiyordu elbette. Ama mutlaka konuşacaklardı.

Canan, Ayhan'ın kalbini kırdığını hissetti. Fakat yaptığı bu densizlikten küçük bir pişmanlık dahi duymadı. İçinde Selçuk'un başlattığı ve bir türlü bastıramadığı büyük kızgınlığın zehrini akıtabileceği bir kurbana ihtiyacı vardı. Selçuk'a kızıp acısını Ayhan'dan çıkarmak çok da hakkaniyetli bir davranış olmasa da Canan'a iyi gelmişti. Günahsız da olsa bir erkeğin canını yakmaktan tuhaf bir haz duymuştu. Seri katillerin kurbanlarında hissettiği tatmin de böyle bir şey olmalıydı. Kötü ama zevkli...

Canan'ın duyduğu bu zalim hazla uykuya geçmesi daha kolay oldu. Kocasının rahat uyuyup uyuyamadığı zerre kadar umurunda değildi.

Sabah gün aydınlandığında, komodinin üzerine koyduğu cep telefonunu kapatmayı unuttuğundan gelen mesajın sesiyle açtı gözlerini. Selçuk, gelenekselleştirdiği sabah romantizmine yine ara vermeden devam ediyordu. Canan, karısının yanında aynı otel odası içinde yan yanayken bile Selçuk'un nasıl bu kadar rahat mesaj yazabildiğini düşünmeden edemedi.

Fakat Selçuk zaten Canan'ı karısından gizlememişti, hatta ona Canan'dan samimiyetle bahsettiği bile belli oluyordu dünkü tanıştırmadan. Beyza, Canan'ı gayet iyi tanıyor gibiydi. Kim bilir başka ne anlatmıştı Selçuk karısına? Bundan bir ay önce İstanbul'da havalimanında nasıl tanıştıklarından haberi var mıydı acaba Beyza'nın? Kocasının Canan'ı göz hapsine alıp takip ettiğini, sonra elinde bir fincan kahveyle onun yardımına koştuğunu, nüfuzunu kullanarak Canan'ın uçuş işlemlerini halledip onu uçağa bindirdiğini, Konya'da Canan'ın kulağına şiirler okuduğunu, ellerini tuttuğunu, onu öptüğünü, okşadığını falan biliyor muydu? Kocasının her sabah İstanbul'a sepet sepet güller sipariş ettiğinden haber var mıydı? Selçuk karısına karşı bu kadar açık ve dürüst davranabilir miydi acaba?

Canan'a karşı dürüst davranabilmek adına, cömertçe sevişmelerinin ardından zina fikrinden korkarak içine girmekten vazgeçiyorsa, aynı dürüst hassasiyeti karısına da göstermiş olmalıydı. Konya'da Canan'la beraber yaşadığı her şeyi Beyza'ya bir bir anlatması gerekirdi. Madem Selçuk'un vicdanında bu kadar hassas bir adalet terazisi vardı, o halde aynı adaleti karısına karşı da göstermek zorundaydı.

Canan bunları düşünürken Selçuk'a karşı öfkesinin yükseldiğini fark ediyordu. Bu adamın adalet duygusunda bir sorun vardı. Dürüstlüğünün samimi olduğuna güvenmiyordu. Evli bir kadını ayartmaktan, zinadan ya da onun günahına girmekten imtina eden bir erkeğin, o kadını öpmekte, ellerini tutmakta, onu çiçeklere ve şiirlere boğup aklını karıştırmakta, kendine âşık etmekte bu kadar pervasız olması mantıklı değildi. Selçuk bazen anlattığı adama hiç benzemiyordu. Sanki Canan'la kedinin fareyle oynadığı gibi oynuyordu. Onu bazen kendine âşık edip yakıyor, bazen de hayal kırıklığına uğratıp kanını donduruyordu. Canı istediğinde âşık, canı istediğinde başka bir kadınla evli oluyordu. Sabah uyandığında özgür, akşam yatarken sorumlukları olan aile babasıydı. Ondaki gelgitleri anlamak da, anlamlandırmak da zordu.

Canan, kafasının içindeki bu kavgayla güne başlamaktan hiç hoşlanmamıştı. Selçuk'un mesajını okuduktan sonra sildi. Bunu ilk kez yapıyordu. Şimdiye dek onun yazdığı her şeyi saklayıp biriktirmişti...

Telefonunu kapatıp komodinin üzerine bıraktı. Yanında uyuyan kocasına dönüp gece yaptığı densizlik için özür diler gibi onu ateşli öpücükleriyle uyandırdı. Karısının mahcubiyetinden ve özür dileme şeklinden hoşlanan Ayhan, bu davetkâr "günaydın"la yelkenleri suya indirdi. O da Canan'ın sürpriz öpücüklerine karşılık verip karısına döndü.

Ayhan, Canan'ın yüzünde yeni açıklamalar arar gibi gözlerini karısının gözlerine dikip bir süre baktı ona. Her şeye rağmen bir memnuniyet duygusu vardı içinde. Karısının üzerine çıkıp kulağına fısıldadı:

"Kırkına varınca yatakta orospuluğu da öğrendin. Aklımı

alıyorsun Canan. Bu oyunlar, bu motorluklar... Gerçek bir hatun oldun. Şarap gibisin ne diyeyim."

Canan, kocasının daha romantik bir cümle kurmasını çok isterdi elbette, en azından şehvetli konuşmaların içine yaşını sokup canını sıkmasa iyi ederdi ama bu adam da böyleydi işte. Yapacak bir şey yok... Gözlerini kapatıp kocasının bu patavatsızlığını duymazlıktan geldi... Şimdi ödeşmişlerdi. Ayhan gece yaşadığı kırgınlığın rövanşını aynı sertlikteki sözleriyle almış oldu.

Canan, bugün ofise gitmeyecekti. Akşam yemeğinde, Ankara'dan gelen çok değerli konuklarını ağırlayacaktı ve bu özel davet için iyi hazırlanmalıydı.

Asistanı Aslı'yı arayıp hasta olduğunu ve bugün ofise gelemeyeceğini söyledi. Bunca yıllık meslek hayatında ilk kez üstelik de çalışanına karşı yalan söylemek zorunda hissetmişti kendini. Onu bu şekilde davranmaya iten şeyin ne olabileceğini düşündü. "Bugün önemli ve özel işlerim var, gelemeyeceğim" deseydi Aslı'dan azar işitecek hali yoktu... Üstelik asistanını ve çalışma arkadaşlarını aptal yerine koymasının da hiç gereği yoktu. Aslı, yıllardır kahrını çektiği patronunun hasta olmadığını ve yalan söylediğini gayet iyi biliyorlardı. Anlaşılan Canan, işine karşı sorumlulukları konusunda suçluluk hissetmeye başlamıştı. Pembe de olsa söylediği bu yalanın mantıklı başka bir açıklaması daha olamazdı. Rengi kadar masum bir bahane değildi bu...

Canan, iş konusunun üzerinde fazla durmamaya karar verdi. Zira şu an çok iyi organize etmesi gereken bir akşam yemeği ve sıkı hazırlanmak istediği bir muharebe onu bekliyordu.

İşiyle ilgili sorunları düşünmeyi daha sonraya bırakabilirdi. Canan'ın değişen öncelikleri arasında Selçuk'la mesleği yer değiştirmiş gibi görünüyordu. Sanki kariyeri ile gönül macerası arasında bir seçim yapmış ve tercihini Selçuk'la yaşadığı ilişkiden yana kullanmıştı. Oysa doğurduğu iki çocuk için bile mimarlık kariyerine gölge düşürmemiş, doğum izinleri dışında işinden hiç uzaklaşmamıştı.

İşaretlerin Dili (Evrensel Rehberlik)

Her seçim, bir vazgeçiş değildir!

İnsanlar yazık ki bunun tam tersine inanmakta ve yaşamlarına adapte etmekte son derece kararlı davranıyorlar. Bir seçim yaptıklarında başka bir şeyden vazgeçmek zorunda olduklarını düşünüyorlar.

Yaşam bir denge oyunudur!

Dikkat edersen mutlu olan insanlar sadece ünlü, başarılı, zengin ve sağlıklı olanlar değil, yaşamdaki altın dengeyi anlamış ve sağlayabilmiş kişilerdir.

Elmayı sevmek için armuttan vazgeçmen gerekmiyor. İkisinden de yarım dilim alarak, içlerinden sadece bir tanesini seçme handikabına düşmekten kendini kurtulabilirsin. Bu kadar basit! "Altın denge" dediğim şey de budur işte.

Hayatın içinden bir şeyleri seçip koparmaya kalkmak yerine, onu bütünüyle içine alabilecek kadar genişlemeye çalış sadece... Kedi sevmek için köpekten vazgeçme mesela. Ya da yeni dostluklar kurabilmek için, eski dostlarından uzaklaşmak zorunda kalma...

Canan "altın denge" konusunda da büyük hatalar yapıyor. Hayatında var olan hiçbir şeyi adaletle programlamayı başaramıyor. Selçuk'a adapte olduğunda işinde irtifa kaybediyor. Kendine ilgi gösterdiğinde, çocukları ve kocasıyla arasındaki mesafe giderek açılmaya başlıyor.

Bir şeyi ilgi alanına dahil ettiğinde, diğerine karşı zaman kaybediyorsan denge konusunda biraz daha çalışman gerekiyor demektir.

Küçük yavrusunu daha çok sevmek için büyük yavrusunu yiyen kaplanın öyküsünü daha önce duydun mu bilmiyorum ama Canan'ın denge konusundaki beceriksizliğine verebileceğim en acıklı ama en gerçekçi örnek bu.

İkinci çocuğunu sevmek için birinci çocuğunun sevgisinden çalmak zorunda değilsin. Gönlünün her ikisine de yetebileceğini bilmen gerekiyor. Sevgi, ilgi, şefkat, merhamet kotalı duygular değildir. Biter diye düşünmek ya da yetmez diye idareli kullanmak evrenin sınırsızlığına, sonsuzluğuna haksızlık etmektir.

Kendine zaman ayırmak için sevdiklerinle geçireceğin zamanı ortadan kaldırman gerekmiyor. Biriyle ilgilenmek için diğeriyle olan ilgini koparmayı düşünmen kadar anlamsız başka ne olabilir ki?

Daha önce de dediğim gibi yaşam sanatı, denge sanatkârlığıdır!

Değiş tokuş yaparak kaderle pazarlığa oturmak yerine var olanı kabullenip onunla uyumlanabilen insanlar gerçek yaşam sanatkârlarıdır.

"Çalışmaktan spora zaman bulamıyorum."

"Çocuklarla vakit geçireyim diye sinemaya bile gidemiyorum."

"Uykumu alamadığım için akşamları kitap bile okuyamıyorum."

"Evle ilgilenmeye vaktim yok."

"Ayşe'yle görüşmeye başlayınca Fatma'yla koptuk."

"Akşam yemekte pilav yiyince, köfteden yiyemedim."

Bunlar gibi milyonlarcasını üretip sürekli şikâyet halinde yaşayanlar bahsettiğim dengeyi programlayamayanlardır. Her tercihin bir vazgeçiş olduğuna inandıklarından dengeleme yapmak yerine seçemedikleri şeyler için oturup yakınmayı tercih ederler.

SEÇİM YAPMA, SADECE PROGRAM YAP!

Kafasının içindeki bütün bu karmaşayı aslında Nuray'a danışıp konuşması gerekiyordu. Şu sıralar ona gerçekten çok ihtiyacı vardı. Her ne olursa olsun Nuray şehir dışından döner dönmez yanına gidecek ve görüşmekte ısrar edecekti.

Canan, Nuray'la konuşacağı şeyleri de şimdilik askıya alarak yatağından çıktı ve banyoda yüzünü yıkarken uzun bir aradan sonra çocuklarına kahvaltı hazırlamayı düşündü. Bu oğullarından ziyade ona iyi gelecekti. Hemen mutfağa gidip demliğin altına su koyup ocağı yaktı. Siyah çayın içine biraz da tomurcuk kattı.

Buzdolabını açtığında farelerin cirit atışını seyretmeyi bekliyordu ki, gördüğü zenginlik karşısında Ayhan'a içinden teşekkür etti. Doğan ve Orçun böyle düşünceli ve becerikli bir babaya sahip oldukları için gerçekten şanslı çocuklardı. Ayhan belli ki evin ihtiyaçlarını kontrol edip haftada bir temizliğe gelen kadına alışveriş yaptırmaya da başlamıştı. Canan, buzdolabından zeytin, bal, portakal reçeli, tereyağı, dört yumurta, süzme beyazpeynir ve taze kaşarpeynirini çıkardı. Kahvaltılıkları servis tabaklarına özenle yerleştirdi. Omlet yapmak zahmetli olduğundan yumurtaları rafadan haşlamaya karar verdi.

Bu sırada banyoya giderken çay kokusunu alan Doğan, mutfağa uykulu bir bakış atıp annesini gördü:

"Ne o anne, memlekette inşaat sektörü mü çöktü?"

Canan, Doğan'ın her durumdan espri çıkarabilme hünerine hayrandı:

"Hadi bakalım tembel... Yıka yüzünü de gel sofraya. Siz fazla yaymışsınız kendinizi. Evden çıkmadan şu vizelerin, finallerin bütün notlarını da görmek istiyorum."

Doğan, annesinin sesini banyodan duyuyor, yüzünü yıkarken ona cevap yetiştiriyordu:

"Ohooo... Sen çok fazla şey istemeye başladın anne. Ders kitaplarımı da görmek ister misin? Dur dur! Ben sana bugün giymeyi planladığım çorapları da göstereyim."

"Anneyle dalga geçme... Çok ayıp! Hadi koş Orçun efendiyi kaldır... Bu adam servisle gitmiyor mu okula, saat kaç oldu?"

Doğan mutfağa gelip kahvaltı sofrasına yerleştiğinde keyiflendi. Çayına iki şeker atıp karıştırdı. Kardeşini uyandırmasını bekleyen annesine bakıp "Aman anne bana dokunma n'olur, şu tarihi anın tadını çıkarayım biraz. Kahvaltı sofrası görmeyeli çok oldu. Çayı plastik bardakta içmekten kanser olacağım artık. Müsaade et de şu ince bellinin sefasını süreyim iki dakika. Orçun'la uğraşacak halim kalmadı benim. Yeter! Annelik yapmaktan sıkıldım, yemin ederim. Sırf bu yüzden Merve'yle evlenmekten bile vazgeçtim. Çoluk çocuk her şeye doydum çok şükür..."

Canan, kendi çayını doldurup Doğan'ın karşısına geçti. Oğlunun ne demek istediğini anlamadı:

"O da ne demek öyle? Sen Orçun'un annesi değilsin zaten. Onun annesi de babası da var, sen rahat ol..."

"Ohooo... Tamam anne neyse şimdi yaa... Off... Ne biliyorsun ki?"

"Doğan ne bilmem gerekiyor oğlum? İkiniz de artık yetişkin insanlarsınız. Bebek gibi yediğinizi, içtiğinizi takip etmem mümkün değil ki... Dışarıda başka bir hayat yaşıyorsunuz. Bizim size güvenmekten başka ne çaremiz var? Ortada benim ve babanın bilmediği bir sorununuz varsa bunu bizimle paylaşmalısınız. Bilmem gereken bir şey varsa bana yardımcı olman lazım."

"Tamam yardımcı olurum tabii... Şöyle söyleyeyim o zaman. Orçun geçen hafta sonu kız arkadaşıyla Uludağ'a tatile gitti. Bil bakalım kimin kredi kartını aşırmış. Annesinin!"

"Ne? Doğan sen neler söylüyorsun? Orçun haber vermeden nasıl gider, hafta sonu gece evde değil miydi bu çocuk? Kimse fark etmedi mi evde olmadığını? Aklınızı mı kaçırdınız siz?"

Canan artık konuşmuyor, avazı çıktığı kadar bağırıyordu. Ayhan, yatak odasından karısının sesini duyup çıktı. İşe gitmek için çantasını hazırlamış, giyinmişti. Mutfakta savaş çıktığını düşünüp hızlı adımlarla duruma müdahale etmeye geldi:

"Canan ne oluyor? Ne bağırıp çağırıyorsunuz sabah sabah... Bir arada olmak size iyi gelmiyor anlaşılan!"

"Küçük oğlun hafta sonu evde değilmiş. Kredi kartımı alıp sevgilisiyle Uludağ tatillerine gitmiş. Senin haberin var mıydı bundan?"

"Evet vardı... Biz hallettik o meseleyi. Orçun'un kulağını çektim. Bir daha böyle bir şey yapmayacak. Ağzının payını aldı o. Senin kredi kartındaki açığı da ödedim. Sorun yok tamam mı?"

"Ne demek sorun? Bütün bunlardan benim neden haberim olmadı? Eşekbaşı mıyım ben burada?"

Doğan bu tartışmadan sıkılmıştı. Çayını masada bırakıp ayağa kalktı:

"Orçun'un hafta sonu gecesi evde olmadığını fark etseydin öğrenirdin anne. Fark etmediğin bir şey için senin üzülmeni istemedik sadece..."

Ayhan, Doğan'a kızmıştı:

"Şimdi niye anlattın o halde?"

"Adil olmak için..."

Doğan böyle bir çocuktu işte! Sırlarla, yalanlarla, gizli olaylarla yaşayamazdı... Dürüstlüğü doğuştandı. Canan, onun bu huyunu kendisinden aldığını düşünürdü. Yazık ki artık bu fikrinden de çok emin değildi. Söylenecek başka söz yoktu. Doğan'ın annesiyle ilgili kızgınlıklarının olduğu belliydi. Oğlunun Selçuk'tan haberi olabilir miydi acaba? Doğan biliyorsa eğer, o zaman Ayhan'ın da olan biteni fark etmiş olması lazımdı.

Canan kendini iyice köşeye sıkışmış hissetti. Çocuklarına karşı bu kadar yabancılaştığını bilmiyordu. Kendine yakın olabilmenin derdine düşünce, oğullarına uzak kaldığını fark edememişti. Oysa çocuklarıyla ilgili her şeyin yolunda olduğunu düşünüyordu. İçindeki suçluluğu, başkasına öfke kusarak bastırabilirdi ancak ve bunun için yine Ayhan'ı seçti:

"Ayhan bu çocukların benimle ne derdi var? Hadi onlar çocuk diyelim. Peki sen bana bunu nasıl yapabilirsin? Oğlumla ilgili böyle bir olaydan nasıl haberim olmaz benim, sen ne yaptığını sanıyorsun?"

"Canan! Çocuk bütün hafta sonu evde yoktu. Cumartesi, pazar yatağında uyumadı. Hiçbir şeyin farkında değilsin..."

"Sen de aklınca benim çocuklarıma karşı ilgimi mi sınıyorsun? Sonuç ne çıktı Ayhan. Sınavı geçemedim mi? Kararın nedir, kötü bir anne miymişim?"

Ayhan, bu sitemlerin giderek yakınmaya dönüşeceğini hissedip masadan kalktı. Canan'a "Hadi görüşürüz" deyip mutfaktan çıktı. Antrede ayakkabılarını ve montunu giyerken Orçun'un odasına seslendi:

"Orçun! Oğlum hadi ben hazırım çıkalım..."

Orçun odasından okula hazır halde forması ve çantasıyla çıktı. Babasıyla birlikte ayakkabılarını ve montunu giydi. Mutfakta geçen bütün konuşmaları duymuştu belli ki. Yüzü asıktı. Canan antreye gelip Orçun'a baktı. Onu işlediği kabahatlerden dolayı sorguya çekip üzerine gitmek istemedi. Babası konuyu çözümlediğine göre, çocuğu daha fazla üzmenin gereği yoktu. Belki baş başa kaldıkları daha sakin bir zamanda oğluyla konuşurdu. Orçun'un yüzünden düşen bin parçaydı. Gözünün ucuyla antrenin başında dikilen annesini kesiyor ama yüzünü çevirip ona bakmıyordu. Öfkeden çok utancından susuyor gibiydi. Canan, onun bu içine kapanmış halini görünce sakinleşti. Yaramaz oğlunun suskunluğu yüreğine dokundu:

"Oğlum sen sabahları servisle gitmiyor musun okula?"

Orçun cevap vermedi. Sabah sabah yaşanan bu tartışmadan dolayı canı sıkkındı. Onun yerine gerekli açıklamayı babası yaptı:

"Servis şoförü Orçun'un cüzdanını çaldı ya... Adam kovulunca Orçun'a diş bilemiş. Arayıp taciz etmeye başlamış. İki gündür ben götürüp getiriyorum onu."

Canan, sanki aylardır evde yoktu. Bütün bunlar ne ara olmuştu? Oğlu, yabancı bir adam tarafından tehdit edilirken annesi neredeydi? Canan allak bullak oldu... Üzgündü... Suçluydu... İhmalkârdı... Hatta belki bencildi... Düşüncesizdi... Mantıksızdı... Duyarsızdı... Kopuktu... Dengesi bozulmuştu... Düzeni değişmişti...

İşaretlerin Dili (Evrensel Rehberlik)

Üst üste yaptığı evrensel kaide ihlallerinden dolayı hayatına çekmeye devam ettiği olumsuzluklarla birlikte, başarısızlığıyla da yüzleşen Canan, dışarıya yönelik bütün suçlamalarını tamamladıktan sonra bu kez kendini hedef alıyor.

Kendi hakkında bile bir dizi olumsuz tanımlama kullanmaya başlıyor. Ailesini, özellikle de küçük oğlunu ihmal etmekten dolayı suçluluk duygusu hissederek aslında kopuk, dengesiz, ihmalkâr, düşüncesiz olduğu yolunda yeni zihinsel kodlamalara yöneliyor. Bugüne kadar böyle bir insan değildi. Gayet güçlü, mutlu, akıllı, girişken, üretken, başarılı bir işkadını ve anne olarak hayatını sürdürüyordu. Fakat hissetmeye başladığı suçluluk duygusuyla birlikte kişiliğiyle ilgili olumsuz düşünceler üretmeye başladı. Bir müddet sonra kendi hakkında zihnine ve ruhuna kodladığı bütün bu düşünceleri gerçekliği haline dönüştüreceğinin yazık ki farkında bile değil.

Kendini hangi kelimelerle tanımladığın, varlığın hakkında ne hissettiğin çok önemlidir. Şaka bile olsa karakterine layık gördüğün kelimeyi kaderin haline dönüştürmeye başlarsın.

Bilinçaltına kendinle ilgili nasıl bir program yüklediğinin farkında ol!

Baba oğul sinirleri bozuk halde, evden çıkarlarken Canan, oğluyla ilgili hissettiği suçluluk duygusuyla ezildi. İşiyle ve Orçun'la ilgili halledilmesi gererken sorunları olduğunu kabul edip hepsiyle ilgili en kısa sürede önlem alacaktı. Fakat şimdi düşünmesi gereken bir akşam yemeği organizasyonu vardı.

"Bu arada Ayhan! Akşam erken gel tamam mı?"
"Neden, ne oldu?"
"Yemeğe misafirlerimiz var. Selçuk ve Beyza gelecekler."
"Onlar da kim?"
"Ankara'dan geliyorlar karıkoca... Arkadaşlarım işte."
"Ben tanımıyorum. Yemek ne alaka? Hiç hoşlanmıyorum böyle emrivaki işlerden. Şimdi mi söylenir bu?"
"Ben değil onlar emrivaki yaptılar. Ben de 'tamam' dedim ne yapayım. Gelmek istemiyorsan da sen bilirsin."
"Bakarız..."
Ayhan, kapıyı çekip çıktı Orçun'la birlikte...
Canan mutfağa geri dönüp sandalyeye oturdu. Ellerini başının arasında sıkarak derin bir nefes aldı. Bunca yıl sonra ilk defa anneliğini sorgulamaya başlamıştı içinde. Kötü bir anne değildi aslında... Bütün hayatını oğullarına göre planlamış, her zaman onlara göre yaşamıştı. Her ne kadar mesleğinden kopmadıysa da çocuklarını hiçbir bahaneyle ihmal etmemişti. Defalarca toplantılarını erteleyip onların müsamerelerine ya da mezuniyet törenlerine koşturmuştu. Hastalandıkları zaman hiçbirini bakıcıya emanet edip işe gitmeye gönlü el vermezdi. Hafta sonları çocuklarından başkasıyla program yaptığı olmamıştı. Ne ailesiyle, ne de arkadaşlarıyla buluşurdu Canan. Bütün tatillerini ve boş vakitlerini çocuklarına adardı. Bu yüzden Nuray ve Kübra dışında yakın arkadaşları da yoktu. Canan'ın dostları da, akrabaları da oğullarıydı. Onlar büyüyüp de kendi programlarını yapmaya, kendi arkadaşlarını seçmeye ve âşık olmaya başladıklarında azalmıştı birlikte oldukları bu güzel vakitler. Düzeni bozan Canan değildi ki... Çocuklar büyümüştü! Artık daha az vakit geçiriyor olmaları, annelerinin onlardan vazgeçtiği ya da sevmediği anlamına gelmezdi. Bu mümkün değildi zaten... Canan için oğulları bir yana, dünya bir yanaydı!
Çocuklar annelerine karşı neden bu kadar kızgındılar? Selçuk'la yaşadığı ilişkiyi öğrendilerse, babalarına karşı ken-

dilerini sorumlu hissettiklerinden dolayı Canan'a tepki gösteriyor olabilirler miydi? Fakat Selçuk'u öğrenmeleri çok zordu. Onu tanısalar bile annelerine yakıştıramazlardı. Canan'ın etrafı yıllardır erkeklerle doluydu. İş hayatı boyunca sayısız erkekle seyahat etmiş, akşam yemekleri yemiş, açılış ya da kokteyllere katılmıştı. Canan'ın yanında yabancı erkek görmeye alışkın olan çocuklarının Selçuk'u, annelerinin hayatında özel bir yere konumlandırabilmeleri için çok geçerli bulgulara ulaşmış olmaları gerekirdi. Bunu başarmaları mümkün müydü? Aslında hayır... Onların Selçuk'tan haberdar olduğunu hiç sanmıyordu...

Canan, kafasının içindeki azgın girdabın içinde can çekişirken, Doğan'ın odasından çıkıp antreye doğru yürüdüğünü duyup ona seslendi:

"Doğan çıkıyor musun oğlum?"

Doğan'ın sesi gayet sakin ve yumuşaktı. Anlaşılan onun için de ortada büyütülecek bir sorun yoktu.

"Evet... Çıktım ben anne, hadi görüşürüz."

"Okula mı?"

"Hayır Merve'yi alacağım. Dersler öğlende."

"Akşam erken gel eve... Yemeğe misafirlerimiz var, tamam mı?"

"Merve'yi de çağırayım mı?"

"Hayır!"

Canan artık akşama kadar evde yalnızdı. Bütün gün mutfaktan dışarı çıkmadı. Selçuk'un sevdiği yemekleri hazırlamak isterdi belki ama bu konu hakkında en ufak bir fikri yoktu. Beyza'yı arayıp kocasının hangi yemekleri sevdiğini soracak da değildi. O halde misafir umduğuna değil, bulduğuna razı olacaktı. Tıpkı Canan gibi... O da Selçuk'la baş başa bir İstanbul gecesi, romantik bir yemek ve şiir sohbetleri umarken, yapışkan bir kadının varlığına katlanmaya razı olmuştu.

Sahi Beyza'nın yapışkan bir kadın olduğunu da nerden çıkarmıştı şimdi? Dün gece lobideki lüzumsuz ısrarlarından dolayı böyle düşünüyor olmalıydı. Beyza henüz yarım saat önce tanıştığı Canan'ın koluna adeta zamkla yapışmış gibi, neredeyse çekiştirerek onu kahve içmeye çağırmıştı. Bunlar karıkoca insanlara dokunarak iletişim kurabiliyor galiba diye düşünmüştü Canan.

Akşam yemeği için ezogelin çorbası, yaprak sarma, taskebabı, pilav, cacık, mevsim salata sunacaktı. Yemeğin ardından çay demleyip ıslak kek ve kabak tatlısı ikram edecekti. Bu gece Canan için bir güç gösterisiydi. Her şey kusursuz olmalıydı. Beyza'dan çok daha genç görünen, güzel, yetenekli ve eşsiz bir kadın olduğunu hayatındaki erkeklere kanıtlamalıydı. Selçuk'la birlikte kocası ve oğulları da annelerinin diğer hemcinsleri karşısında ne kadar farklı ve parlak bir kadın olduğunu görmeliydi.

Yemeklerini ve masasının hazırlıklarını saatler sonra tamamladığında işlerini sorunsuz yapmanın rahatlığıyla banyoya girdi. Ayhan'ın ve çocukların eve dönmesine daha zaman vardı.

Küvete sıcak su doldurup içine yattı. Akşam ringe çıkacaktı. Bu yüzden önce dinlenmeli, sonra da müsabakaya iyi hazırlanmalıydı. Klozetin üzerinde duran cep telefonuna uzanıp Selçuk'tan mesaj gelip gelmediğine baktı. Selçuk bugün karısıyla fazla meşguldü anlaşılan... Sabah yazdığı mesajdan sonra bir daha ne aramıştı, ne de tek satır yazmıştı. Gün boyu karıkoca baş başa ne yapmışlardı acaba? Belki de odadan hiç çıkmamışlardı. Sevişmişler midir ki? Selçuk'un otel odalarıyla ilgili fikri, karısı için de geçerli değildir herhalde... Canan, onun karısıyla nasıl öpüştüğünü çok merak ediyordu. Karısını öperken de yine sıcak ve şefkatli miydi? Günahsızca içine girerken kulağına şiirler okuyor muydu? Ona hitaben kullandığı özel, romantik sözleri var mıydı mesela? Karıcığım, kadınım, helalim, namusum, mahremim...

Canan, Beyza'yla ilgili sayısız sıfat üretirken telefonu çaldı. Yaşasın Kübra arıyordu. Onunla da ne zamandır görüşememişlerdi. Kübra altı aydır İtalya'da dil eğitimi alıyordu. Aradığına göre artık dönmüş olmalıydı.

Kübra çok neşeli ve eğlenceli bir kadındı... Her zaman şen kahkahalar atar, açık seçik konuşur, dekolte giyinir ve gece hayatının kitabını yazardı. İstanbul'un bütün gece mekânları ondan sorulurdu. Zaten birçoğunun halka ilişkilerini yapıyordu. Zaman zaman önemli gazete ve dergilerde mekân ve yemek makaleleri yazıyordu. Canan'la on yıl kadar önce halkla ilişkilerini yaptığı gece mekânının dekorasyonu sırasında tanışmışlar, bir daha hiç ayrılmamışlardı.

Canan, içinde neşe ve coşkuyla açtı telefonunu:

"Alo... Kübra! Nasılsın?"

Canan'ın telefonu açmasıyla kahkahalar atmaya başlaması da bir oldu. Kübra söyledikleriyle Canan'ı güldürmeyi başarmıştı:

"İtalya'dan döndüm şekerim. Kollayın kocalarınızı Kübra İstanbul'da!"

"Hoş geldin. Çok sevindim. Bu gece koca bana lazım olmasaydı senden hiç sakınmazdım biliyorsun?"

Karşılıklı kahkahalar havada uçuşuyordu.

"En kısa zamanda görüşelim Canancığım... Anlatacağım çok şey var. İtalyan bir sevgilim var artık. Bu ayı ayrılmadan çıkarırsak ilk uzun ilişkim olacak. Tam üç hafta oldu."

"Bunu tarihe yazalım... Haftaya Nuray'la buluşacağım. Sen de gel mutlaka. Zaten iki hafta sonra doğum günüm var. Organizasyonu sen yapacaksın unutma."

"Hiç unutur muyum? Mekânları ayarlarım ben. İşin düşerse benim şirkete de uğra. Yine Arnavutköy'deki ofisteyim."

"Tamam canım, uğrarım. Araşırız yine."

"Öptüm şekerim..."

Havadan sudan eğlenceli konular konuşarak yarım saat süren uzun bir telefon sohbeti yaptılar. Canan, o kadar çok gülmüştü ki, yüzünde donan kahkahaların izi kaldı dudak kenarlarında. Kübra neşesiyle, Nuray da terapisiyle adeta şifa dağıtan kadınlardı. Böylesi iki nimete sahip olup da onların keyfini yaşayabildiği için kendini çok şanslı hissetti Canan. Artık kız kıza eğlenmenin ve iyileşmenin zamanı gelmişti. Altın kızlar bir an evvel buluşup dünyayı kurtarmalıydı. Şöyle bir akşam kafaları çekip müzik dinlemek hiç de fena olmazdı.

Canan, ne zamandır bir kadeh bile şarap içmediğini düşündü. Oysa en sevdiği şey sıcak şarapla kitap sohbeti yapmaktı. Evdeki şişeler de tükenmişti. Canan en yakın zamanda kendisine kırmızı şarap ısmarlayıp eve de bir iki şişe Kayra şarap almayı düşünürken, Selçuk geldi aklına. Acaba o içki içiyor muydu? Beş vakit namaz kıldığına ve sigara da kullanmadığına göre muhtemelen içki de içmiyordu. Canan'ın sigarayla işi olmazdı ama alkol almak ayrı bir keyifti onun için... Selçuk'un ayrıca ilginç de bir seks diyeti vardı... Dilediği gibi sevişiyor ama kimsenin içine girmiyordu. Böylece günahsız ve zinasız yaşadığını düşünüyordu.

Canan banyodan çıkmak üzereyken cep telefonuna gelen mesajın sesini duydu. Küvetine geri dönüp, klozetin üzerine bıraktığı telefonu geri aldı. Selçuk yine şiir yazmıştı:

"Bir gececik uyuma ne olur
Ayrılık kapısını çalma bir gececik
Bir gececik dostların gönlü olsun
Ne olur sabahı et bir gececik
Bir gececik gözlerimiz seninle aydın olsun
Kör olsun şeytan bir gececik
Dünyayı güzel kokular sarsın bütün
Karanlıklardan ışıklar aksın ovalara
Sofrandakiler dirilsin bir gececik
Bir gececik uyuma ne olur

Ayrılık kapısını çalma bir gececik
Bir gececik ata bin, meydana gel
Göğüsler meydana dönsün bir gececik
Yeniler giyinelim biz kulların
Musa gibi sen bir sopa al eline
Sopa bir anda elinde yılan olsun
Süleyman gibi sen karıncaların yanına var
Karıncalar bir anda birer Süleyman olsun
Ne olur bir gececik kapısını çalma ayrılığın."

Kübra'nın neşesinden sonra Selçuk'un romantizmi çok iyi gelmişti... Artık ringe çıkmaya hazır hissediyordu Canan... Banyosunu tamamladıktan sonra şimdi sıra akşam giyeceği kıyafete, makyajına ve saç modeline gelmişti.

Gardırobundan ateş kırmızısı, derin göğüs dekolteli ipek bir elbise seçti. Siyah file çorapları ve ince topuklu ayakkabılarıyla birlikte bu elbise ona çok yakışacaktı. Saçlarını kurutup köpük sürerek açık ve hareketli bıraktı. Dudaklarına parlak kırmızı bir ruj sürdü. İncecik kayısı tonlarında bir pudra ve maskara kullandı. Çillerinin çok kapanmasını istemiyordu. Selçuk onları seviyordu... "Saçların sonsuz bir kahve denizi gibi" demişti... Çillerini çöle serpilmiş küçük kırmızı yakut kırıntılarına benzetmişti. Bu gece Selçuk'un sevdiği güzelliklerini ona cömertçe sunacaktı.

Ayhan ve Orçun eve dönmüştü. Bir saat sonra da Doğan geldi. Canan'ın güzelliği onların bile gözlerini kamaştırmıştı. Doğan, sabah annesini üzdüğünü düşünmüş olmalı ki ona güzel sözler söyleyip iltifat etmekten çekinmedi:

"Siz güzellik yarışmalarına girmeyi hiç düşündünüz mü hanımefendi? Jüri olsam emin olun oyumu yalnız size verirdim" dedikten sonra annesinin gamzesine tatlı bir öpücük kondurdu.

Ayhan karısıyla baş başa kalabilmek için, şu emrivaki akşam yemeğinin iptal edilmesi için neredeyse yalvardı.

"Söyle şu misafirlerine de gelmesinler. Bu gece başım ağrıyor de, meşgulüm de, kocam hasta de, evi su bastı de, badana yapacağız de söyle işte bir şeyler. Hadi Canan lütfen, beraber bir otele gidelim. Çocuklar evde nasılsa... N'olur baş başa olalım bu gece!"

Canan, Ayhan'ın bu yanıp tutuşmalarından aldığı hazzı uzatmak için kocasının otel teklifini çok cazip bulduğunu ancak yemeğin iptal edilmeyeceğini söyledi. Zira Canan'ın bu geceki bütün hazırlıkları Ankaralı misafirleri içindi.

Selçuk ve karısı Maslak'tan taksiye binerek Anadolu yakasına geçmeyi istedilerse de Canan buna izin vermedi. Şirketinin arabasını otele göndererek onları aldırttı. Bu intiba, çok önemliydi. Canan bu gece her cephede galip gelecekti. Eksik, yarım ya da yetersiz kaldığı hiçbir şey olmayacaktı.

Konukları geldiğinde karşılarında seksi ve güzel bir ev sahibi buldular. Canan'ın neşesi, alımı ve hoşluğu baş döndürücüydü. Ayhan ve Selçuk ondaki başkalığı hayranlıkla izliyordu.

Konuklarını salona alan Canan, onlara ailesini takdim etti:

"Büyük oğlum Doğan, ufaklığımız Orçun... Arkadaşlarım Selçuk ve Beyza... Bu yakışıklı adam da benim biricik kocam, Ayhan!"

Selçuk, Canan'ın kocasını takdim ederken gösterdiği ateşli alakadaki kinayeyi sezmiş gibiydi. Buna rağmen kibar tavrını bozmadı ve Ayhan'la tokalaştı. Beyza'nın Ayhan'a elini uzatmaması herkesin dikkatini çekti. Canan'ın yüzünde belli belirsiz bir gölge dolanıp geçti. Selçuk karısını çok mu kıskanıyordu acaba? Onun başka bir erkeğin elini sıkmasına dahi tahammül edemiyor muydu? Madem karısına bu kadar düşkündü, o halde kendi elleri başka kadınların yüzlerinde ve bedenlerinde nasıl bu kadar pervasızca dolaşabiliyordu? Belli ki bu da Selçuk'un günahlı yasaklarından biriydi...

Canan, onun Konya'da otelin teras katındaki kafede sekiz kadını birden gece yarılarına kadar ağırlayıp onların ellerine, yüzlerine ya da dizlerine rahatça dokunarak yaptığı o tuhaf toplantıyı bir türlü unutamıyordu.

Beyza'nın, Ayhan'la tokalaşmayarak ilan ettiği yüce beden dokunulmazlığının bütün geceye damga vurmasına izin vermeyecekti Canan. Herkesi yemek masasına davet ederek, rahat ve kendinden emin hareketlerle servise başladı. Sofraya ve servise tamamen hâkimdi...

Beyza masanın şıklığından ve zenginliğinden etkilenmişti:

"Çok güzel bir masa hazırlamışsın Canan... Senin ve yardımcılarının da ellerine sağlık..."

Tam da Canan'ın beklediği gibiydi. Anlaşılan Beyza da göründüğü kadar saf, iyi niyetli ve berrak biri değildi. Kocasıyla Canan'ın arasında bir şeyler olduğunu sezmiş olmalıydı. Belki Selçuk'un yazdığı mesajları yakalamıştı ya da her sabah yolladığı güllerden haberi olmuştu. Bu ima ağızdan kaçan küçük patavatsızlıklardan biri değildi, kadın adeta meydan okuyordu. Canan'ı bu müsabakada yalnız bırakmayacağı anlaşılıyordu. Bu maçta o da vardı. Bu genç, güzel ve muhafazakâr kadının geri adım atmaya niyeti yok gibiydi.

Canan servis yaparken derin göğüs dekoltesini Beyza için mavi gözlerinin içine doğru cömertçe serdi masaya. Dişiliğindeki iddiayı Beyza'nın önüne devirip ağır ve kendinden emin konuştu:

"Bu gece her şeyi kendi ellerimle yaptım sizin için... Yardımcım yoktu."

"Çok yormuşuz ama seni. Üzüldüm şimdi!"

"Ben her ne yapıyorsam, emin ol zevk aldığım için yaparım Beyzacığım... Benim büyük zevk duyduğum şeyler için sen üzülme lütfen."

Canan düellonun bu kadar çabuk başlayacağını beklemiyordu. Henüz yemek servisi bitmeden iki kadın arasında kibar cümlelerin içine sıkışmış bir meydan dalaşı yaşanıyordu. Sofradaki erkeklerin hiçbiri Canan ve Beyza arasında yaşananların farkında değildi.

Erkekler, iştahla kaşıkladıkları ezogelin çorbasının keyfini sürerken, Beyza yemeğe başlamak için Canan'ı bekliyor gibiydi. Canan sağında kocası, solunda Doğan oturdu masaya. Zarifçe kaşığını alarak, küçük yudumlarla çorbasının tadına bakar gibi içmeye başladı.

Selçuk, tam karşısında oturan Canan'ın ince küçük ellerini, zarif hareketlerini ve oturduğu yerde bile oynaşan göğüslerini başını kaldırmadan izliyor, parfümünün sarhoş edici kokusunu içine çekiyor, ara sıra gözlerini kapayarak derin ama sessiz nefesler alıyordu. Canan, zaman zaman başını kaldırıp kısa süreli bakışlarla Selçuk'un uzun ve biçimli parmaklarını, yakışıklı emer yüzünü ve lacivert kaşmir kazağının içinde inip çıkan göğsünü seyrediyordu.

Ayhan, Doğan ve Orçun, evlerine misafir olan bu insanlar hakkında hiçbir şey bilmediklerinden konuşacak ortak bir konu bulmakta da zorlanıyorlardı. Beyza'nın evin erkeklerine elini uzatmayarak koyduğu sert ve mesafeli tavır, şimdi masada konuşulabilecek sıradan konuların sohbetini bile zora sokmuştu. Böylece evin erkekleri sohbet sorumluluğuna girmemeye karar verip susmayı tercih ettiler. Orçun zaten yetişkinlerin yaptığı hiçbir konuşmadan keyif almazdı. Ona göre ebeveynler gereksiz bir ciddiyet takınıyordu. Hayata bazen basit ve hafif bakmak, eğlenmek, ara sıra da olsa boş konuşmak lazımdı. Orçun aslında bu fikriyle haklı sayılabilirdi. Ciddiyet, insanların birbirlerine karşı takındıkları lüzumsuz bir sertlikti ve sert olan her şey er ya da geç kırılmaya mahkûmdu. Esneklik, en sağlıklı hayat sigortasıydı...

Gecenin kontrolü Canan'ın elinde olduğuna göre sessizliği bozup, herkesin hep birlikte katılacağı bir sohbet başlatmak da ona düşüyordu.

Bu soruyu pekâlâ Beyza'ya da yöneltebilirdi ama o tercihini Selçuk'tan yana kullandı:

"Kızını niye getirmedin Selçuk? Gelmişken maaile gelseydiniz keşke İstanbul'a... Gezerdiniz, değişiklik olurdu."

Selçuk, bu nazik sorunun içindeki gülleyi suratının tam orta yerinde hissetti. Canan ne dese haklıydı artık... Bir gece daha onsuz uyumayacağını söyleyip alelacele uçak bileti alıp İstanbul'a gelmeye karar veren âşık bir adam, sevdiceğinin yanına kolunda karısıyla birlikte gelirse bu densizliğinin bedelini de elbette ödemek zorunda kalırdı.

Selçuk, sükûnetinden taviz vermedi konuşurken:

"Kızcağızımızın okulu var. Önümüzdeki hafta finalleri başlıyor. O da gündüz ders notlarını topluyor, akşamları odasında çalışıyor... İnşallah bir dahaki sefere hep birlikte geliriz."

Canan sorduğu soru kadar kinayeli bir yanıt almıştı Selçuk'tan. Oysa daha mahcup, içinde özür olan, küçük de olsa özünde açıklama barındıran bir yanıt geleceğini ummuştu. Canan'ın beklediği cevap sonunda Beyza'dan geldi:

"Biz de hiç hesapta yokken çıktık yola. Sabah Selçuk önemli bir görüşmesi olduğunu söyleyip İstanbul'a gitmesi gerektiğini söyledi. Ben de ne zamandır Ankara'dan çıkmadım. Geçen ay Şeb-i Arus törenleri için Konya'ya da birlikte gidecektik ama ben rahatsızlanınca gidemedim. Bu kez Selçuk'un peşine takılıp azıcık gezip dolaşayım istedim. Israr edince o da beni kıramadı. Üzülmeme hiç dayanamaz... O kadar istediğim halde beni Ankara'da bırakıp buraya gelseydi içi içini yerdi, rahat edemezdi. Son dakikada bana da bir bilet aldı, yanına katıp getirdi. Sana da emrivaki oldu böyle bu yemek."

Anlaşılan Selçuk İstanbul'a tek başına gelmeyi planlamış ancak karısının baskısından hatta belki tehditlerinden sonra onu da yanında getirmek zorunda kalmıştı. Bu sevimsiz sürprizi gelmeden evvel Canan'a açıklamak istemiş ancak buna cesaret edememiş olmalıydı. Canan, tanıştıkları akşamdan beri Beyza'nın yapışkanlığı konusunda yanılmadığını bir kez daha anladı. Bu kadın göründüğü kadar saf ve masum biri değildi. Canan'ın Beyza hakkında anladığı bir şey daha vardı; Beyza'nın İstanbul'a gelmekteki bu inadı ve ısrarı boşuna değildi.

Ayhan, çorbasını bitirdiğinde kaçırmaya hiç yeltenmediği bakışlarını Selçuk'un üzerine dikti:

"Siz ne iş yapıyorsunuz acaba Ankara'da?"

Selçuk, gölgesinde kaldığı bu dik bakışların içinden yumuşak ve saygılı bir sohbetle geçmeye çalıştı:

"Ankara'da bir aile şirketimiz var. Üç kuşaktır inşaatçıyız. Konya'da da tekstil işi yapıyoruz."

"O da mı aile şirketi?"

"Evet... Eşimin ailesi Konya'dadır. Oradaki işleri babasıyla birlikte ağabeyleri ve amcaları yönetiyor."

"Anlaşılan siz aile içinde yatay olarak gelişiyorsunuz... Bunca nesildir dikey olarak büyüseydiniz, dev inşaat holdinglerinden biri olabilirmişsiniz."

Ayhan gibi saygılı bir adamdan böylesine kinayeli bir cümle duymuş olmak Doğan'ı ve Canan'ı çok şaşırtmıştı. İlk defa tanıştığı ve hakkında hiçbir şey bilmediği bu adama karşı, incitici konuşmuştu. Belli ki Selçuk'tan pek hoşlanmamıştı. Buna rağmen onu ve ailesini tanımak istiyordu:

"Canan'la nereden tanışıyorsunuz, inşaattan mı?"

"Hayır... Aslında Canan'la hiçbir iş bağlantımız yok."

Ayhan bunu söylediğinde, masadaki herkes aynı anda önündeki yemeği bırakarak Selçuk'un ağzından çıkacak açıklamalara odaklanmıştı.

Canan, saçlarından boynuna ve sırtına doğru ağır ağır süzülerek inen şiddetli bir sıcaklığın bedenini yakmaya başladığını hissetti. Oturduğu yerde terlemeye başlamıştı. Kalbinin yerinden çıkacakmış gibi çırpınırcasına atmasıyla, yanaklarının kızarması da bir oldu. Selçuk'un cesaretli bir adam olmasını dilemişti ancak bu kadar gözü kara olmasına tahammül edemeyebilirdi. Onun neyi ne kadar anlatacağını çok merak ediyordu. Kocasını ve çocuklarını incitmesine izin veremezdi. Söyleyeceği şeyleri Beyza'ya da anlatmış mıydı acaba... Yoksa karısı da her şeyi Ayhan'la birlikte mi öğrenecekti şimdi?..

Canan, boşalan çorba kâselerini kaldırıp yeni servis için ayağa kalkacak gücü bulamadı kendinde. Yerinden kımıldadığı an bayılabileceğinden korktu...

Ayhan, Doğan ve Orçun Selçuk'un söyleyeceklerine kulak kesilmişlerdi. Yemeğe misafir davet etme alışkanlığı olmadığı için en yakın arkadaşlarıyla bile yıllardır dışarıda buluşan annelerinin, bu sürpriz misafirperverliğinin altından ne çıkacağını merak ediyorlardı.

Selçuk'un açıklamalarıyla ilgilenmeyen tek kişi Beyza'ydı. Onun ilgi odağında Canan'ın gösterdiği heyecanlı ve gergin tepkiler vardı. Yanaklarının kızardığı, durup dururken terlemeye başladığı, ayağa kalkacak dermanı kalmadığını fark etmiş gibi, Canan'ı ilgiyle izliyordu.

Selçuk, kibar ve özgüveni yüksek bir tavırla kendisinden cevap bekleyenlerin merakını gidermeye gayret etti:

"Geçen ay Şeb-i Arus törenlerine giderken burada, İstanbul'da havalimanında tanıştık Canan'la. Nüfuz cüzdanı olmadığından uçağa binemeyecekti. Ben de kendisine küçük bir yardımda bulundum. Bir iki küçük görüşmenin ardından ona uçuş izni çıkarttırdım. Karşılaşıp tanışmak bu şekilde nasip oldu bize..."

Doğan ve Orçun aldıkları yanıtın ardından tabaklarına yaprak sarması alarak yemeye devam ettiler. Ayhan kızgın ve kırgın bakışlarını karısının gözlerine diktiğinde, aralarındaki bunca yalanın ve gizemin altında yatan sebebi bir an evvel bilmek sabırsızlığı içindeydi... Canan uçuş izninin kim tarafından ayarlandığı konusunda bilgi sahibi olmadığını, sonunda bütün işlemlerin havalimanındaki görevli memurlar tarafından organize edilmiş olabileceğini söyleyip konuyu bir daha açılmamak üzere kapatmıştı. Kocasıyla bu şekilde yüzleşmekten hoşlanmamıştı. Ne yapacağını bilemeden yerinden kalkıp çorba kâselerini topladı ve taskebabıyla pilav servisi yapmaya başladı.

İşaretlerin Dili (Evrensel Rehberlik)

"Yalan" çok tehlikeli bir tuzaktır!

Evrensel kaidelerin adaletle ve hassasiyetle işlediği çok önemli konulardan biridir. "Yalan" söyleyen insanın evrensel iletişimi tamamen kopmuştur. Böyle birinin hayatına bolluk, bereket, aşk, güzellik, zenginlik, sevgi, paylaşım, huzur, para ve dostluk çekmesi imkânsızdır.

Evrende "boyut" kavramı olmadığından, söylenen yalanın şekli, boyu bosu, rengi hiç önemli değildir.

Pembe, beyaz, mavi gibi rengârenk yalanlarla kendini teselli edenlere yazık ki çok kötü bir haberim var!

"Yalan" söyleyen her insan, hayatını kocaman bir yalan içinde yaşamaya devam edecektir...

Bu çok açık, net ve değişmez bir kuraldır.

"İnsanlara zarar veren büyük yalanlar söylemiyorum. Sevdiğimi kırmamak için ya da onun üzülmesini istemediğimden minicik pembe yalanlara başvuruyorum. Bazen işyerinde olduğum halde 'trafikteyim geliyorum' diyorum. Eşim üzülmesin diye kardeşi hasta olduğu halde 'durumu çok iyiymiş' diyorum."

Buna benzer şekilde, sözde çok iyi niyetli görünen yalanlarla bile aslında hem kendine hem de güya üzülmesinler diye korumaya çalıştığın insanlara zarar veriyorsun.

Bir kere kimin neye üzülüp, neye üzülmeyeceğine karar verecek olan merci sen değilsin. Sözde iyi niyetli bu yalanlarla, en çok karşındaki insanı küçümsersin. Karşındakinin özgür iradesi hakkında tasarrufta bulunmaya kalktığında, onun kendi iradesini bile yönetemeyecek âcizlikte bir insan olduğunu ifade edersin.

Canan da hayatına yalan enerjisi çekerek, kendisinin de içinde yaşayacağı yalan bir hayat inşa etmeye başlamış oldu. Yalanların olduğu yerde, gerçek duygular bulunmaz.

Unutma!

YALAN SÖYLEYEN İNSANIN, GERÇEK BİR HAYAT YAŞAMASI MÜMKÜN DEĞİLDİR!

Şartlar ne olursa olsun, büyük küçük, irili ufaklı, pembeli beyazlı; hiçbir şekilde yalan tuzağına düşmemeye dikkat etmelisin!

Ayhan bir daha gece boyunca kimseye hiçbir şey sormadı. Ona sorulanlara kısa cevaplar vererek sonrasında sessiz kalmayı tercih etti. Bu insanlardan hoşlanmadığı belliydi. Karısının yalan söylemiş olmasından dolayı da hem şaşkın, hem de kırgındı. Bunca yıllık evlilikleri ve yine uzun zaman süren sevgililik dönemlerinde bile, bir kez olsun yaşadıkları olayları değiştirerek ya da eksilterek birbirlerine anlatmak ihtiyacı hissetmemişlerdi. Onların arasındaki her şey olduğu gibiydi... Eksiksiz, fazlasız... Yalın... Ayhan her şeye rağmen bu yalanın bir yanlış anlamadan kaynaklanmış olabileceğini düşünmeye çalıştı. Mantıklı bir izahı olabilir umudu içindeydi. Peşin hükümlü davranmamaya gayret ediyordu. Canan onun hayat arkadaşıydı. İki oğlunun da annesiydi. Onu küçük bir yanlış anlamaya feda edemezdi. Sırf bu yüzden karısının kalbini kırmaktan yana değildi, fakat her şeye rağmen onun bu gizeme neden ihtiyaç duyduğunu anlamak istiyordu.

Şimdi soru sorma sırası Selçuk'a gelmişti. O da Ayhan'ı merak ediyordu:

"Siz ne iş yapıyorsunuz?

"Canan söylemedi mi?"

"Aslında bu konuları konuşamadık pek."

"MRS lojistikte yöneticiyim..."

Kısacık bir düşünme molasından sonra, "Ha evet biliyorum o şirketi... Yalnız MRS'nin kapanacağını duymuştum. Son beş yıldır büyük zarar ettiklerini biliyorum. Sektörün güçlü rakipleri karşısında fazla direnemediler. Galiba iflaslarını isteyecekler. Ortaklar iflastan sonra inşaat sektörüne yönelecekler sanıyorum..." dedi Selçuk.

Yüzüne karanlık çöken Ayhan, hissettiği endişeyi sesine yansıtmamaya dikkat ederek soğukkanlılığını korudu:

"Doğru... Şirket iyi durumda değil. Fakat iflastan ve ortaklıklardan haberim yok benim..."

"Çok sağlam yerlerde bağlantılarım var. Duyduklarım dedikodu değil..."

"Bilmiyorum!"

Selçuk bunu bilerek mi yapmıştı anlamadı Canan... Sanki Ayhan'ın canını yakmaya ve onu kibarca karısının gözü önünde küçük düşürmeye çalışıyordu. Selçuk'a hiç yakıştıramadığı bu acımasızlığına öfkelense de kocasının işlerinin kötü gittiğini de öğrenmişti böylece.

Ayhan, işlerinin iyi olmadığını söylememişti karısına ve çocuklarına... Her şeyin yoluna gireceğini ümit ederek, canla başla çalışıyordu. Yaşadığı sıkıntıların hiçbirini evinin içine sokmamıştı. Şimdi Canan'ın ve oğullarının meraklı bakışlarının ona doğru yöneldiğini görünce suçluluk hissetti. Aslında susmak da, bir çeşit yalan sayılmaz mıydı? Karısına ve oğullarına karşı mahcup olmuştu...

Canan, kocasının Selçuk karşısında zayıf ve çaresiz görünmesini istemiyordu. Misafirlerinin yanında Ayhan'a sitem etmeye kalkışırsa, Selçuk zaferine ulaşmış olacaktı. Ayrıca yabancı insanların ve çocuklarının gözü önünde kocasını küçük düşürmeye de hakkı yoktu. Doğan da aynı şeyi düşünmüş olmalıydı ki, üzüntü ve şaşkınlıkla baktığı babasına hiçbir şey sormadı. Duygularını kontrol etmeyi henüz beceremeyen Orçun, ağabeyi kadar olgun ve düşünceli davranmayı başaramadı. Üzüntüsüne ve merakına yenilip sadece babasının duymasını ister gibi yavaşça ona doğru eğilip "Doğru mu baba? İşlerin çok mu kötü gerçekten?" dedi.

Ayhan önemsiz bir konudan bahsediliyormuşçasına, ortada üzüntü duyacak hiçbir şey olmadığını ifade etmek ister gibi başını iki yana sallayarak "Hiçbir şey yok oğlum. Söylenti işte" diyerek karşılık verdi oğluna.

Doğan, babasının duygusal bir direnç içinde olduğunu fark edince Selçuk'a karşı büyük öfke hissetti. Orçun'un konuyu uzatmasından korkarak, kardeşini sakince uyardı:

"Bu konuyu daha sonra kendi aramızda konuşabiliriz Orçun."

Orçun, ağabeyinin ikazındaki haklılığı sezerek sustu ve yemeğine geri döndü.

Selçuk'un işlediği bu suçtan haberi vardı. Karşısında kıvranan adamı ve oğullarının olgunluk mücadelesini izliyor, onları zor bir durumda bıraktığını görüyor ancak küçük de olsa üzüntü duyup, durumu toparlamaya tenezzül etmiyordu. Bu adam iyilik ve zalimlik arasındaki ince çizginin tam üzerinde duruyordu sanki. Attığı her adımda başka birine dönüşebiliyor gibiydi. Bir an dünyanın en iyi insanıyken, bir anda acımasız biri oluveriyordu. Selçuk'un yemek masasında sergilediği bu hızlı renk ve kılık değişimini endişeyle izleyen Canan, Ayhan'ın oğulları karşısında zor durumda bırakılmasından rahatsızlık duymuştu.

Beyza'nınsa oturduğu yerden film izler gibi olan biteni seyredip durumdan keyiflendiği açılan iştahından belliydi. Canan, öfke dolu gözlerini Selçuk'a doğrultup ona dik dik baktı. Madem öyle, Selçuk da aynı yerden darbe almak zorundaydı şimdi.

Canan, pilav tabağını sıyırmakla meşgul olan Beyza'ya dönerek, tavırlı bir sesle konuştu:

"Sen ev hanımısın herhalde değil mi Beyza, erkekler dünyasında rahat çalışamazsın sen. Benim de senin gibi bir babam olsaydı evimin kapısına babam sağ olsun yazdırırdım."

Son kaşığını ağzına götürdüğü sırada karşılaştığı bu aşağılamayla sarsılmıştı. Masadaki erkekler arasında yaşanan atışmanın ne ara kadınlar cephesine sıçradığını fark edemedi. Hazırlıksız yakalanmıştı. Şaşkındı... Boğazına kaçan pirinçten tıkanır gibi olup öksürmeye başladı. Hatta öyle şiddetli öksürüyordu ki, yüzü kıpkırmızı oldu. Önündeki su bardağına uzanıp bir yudum içmeye çalıştı.

Canan, kendi kedine söylenir gibi "Allah'ın adaleti işte" dedi. Öksürük krizinden boğulmak üzere olan Beyza dışında, Canan'ın bu sözlerini herkes duymuştu.

Doğan ve Orçun da, kadının tabağı sıyırırken boğazında kalan son lokmadan dolayı neredeyse ölmek üzere öksürük krizine girmesini komik bulmuş, annelerinin olayı yorumlamasından sonra gülmeye başlamışlardı. Yüzlerine yayılan gülümsemeyi bastırabilmek için kendilerini zor tutuyorlardı. Doğan ve Orçun birbirlerine baktıkları an, içlerindeki kahkaha tufanı şiddetini artırdığından, durumun farkında olan babaları, onlara önlerine bakmalarını işaret etmeye başladı gözleriyle...

Canan da Beyza'nın haliyle içten içe eğleniyordu:

"Yavaş ye Beyzacığım yavaş ye... Önünden yiyecek kaçıran yok. Al sana biraz su koyayım. Patlayacaksın şimdi... Şu eşarbını azıcık arala da nefes al, boğuluyorsun..."

Bu son cümleyi söylerken Selçuk'a bakıyordu. Onun vereceği tepkiyi izlemek istemişti. Selçuk, Beyza'nın bir an evvel kendini toparlamasını bekliyordu. Masadakilerin bu durumdan kendilerine eğlence çıkarmalarından hiç hoşlanmamıştı Selçuk...

Beyza, türbanını çıkaramayacağını işaret edince, Canan beklediği fırsatı yakalamış oldu:

"Beyzacığım nefes alamıyorsun. Kan ter içinde kaldın bak. İki erkek saçını görecek diye şahadet şerbetini içeceksin şimdi. Böyle su yolunda ölenler şehit de sayılmaz. Boşu boşuna tahtalıköyü boylayacaksın."

Selçuk bu yaklaşıma Beyza'dan çok daha fazla kızmıştı. Yüzündeki hoşnutsuzluğu bu kez saklamıyordu. Canan'sa, kırgınlık ve öfke duygusunu kendi ailesinden misafirlerine doğru sirayet etmesinden memnuniyet duydu.

Sofradan kalkan Selçuk, lavaboya gitmek için izin istedi.

Masada kaldığı sürece sakinleşemeyeceği belliydi. Bu manzara karşısında sinirlerini yatıştıramazdı. Varlığının doğal bir parçası gibi görünen o kibarlığını ve yumuşaklığını şimdi büyük çaba göstererek korumaya çalışıyordu.

"Müsaadenizle ben lavaboya gitmek istiyorum. Ne taraftaydı acaba?"

Canan, alaycı bir gülümsemeyle karşılık verdi:

"Ben göstereyim..."

Kısacık bile olsa yalnız kalabilmek için iyi bir fırsattı bu. Canan, heyecanını ve taşkınlığını kontrol ederek sakince kalktı yerinden. Ayhan'ın sandalyesinin arkasından dolanırken, kocasın durumu nasıl algıladığını sezebilmek için göz ucuyla ona baktı. Ayhan, Orçun ve Doğan'ın kahkahalarını bastırmaya çalışmakla meşgul olduklarını gördü. Çocuklar Beyza'nın morarırcasına öksürmesiyle eğlenmeye devam ediyorlardı. Üstelik Ayhan da kendini tutamasa kahkahayı basacak gibiydi. Canan'la Selçuk'un lavaboya birlikte gitmeleriyle kimse ilgilenmiyordu.

Canan önde, Selçuk bir iki adım arkasında salondan çıktılar. Yan yana gelmemeye dikkat ederek, holden geçtiler. Dar uzun koridorun sonuna kadar yürüyüp tuvalet kapısının önünde durdular. Canan kapıyı açıp "Buyurunuz" dedi.

Selçuk, içeri girip kapıyı kilitlemek üzereydi ki Canan, ayağını kapının arasına sıkıştırdı ve sert bir hareketle kapıyı açtı, içeriye doğru başını uzatıp gözdağı verir gibi "Ayhan'dan uzak dur. Sakın ona bulaşma, bu hiç iyi olmaz" dedi.

Gergin bir tebessümle Canan'ın bu tehditkâr tavrını izleyen Selçuk da Canan'ın kapıyı tutan eline uzandı ve onu bileğinden kavrayarak kulağına sessizce fısıldadı:

"Sen de karıma bulaşma... Herkes haddini bilecek!" dedi.

İkisi de susup nefret dolu gözlerle birbirlerine bakmaya başladılar... Öfkeyle sürtünen bakışlarından kıvılcımlar çakıyordu. Selçuk, hızlı ve çevik bir hareketle bileğinden tuttuğu Canan'ı içeri aldı. Kapıyı kapatıp kilitleyerek hırpalarcasına sert hareketlerle onu kapının yanındaki duvara dayadı. Çenesinden tutup sıkarak canını yaktı. Neye uğradığını anlayamayan Canan, Selçuk'un bu deli cesareti ve cüreti karşısında şaşkındı.

Selçuk hiç konuşmadan Canan'ın dudaklarına iştahla ve tutkuyla yapıştı. Şimdiye dek tanıdığı o romantik ve yumuşak adamdan eser yoktu... Selçuk, şehvetin doludizgin çağlayan akıntısına kendisini teslim etmiş gibiydi. Ne göze aldığı bu riskli hamlenin yaratabileceği sonuçlardan korkuyordu, ne de kendini dizginlemeye niyeti vardı... Haşin ve tutkuluydu... Hem kızıyor, hem arzuluyor gibiydi... Hem âşıktı, hem acımasız...

Canan'ın dudaklarını ve dilini emdi uzun uzun. Kendi dudaklarına bulaşan ruja aldırış bile etmedi. Ateş kırmızısı ipek elbisesini el yordamıyla yukarı sıyırıp kalçalarını sıkmaya başladı. Sertleşen erkekliğini Canan'ın kadınlığına dayadı ve bunu hissetmesini istedi.

"Seni ne kadar özlediğimi hissediyor musun bak?" diye fısıldadı kulağına...

"Madem öyle adi herif! Karını niye getirdin o zaman. İkimiz için tuttuğum odada onunla sevişiyorsun" diye karşılık verdi Canan da... Öfkeden ve hazdan gözü dönen Selçuk, sevgilisinin göğüslerini dekoltesinden dışarı çıkardı. Bir yandan onun göğüs uçlarını okşuyor, diğer yandan da açıklama yapmaya çalışıyordu.

"Zorla geldi..."

"Bok zorla geldi... Sen istemeseydin gelemezdi. Özellikle getirdin onu. Benim canımı yakmak istedin."

"Kıskandın mı beni? Bu yüzden mi uğraşıyorsun karımla?"

"Karım deyip durma şuna..."

"Sen benim karım olmak ister miydin peki? İçine girmemi istiyor musun?"

"Çok adisin sen... Göründüğün gibi değilsin. Hep acıtmak istiyorsun."

"Güzel konuş... Adi deme bana... Sen de çok değişmişsin.

Nerde Konya'daki o utangaç kadın, nerde sen? Çok güzel olmuşsun. Saçların, memelerin, kalçaların çok güzel... Alev alev olmuşsun yemin ederim. Adamı günaha sokarsın sen."

"Sana bir şey olmaz merak etme. Cennetliksin sen. Günaha girmezsin. İçime sokmadığın sürece güvendesin korkma."

"Dalga geçme küçük fahişe... Gebertiyorsun zaten beni. Tutamayacağım kendimi. Dayanamıyorum, boşalmak istiyorum. Hadi sen kapat memelerini, toparlan çık artık. Aramasınlar içerden. Hadi..."

Selçuk kıvranıyordu. Patlamak üzere olan erkekliğiyle baş edemez hale gelmişti. Canan, göğüslerini yerine sokup yavaşça kilidi açıp kapının önünde kimse olup olmadığına baktı. Canan, holün sakin olduğunu görünce dışarı çıkmaya yeltendi. Doğan'ın odasından tıkırtı geldiğini duyunca bekledi. Selçuk, sevgilisinin arkasından beline dolanmış ona dokunmaya devam ediyordu. Canan, ortalığın güvenli olduğundan emin olunca Selçuk'un elinden kurtuldu. Fırladığı gibi yatak odasına koştu. Buradaki ebeveyn banyoya girip üzerindeki sevişme izlerini temizlemeye çalıştı. Ruju çıkmıştı, makyajı dağılmış, elbisesi hırpalanmıştı... Üstüne, başına ve yüzüne bir iki dokunuşla çekidüzen verdikten sonra salona geri döndü.

Beyza'nın öksürük krizi yatışmış, sofradan kalkıp oturma grubuna geçmişti. Ayhan da yemeğini tamamlamış, Beyza'nın karşısında duran berjer koltuğa yerleşmişti. Orçun, sofrada tek başına kalmış, cacığın dibini görmeye çalışırken, Doğan ortalıkta gözükmüyordu. Sofrayı bıraktığı gibi bulamayan Canan, lavaboda uzun kalmış olduğunu düşündü ve yokluğunu fark eden Beyza'yla Ayhan'ın soğukluğundan endişe etti.

Yokluğuyla ilgili verebilecek hiçbir cevabı olmadığı için kimsenin konuşmasına fırsat vermeden sorular sormaya başladı. Böylece herkesin nabzını ölçebilirdi:

"Doydunuz mu, neden kalktınız sofradan? Sen iyi misin Beyza, bir şey ister misin?"

"İyiyim. Teşekkür ederim. Bir şey istemem."

Ayhan oturma gurubunun önündeki geniş sehpadan kumandaları alıp televizyonu açtı. *Muhteşem Yüzyıl*'ın özeti bitmiş, yeni bölüm başlamıştı. Bu kanalda kalmayı tercih edip, gözlerini sevdiği diziye dikti. Doğan'ın nerde olduğunu soran karısının yüzüne bakmadan cevap verdi:

"Odasına gitti... Ders çalışacakmış."

"Ama izin almadan ayıp değil mi, misafirlerimiz var."

"Doğan, benden de, hanımefendiden de müsaade istedi. Dilersen Selçuk Bey geldiğinde ayrıca ondan da izin ister."

Ayhan'ın keyfi yoktu. Kafası karışık, canı sıkkındı... Başka şeylerle ilgilenmek, beynini rahatlatmak ister gibi diziye odaklanmıştı. Başka hiçbir şeyle ilgilenmiyordu. Canan'ın yokluğundan ziyade, misafirlerin evdeki varlığından rahatsızlık duymuştu. İşiyle ilgili sorunları çocuklarını üzmeden halledebilmek için, şirketin durumunu herkesten gizlerken, ailesinin gözü önünde hiç tanımadığı bir adam tarafından âciz ve çıplak bırakıldığı için kızgındı...

Doğan da durumdan büyük üzüntü duymuş olmalı ki, bu densiz ve tuhaf insanların yanında daha fazla oturmak istemeyip odasına kaçmıştı. Evde misafirleri varken, onların yanından kaçarak içine kapanacak kadar saygısız bir çocuk değildi.

Canan, Türk kahvesini nasıl içmek istediğini sordu Beyza'ya... Kocasının şekersiz, kendisininse az şekerli kahve içtiğini söyledi Beyza... Sesi yumuşak fakat bakışları bir o kadar imalıydı... Canan mutfağa giderken, Selçuk henüz çıkmamıştı tuvaletten. Bu kadar zamandır orada ne yapıyor diye düşündü Canan. Büyük ihtimalle, azan erkekliğini yatıştırmakla meşguldü hâlâ...

Canan, mutfak dolabından kahve fincanlarını, cezveyi, kuru kahveyi ve esmer şekeri çıkarıp tezgâhın üzerine bıraktı. Sürahiyi alıp fincanla ölçerek cezvenin içine su koymaya başladı. Dört fincan suyun içine, biraz kahve ve şeker katıp çay kaşığıyla karıştırmaya başladı. Ocağın en küçük ateşini yakarak, cezvesini kısık ayarda pişmeye bıraktı. Fincanlarını, gümüş misafir tepsisine yerleştirirken, arkasında nefes sesi duyarak ürperdi. Mutfakta yalnız olmadığını fark etti. Yüreği ağzında arkasına döndüğünde Beyza'yı burnunun dibinde buldu.

"Korkma korkma ben geldim. Kim gelecek başka?"

"Gel Beyza... Boş bulundum bir an."

"Seninki dizi seyrediyor içeride. Selçuk'un dizilerle hiç işi olmaz."

"Ayhan, başka erkeklere pek benzemez. O evcimendir. Tam bir ev erkeği... Akşamları dizi ya da film izleriz, mısırlarımızı da Ayhan patlatır."

"Ne güzel... Erkek dediğin evde olmalı. Dizinin dibinde. Hele evliyse, çoluk çocuk sahibiyse..."

Beyza boş mu konuşuyordu, yoksa söylemek istediği şeyler mi vardı anlayamadı Canan...

"Öyle..." dedi sadece.

"Selçuk hep dışarıdadır mesela... Bazen hasret kalıyoruz yüzünü görmeye. Esma da babasıyla öyle uzun vakit geçirmez. Belki bu da iyidir bilemiyorum. Birbirimizi özledikçe daha çok bağlanıyoruz galiba. Selçuk, özlemeyi seven adamlardandır. Bazıları da özlem çekmeye dayanamaz. Araya mesafe girince kopar. Seninki hangi adamlardan?"

Beyza'nın kaşınan bir yarası olduğu, kocalar konusunda konuşmakta ısrarcı olmasından belliydi. Anlaşılan içini dökmeye ihtiyacı vardı ama neden yeni tanıştığı bir kadınla özel hayatını paylaşmak istesin ki... Canan, sohbetin nereye gideceğini merak ettiğinden ailesi hakkında çok detay vermemeye dikkat ederek cevap verdi Beyza'ya:

"Ayhan seven bir adam işte... Ben öyle taktik hesapları bilmiyorum. Özletmek, az görüşmek, üstüne düşmemek gibi planlarla işimiz yok bizim. Neyse o!"

Beyza bozulmuştu. Renk vermemeye gayret ederek devam etti:

"Bazı adamlarda taktik yok dediğin gibi... Aslında bu bile ayrı bir strateji... Elbette seninki daha güzel... Selçuk taktik adamıdır. Zor adamdır. Onun kadını olmak kolay iş değil. Genç olacaksın, güzel olacaksın, üstüne düşmeyeceksin, özleteceksin. Öyle çabuk teslim olan insanlardan nefret eder..."

Bu da neydi şimdi? Beyza, kocasıyla ilgili Canan'a tüyo vermeye mi çalışıyordu, yoksa boşboğazın teki miydi? Ya kocasının Canan'la ilişkisinin fakrındaydı ve aklınca onlara karşı meydan okuyordu ya da kocadan başka konuşacak başka mevzusu olmayan içi boş kadınlardandı.

Canan, bu sohbetten hoşlanmadığını ifade etmekte kararlıydı. Böylece Beyza'nın da bu oyunu uzatmasına gerek kalmayacak, amacının ne olduğunu açıklamak zorunda kalacaktı:

"Senin kocan muhafazakâr bir adam değil mi Beyza? Onun kadın ilişkilerinde bu kadar bilgili ve talepkâr olduğunu neden düşünüyorsun? Hem bu kadar özel konuları, neden yeni tanıştığın bir kadına anlatmak istiyorsun? Senin arkadaşların yok mu?"

Beyza tokat yemiş gibi kızarmaya başladı. İki yanağı da elma gibi al al oldu. Ağzını açıyor ama ses çıkarmayı beceremiyordu. Konuşmaya yeltendiyse de anlamsız kekelemeler dışında ne söylediği hiç anlaşılmadı. Canan, cezveyi ocaktan indirip fincanlara doldururken, Beyza ancak toparlanmıştı:

"Kusura bakma Canan. Benim Ankara'da yakın arkadaşlarım yok. Orada kimi tanısam uzaktan akraba olduğu için özel konuları konuşamıyorum. Selçuk seni çok güvenilir buluyor. Gönül dostum diye anlatınca ben de yakınlık duydum. Ne bileyim, öyle içimden konuşmak geldi işte. Biraz abartmış olabilirim. Yanlış anlama..."

"Bana telefon numaranı verir misin Beyza? Belki sonra buluşup konuşuruz seninle. O zaman uzun uzun anlatırsın bana mutlu evlilikte uygulanması gereken taktiklerin ne olduğunu..."

Canan bunu söylerken, espri yapar gibi gülümsüyordu. Beyza'yı kıvrandığı utangaçlık duygusundan kurtarmak istemişti. Ayrıca Selçuk'u açık seçik anlatmaya bu kadar hazır bir kadın olması, işine de gelirdi. Karşısındaki adamın çelişkilerini çözmesi ve onu iyi tanıması konusunda karısından yardım almak fena olmazdı.

Canan kahve tepsisini Beyza'ya verip onu salona yolladı. Kendisi de tatlı tabaklarını alıp arkasından yürüdü.

Selçuk, lavabodan çıkmış Ayhan'la televizyon karşısında sohbet ediyordu. Ayhan'ın da sohbete iştirakine bakılırsa, bu iki adam arasındaki buzlar erimeye başlamış gibi görünüyordu. Büyük ihtimalle Selçuk banyodan sakin ve rahatlamış olarak döndü. Saygılı tavrı, yumuşak sesi, şefkatli yüreği ve engin tasavvuf bilgisiyle Ayhan'ı etkilemeyi ve onun gönlünü almayı başarmış olabilirdi. Canan ve Beyza salona girdiklerinde Selçuk yine bir dörtlük okuyordu:

> *"Duydum ki gıybetimi yapmışsın / Yüzüme söylemekten kaçmışsın / Benim gibi bir âcizden korkmuş / Ama Allah'tan korkmamışsın..."*

"Çok güzel bir şiirmiş... Çok güzel söylemiş şair..."

"Mevlana'nın bir dörtlüğüdür bu. Dolayısıyla güzel kardeşim Ayhan, ben ilahi adaletten çekinirim. Farkında olmadan bile olsa eğer birinin kalbini ya da onurunu kırarsam, bir gün kendimin de kırılacağını bilirim. Senden gönül dolusu af dilerim. İşlediğim kabahatin, kötü niyetimden kaynaklanmadığını bilmeni isterim..."

Canan duyduklarına inanamıyordu. Bu adam biraz önce tuvalette onu bileğinden yakaladığı gibi duvara yapıştıran, canını acıtarak öpen, hırpalayarak göğüslerini ve kalçalarını sıkan adam mıydı? Bu güzel sözlerin döküldüğü kalem dudaklar, biraz önce ona "fahişe" diyen dudaklara benziyor muydu hiç?

Selçuk'un lavabodaki şehvetinden ve azgınlığından hiçbir iz yoktu. Canan'ın içeri girdiğini fark ettiğinde, ona sevgi dolu kapkara gözleriyle sıcacık baktı.

Üstelik Canan'ın kocasına da "güzel kardeşim" diye hitap ediyordu... Romantik, duygu dolu, hassas ve bilge adama dönüşmüştü yeninden. Onun bu hali için ölebilirdi Canan... Hemen oracıkta kök salıp çiçek dökmeye hazırdı. Şu an bir ömür boyu sürse, hiç bitmese diye düşündü. Selçuk hep böyle yumuşak, sıcak ve tatlı konuşsa... Sonsuz aşkı anlatsa uzun uzun... Bu aşk uğruna erenlerin, şairlerin ve düşünürlerin yazdığı mısraları okusa... İyilikten, sevmekten, birlikten bahsetse... Dürüstlüğü, temizliği, cömertliği anlatsa... Bu efsunlu, aşk dolu hali baki kalsa... Hiç değişmese... Hep böyle güven verse, huzur verse ne güzel olurdu...

Canan ve Beyza, kahve ve tatlı ikramlarını yapıp hiç konuşmadan kendilerine birer koltuk bulup usulca yerleştiler. Herkes içten içe Selçuk'un konuşmaya devam etmesini istiyor gibiydi. Yemek masasında cacık yemekten kopamayan Orçun bile, annesinin getirdiği kabak tatlısına başlarken Selçuk'un söyleyeceklerini bekliyordu.

Alışkın olduğu ilgiyi yakalayan Selçuk, anlatmaya devam etti:

"Şunu kendinize her zaman sorun can dostlarım, gönül kardeşlerim. 'Ben yaşadığım şu hayatı değiştirmeye hazır mıyım?' İnanın bunu sormak için hiçbir zaman geç değildir. Kaç yaşında olursak olalım, başımıza ne gelmiş olursa olsun yenilenmek ve yeniden başlamak her zaman mümkündür. Şems-i Tebrizi der ki: 'Her nefeste yenilenmeli. Yepyeni bir yaşa doğmak için ölmeden önce ölmeli.' Allah, kılı kırk yararak titizlikle çalışan bir saat ustası gibidir. O kadar dakiktir ki onun sayesinde her şey tam ve zamanında olur. Ne bir saniye genç, ne de bir saniye erken... Her insan için bir âşık olma zamanı vardır, bir de ölmek zamanı... Bu yüzden her nefes O'nun tasarrufundadır. Bunun kıymetini bilmek gerek. O nefesi yakıp yıkmak için değil, yenilenmek için kullanmak gerekir..."

Kahvesini iki üç derin yudumda bitiren Selçuk, biraz da su

içtikten sonra artık misafirliğin bittiğini ima edercesine karısına bakıp bağıyla "kalkalım" işareti yaptı ve ev sahiplerine dönerek veda konuşmasına başladı:

"Bizi ağırladığınız için teşekkür ederiz. Sofranız bereketli olsun. Hayatınız gönlünüz gibi zengin olsun. Size kapımız her zaman açıktır. Başımızın üzerinde yeriniz vardır. Her zaman Ankara'ya da bekleriz. Sizleri ağırlamaktan onur duyarız. Evinizden bereket eksik olmasın. Allah her zaman yâr ve yardımcınız olsun..."

Beyza ve Selçuk yavaşça ayaklanınca, Canan ve Ayhan da onları uğurlamak için yerlerinden kalktılar.

Ayhan ve Selçuk tokalaşıp vedalaşırken, tanıştıkları için memnun olduklarını söylediler. Canan ve Beyza da birbirlerine telefon numaralarını verip daha sonra görüşmek üzere vedalaştılar.

Ayhan, Beyza'ya elini uzatmaya bile yeltenmeden, uzaktan küçük bir tebessümle "Güle güle" dedi.

Selçuk, karısının ve Ayhan'ın gözü önünde Canan'ın elini avuçlarının içine alıp böyle güzel bir gönül dostuna sahip olduğu için şanslı olduğunu belirtti ve yine Mevlana'dan güzel bir alıntı yaparak Canan'a ithaf etti:

> *"Gülmekten, sevmekten ve dua etmekten asla vazgeçme! Çünkü gülerken çirkinleşen bir dudak, severken katılaşan bir yürek, dua ederken kötüleşen bir beyin yoktur... Allaha emanet ol!"*

Yavaşça elini açıp, avucunda tuttuğu kuşu salar gibi özgür bıraktı Canan'ın elini... Karıkoca, geldikleri araçla Canan'ın şirket arabası ve özel şoförle kaldıkları otele doğru yola çıktılar.

Kapı kapandığı an Canan kendisini darmadağın hissetti. Aklı, kalbi ve bedeni kendi halinde kendi savaşları ve karmaşası içindeydi. Birinin diğerinden haberi yoktu. Aklı hesapsız, kalbi sevgi dolu, bedeniyse kışkırtılmıştı...

Salona geri döndüğünde, Ayhan televizyonu kapatmış Canan'la konuşmayı bekler gibi berjer koltuğa geçip oturmuştu. Kocasındaki hazırlığı fark eden Canan'ın hiçbir şey konuşacak hali yoktu. Bu yüzden Ayhan konuya girmeden önce onu tartışma fikrinden vazgeçirmek istedi:

"Ayhan biliyorum konuşacak şeylerimiz var. İşinle ilgili problemlerini dinlemek istiyorum tabii ki. Sana yalan söylediğimi sandığın uçuş izni hakkında da açıklama yapacağım. Ama n'olur bunu şimdi yapmayalım olur mu? Dilersen yarın akşam dışarıda bir yerde buluşur, uzun uzun konuşuruz ne dersin?"

Canan teklifini yapıp susmuştu ama Ayhan buz kesmiş gibi karısına bakmaya devam ediyordu. Bakışlarındaki soğukluk sesine de geçmişti:

"Bu adam sana âşık..." diyebildi sadece...

Kocasının bu kanıya nasıl vardığını anlamadı Canan... Ayhan, karısının Selçuk'la birlikte banyoya girdiğini fark etmiş olsaydı gecenin sonuna kadar bu kadar tahammüllü ve kontrollü davranamazdı. Böyle düşünmesinin başka bir sebebi olmalıydı. Canan, sırtından aşağıya doğru soğuk terler aktığını hissetti. Kocasının bu konuşmaya devam etmesini istemiyordu. Bu yüzleşmeye henüz hazır değildi. Selçuk'la ilişkisinin meşru hiçbir adı ve anlamı yokken kocasına karşı yaşadığı şeyi savunamazdı. Şimdi konuşurlarsa Canan haksız duruma düşerdi. Aşağılanırdı. Kocasının ve çocuklarının gözündeki bütün değerini kaybederdi. Yaşadığının anlamını bilmediği sürece, kendisini ve duygularını doğru ifade etmesi mümkün değildi. Selçuk'a karşı hissettiklerini kocasına açıklamak için henüz çok erkendi. Her şeyin doğru bir zamanı vardı. Ayrıca Doğan ve Orçun'un bu konuşmaları duymasından yana da çok endişe ediyordu. Kocasının bir an evvel konuyu kapatıp yatağına dönmesini istiyordu Canan...

Karısının karşısında buz dağı gibi dikilen Ayhan, sanki asırlardır onu izliyor gibi dikkatle bakıyordu yüzüne.

Konuyu önemsememek Canan için iyi bir kaçış yolu olabilirdi. Kocasının bu fikrini geçiştirmek için aklına gelen ilk sözleri söyledi:

"Bu da nerden çıktı şimdi? Ne saçmalıyorsun sen böyle? Arkadaşım o benim" dedikten sonra hızlıca arkasını dönerek yürüdü. Tam salondan çıkmak üzereydi ki, geri dönüp Ayhan'ın yüzüne onu aşağılar gibi baktı ve öfkeli bir sesle konuşmasını tamamladı:

"Yazık sana Ayhan... Şu düşündüğün şeye bak... Yazıklar olsun... Beni çok kırdın! Adam karısıyla birlikte evimize misafir gelmiş, ağzında güzel sözler, ilahi konular, tatlı şiirler var... Bu adama ve bana yakıştırdığın şey utanç verici. Selçuk, çok iyi bir adamdır, güzel bir dosttur. Çocukluğundan beri iyi bir dini eğitim almış, tasavvuf öğrenmiş. İyi okullarda, değerli hocalarla yetişmiş biri. Aile babası, işadamı... O bizim bildiğimiz dünyaların kahramanlarından değil. Başka bir dünyanın insanıdır o. Gerçek bir gönül dostudur. Bilgedir. Aydındır. Şairdir. Allah âşığıdır. Görgülü, terbiyeli, ahlaklı biridir. İlahi aşkla ve koşulsuz sevgiyle doludur gönlü. Hayatını tasavvufla geçirmiş bir adamı itham ediyorsun sen. Üstelik bunu karını da aşağılayarak yapıyorsun. Bu söylediğin lafı hiç duymamış kabul ediyorum Ayhan. Aksi halde sana öfkem geçmeyecek. Bu konuyu bir daha açarsan, sana karşı bu kadar anlayışlı olmam, anladın mı?"

Karısının gözlerinin içine bakarken karanlık bir kuyuda ışık arıyor gibiydi Ayhan. Canan'ın konuşması bitene kadar sözünü kesmeden dinledi. Boğazına düğümlenen ıstırabı yutmaya çalışarak, son kez konuştu:

"Sen de o adama aşıksın Canan!"

DENİZDE BOĞULAN BALIK OLUR MU HİÇ? O HALDE İNSAN AŞKTA NEDEN BOĞULSUN?

Duvarları, kapıları, camları, yer döşemeleri, eşyaları, neredeyse her yanı bembeyaz bir köşkün üst katındaki büyük balkonlu salonunda tek başınaydı. Beyaz çerçeveli bir boy aynasının karşısında, yine bembeyaz kadifeyle kaplanmış bir sandalyede oturup aynadaki mutluluğunu izliyordu Canan... Üzerinde beyaz ipekten bir elbise vardı. Kol manşetlerine ve yere değen eteklerine gipür danteller işlenmişti. Odanın her yerinde beyaz orkideler, laleler ve güller vardı. Canan'ın dağınık topuzunun üzerine kar gibi beyaz zambaklar yağdırılmıştı. Kımıldamadan oturduğu sandalyeden, aynadaki huzurlu güzel yüzünü seyrediyordu. Hayatında hiç olmadığı kadar güzel hissediyordu kendini. Hiç olmadığı kadar saf, beyaz ve duru... Hiç olmadığı kadar sakin, dingin ve mutlu... Yüzünde okunan tebessüm ve huzur da yine bembeyaz...

Odanın iki kanatlı yüksek beyaz kapısı içeriye doğru yavaşça açıldığında, üzerinde bembeyaz takım elbisesi, yakasındaki kan kırmızı gül ve dudağındaki pembe gülüşüyle Selçuk girdi. Süzülürcesine sevdiğinin yanına geldi. Aşkla bakan kapkara gözleri, beyaz denizlerin içinde yüzen iki damla hat mürekkebi gibiydi. Birbirlerine sığınırcasına sokulup sarıldılar uzun uzun.

Bahçedeki neşeli kalabalığın cıvıltıları doluyordu odalarına. Kapısı açık balkona doğru yürüdüler birlikte. Sonsuz yeşilliğin içinde salınan davetlileri seyrettiler. Kimileri vals yapıyor, kimileri şampanya kadehlerini havalandırıp gülüşüyor, kimileri de eski çınarların altında keyifle uzanıyordu. Bu huzurlu kalabalığın içinde iki karanlık fark ettiler sonra. Siyahlar içinde, mateme boğulmuş iki sıkıntılı yürek sızdı bahçeye. Ayhan ve Beyza, ıstıraplarını ve kırgınlıklarını bayrak gibi sallıyorlardı ellerinde. Onları bulundukları balkondan endişe içinde izlemeye başlayan Canan ve Selçuk, şimdi ne yapacaklarını düşünerek baktılar birbirlerine. Bu mutlu güne gölge düşmesini ikisi de istemiyordu.

Doğan ve Orçun'un feryat gibi sitemli seslerini işitip aşağıya baktı Canan. Onları da siyahlar içinde gördü. İkisinin de gözleri kıpkırmızıydı. Kalplerinde çakan kıvılcımlar, gözlerinden güzel yüzlerine doğru sıçramıştı. Yaralı gibiydiler. İkisi de ellerinde yaşlı birer karga tutuyordu. Kargaların birinin gagasında erkek alyansı, diğerininkinde zarif bir tek taş vardı. Çocuklar, kargaları aynı anda annelerinin bulunduğu balkona doğru uçurdular. Canan, karganın gagasındaki tek taşa ulaşmak için uzandığı sırada balkonun alçak korkuluklarından aşağıya doğru süzülmeye başladı. Selçuk, Canan'ı bileğinden yakalayarak sıkıca tuttu. Her zamanki gibi güçlü ve hızlıydı. Sevdiceğinin imdadına yetişmişti. Selçuk, beyaz elbisesiyle balkonda mendil gibi sallanan Canan'ın gözlerine bakarak ağlamaya başladı. Canan, Selçuk'un yüzünde başka bir adamı görüyordu artık. Başkasının bakışlarıydı bu. Başkasının eli, başkasının gözyaşları... Canan'ın hayatı başka bir adamın merhametindeydi şimdi. Ayhan'ın güçlü eli bağlıyordu onu hayata... Canan, korku ve endişeyle baktı eski kocasına. Eski ama tanıdık bir yas dolaştı yüreğini. Ne kadar tanıdık ve ne kadar yabancı bir adam... Selçuk bulut olmuştu. Yukarıdan izliyordu artık bu hazin sahneyi. Yağmur olup yağmaya başladı üzerlerine. Ayhan'ın elleri, saçları ve dudakları Selçuk'un yağmuruyla ıslanmaya başladığında usulca sökülüverdi parmakları. Sevdiği kadını sonuz bir ayrılığa terk etti. Canan, boşlukta uçarcasına süzüldü. Gövdesiyle bir karanlığı parçalayarak çakılacaktı ki, sıçrayarak kaldırdı başını...

Nefesi kesilmişti. Göğsünün orta yerinde koca bir taş kütlesiyle boğuşur gibiydi. Kan ter içinde kalmıştı. Yüreği boğazında atıyordu sanki. Bir saat önce ofise gelmiş, kapıları açmıştı. Akşamdan kalma kafasını dayayacak yer arayıp odasına geçtiğinde, masasının üzerinde kollarını kavuşturup üzerine kapaklanmıştı. İki gündür sabah altıda uyanıp, kocasıyla karşı karşıya gelmemek için kaçıyordu evden. Ayhan'ın önceki akşam karısı ve Selçuk'la ilgili söylediği sözler, alev topu gibi düşmüştü üzerlerine. Canan, bu yangın yatışıp soğumadan, kocasıyla yüz yüze gelmek istemiyor, onunla bu mevzu hakkında bir daha muhatap olmaktan çekiniyordu.

Ayhan o gece yatağa gelmedi. Canan'ın yanında yatmadı. İyi günlerde, kötü günlerde, hiçbir kavgada ve hiçbir anlaşmazlıkta birbirlerine küs uyumamışlardı. Kocası şimdi küskün müydü, bilmiyordu ama ilk kez çalışma odasında sabahlamıştı. Canan da gün ışıyıncaya dek uyumadı o gece... Yattığı yerde kıvranıp durdu. Hava aydınlanmadan parmak uçlarında yürüyüp çıktı evden. Ofisi erkenden açıp gün boyu deliler gibi çalışıp durdu. Selçuk'un gül sepeti içinde gelen mektubunu da, gün boyu attığı mesajları da açıp okuyamamıştı ilk kez. Ne eli vardı onun satırlarına, ne de gönlü... Kocasının da, sevgilisinin de telefonlarını açmıyordu artık... Bütün gün işine sarılmış, inşaatları gezmiş, toplantılara katılmıştı...

Akşam saatlerinde de Kübra'yı arayıp yanına gitti. Birlikte Paper Moon'da yemek yediler. Canan, uzun uzun Selçuk'tan ve doyasıya yaşayamadıkları anlardan bahsetmişti. Kübra, ilişkinin duygusal derinliğinden ziyade Selçuk'un sevişmek konusundaki tutuculuğuna takıldığından, erkeklerin arzularını kışkırtan ve iradelerini felce uğratan bir dizi dişi taktikleri sıralayıp durmuştu Canan'a... Yemek boyunca havadan sudan, işten güçten, aşktan, erkeklerden ve seksten konuşup sohbet ettiler. Daha sonra geceyi Cahide'de geçirmeye karar verip, bol içki ve müzikle eğlendiler. Canan, aracını mekânda bırakıp taksiyle eve döndüğünde hem çok sarhoş hem de uykusuzdu. Ev ahalisi çoktan yatıp uyumuştu. Ayhan da nihayet yatağına geri dönmüş, deve kuşu gibi başını yastığın altına gömerek uykuya dalmıştı. Belli ki gözüne uyku girmesi kolay olmamış...

Üzerini çıkarmadan salondaki koltuğa kıvrılan Canan, sadece dört saatlik bir uykudan sonra yarı uyur halde kalkıp, varlığını kimselere duyurmadan hayalet gibi kaçıverdi yine evden. Arabasını gece eğlendikleri mekânda bıraktığını unutmuş, bir süre otoparkta dolanıp durmuştu. Neyse ki, sitenin güvenlik görevlileri Canan'daki sıkıntıyı çabuk fark ederek ona bir taksi çağırdılar. Ofise geldiğinde henüz kapı duvardı. Gece nöbetçi kalan güvenlik görevlisi dışında koca şirkette kimseler yoktu. Kapıları açıp odasına geçti. Başını kollarının arasına alır almaz rüya görecek kadar derin bir uykuya daldı.

Beyazlar içindeki bu tuhaf rüyadan korkuyla sıçradığında asistanı Aslı'nın içerideki odalarda dolandığını fark etti. Aslı burada olduğuna göre mutfaktan ve servisten sorumlu Zehra Abla da gelmiş olmalıydı. Ayağa kalkıp yürüyerek ocağın başına gitmek istediyse de, ayaklanmasıyla sandalyesine geri kapaklanması bir oldu. Başı dönüyor, midesi bulanıyor, gözleri kararıyordu. Mutfağı dahili hattan arayarak Zehra'dan tost ve çay yapmasını istedi.

Gözlerini elleriyle kapatıp gördüğü rüyanın ne anlama geldiğini düşünmeye başladı. Hissettiği korku ve pişmanlık duygusu onu rahatsız etmişti. Bu rüya olacaklarla ilgili onu ikaz eden bir mesaj sayılabilir miydi, yoksa iki aydır çorbaya dönenen bilinçaltının saçma sapan kurgularından biri miydi bilemedi... Ayhan'ın elini açıp onu balkondan aşağıya bırakmasından çok Selçuk'un yaşanan felaketi uzaktan izlemeyi tercih etmesine daha çok kızdı. Beyaz kır düğününe gelenler arasında Ayhan'ı ve oğullarını üzgün görmek içini acıttı. Istırap çektikleri belliydi. Beyza bile siyahlar içinde, yasa bürünmüş haldeydi. Canan da balkondan aşağı düştüğüne göre yaşananlardan hiç zarar görmeyen tek kişi Selçuk'tu... Hem olayların içinde hem de bir bulut kadar uzağınaydı.

İşaretlerin Dili (Evrensel Rehberlik)

Rüya analizi, başlı başına bir ilim konusudur. Rüyada görülen kişilerin, eşyaların, sembollerin, şekillerin, sayıların, hayvanların ne ifade ettiklerini çözümlemek ve aralarındaki bağlantıyı kurgulamak için kişinin bir profesyonelle seanstan geçmesi gerekir. Bilinçaltında hangi sembolün neye işaret ettiğini ya da hangi insanın onun için ne anlama geldiğini bilmeden rüya yorumu yapmaya kalkmak doğru değildir.

Bu yüzden rüya tabirleri kitaplarına çok itibaren etmemelisin. Her şeyin herkes için anlamı farklıdır. Dolayısıyla herkesin rüyası da kişiye özledir ve buna göre yorumlanması gerekir.

Köpek bazı insanlar için dostluk ve sadakat anlamı taşırken, çocukken pitbull tarafından ısırılıp hayati tehlike atlatmış biri için, ömrünün sonuna kadar görmek istemeyeceği azılı bir canavara işaret ediyor olabilir.

Rüyalarda sembolleri doğru konumlandırmak kadar hisleri de hesaba katmak önemlidir. Gördüğün rüyanın ne anlama geldiğini çözümleyemediğinde en azından duygu olarak sana ne verdiğine bakabilirsin. Rüyadan sonra kendini nasıl hissettiğin sana çok şey anlatabilir.

Zehra Abla, elinde tost ve çayla içeri girdiğinde Canan, Nuray'ı arayıp rüyasını anlatmak isteğiyle yanıp tutuşuyordu.

"Masama bırak Zehracığım. Çıkarken de kapıyı kapat olur mu?" dedikten sonra telefonunu eline alıp Nuray'ı aradı. Henüz sabahın erken saatleri olmasına rağmen Nuray, aramasına cevap vermişti. Canan kendini biraz daha ayılır gibi hissedip moral buldu. Biraz önce gördüğü rüyayı anlatırken, her ayrıntıyı hatırladığını da fark etti. Bunun ne anlama geldiğini çok merak ediyordu. Güzel duygular hissetmemiş olsa bile beyazlar içindeki köşk ve yemyeşil bahçe ona umut vermişti.

Sabahın erken saatine bile olsa arkadaşını can kulağıyla dinleyen Nuray, bu rüyanın ne anlama gelebileceğini anlattı:

"Canancığım... Gördüğün rüyada semboller çok önemli... Bunu ancak yapacağımız seanstan sonra çözümleyebiliriz. Fakat bunun yanı sıra rüyanın sana ne hissettirdiği, rüyanın anlamını çözmene yardımcı olabilir. Güzel ve mutlu duygularla başlayan olaylar giderek mutsuzluk, gözyaşı ve kayıplar hissettirmiş sana. Sen aslında kader yönetimi aşamasındasın. Farkında olsan da olmasan da şu an kaderinin kaleminin eline verildiği bir süreçtesin. Bak bu adamın senin karşına çıkması kaderdir. Senin tasarrufunda olan bir karşılaşma değildi bu. Fakat bundan sonra onunla ilgili yağacağın bütün seçimlerden sen sorumlusun. Seçimlerini doğru yapmadığın takdirde 'Vay bu adamı benim karşıma çıkaran kadere yazıklar olsun' demeye hakkın yoktur. Şu an yönetim sende. Kaderini şekillendiriyorsun. Rüyan sana güzel giden bir şeylerin sarpa sarabileceği mesajını veriyor. O halde seni sağduyulu ve farkındalıklı olmaya davet ediyor. Sen ister bu daveti kabul edersin, ister etmezsin... Kader kalemi elindeyken tek sorumlu sensin."

İşaretlerin Dili (Evrensel Rehberlik)

İnsanın kendi iradesi dışında başına gelen olaylar "kader"dir! Tasarrufunda olmadan cereyan eden hiçbir şeyi değiştiremezsin. Hiçbirimiz depremin yerini ve zamanını ayarlama yetkisine sahip değiliz. Başımıza gelmemesini sağlama gücümüz de yok.

Dolayısıyla kendi iraden dışında oluşan ve gelişen her şeye kader diyebilirsin. Fakat başına gelen kaderin sonunu getirecek olan kişi de yine sensin. Onu neye dönüştürebileceğine sadece sen karar verebilirsin. Dilersen felaketini kaleme alırsın, dilersen kendi büyük mucizeni yazarsın... Seçim senin!

Kader aslında filmin konusudur. Filmin türü ya da başarısı senaristin kalemine kalmıştır.

Canan ve Selçuk'un havalimanında karşılaşmaları kaderdi. Canan bu tanışmayı planlayarak, hesaplayarak, kendi özgür iradesi içinde kurgulamadı. Bu adam onun başına gelen bir olaydır sadece. Filmin konusu bir kadınla bir erkeğin havalimanında tesadüfen karşılaşmasından ibaret.

Kadınla adamın tanışmasından itibaren, kader kalemi artık Canan'ın elindedir. Dileseydi bu filmi eğlenceli bir macera filmine de dönüştürebilirdi, komediye de... Fakat o kalemini acıklı bir dramadan yana kullanmayı tercih etti. Şu saatten sonra filmin konusunu veren yapımcıya ateş püskürmenin hiç gereği yok... O sana konuyu verirken, eline de çok kıymetli bir kalem tutuşturdu.

Canan, umduğu yorumu bulamamıştı Nuray'dan... O her şeyin çok güzel olacağını, bundan sonraki hayatında Selçuk'la birlikte mutlulukla yaşayacağını, herkesin bu ilişkiyi sevgiyle kabullenip kucaklayacağını duymak istiyordu. Yine de kötü sözler duymadığı için kendisini teselli etmeye çalışarak tostunu yemeye başladı. Bir daha da canını sıkacak, moralini bozacak ya da duymak istediği şeyleri söylemeyecek insanlarla görüşmeyecekti. Nuray her ne kadar çok eski ve en güvenilir dostu bile olsa, hiç kimsenin canını sıkmasına izin vermeyecekti. Canan'ın huzura ihtiyacı vardı, karmaşaya değil. Hiç kimse onun zihnine kuşku kırıntıları ekip telefonunu kapatıp hayatına dönemezdi. Arkadaşlarıyla arasına biraz mesafe koymaya, en azından bir daha özel duyguları ve düşünceleriyle ilgili çok şey paylaşmamaya karar verdi.

Çayından da bir iki yudum alınca, toparlandığını hissetti. Kahvaltıdan sonra da iki Minoset yutardı, üstüne bir de multivitamin alırdı, hiçbir şeyciği kalmazdı... Akşama kadar bütün işlere yetişecek gücü bulurdu kendinde. Bugün iki toplantısı ve inşaat ziyareti vardı. Yeni projelerle ilgili de ofiste ekibiyle beraber çalışması gerekecekti. Akşam saatlerinde ne yapacağı zaten belliydi. Yine Kübra'yı arayıp Paper Moon'da buluşmayı planlıyordu. Aşk, seks ve erkekler hakkında konuşmayı sevmişti. Üstelik bu konuları Kübra gibi tecrübeli, eğlenceli ve çapkın bir kadınla konuşmak çok da eğlenceliydi.

Canan, kahvaltısını bitirip Zehra'ya bir çay daha getirmesini söylediğinde Aslı, kapıyı vurup elinde bir sepet kırmızı gülle girdi içeri. Yeni geleni Canan'ın masasına koyarken, odanın her yanını kaplayan gül sepetlerine göz gezdirerek içlerinde solup çürümeye başlayanları seçerek aldı. Çıkardığı sepetleri attıktan sonra açık bıraktığı kapıyı kapatmak için geri döndüğünde, güllerin içinde gelen kırmızı mühürlü mektuba bakarken gördü Canan'ı. Aklından geçen meraklı sorular, kolaylıkla okunabiliyordu yüzünde. Selçuk, haftalardır her sabah hiç aksatmadan yolladığı bu güllere acaba ne zaman bir son verecekti? Canan'a olan ilgisi kaybolduğunda mı, yoksa aralarında artık hiçbir mesafe kalmayıp ilişkileri meşrulaştığında mı?

Selçuk'un bu tükenmek bilmeyen romantik jestinden çok hoşlanan Canan, bazı sabahlar o gün gül sepeti gelmeyeceği endişesi duyarken, bazen de ofistekilerin dikkatini çeken bu gösterişli nezaketin sonra ermesi gerektiğini düşünüyordu. Ama her ne olursa olsun, Selçuk'un bu duygulu mektuplarının hiçbir zaman sonu gelmesin istiyordu.

"*Aşkın beni benden aldı. Beni bana unutturdu. Aklımda gönlümde hep sen varsın. Her gün senin hasretinle yanıyor, yalnız seni istiyorum. Yalnız seni diliyorum. Ne varlığım, ne malım mülküm var diye sevinirim. Ne de yokluğuma kahredip dövünürüm. Ben sadece aşkınla mutlu olup, aşkınla avunurum. Yalnız seni istiyorum. Yalnız seni diliyorum.*"

Beyza, dün sabah saatlerinde Ankara'ya tek başına dönmüştü. Kızını uzun süre evde yalnız bırakmak istemediğinden, kocasının İstanbul'daki işlerini bitirmesini beklememişti. Bu günü İstanbul'da yalnız geçirecek olan Selçuk, Canan'la baş başa bir gece geçirmeden geri dönmemeye kararlıydı.

Gülleri ofise ulaştıktan sadece yarım saat sonra Canan'a mesaj yazarak, bu geceyi Sheraton'da birlikte geçirmek istediğini yazdı. Canan aldığı davetten dolayı çok mutlu olduysa da hemen olumlu yanıt yazmak istemedi. Geceyle ilgili programını günün ilerleyen saatlerinde bildirmeye karar verdi. Birkaç saat için bile olsa Selçuk'u belirsizlikte bırakmak hoşuna gitti.

Öğle saatine kadar aralıksız çalışan Canan, yemeğe çıkmak için cuma namazına giden elemanların geri dönmesini bekledi. Ofisteki dört erkek de her cuma hiç aksatmadan öğle saatlerinde namaza giderler, yemek molalarını bu şekilde değerlendirirlerdi. Canan onların aç dönmelerine kıyamadığından yarım saat fazla izin verir, namazdan sonra yemek yemeye de vakitleri olsun isterdi.

Sandalyesinden kalkıp, pencereye doğru yürüyen Canan, dışarı baktığı sırada sabah gördüğü rüyayı hatırladı. Balkondan aşağıya düşüşü, ardında bıraktığı kalbi kırık oğulları ve onu kendi elleriyle ölüme terk eden kocasını düşündü. Tüyleri ürperdi. İçi titredi birdenbire. Odanın kapısı açıldığında, onu ölüme atan adamı gördü karşısında.

Ayhan, haber vermeden çat kapı gelmişti... Buraya o kadar uzun zamandır uğramıyordu ki, kocasının şirket adresini çoktan unuttuğunu düşünüyordu. Anlaşılan Ayhan hiçbir şeyi unutmamıştı. Önceki akşam, misafirleri gittikten sonra konuşmaya fırsat bulamadıkları önemli mevzuları hatırlatmaya gelmişti.

Ayhan çok durgun ve huzursuz görünüyordu... İç açıcı şeyler anlatmayacağı belliydi. Canan'ın konuşmaktan kaçtığı için geceleri eve geç dönüp sabahları da buhar olup uçmasından, bir türlü yüz yüze gelip dertleşememişlerdi.

Şaşkınlığını üzerinden atamayan Canan, ne diyeceğini bilemedi. Değil konuşmak, kocasıyla bakışmaya bile hazır değildi. Karısındaki çekimserliği fark eden Ayhan, yavaş ve kibar bir sesle konuştu:

"Sana bir öğlen yemeği ısmarlayabilir miyim?"

"Olabilir..."

"O zaman çıkalım hadi..."

Canan montunu giyip, çantasını aldı:

"Nereye gideceğiz?"

"Bilmem... İki sokak aşağıda Çimdik Mantı vardı. Orası hâlâ duruyor mu?"

"Evet..."

"İyi, oraya gidelim o zaman."

"Peki..."

Ayhan, ofisten çıkıp villanın güvenlik kapısında bekledi. Canan, ofisteki arkadaşlarına ve asistanına yemekten sonra döneceğini, işlerin aksamamasını söyleyerek çıktı kocasının arkasından.

Yan yana, hiç konuşmadan yürüyerek iki sokak aşağıdaki Çimdik Mantı'ya geldiler. Bahçeyi gören bir masa seçip yerleştiler. Fırınlanmış iki porsiyon mantı söyleyip, susmaya devam ettiler.

Canan, Ayhan'la göz göze gelmemek için sürekli etrafa ya da telefonuna bakıp duruyordu. İlk defa buluşan liseli sevgililer gibiydiler. Kimse ne konuşacağını bilmiyor, bakışlarını nereye çekmesi gerektiğine karar veremiyordu.

Ayhan, Canan'daki bu kaçak tutumun Selçuk'la ilgili olabileceğini hiç düşünmedi. Karısının utandığı için yüzleşmekten kaçtığı aklına bile gelmedi. O, bu durumun kendisinden kaynaklandığına inanıyordu. İşiyle ilgili yaşadığı sıkıntılar hakkında, karısına açık olmadığı için suçlu hissediyordu kendisini. Bu yüzden Canan'ın ona kızgın olduğunu ve tavır aldığını tahmin ediyordu.

"Sana karşı her zaman dürüst oldum Canan... Seni tanıdığım o delikanlılık yıllarımdan beri hiçbir konuda bir kez olsun yalan söylemedim. Ama şimdi sana karşı ilk kez açık olamadığımın farkındayım. Bu yalancılık sayılır mı bilmiyorum. Evet, anlatamadım. Uzun zamandır işlerim kötü gidiyor. Birkaç aydır birikmiş ortak hesabımızdan para kullanmak zorunda kaldım. Çok eski bir şirket olmamıza rağmen güçlü rakiplerin karşısında durmayı başaramadık. O şirkette çok uzun yıllarım geçti. Çok emek verdim. Ceketimi alıp kolayca gidemedim. Gemiyi ilk terk eden farelerden olmak istemedim. Bu yüzden çok direndim. Sabrettim. Karşılıksız çalıştım. Buna rağmen olmadı. Şirket önümüzdeki ay iflasını isteyecek. Kısa zamanda yeni bir iş kurmak, yatırım yapmak kolay değil. Geçici süre belki başka işlerde çalışabilirim. Fakat bu işlerden elde edeceğim kazanç, bugünkü konforumuzu idame ettirmeye yetmeyebilir. Bundan sonra evimizde her şeyi yeniden düzenlemek zorunda kalabiliriz. Doğan ve Orçun'un okul masrafları ve ihtiyaçları dışında, pek çok şeyi kısmak gerekebilir. Alışverişlerimizi, kredi kartı limitlerimizi, tatilleri, dışarıda yediğimiz yemekleri, ne bileyim işte... Bunlar gibi pek çok kalemi hesaplamak zorunda kalabiliriz. Belki evdeki araba sayısını da azaltmamız lazım. Of ne bileyim işte... Canan... Düşünmekten deli olacağım. Kafayı üşütmek üzereyim. Var olan düzeni yıkmak tabii ki çok zor. Üstelik bundan sorumlu olmak hiç taşınabilir bir yük değil... Uyku uyuyamıyorum. Kıvranıp duruyorum. Sağı solu arıyorum... Uğraşıyorum, mücadele ediyorum, direniyorum ama şimdilik ne yaparsam yapayım bugünkü ekonomik rahatlığımızı korumam mümkün gözükmüyor. Şu an bütün önceliğim Doğan ve Orçun'un yıllık okul ödemleri. Özellikle Orçun'un okul değiştirmesini istemiyorum. Çok iyi bir kolejde okuyor. Oğullarımın düzenine sahip çıkmam lazım. Bunun için parçalıyorum kendimi. Benim yüzümden ailece yaşayacağımız sıkıntılar için çok özür dilerim Canan... Senden tek bir isteğim var. N'olur birbirimize tutunalım, kenetlenelim. Birbirimize inanmaktan vazgeçmeyelim. Lütfen bana güvenmeye devam et. Birlikte her şeyin üstesinden geliriz. Siz varsanız, ben de varım... Siz benden umudu keserseniz ben yeniden ayağa kalkamam. Bu tür zamanlar zor sınavlardır. Ailemizin içinde yaşanabilecek en küçük bir çatlak bile aramıza soğuk rüzgârların girmesine neden olur. Bu sıkıntının bizde çatlak yaratmasına izin vermeyelim. Arkamda durmaya devam et Canan... Elimi bırakma."

Ayhan son cümlesini söylerken karısının eline uzanıp sımsıkı tuttu. Sanki balkondan aşağı düşecek olan kişi bu kez Ayhan'dı ve onu ölümle yaşam arasında tutan el de Canan'ındı... Her şey avucunun içindeydi şimdi... Parmaklarını çözüp açtığı an, hayat arkadaşının boşluktan süzülerek yere çakılışını izleyecekti.

Öyle zor bir şey istemişti ki karısından, eğer Selçuk'la birlikte başlayacak yeni hayatlarını konuşsalardı, Canan bu kadar köşeye sıkışmış hissetmeyecekti kendini... Kenetlenmeleri için yalvaran kocasına ondan vazgeçtiğini nasıl söyleyebilirdi ki? Ayhan'a bağlılık sözü veremezdi. Yapabileceği en iyi şey, onun yüklerini hafifletmekti:

"Ayhan, bak... Zor bir süreç, kabul ediyorum. Senin gibi çalışkan ve başarılı bir işadamı için belki çok daha zordur. Fakat iş hayatında her şey olabilir. Dengeler çabuk yer değiştirir. Ne zaman, ne olacağını kestirmek her zaman çok mümkün değil. Ben senin yine ayağa kalkacağına, yeniden güçlü ve kazançlı süreçler yaşayacağına inanıyorum. Bugüne kadar taşıdığın yükleri sırtlamaya hazırım. Doğan ve Orçun'un masraflarını da ben takip edebilirim. Seni uzun bir süre maddi sorumluluklarından uzak tutabilirim. Evin aylık giderleriyle ilgili verdiğin otomatik ödeme talimatlarını benim hesabıma tanımlayabilirim. Bunlar seni epey rahatlatır diye düşünüyorum. Senin, benim ve Doğan'ın arabalarını şimdilik satmamıza gerek yok. Ben şu ana kadar yaşadığımız genel ekonomik düzeni, biraz daha dikkat ederek yönetebilirim. Sen de üzülmeden, karamsarlığa düşmeden ve paniğe kapılmadan yapabileceğin yeni işlere odaklanabilirsin. Hatta dilersen eğitimini aldığın ama bugüne kadar yapmadığın mimarlık mesleğini bile cesaretle düşünebilirsin. Bu konuda ben de sana yardımcı olabilirim."

Ayhan, elini Canan'ın elinden yavaşça çekip sandalyesine yaslandı. Yükleri hafiflemiş görünse de yaşadığı onur kırıklığının ağırlığı ceset gibi yayılmıştı üzerine. Canan, kocasının omuzlarındaki sorumlulukları kendi üzerine alırken, onun aile reisi olarak sahip olduğu değeri de azaltmıştı farkında olmadan. Yaptığı bu konuşma sırasında Ayhan eriyip küçülürken, kendisi sahip oluğu güçle yücelip büyümüştü.

"Teşekkür ederim... İyi ki varsın. Bana evin köpeği kadar bile sorumluluk bırakmadın. Öyle hafifledim, öyle rahatladım ki şimdi, her şeye yeniden başlayabilirim. Hiçbir şey yapamasam bile karımın ofisinde gelip işe başlama teklifi de aldım. Artık sırtım yere gelmez. Sen beni ve çocuklarımı koruyabilirsin..."

Canan, kocasında yarattığı yıkımın ancak farkına varabilmişti. Onun bu teklife sevineceğini, kendisini rahatlamış hissedeceğini düşünmüştü. Ayhan, her zaman onurlu ve dürüst bir adamdı fakat onun bu kadar ince düşünceli ve kırılgan olabileceğini hiç tahmin etmemişti. Karakterinin bu yanıyla ilk kez karşılaşıyordu. Bugüne kadar hayatlarında her şey genelde yolunda gittiği için Ayhan'ın zorluklar karşısındaki güçlü ve değerli duruşundan habersizdi. Kocasının asaletinden etkilendi...

"Özür dilerim... Seni kırmak istemediğimi biliyorsun Ayhan... Bu geçici bir süreç. Senin sadece zamana ihtiyacın var. Ben de sana bu zamanı vermeye çalışıyorum o kadar. Hayatın boyu sorumluluk almadan yaşayabilecek bir adam değilsin ki sen. Sırtını rahata dayayacak halin yok... Biraz nefes alman lazım sadece. Biraz sakin kalıp, paniklemeden düşünmen gerekiyor. Bundan sonrası için sağlıklı kararlar alabilmen, kafanın rahat olmasına bağlı... Tek amacım sana nefes alma imkânı vermek. Başka bir niyetim yok."

"Ben bir arada olmaktan, kenetlenmekten, paylaşmaktan bahsetmiştim. Yanımda olmanı, elimi tutmanı istedim. Sen üzerimden yükleri alıp beni kendi yoluma saldın... Kendimi çok yalnız hissettirdin bana. Hafif ve bomboş."

"Biraz önce anlattığın çözümde ısrarcıysan, akşam çocuklarla konuşup masrafları kısma planını açıklayabilirsin. Kararlarına itiraz etmiyorum. Bundan sonra senin dilediğin gibi değiştirebiliriz hayat düzenimizi. Kendini daha iyi hissedeceksen, hayır demem... Harcamaları azaltırız, lükslerimize de son veririz, olur biter. Lütfen buradan bir trajedi çıkarmaya çalışma Ayhan... Ben sadece krizi yönetmek istedim. Çocuklara yansıtmadan, seni de zorlamadan bu dönemi atlatmanın yolunu söyledim. Dediğim gibi bu yolda hiç ısrarcı değilim. Sen nasıl istiyorsan öyle olsun. Benim artık ofise dönmem lazım, bugün çok işlerim var."

Canan, duygularının daha fazla esir edilmesine tahammül edemedi. Ayhan, konuyu içselleştirdikçe ikisinin durumu da içinden çıkılmaz bir hal alacaktı. Canan'ın yeterince derin duygusal çalkantıları vardı zaten. Ayhan'ın karmaşasını da üstlenecek değildi. Bu fazla yıpratıcı olurdu. Sınırını belirleyip tavrını takınmıştı işte. Gerisi Ayhan'ın seçimi...

Hesabı ödemek için etrafta garson aranırken, kocasının yerinden hiç kımıldamadan dikkatli gözlerle onu izlediğini fark etti.

"Hadi Ayhan, kalkalım artık..."

"O Selçuk denen adam senin kafanı karıştırıyor değil mi? Sen böyle mesafeli bir kadın değildin bana karşı."

Konu dönüp dolaşıp yine Selçuk'a gelmişti. Ayhan'ın bu mevzuu kapatmayıp kurcalamaya devam edeceği belliydi. Canı sıkılmıştı Canan'ın... Kocasının karşısına oturup ona Selçuk'la ilgili duygularını uzun uzun anlatmaya niyeti yoktu. Bu kez yerinden kalkmak için daha güçlü bir hamle yaptı ve restoranda boşluğa doğru seslendi:

"Garson var mı acaba? Hesap lütfen!"

Servis yapan garsonlardan biri hesabı hemen getireceğini söylediğinde, Canan ayağa kalkıp montunu giydi. Sonra tekrar yerine oturup hesabın gelmesini beklemeye başladı. Ayhan, aynı sakinliğiyle karısına dikkat kesilmiş, onu izliyordu.

"Canan, lütfen sakin olup oturur musun? Bu konuyu konuşmadığımız sürece, giderek birbirimizden uzaklaşacağımızı ve kopacağımızı düşünüyorum."

"Konuşacak bir şey yok... Ne anlatmamı bekliyorsun. Sana Selçuk'un arkadaşım olduğunu söyledim. Onun dostluğundan hoşlandığımı da anlattım. Ne yapayım? Sohbetini seviyorum. Oturup konuşabileceğim, aşkla ve hayatla ilgili derin konuları tartışabileceğim başka bir arkadaşım yok. Etrafımdaki insanlardan çok farklı konulara ilgili duyuyor. Hayatlarımızdaki duygusal boşlukların sebebini anlıyorum onu dinledikçe. Neden bu kadar çok kavga ettiğimizi, insanların birbirine karşı neden bu kadar hoşgörüsüz ve tahammülsüz olduğunu düşünüyorum. Kendimdeki çelişkilerle yüzleşiyorum. İş, proje, ödeme, toplantı, yemek, okul, alışveriş konuşmaktan ya da bunları bile konuşamamaktan usandım. Selçuk bu yüzden farklı bir arkadaş benim için. Onunla paylaşımım farklı. Herkesi koyduğum yere koyamıyorum onu... Bu dünyada güzellikler ve değerler de var. Kalplerimizdeki manevi boşlukları abuk sabuk maddi meşgalelerle doldurup durmanın acısını çekiyoruz insan olarak. Bana kendi değerimi hatırlatan ve içimdeki manevi gücü uyandıran bir arkadaştan sırf senin kıskançlıkların yüzünden mahrum kalmak istemiyorum anladın mı? Çünkü Selçuk'u kaybedersem, onun yerine koyabileceğim başka kimse yok."

"Senin hissettiğin ve düşündüğün şeyleri anlamaya çalışıyorum. Haklı da olabilirsin. Bahsettiğin türden arkadaşlıklar tabii ki güzel... Kadınların duygusal boşlukları ve karmaşalarıyla ilgili ahkâm kesemem sana. Tamam kabul ediyorum. Senin yaşadığın manevi boşlukları bilemem. Bunlarla nasıl yüzleştiğini hesaplayamam. Yazık ki ben de senin değerini sana hatırlatabilecek derinlikte, duygusal bir adam değilim. İlgi duymaya başladığın manevi konularla ilgili bilgim yok. Bu gücün bir kadına nasıl sirayet edebileceğini asla tahmin edemem. Fakat bir erkeğin zihniyle kalbi arasındaki yolculuğu iyi bilirim. Erkek kolay ve saçma bir matematik işlemidir. İstediği kadar duygulu, romantik, bilge, şair olsun... Erkeğin genetik kodlarında değiştiremeyeceği veriler vardır. O adam senin anlattığın gibi biri olabilir. Hatta evliya gibi biri de olabilir. Fakat sana karşı duyduğu ilgiyi görmek için kâhin olmaya gerek yok. Bu adam senden hoşlanıyor. Seni nasıl etkileyebileceğinin de farkında. İnan sandığın kadar saf ve hesapsız biri değil. Bunu koca kıskançlığıyla söylemiyorum. Çok eski ve çok sevdiğim bir yol arkadaşını uyarmak için konuşuyorum. Kocan olmaktan önce, sana değer veren bir adam olarak seni korumaya çalışıyorum. Aranızda konuşulan manevi konuların cazibesine o kadar kaptırmışsın ki kendini, adamın hayatındaki çelişkileri ıskalıyorsun. Nasıl bir çıkarı var bilmiyorum fakat bir şeyin peşinde olduğundan eminim. Seninle sadece dostluğun için ilgilenmiyor. Meşrulaştırmaya çalıştığı bir şey var ve belli ki bunun için zamana ihtiyaç duyuyor. Zaten zaman kazanabilmek için aileleri karşılıklı tanıştırarak sözde bir güven ortamı yaratmaya çalışıyor... Canan, bu adam seni ve dostluğunu suiistimal edebilecek biri. Sana ve dolayısıyla hepimize zarar verebilir. Onun dürüst bir adam olduğunu düşünmüyorum."

"Ayhan, tamam yeter artık lütfen... Yemekte adamla neredeyse hiç konuşmadın bile. Bu sonuca varmayı nasıl başardığını anlayamıyorum. İşinle ilgili seni ele verdiği için ona karşı bir antipatin var, farkındaydım. Fakat bütün bu söylediklerin çok saçma, çok komik... Sen çocuklarla fazla film izlemeye başladın şu sıralar. Planlar, hesaplar, zaman kazanmaya çalışmalar, gizli niyetler bilmem ne... Şu söylediklerin içinde mantıklı tek bir cümle var mı?"

"Peki... O adamla ilgili madem kendine ve arkadaşlığınıza karşı büyük güven duyuyorsun, o halde Konya'ya giderken onunla tanıştığını ve senin uçuş iznini aldığını neden benden gizlemek istedin. Sana sorduğum halde, 'haberim yok' diye yalan söyledin. Bence Selçuk'un sana âşık olduğunu gayet iyi biliyorsun. Benim de bu ilgiyi hissedebileceğimi düşündüğün için saçma sapan detayları gizlemeye yeltendin. Ona karşı ne kadar dostça duygular hissetsen de belki âşık bir adamın ilgisinden memnuniyet duyuyorsundur..."

"Yetti ama artık! Bana bak Ayhan, eğer bir daha Selçuk'ta bahsederken böyle aşk imalarında bulunursan, yemin ederim boşanırız..."

Canan, Ayhan'ın başka bir şey söylemesine izin vermeden, onu masada tek başına bırakarak kalktı. Arkasına bile bakmadan çıktı restorandan. Geldiği gibi yürüyerek döndü şirkete... Bu kez yalnızdı. Yol boyunca kocasının insan ilişkileri konusundaki zekâsını ve sezgilerini bunca yıldır önemsememekle ne büyük hata ettiğini düşündü. Ayhan, umduğundan çok daha duyarlı ve dikkatli bir adammış meğer. Selçuk'un alakasını fark etmiş olması çok şaşırtıcıydı. O halde Beyza da her şeyi biliyordu ya da su götürmez kuşkuları vardı bu konuda... Canan, her ne kadar Selçuk'la uzun uzadıya anlar ve yaşanmışlıklar paylaşamasa da aralarındaki ilişkinin varlığına ve gücüne daha çok inanıyordu artık... İkisinin eşleri de sadece tek bir karşılaşmayla bile aralarında ilişki olduğunu sezmişse, Canan'la Selçuk arasında yaşanan ya da yaşanamayan şeyleri hiç küçümsememek gerekiyordu.

Ayhan, bugün çok farklı görünmüştü gözüne. Hisleriyle, sözleriyle, şefkati ve anlayışıyla sanki ilk kez tanıştığı bir adam kadar yabancı geldi. Ela gözlerinde hüzün ve yakarış vardı. Artık onun duygusuz ve düz bir adam olduğunu söyleyemezdi. Dürüst ve sevgi dolu bu adamı içindeki aşkı, coşkuyu ve romantizmi ifade etmemekle suçlayarak ona haksızlık etmişti. Kocasının sevgisinden ve bağlılığından her ne kadar emin olsa da, onun aşkından ve tutkusundan yana hep kuşkuları olmuştu Canan'ın... Birlikte geçirdikleri uzun yıllar içinde vazgeçmek istemeyeceği alışkanlıklarından biri haline dönüşmüştü Ayhan... Aralarında zerre kadar arzu ve ihtiras kalmamıştı. Buna rağmen onsuz yaşayabilme ihtimalini düşünmemişti hiç... Yirmi yıllık evlilikle birlikte öğrencilik yıllarından beri, tam yirmi dört yıldır tanıyordu Ayhan'ı... Şimdiye dek bir kez olsun ondan ayrı kalmak fikri geçmemişti aklından. Ne sevgiliyken, ne de evlilikleri boyunca, günün birinde ayrılabileceklerini düşünmüştü. Her ne yaşanırsa yaşansın Ayhan ondan vazgeçmezdi. Canan zaten onsuz olmayı bilmiyordu... Şimdi ne olmuştu da, hiç düşünmeden ve tek nefeste "boşanırız" demeye cüret edebilmişti.

Canan, şirkete döndüğünde yapılacak bir yığın iş onu bekliyordu. Fazla zaman kaybetmeden projelerinin başına oturdu. Ayhan'ın ağlamaklı, mahzun yüzünü silmeye çalıştı gözlerinden. Onu düşünüp kederlenmek istemiyordu. Ekiple uzun toplantı masasının etrafında bir araya gelip çizimleri açtıkları sırada cep telefonuna gelen mesajın sesini duyduğunda dikkati dağılmaya başladı.

Selçuk'un akşam için kaldığı otele yaptığı daveti henüz yanıtlamamıştı. Büyük ihtimalle artık olumlu ya da olumsuz bir yanıt gelmesini bekliyordu Canan'dan... Telefonu masadan kaldırmadan, göz ucuyla gelen mesaja baktı. Mesaj Ayhan'dan gelmişti:

"Aşkını romantik şiirlerle ve sürprizlerle ifade edemeyen dümdüz bir adam olduğumu biliyorum. Buna rağmen, sana âşık *bir adam olduğumu inkâr edemezsin. Seni hatalarınla bile sevdiğimi ve kabul ettiğimi bilmeni istiyorum Canan... Ne olursa olsun, seni ancak ben anlarım. Bu bazen romantik aşk sözlerinden daha kıymetlidir... Hiçbir şey için, kendini ve bizi hoyratça tüketme."*

İnce ama acıtıcı bir sızı, Canan'ın yüreğini gezip dolandı bir an... Tuhaf bir hüzün dalgası çarpıp geçti yüzünden. Toplantı masasındaki çalışma arkadaşlarından bile bunu fark edenler oldu. En azından şirketin müdürü ve proje koordinatörü olan Cengiz, akşam çıkmadan önce Canan'la konuşmaya karar verdi. İçindeki sancı, gözlerine vuruyordu. Onun bu halini fark etmemek imkânsızdı. Kendini toparlamaya çalışarak masadaki işlere yoğunlaştı.

O kadar işiyle meşguldü ki, saatin geç olduğunu ofis nüfusunun azalmaya başlamasıyla fark edebildi. Saat yedi buçuk olduğunda, asistanı Aslı da veda edip çıktı. Zehra Abla, ortalıkta kalan çay bardaklarını ve kahve fincanlarını toparlarken Canan, toplantı masasından kalkarak odasına girdi. Arkasından Cengiz de odaya girip Zehra Abla'dan iki kahve yapıp öyle çıkmasını rica etti.

Canan, Cengiz'in önemli bir şey konuşacağını hissetmiş, ona kinayeli bir gülüş atmıştı:

"Oo! Cengiz Bey... Yüksek kurul toplantımız bugün müydü, hayırdır?"

"Umarım hayırdır... Konuşmamız lazım."

Cengiz, Mimar Sinan Üniversitesi mimarlık mezunu, çalışkan, yetenekli ve hırslı bir adamdı. Henüz otuz altı yaşında olmasına rağmen, tecrübesi ve iş ahlakıyla piyasada örnek gösterilebilecek mimarlardandı. Çok büyük şirketlerden fahiş rakamlarla transfer teklifleri alsa da o Canan'la birlikte dişini tırnağına takarak adam ettiği bu mimarlık şirketinde kalmayı tercih etmişti. Üstelik bu yıl, Canan'ın şirket ortağı olacak, hisse alacaktı. Bağladığı inşaat firmaları ve sunduğu tekliflerle Canan'ın sektördeki imzasını sağlamlaştıran Cengiz, artık maddi olarak da hak ettiği karşılığı alacaktı. Bundan sonra şirketin çalışanı değil, işin sahibi olacaktı. Canan'la ilgili hissettiği kaygılar konusunda bu yüzden hassas davranıyordu. Şirkette küçük bir sıkıntı yaşanmasına tahammül edemezdi. Cengiz, kimsenin ihtirasları uğruna mesleğini ve kariyerini riske atabilecek bir adam değildi.

Zehra Abla kahveleri masaya bırakıp çıkmak izin istedi. Cengiz, başıyla selamlayarak uğurladığı kadının arkasından bakarken Canan akşam saati ne konuşacaklarını merak etti. Uzun saatler ofiste kalmaya niyeti yoktu. Burada kaybettiği her vakit, Selçuk'la baş başa geçireceği romantik anlardan çalıyordu.

"Benimle ne konuşmak istiyorsun Cengiz, işle ilgili mi?"

"Aslında hem seninle, hem de işle ilgili Canan. Son zamanlarda iyi misin, kendini nasıl hissediyorsun merak ediyorum. İşe gelmediğin, toplantıları unuttuğun, projeleri takip etmediğin zamanların olmazdı senin. Hayatında her şey yolunda mı?"

"Bu soruyu beni merak eden eski bir arkadaş olarak mı soruyorsun, yoksa şirketin müstakbel ortağı olarak benimle ilgili endişeler hissettiğin için mi?"

"Söylersem vereceğin cevap değişecek mi?"

"Evet... Arkadaşıma vereceğim cevapla ortağıma yapacağım açıklama aynı olmayacak tabii ki."

Cengiz, Canan'ın zekice verdiği bu cevaptan hoşlandı. Her

ne kadar yanıtı güç gibi görünse de, Cengiz ne duymak istediğini biliyordu.

"Müstakbel ortağın olarak işine yansıyan sorunların hakkında bilgi almak ve yapabileceğim bir şey varsa, sana yardımcı olmak istiyorum..."

Cengiz'in dürüstlüğünü seven Canan, gülümsedi:

"Açıksözlü olduğun için teşekkür ederim Cengiz... Özel hayatımda birtakım sorunlar yaşadığım doğru. Aslında bunu işime yansıtmaktan ben de rahatsızım lakin çok alışkın olmadığım şeyler yaşıyorum. Bu yüzden biraz bocalamış olabilirim. Fakat bu durumum, birlikte bugüne kadar yaptığımız işleri gölgeleyecek şeyler değil. Takdir edersin ki bir toplantı kaçırmakla, bir iki gün işe gelmemekle, birkaç defa ofisten erken çıkmakla irtifa kaybedecek değiliz."

"Sana hesap sormuyorum. Nasıl davranman gerektiğini de söylemiyorum. Fakat bunlar sürekli tekrar edecek tutumlarsa, işimize büyük zararlar vereceğinden kendi yapacaklarımı gözden geçirmek için konuşuyorum sadece. Yanlış anlama lütfen. Senin yaptıklarınla değil, kendi yapacaklarımla ilgiliyim aslında."

"Anlıyorum Cengiz... Bana duyduğun güven sarsılmış sanırım. Ayhan'ın şirketi önümüzdeki ay iflasını isteyecek. Evde birtakım ekonomik düzenlemelere gitmeye karar verdik. Dolayısıyla benim ve ailemin hiç alışık olmadığı bir duruma adapte olması, çok kolay değil. Fakat işimi ne kadar sevdiğimi ve mesleğim konusunda tavizsiz olduğumu bilirsin... Her şey yolunda Cengiz, merak etme. Ben bir profesyonelim. İşim ve özel hayatım arasındaki çizgiyi korumayı bilirim."

"Kuşkusuz. Bazen bu çizgilerin aşıldığı ender durumlar yaşanabiliyor tabii ki. Ben ortaklık için çok acele etmeyelim, yaz sonuna kadar bekleyelim diyorum."

"Hımm... Anlaşılan benimle ilgili endişelerin, yeni planlar yapmana neden olmuş."

"Öyle demeyelim... Ben ortaklıktan vazgeçmedim. Sadece sözleşme maddelerinde yeniden masaya oturmak gerekebilir."

"Peki, Cengiz. Yaz sonuna kadar bekleyelim. Senin içine nasıl sinecekse öyle olsun."

"Anlaştık. Bu arada haftaya Merve staja başlıyor haberin var değil mi?"

"Merve de kim?"

"Doğan'ın kız arkadaşı. Sen burada staj yapmasına izin vermişsin. Hasta olduğunu söyleyip ofise gelmediğin gün Doğan'la birlikte gelip benimle görüştüler. Herhalde Doğan da kim diye sormayacaksın, hani senin büyük oğlan."

"Çok komiksin Cengiz... Tamam, problem yok. Kızla pek sık görüşmediğim için hatırlayamadım. Ayrıca hayatımdaki tek Merve, Doğan'ınki değil."

"İyi, tamam tamam, bir şey demiyorum..."

Cengiz gülerek sandalyesinden kalktı. Canan'la ilgili düşüncelerinin çok da iç açıcı olmadığı artık yüzünün her halinden okunabiliyordu. Belli ki Canan'ın aklı ne ofiste, ne de evdeydi... Odadan çıkarken etrafa örtü gibi yayılı duran gül sepetlerini göstererek, "Peki haftalardır, her sabah hiç sekmeden gelen şu kırmızı güllerin özel bir anlamı var mı? Bunu arkadaşın olarak soruyorum..." dedi Cengiz.

Canan, bu zeki ve kuşkucu adamın karşısında renk vermemeye çalıştıysa da yanıtı konusunda uzun süre düşünmesi, Cengiz'in tahminlerinde haklı olduğunu kanıtlıyordu. İşi biraz şakaya vurmayı düşünerek, küçük kız çocukları gibi şımarıkça gülümseyip zaman kazanmaya çalıştıysa da başarılı olamadı:

"Aaa... Eee... Arkadaş olarak konuşmak daha zormuş. Çok anlamı yok ama... Hayran diyelim!"

"Tamam tamam, zorlama artık kendini... Şeker Kız Candy'ye dönüştüğünü bile gördüm sonunda. Neyse ben aldım cevabımı arkadaşım Canan" dedikten sonra, gülerek odadan çıktı Cengiz. Artık merak ettiği şeyler konusunda ve endişelerinde ne kadar haklı olduğunu biliyordu. Kafasındaki soru işaretlerinden kurtulmuştu.

Canan, ofisi kilitleyip Cengiz'le birlikte çıktı. Villanın bahçesini geçip güvenlik kapısına yaklaştıklarında, Cengiz'e nereye gideceğini sordu.

"Bu akşam yolculuk nereye bakalım?"

"Maslak'a gidiyorum. Eşimin kız kardeşi Maslak Acıbadem'de yatıyor. Doğum yaptı. Malum enişte olarak altınımızı alıp yeğenimize takmamız gerekiyor."

"Çok sevindim. Hayırlı olsun. Bana neden söylemedin. Ben de geleyim."

"Tamam, birlikte gidelim o zaman."

"Ama bu akşam olmaz, şimdi gelemem... Hem altınım da yok benim. Yarın geleyim."

"Yarın çıkıyorlar hastaneden. Eve gelirsin bir gün."

"O da olur. Hadi o zaman, birlikte gidelim. Ben de Maslak'a gidiyorum."

"Tamam."

Güvenlik kulübesini geçip kapının önündeki park alanına geldiklerinde Canan arabasının yerinde olmadığını fark etti. Heyecanlanarak görevliye döndü:

"Hüseyin... Benim araba nerde, başka yere mi çektiniz?"

Bekçi Hüseyin'in korkup telaş yaptığı sesinin titremesinden belliydi:

"Yok Canan Hanım... Siz sabah arabayla gelmediniz ki Canan Hanım!"

"Öyle ya... Akşam arabayı Cahide'de bıraktım ben. Tamamen unutmuşum..."

Canan, olan biteni şaşkınlıkla izleyen Cengiz'in, ona acıyarak baktığını hissetti. Genç adamın yüzündeki neşenin yerini, acıklı bir tebessüm almıştı. Canan'ın düştüğü durumdan dolayı gerildiğini fark edince yanına yaklaşıp hafifçe eline dokundu:

"Canan ben buradan yürüyerek evime gideyim en iyisi...

Arabamı alıp öyle geçerim hastaneye. Hemen şurada on dakikalık bir yürüme mesafesi zaten. Sen de taksiyle git olur mu? Hadi iyi akşamlar."

Cengiz, sokağın içinden aşağıya doğru, iç Levent yönüne yürürken, Canan da Hüseyin'in önce taksi çağırmasını daha sona da Maçka'da unuttuğu aracını aldırtmasını istedi. Canan bu aklı havada haliyle Cengiz'in kaygılarını artırdığının farkındaydı. Belli ki ortaklık konusunda da eskisi kadar hevesli değildi artık. Cengiz, bu şirketin temeliydi. Onu kaybedemezdi. Halihazırda çalıştıkları inşaat firmaları Cengiz'in bağladığı müşterilerdi. Sözleşmeler her ne kadar Canan'la imzalanmış olsa da, inşaat firmalarını cezbeden şey Cengiz'in hazırladığı projelerdi. Ortaklıktan vazgeçip şirketten elini ayağını keserse, onun gibi yetenekli bir mimar bulması çok zordu. Cengiz gibi adamları maaşla çalıştıramazdı. Onun düzeyindeki bütün mimarların zaten kendi ofisleri ve ekipleri vardı. Cengiz'in şirketten ayrılması demek, Canan'ın kolunun kanadının kırılması demekti. Keyfi kaçmıştı. Önce Ayhan, şimdi de Cengiz çok canını sıkmışlardı.

Taksiye bindiğinde şoföre Maslak Sheraton Otel'e gideceğini söyleyip Selçuk'u aradı:

"Yoldayım... Otelde misin? Tamam. On dakika sonra oradayım."

Hava çok soğuk ve yağışlıydı. Akam trafiğinde Levent'ten çıkıp Maslak'a geçmesi on dakikadan fazla sürmüştü. Taksiye parasını ödeyip otelin kapsının önünde indi. Resepsiyona selam verip asansöre doğru yürüdü ve on ikinci kata çıktı. Asansörde saçını düzeltip, dudaklarına parlatıcı sürdü. Parfümünü havaya sıkıp aşağıya yağan zerreciklerin altında durdu. Asansör kapısı açılıncaya dek enerjisi değişmiş, kendini daha iyi hissetmeye başlamıştı. Odanın kapısına doğru yürümeye başladığında heyecandan kalbi duracak gibiydi. Kapıya vurduğunda yüzüne bir neşe, vücuduna da dişilik kondurup bekledi. Paltosunun önünü açıp, belini dikleştirerek göğüslerini doğrulttu. Saçlarını yanaklarına doğru öne çekti. Kapı açıldığında Selçuk'un hangi haliyle karşılaşacağını merak ediyordu. Yakışıklı, romantik bir âşıkla mı buluşacaktı, yoksa vahşi ve iştahlı bir aygırla mı mücadeleye girişecekti? Geceye hâkim olacak duygunun ne olduğunu bilmiyordu. Aşk mı, ihtiras mı? Selçuk her ikisinde de iddialıydı.

Canan, beklediği karşılama bir türlü gerçekleşmeyince şaşırdı. Bir kez daha kapıya vurup beklemeye başladı. Daha biraz önce geleceğini telefonla haber verdiği halde Selçuk'un odasında olmaması çok şaşırtıcıydı. Belki duşta ya da tuvalette olabilirdi... Biraz daha bekledi. Kapı açılmayınca aramayı düşündü. Gerildiği için terlemeye de başlamıştı. Çantasını omzundan indirip montunu çıkardı. Telefonunu eline aldığında montunu kapıya asmayı denerken, kapının alsında açık olduğunu fark etti. Yavaşça itip başını içeri doğru uzattı. İçeride Beyza'yla ya da ummadığı başka birileriyle karşılaşmaktan çekindiği için "Selçuk" diye seslenmek istemedi. Emrivakilerden sıyrılmak konusunda yetenekli olmadığını öğrendiği Selçuk belki bu kez kızıyla karşılamaya kalkabilirdi Canan'ı... Her şeye hazırlıklı olmak lazımdı.

Bir iki küçük adım atıp antreyi geçti. İçerisi sessiz ve loştu. Biraz daha yürüdükten sonra aydınlık artmaya başladı. Odaya girdiğinde gördüğü ilk şey mumlarla süslü, görkemli bir yemek masası oldu. Kırmızı saten örtüler, peçeteler ve gümüş şamdanlar üzerinde yanan uzun kırmızı mumlar göz alıcıydı. Yemekler ve sunum kusuruz görünüyordu. Canan, inanamıyordu. Ummadığı bir sürprizle karşılaşmıştı. Her şey nefes kesiciydi. Ne yapacağını bilemedi. Eli ayağına dolanıyordu. Çok heyecanlandı. Yatağın üzerinin gül yapraklarıyla örtülü olduğunu fark etti sonra. Her taraf kırmızı güllerle doluydu. Yerler bile gül yapraklarıyla bezeliydi... Bir masalın içindeydi sanki. Yumuşacık, büyülü bir piyano sesi duydu sonra. Müzik giderek biraz daha yükseldi ve bütün odaya doldu. Canan, coşkusunu kontrol edemiyordu. Gözleri doldu. Ağlamak istiyordu. Çok mutluydu.

"Hoş geldin. Gönlümün sevdalısı..."

Bu Selçuk'un sesiydi... Deniz gibi şırıltılı, tuzlu ve huzurlu... Canan arkasını dönüp onu gördüğünde yandığını hissetti. Kömür karası gözleri her defasında içindeki ateşi coşturuyor, büyütüyordu... Sakalsız esmer yüzü, ince dudakları, dişleri ve öldürücü gülümsemesiyle karşısında duruyordu.

Uçuruma atlar gibi üzerine atıldı Canan... Sıkıca sarıldılar birbirlerine. Öylece durdular uzun uzun, hiç kımıldamadan ve sanki hiç nefes bile almadan. Zamanın olmadığı bir hiçlikte, dakikasız, saatsiz belki yıllarca kaldılar kenetlenerek. İkisi de çözülmek istemiyor gibiydi. Canan gözlerini kapatmış, yüzünü gömdüğü bu ılık göğüsün kokusunu çekiyordu içine. Yaşadığı bu huzurun her anını ezberlemek istiyordu. Selçuk'un göğsünde yaşlanıp ölebilirdi. Burada olmak her şeye değerdi. Yanaklarından sicim gibi akıp süzülen şey gözyaşları değilse eğer, abıhayat olmalıydı. Zira burası hiç bitmeyecek bir hayattı. Doya doya ağladı. Varsın her şey olduğu gibi yaşansın... Varsın dünyaya bir daha gelmek olmasın... Şu anı yaşadıktan sonra artık ne geçmişe yakınmanın bir anlamı vardı, ne de gelecekten korkmanın gereği vardı... Sonsuzluğun içindeydiler zaten... Gerisi yalandı... Gerisi boşluk...

Selçuk, yavaşça göğsünü geri çekip ellerinin arasına aldı Canan'ın yüzünü, küçük ama yakıcı dokunuşlarla dudaklarının üzerine, burnunun ucuna, elmacıkkemiklerinin üzerindeki çillere, çenesine ve gamzelerine öpücükler kondurdu. Canan'ın yanaklarından süzülen mutluluk gözyaşlarından bir damla aldı parmağına. Kendi dudaklarına götürüp aşkla kabullendi bu tuzlu suyu... Zehir de olsa fark etmezdi ki artık...

Canan, yaşadığı anın gerçekliğine inanmakta güçlük çekiyordu. Bir şeyler söylemek istediyse de, dili döndüğü halde sesi çıkmadı. Fısıldar gibi "Ben, seni çok sev..." dedi.

Selçuk, sevdiği kadının gözyaşı içtiği parmağıyla Canan'ın dudaklarını susturdu. Konuşmak için çabalamasını istemedi.

Yaşadıkları şu dokunulmaz an, yeterince çabasız ve özgürdü... İnsanın zihnini kuşatıp, kalbine inen o yumuşak, tok ve derin sesiyle sadece Selçuk konuştu:

"İşte meyhane güzeli geldi, bizi alacak eve götürecek / İşte geldi baharlar içinde, geldi yüzümüz gülsün diye, içimiz açılsın, ışısın diye / Olalım diye genç ve taze / İşte dağarcığını açtı, işte belini sıktı, işte yayını kurdu, işte okunu yastı, işte yolumuzu vuracak / İşte bizi yemek yutmak için bin bir dereden su getirecek, bir nice düzenler kuracak / Ama durma yine yürü sen, gölge kesil onun içinde boynuna / Önünde ardında yuvarlan / Sonunda taze bir fidan gibi kökümüzden söküp çıkaracaksa da bizi aldırma / Mermer bir yürek var sende, dayan! / Yine geldi işte yine geldi / İşte o uzun ömür geldi, gizli hazine geldi, cihanın canı geldi / İşte güneş Koç burcuna geldi, gülen yüzümüzü görmek için yaradılış ağacının üstünde..."

"Sana âşığım... Sana deli gibi âşığım ben!"

Bunu söylemeye nasıl cesaret edebildiğine kendi de inanamadı Canan. Ama artık duyguları öylesine şahlanmıştı ki, hiçbir kementle dizginleyemezdi onları. Kalbinde büyüyen sevdayı yutmak istemedi. Sustukça, korktukça ve yerli yersiz bir dizi endişenin pençesine düştükçe yüreğini olumsuz duygularla doldurup yoruluyordu. Bilinmezliğin içinde kaybolup gitmek istemiyordu artık. Yolsuz, yarınsız bir düş olmazdı. İlişkileri her ne kadar şimdilik meşru sayılmasa da Canan'ın tüm cesaretiyle itiraf ettiği "aşk" gerçekti. Kimseden saklanmadan, utanmadan ve hiç geri adım atmadan seviyordu Selçuk'u... Onun da aynı cesareti gösterip gösteremeyeceğiyle ilgilenmedi. O sadece kendi halinden haber verdi sevdiği adama... Sevilse de sevilmese de Selçuk'un vereceği hiçbir cevap gönlündeki sevdayı yalanlamaya yetmeyecekti. Canan'ın gerçeğini değiştirmeyecekti. O duyduğu aşktan artık emindi.

Selçuk, duyduğu bu itiraftan endişe etmişe benzemiyordu.

Kafası karışmış, kaygıları artmış gibi durmuyordu. Bakışlarına gölge düşmemişti. Yine siyah ve sıcak bakıyordu. Dişlerinin arasında kristal bir kadeh tutar gibi gülümsüyordu. Zarif ve hassas... Gülmek bir erkeğe bu kadar mı yakışırdı. Olduğundan daha yakışıklı, daha çekici ve nefes kesiciydi yüzündeki tebessüm. Hayır, Selçuk geri adım atmıyordu. Meydanı terk etmiyordu, kaçmıyordu. Aşkını itiraf eden ürkek dudakları öpüp kutsadı onları.

"Ben de sana âşığım, bildiğin divaneyim..."

"Ölebilirim... Mutluluktan delirebilirim... Kanatlanıp uçabilirim. Her çılgınlığı yapabilirim. Yoldan çıkabilirim... Ömrüm boyunca yaşayamayacağım bir duyguyla tanıştırdın beni. Ben aşkın böyle güzel bir şey olduğunu bilmiyordum. Hayatta böyle delişmen, savruk, kavurucu ve yakıcı duygular olduğunu düşünemezdim. Sen olmasaydım, aşksız ölecekmişim meğer... Aşkın varlığından bile habersiz, bomboş yaşayıp tükenecekmişim... Yeniden doğmuş gibiyim. İlk defa nefes alıyor gibiyim. Hayatı, dünyayı ve insanları ilk kez görüyor gibiyim. Her şeyle, herkesle ilk kez tanışıyorum... İnan, kendimi bile seninle daha çok seviyorum."

"Sen âşık olunacak bir kadınsın... Dünyaya aşk için gelmişsin. Tutkulu, duygulu, bazen çocukça ama bazen arzulu, cesaretli ve güçlü bir kadın. Güzel, zarif, bakımlı, alımlı, ateş gibi, yangın gibisin..."

Birbirlerine sarılıp, geceye dolan romantik müzikle dans ettiler bir süre... Selçuk, aşk sarhoşu bu güzel kadını kusursuz bir yemek masasına davet etti daha sonra. Sandalyesini çekti. Servisini yaptı.

"İçmek için ne alırdınız güzel bayan?" diyerek yaptığı garson taklidinden çok hoşlanmıştı Canan... Rengârenk bir adam vardı karşısında. Romantik, duygulu, kibar, kültürlü, bilgili ve incelikli olduğu kadar eğlenceli, sürprizlerle dolu, komik ve şakacıydı da... Elbette gizemli, karmaşık ve tutarsız olduğu zamanlar da vardı. Ama şimdi bunların hiçbir önemi yoktu. Canan, ona âşık olan Selçuk'la sonsuz bir gece geçirmek istiyordu. Yaşadığı an dışında, ne geçmiş vardı aklını kurcalayan ne de gelecek umurundaydı. Canan, karşısında el pençe divan duran ve emirlerini bekleyen bu kibar adama gülümseyerek baktı ve "Kırmızı şarap alabilirim yakışıklı adam" dedi...

Masada kuş sütü dışında eksik olan tek şey şaraptı ve Canan ilk hamlede olmayan bir şeyi yakalamayı başarmıştı. Selçuk, masaya içki konmasını özellikle istememiş olmalıydı, otelin oda servisi böylesi bir yemek organizasyonunda içki detayını atlamazdı.

Selçuk bozuntuya vermeden, kibar garson rolünü oynamaya devam ederek yanıtladı Canan'ı:

"Ah arş-ı âlânın en güzel kadını... Benim asil sultanım... Şarabım yok maalesef. Zaten sizin güzel dudaklarınıza hiçbir yasak yakışmazdı. Size kendi ellerimle haram ikram edemem. Şimdi benim boynumu vurun dilerseniz, lakin benden size günah satın almamı istemeyin lütfen..."

Canan, ne kadar karşı koyması güç bir ortam olsa da Selçuk'un değerleri konusundaki irade gücüyle hiç ummadığı bir anda yüzleşmişti yine. Bu romantik gecede, kırmızı mumların sarı çizgiler halinde yaydığı sarı loşluğun gölgesinde şarapsız, bir aşk sarhoşluk yaşanmazdı. Selçuk'un alkol konusundaki bu düşüncesine ve kararına saygı duyarak, vişne suyu içmeye razı oldu Canan... Kendisinin alkol konusunda gösterdiği saygıyı Selçuk'un ona karşı göstermediği aşikârdı. Canan şarap talep ettiği anda, kendisi içmediği halde oda servisinden bir şişe sipariş edebilir, onun tercihine saygı duyabilirdi. Selçuk, tatlı dili ve kurnazlığıyla Canan'ı da kırmadan caydırmayı başarmıştı. İçtiği bir kutu vişne suyu boyunca aklından bu düşünceleri de geçiren Canan, bu gece önceliği saygı konusundan çok aşka vermişti. Yemek masasından kalktığında artık alkol ve tercihler hakkında zerre kadar bir şey düşünmek istemedi.

İşaretlerin Dili (Evrensel Rehberlik)

Çelişkiler çok kıymetli mesajlardır!

Onları geçiştirmek yerine, ne söylemeye çalıştıklarını doğru anlamak lazım. Neyle ya da kimle ilgili olursa olsun, içinde yerli yersiz çelişkiler hissediyorsan, ruh hafızanın sana bir şeyler hatırlamak istediğinden emin olmalısın.

Böyle durumlarda dikkat etmen gereken en önemli nokta, peşin hükümlü davranmamak ve acele karar verip uygulamamaktır. Sakin ve dingin kalıp izlemeye devam ettiğinde bilmen gereken her şey sana zaten hatırlatılacaktır. Buna rağmen sen panikleyip bu çelişkilerden kurtulmak için onları görmezlikten gelirsen ya da içinden geçtiği gibi yorumlayıp değerlendirirsen evrenin seninle kurmaya çalıştığı iletişimi koparıp atmış olursun.

"Çelişki" hissetmek, bir şeylerin yolunda gitmediği anlamına gelir. Yolunda gitmeyen şeyin ne olduğunu anlamak için de dikkatle ve tarafsızca izlemede kalmak gerekir. Mevcut mesafeyi koruyup acele etmeden, olayları kafanın içinde evirip çevirip kendince yorumlar yapmaya kalkmadan işi evrene devrettiğinde o senin yerine bütün bilinmezlikleri önüne serecektir emin ol!

"Ben karşımdaki insanı (ya da yaşadığım olayı) olduğu gibi kabul ediyorum" demek başka şeydir, "Kafam karışık ama yapacak bir şey yok, belki de ben yanlış anlıyorum" demek bambaşka bir şeydir.

Kalbinde çelişkiler olduğu müddetçe hiç kimseyi ve hiçbir şeyi olduğu haliyle kabullenmen mümkün değildir. Böyle düşünerek sadece kendini kandırmış olursun.

Canan'ın da burada yaptığı en büyük hata kendisini kandırmaktı. Selçuk'u olduğu haliyle kabul ettiğine kendini inandırarak, kalbindeki çelişkileri baskılamak yoluna gitti. Evrenin onunla iletişim kurma çabasını görmezlikten gelerek ağır bir sorumluluk üstlendi.

Selçuk centilmen bir erkek olarak yemek masasından kalkıp Canan'ın yanına geldi. İnce parmaklı zarif elini tutarak sandalyeden kalkmasına eşlik etti. Odadaki müzik sesi hiç kesilmemişti. Repertuvar her kime aitse gecenin bu aşk ve romantizm dolu ambiyansına ruh katmayı başarmıştı. Güçlü kollarıyla Canan'ı kucağına alan Selçuk, onu yatağa kadar aheste adımlarla, gül yapraklarının üzerinden geçerek taşıdı. Bu ilgiden ve inceliklerden başı dönen Canan, yatağa uzandığında bir süre gözlerini kapatıp derin soluklar alarak yaşadığı bütün bu anları birer birer içine çekti. Selçuk'la yaşadığı her şeyi ezberlemek istiyordu. Birlikte geçirdikleri tek bir saniyeyi bile atlamadan ömür boyu hatırlamalıydı.

Selçuk'un kaslı bacaklarını, kollarını ve yapılı gövdesini yatağa bıraktığını hisseden Canan, gözlerini açıp yavaşça yüzünü ona doğru döndü ve hayranlıkla seyretmeye başladı. Selçuk, gerçekten yakışıklı ve dikkat çekici bir adamdı. Onu izlemesi bile ayrı keyifti. Bakmakla usanılmazdı. Sesiyle, kokusuyla, nefesiyle bile her kadını büyüleyebilirdi. Nerede olsa tanınırdı. Kalabalıklarda kendini gizlemesi mümkün değildi. Kolay unutulacak ya da akıldan çabuk silinip gidecek tiplerden değildi. Selçuk'la kaçmak, saklanmak, görünmemek, iz bırakmamak ya da fark edilmemek imkânsızdı.

Yerinden doğrulup Canan'ın üzerine yavaşça yattığında, koca bir dağ yerinden oynamış, toprak sarsılmıştı sanki. Selçuk, heyecandan kalbi duracakmış gibi atan bu güzel kadına vücudunun bütün ağırlığını yükleyip onu boynundan öpmeye başladı. Dudakları, burnu ve çenesiyle gömüldüğü bu zarif boyun çukurunda sıcak nefesi ve ıslak öpüşleriyle çıldırtarak kıvrandırmaya başladı altındaki kadını. Canan, bütünüyle teslim olmuştu. Olacakların önüne geçmek istemiyor, hatta bu masal kahramanı adamı bir an evvel içine almayı bekliyordu. Fakat bu kez talepkâr olmayacaktı. Selçuk'un gittiği yere kadar gidecekti. Onun dilediği gibi yaşayacak ve o ne derse itaat edecekti. Selçuk artık onun yegâne rehberi, efendisi, ustası, piri, yol göstericisi, hocası, ışığıydı... Canan'a koşulsuz itaatten başka bir şey düşmüyordu bundan sonra. Öl dese ölür, öldür dese her şeye kıyabilirdi.

Selçuk, bu kez sert ve kontrolsüz değildi. Kararlı ve güvenli sevişiyordu. Tutkuyla ve iştahla ağır hareket edip, ne yaptığının farkında olduğunu hissettiriyordu. Canan'ın büstiyerini elleriyle çıkarıp, sutyenini çözdü. Diri ve dolgun göğüslerini iki eliyle kavrayıp uzun uzun okşadı. Pembe göğüs uçlarını dişlerinin arasına alıp ezerken, duyduğu zevk iniltileriyle heyecanlandı. Yakıcı öpüşlerini aşağıya doğru yavaşça kaydırmaya devam etti. Fermuarı ve düğmeyi açtıktan sonra hazla kıvranan kadının pantolonunu kolayca sıyırıp çıkardı. Canan'ın üzerinde sadece siyah dantelli bir string kalmıştı. Çırılçıplaktı. O da aynı arzuyla Selçuk'u soymak istediyse de, yine izin vermeyeceğinden çekinerek bu fikrinden vazgeçti. Kontrolü zaten bırakmıştı. Olacakları, olduğu haliyle kabullenmeye razıydı. Selçuk nasıl istiyorsa öyle olacaktı... Yatağın tanrısı oydu.

Soyunurken bile kadınına zevk verdiğinin farkında olan Selçuk, hiçbir şey için acele etmiyordu. Gömleğinin düğmelerini yavaşça çözmeye başladığı an, Canan'ın bütün vücudunu alev sardı... Yatağın tanrısı, kaslı ve muntazam bedeninin hayranlıkla izlendiğini biliyordu. Davut heykeli gibi heybetli ve baş döndürücüydü vücudu. Selçuk bir yandan ağır ağır soyunurken diğer yandan Canan'ın heyecandan ve zevkten kıvranan çıplaklığını seyredip ona tebessüm ederek "Çok güzelsin sevgilim... Her yerin çok güzel" diyordu. Her anın tadını çıkarırcasına yavaşça fermuarını indiren Selçuk, pantolonunu da çıkarıp attı. Canan, onun daha fazla ileri gitmeyeceğini düşünse de bu gece umulmadık şeyler gecesiydi... Yağın zevk şövalyesi, siyah boxer'ına elini atıp onu da yavaşça aşağı sıyırıp çıkardı. Biçimli, güçlü ve yapılı vücudunu Canan'ın çıplaklığına değdirdiği anda bütün oda adeta dev bir alev topuna dönüşmüş yanıyordu sanki... Selçuk, cömertçe sunduğu erkekliğini Canan'ın iç çamaşırının üzerinde gezdiriyor, sertliğini doyasıya hissetmesine izin veriyordu. Bacaklarının arasında sürtünerek gidip gelirken Canan'ın tatmin bulmayan kadınlığı artık sadece zevkten değil, acıyla da ıslanıp kuduruyordu. Öyle bir noktaya ulaşmıştı ki doyumsuzluğu, bacaklarının arasında dolanan bu sertliği içine alabilmek uğruna bu muhafazakâr zevk ilahına deliler gibi yalvarmaya hazırdı. İniltilerine hıçkırıklar karışmıştı artık... Ağlıyor, bağırıyor, kıvranıp kavruluyordu.

"Dayanamıyorum. Beni bu halde bırakma, yalvarıyorum. Senin olmak istiyorum" diyerek sayıklıyordu.

Selçuk bu savaş alanının iradeli ve güçlü lideriydi. Öylesine kendine hâkim, öylesine usta bir haz yöneticisiydi ki, zevkin doruklarında bile kontrolünü kaybetmiyordu. Canan'ı köleleştirmiş, erkekliğiyle itaat altına almış, efendisi olmuştu. Ona dilediğini yaptırabilir, her bedeli ödetebilirdi. Aslında bir insanı hazla yönetmek, onu parayla etki altına almaktan çok daha güçlü bir silahtı. Dünyada işlenen cinayetlerin çoğu tatmin bulmayan haz duygusunun yarattığı ıstıraptan dolayıdır.

Güzel ve alımlı bir kadının, yatakta zevk dilenerek haykırması, onun uğruna ağlayıp inlemesi, yalvarması ve giderek ıstırap duyması belli ki Selçuk'un çok hoşlandığı bir durumdu. Üstelik bu zevk oyununun ustası olduğu da aşikârdı.

Canan'ın bacakları arasında gidip gelirken, eliyle kadının saçlarını sıkıca kavrayıp o büyülü sesiyle kulağına fısıldayarak konuştu:

"Benim kadınım olmak ister misin? Kocandan vazgeçer misin sevgilim? Söyle hadi ister misin?" dedi...

Ağlayıp inlemekten ve zevk yangınında acı çekerek kül olmaktan neredeyse kendinden geçen Canan'ın sesi çıkmıyordu. Nefes nefese kalmış ter içindeydi. Sevişmekten çok hayatta kalmaya çalışıyor gibiydi. Gözlerini açmadan, kesik kesik cevap vermeye çalıştı:

"İstiyorum... Evet, istiyorum... Kadının olmak istiyorum Selçuk."

"Kocandan vazgeçecek misin?"

"Evet... Evet Selçuk... Boşanacağım..."

"Vazgeçecek misin dedim?"

"Geçtim... Geçtim... Ondan vazgeçtim."

"Artık benimle misin? Ne istersem yapar mısın?"

"Seninim... Seninleyim... Yaparım... Senin için her şeyi yaparım."

"Beni seviyor musun?"

"Çok, hem de çok seviyorum Selçuk. Erkeğim sensin benim."

"Zevk alıyor musun benden?"

"Çok... Hem de çok..."

"Artık her şey ikimiz için tamam mı? Bundan sonra senden isteyeceğim her şey istikbalimiz için. Anladın mı arş-ı âlânın güzel kadını, anladın mı beni?"

"İkimiz için... Anladım Selçuk. Seninle her şeye varım."

"Aşkım benim... Canım sevgilim..."

"Seni çok seviyorum Selçuk..."

"Artık kocanla sevişmeni istemiyorum anladın mı? Saçının teline bile dokunmasını istemiyorum. Aynı yatakta yatmayacaksın onunla."

"Asla... Senden başka kimse dokunamaz bana..."

"Böyle memelerin ortada kıyafetler de giymeyeceksin artık. Kıçını başını ortaya çıkaran pantolonların içinde de görmek istemiyorum seni. Edepli giyin. Milleti azdırıp durma. Beni delirtme."

"Sen nasıl istersen öyle yapayım. Söz!"

Selçuk, Canan'ın ıslak bacak arasından kendini yavaşça geri çekip yastığın üzerine bıraktı bedenini... Derin bir nefes aldı. Gözlerini kapatarak uzandı. Artık Canan'ı değil okşamak neredeyse ona değmiyordu bile.

Yaşadığı coşkunun tesirinden kurtulamayan Canan, elini kalbinin üzerine koyup sakinleşmeye çalıştı. Yanında yatan adamın çıplaklığını izledi hayranlık ve mutlulukla. Kendi çıplaklığından da hoşnuttu.

Selçuk bu gece sadece aşkını itiraf etmekle kalmamış, artık birlikte müşterek bir gelecekten de söz eder olmuştu. "Bundan sonra her şey ikimiz için..." demişti... Canan, cümle içindeki "her şey"in ne anlama geldiğini henüz bilmese de şimdilik birlikte bir gelecek düşlemek fikri onu çok heyecanlandırmıştı.

Selçuk, yattığı yerde gözleri kapalı konuşuyordu. Canan'sa gözlerini bile kırpmadan onu izliyor ve her söylediğini aklına kazımaya çalışır gibi dikkatle dinliyordu.

"Seni daha çok görmek istiyorum Canan. Günlerce, haftalarca ayrı kalarak hiçbir şey yürütemeyiz."

"Bence de daha sık gelmelisin İstanbul'a aşkım... Daha çok görmeliyiz birbirimizi."

"Sebepsiz yere her hafta buraya gelemem. Beyza öğrenirse sorun çıkarır."

"Evliliğinin çıkmaza girmesinden mi korkuyorsun?"

"İlişkimizin çıkmaza girmesinden endişe ediyorum. Beyza, bizi asla rahat bırakmaz. Her ne yaşarsak yaşayalım onu kırmaya hakkım yok."

Canan, bu romantik gecenin ortasında, üstelik ikisi de çırılçıplak yan yana yatakta uzanırken, Beyza'nın yine durup dururken sohbetin odağına yerleşmesinden rahatsızlık duydu. Selçuk'un karısına karşı korumacı ve şefkatli bu tutumundan dolayı içinde bastıramadığı bir kıskançlık hissetti Canan... Aslında sorumluluk sahibi bir adam olarak bu düşüncesinde herhangi bir yanlışlık yoktu. Bilakis, karısını umursamıyor, aşağılıyor ya da yok sayıyor olsaydı Selçuk hakkında kuşku duyması gerekirdi. Yıllardır aynı yastığa baş koyduğu ve tek çocuğunun annesi olan kadına karşı ihtimamlı davranıyor olmasından neden rahatsızlık duyduğunu anlamadı Canan. Onun da bir kocası ve iki oğlu vardı üstelik. Aynı şatlar altında, aynı duygusal girdap içindeydiler.

Selçuk, karısını incitmemek konusunda haklıydı... Zira onuru kırılan her eş, canının acısıyla karşı tarafa daha çok zarar vermek isteyip hırçınlaşacak, belki hiç yapmayacağı şeylerde bile haklılık duyacaktı. Canan, bu konuşmada kafasına takacağı hiçbir anormallik olmadığına karar verip konuyu kendi içinde kapattı. Onun öncelikli sorunu, Selçuk'la bundan sonra nasıl görüşmeye devam edecekleri ve ilişkilerini hangi koşullarda meşrulaştıracaklarıydı.

"O halde İstanbul'a nasıl geleceksin Selçuk? Benim de her hafta Ankara'ya gitmem doğal olarak Ayhan'ı da, çocukları da rahatsız edecektir."

"Bilmiyorum ama galiba en iyisi benim burada iş yapmaya başlamam olacak. İstanbul'da bir işim olduğunda buraya sık aralıklarla gelmem ve uzun süreler kalmam kimse için sorun olmaz."

"Çok güzel bir fikir... Aklında herhangi bir proje var mı peki ya da ne bileyim burada görüştüğün çözüm ortakların falan?"

"Hayır yok. Hem İstanbul'da inşaat işi yapamam. Öyle bir durumda Ankara merkez şirketim de devreye girer ve eşimin bütün ailesi buraya dolar."

"Ne yapmayı düşünüyorsun peki?"

Selçuk, Canan'a dönüp gülümseyerek dudağının kenarına küçük bir öpücük kondurdu ve "Seninle ortak olmayı düşünüyorum..." dedi.

Duyduğu şaşkınlığı üzerinden atamayan ve ne diyeceğini bilemeyen Canan, bir süre susup Selçuk'un bu konuda ne kadar ciddi olduğunu anlamak istercesine gözlerinin içine baktı:

"İyi de Selçuk, bu mümkün değil... Ben mimarım. Seninle

nasıl işbirliği yapabilirim ki? Ayrıca bu yıl bir ortaklık anlaşması yapacağım zaten. Yanımda çalışan, müşteri potansiyeli ve yeteneğiyle şirketimde bende büyük emeği olan bir arkadaşıma hisse devredeceğim. Onu seninle ortak olmaya ikna edemem. Ayrıca bunun için mantıklı bir açıklama da bulamam. Bence başka bir fikir düşünelim..."

Selçuk, tatlı tebessümünü yüzünden sakınmadan, yumuşak sesiyle konuşmaya devam ederken yataktan kalkıp giyinmeye başladı. Kırılmış gibi görünmüyordu. Sesinde ya da yüzünde hiçbir incinmişlik izi yoktu.

"Düşünelim sevgilim... Sen nasıl istersen. Düşünerek uzun zamanlar kaybetmeyelim ama. Aramıza uzun yolların, ayrılıkların girmesine izin vermeyelim. Zaaflar çok büyük imtihanlardır sevgilim. İnsan, ne kadar özlerse özlesin, hasretten ne kadar yanıp tutuşursa tutuşsun önünde sonunda ayrılıklara da alışır. Düşünürken, bunu da hesaba katarak düşünelim..."

Selçuk meydan okuyordu sanki. Bu ilişki eğer onun istediği koşullarda yaşanmayacaksa, kendini hiçbir şey için zora sokmayacağını, uzun boylu mücadelelere girişmeyeceğini ima ediyordu adeta. Canan, bu resti görmüş olsa da Selçuk'un yokluğuna alışma fikrini kabullenemiyordu. Ona karşı daha itaatkâr davranması gerektiğinin farkındaydı artık.

"Tamam... Ben bu ortaklık konusunu Cengiz'le konuşacağım."

"Cengiz de kim?"

"Bahsettiğim çalışma arkadaşım. Bu yıl şirket hissesi alacak olan."

"Anladım... İstanbul'a geldiğimde konuşuruz o zaman."

"Bir daha ne zaman gelirsin?"

"Sana bağlı!"

"Anlamadım?"

"İş konusunda ne kadar hızlı düşünürsen, o kadar çabuk gelirim ve ona göre Ankara'dakileri de ikna ederim."

Canan, iş arkadaşları ve kocasıyla konuşmadan böylesi ciddi konularda tek başına karar almaktan yana değildi. Sonuçlarından herkesin etkileneceği konularda hiçbir zaman acele etmezdi. Canan, iş hayatında temkinli davranmayı severdi. Fakat bu kez öyle uzun boylu düşünmeye tahammül edemeyecekti çünkü düşünerek ve araştırarak geçireceği her vakit, Selçuk'la ayrı geçecek olan zamanlara mal olacaktı. Üstelik ayrılıklara alışmanın mümkün olduğunu da biliyordu artık.

Selçuk pantolonunu, gömleğini, ceketini giyip kendine çekidüzen verdi. Canan, bütün geceyi birlikte geçireceklerini düşündüğünden Selçuk'un yaptığı bu hazırlıklardan rahatsız oldu:

"Gecenin geri kalanına giyinik olarak mı devam edeceğiz?"

"Yataktan hiç çıkmadan sana sarılarak sabahlamayı çok isterdim ama gitmem lazım. Birazdan almaya gelecekler beni. Ankara'da bizim ihale işlerimize bakan bir arkadaşım var. Müsteşarın yakını... Burada görüşmeleri varmış. Özel aracıyla karayolundan döneceğiz."

Yatakta yalnız kalan Canan, buz kesmişti. Gecenin düşündüğünden daha erken bitmesine üzülmüş, konuyla ilgili Selçuk'un ona hiçbir açıklama yapma gereği hissetmemesine de içerlemişti. Bedeninin bir buzdağı gibi eriyip sulara karıştığını hissetti. Çıplaklığını gizleme arzusu duyuyordu. Utanarak yerinden kalktı ve sutyenini aramaya başladı. Kıyafetleri odanın içine saçılmıştı adeta. Sutyenini komodinin üzerinde, pantolonunu yatağın ucunda yerde buldu. Büstiyerini bulmaksa çok daha uzun sürdü. Canan'ın kıyafetlerini toparlamasına yardım eden Selçuk, aranan son kıyafeti yemek masasının altından çıkarıp verdi.

Bu sırada telefonu çalan Selçuk, işaretparmağını dudaklarına götürerek Canan'a sessiz kalmasını işaret etti. Belli ki geceyi yalnız geçirmediğinin kimse tarafından bilinmesini istemiyordu. Canan, konunun üzerinde duracak değildi. Kendisi de olsa aynı şeyi yapardı. Şimdi durup dururken yeni bir sorun aramanın anlamı yoktu. Selçuk'u Ankara'ya götürecek olan müsteşar yakını arkadaş oteli teşrif etmişti ve aşağıda onu bekliyordu.

Çantasını tuttuğu koluna montunu alan Selçuk, Canan'ın bir süre daha odada kalmasını, kendisi gittikten yirmi dakika kadar sonra çıkmasını isteyip aceleci ama ateşli bir öpücükle veda etti.

Kısık sesle, fısıldar gibi konuştu:

"Arş-ı âlânın güzel kadını. İstikbalimizi ellerine bırakıp gidiyorum. Sen bana 'gel' de yeter ki, kanat takıp uçarım yanına... Bu tatlı kokunu, kutsal kadınlığını bana sakla. Vuslatımız, senin iki dudağının arasında sevgilim. Beni kollarına çağıracağın günlerin hayaliyle yaşayacağım. Seni seviyorum. Hoşça kal..."

Selçuk, bu vedanın ardından, Canan'ın tek söz söylemesine bile fırsat vermeden kapıyı açıp gitti. Arkasında bıraktığı serin rüzgâr uzun süre esti odanın içinde. Bu ayrılık başkaydı sanki... Canan, içine düştüğü boşlukta yere çakılırcasına aşağı doğru çekildiğini hissetti. Masal bitmişti ve hayatın asık yüzü tüm acımasızlığıyla Canan'ı içine alıyordu. Her şey başka bir şeye dönüşüyordu. Bu duyguyu daha önce Konya'da Selçuk'la baş başa şiirler okuyup sohbet ederek sabahladıkları gece de hissetmişti. Ayrıldıkları an her şey renk ve şekil değiştirip gerçeğin soğuk demirine çarpmıştı. Canan, bu masalın sonsuza dek sürmesini istiyordu oysa. Selçuk'la yaşadığı ilişkinin doyamadığı anlardan ibaret kalmasına razı değildi. İkisinin de geleceği artık ona emanetti. Bunun sorumluluğunu severek üstlendi. Sevdiği adamla birlikte yaşayabilmek ve mutlu olmak için üzerine düşeni yapacaktı. Oturduğu yerden hayatın ona göz kırpmasını beklemeyecekti. Bundan sonra olacakları kendi akışına bırakmak demek, Selçuk'tan ayrı geçecek olan zamanların sert akıntısına kapılıp gitmek demekti. Hayır! Bu akıntının içinde sürüklenip gitmeyecekti. Sevdiği adamı artık yanında görmek istiyordu ve bunun için var olan düzenin ve akışın artık değişme vakti gelmişti.

Canan, yarım saat boyunca yalnız kaldığı otel odasında Selçuk'la yeni bir hayatın düşlerini kurdu. Onunla her şeye vardı. Aşkı için emek vermeye hazırdı.

Toparlanıp çıkarken son bir kez daha odaya baktı... Yemek yedikleri masaya, sönmek üzere olan kırmızı mumlara, yerdeki kırmızı gül yapraklarına ve yatağa bakıp kaldı... Bir daha hiçbir şeyin yarım kalmasına izin vermeyecekti. Bundan sonra bütün çabası, Selçuk'la doyasıya uzun bir hayat yaşamaktı...

Otelden çıkarken resepsiyondan kendisine seslenildiğini duyup durdu. Görevli, odanın üç gecelik ödemesinin henüz yapılmadığını söyledi.

Odayı üç gün önce Canan ayırtmıştı fakat Selçuk'un biraz önce otelden çıkarken hesabı kapatacağını düşündüğünden resepsiyona uğramayı aklından bile geçirmemişti.

Büyük ihtimalle, resepsiyon görevlisi yanlışlık yapıyordu ve başka bir odanın ödemesini söylüyor olmalıydı. Selçuk, karısıyla kaldığı günlerin ve bu romantik akşam yemeğinin ödemesini Canan'a yaptıracak kadar görgüsüz bir adam değildi. Ayrıca bu tür küçük hesaplara tenezzül etmezdi. Gayet nüfuzlu, zengin ve saygın bir işadamıydı. Konakladığı otelin ödemesinden kaçacak değildi.

Resepsiyon görevlisi, oda numarasını defalarca söyleyip ortada yanlış anlaşılma olmadığını ifade edince, Canan da kafasının içinde başka olasılıklar üretmeye başladı. Belki de Selçuk, müsteşar yakını olan arkadaşını bekletmemek için otelden alelacele ayrıldığından ödeme yapmayı unutmuştu. Durumun farkına vardığında kendini çok mahcup hissedecek ve oteli arayıp kredi kartı numarasını verecekti. Fakat şimdilik konuyla ilgilenmek Canan'a düşmüştü. Yapacak bir şey yoktu.

"Tamam. Odanın hesabını çıkarır mısınız lütfen?"

"Tabii efendim. Hemen bakıyorum. Üç gece konaklama, ekstralar ve oda servisi özel yemek var. Toplam beş bin lira..."

Canan, kredi kartını verip ödemeyi yaptı. Otelden çıkıp taksiye bindi. Anadolu yakasına gitmek istediğini söyleyip sustu. Selçuk'un karısıyla konaklamasını, ekstra harcamalarını ve en önemlisi de bu romantik yemek sürprizinin ödemesini bile kendisinin yapmış olması sinirlerini bozduğundan gülmeye başladı. Yol boyunca Selçuk'un unutkanlığını ve durumu öğrendiğinde kendini ne kadar kötü hissedeceğini düşünüp durdu.

Eve geldiğinde saat üçü geçiyordu. Ayhan ve çocuklar çoktan uyumuştu. Çıt çıkmıyordu. Canan, bu gece kocasının yanında uyumak istemediğinden Doğan'ın odasından battaniye ve yastık alarak salona geçti. Kıyafetlerini çıkarmadan ve makyajını silmeden üçlü koltuğun üzerine kıvrılıp yattı. Gece boyunca yaşadıklarını düşündükçe gözüne uyku girmiyordu. Baş başa yenen romantik yemek, müzik, dans, şiirler ve yatakta çırılçıplak saatler boyu süren tutkulu ama günahsız bir sevişme... Her şeyden önemlisi, bundan sonra müşterek bir gelecek için verilecek olan mücadele... Artık Canan ve Selçuk için bir gelecek söz konusuydu... Bundan daha güzel ne olabilirdi ki?

Canan, güzel anlar dışında hatırladığı her şeyi bir bir sildi hafızasından. Selçuk'un açıklama yapmadan yataktan çıkıp gitmesini, otel hesabını ödememesini, ayrılığa alışmak tehditlerini düşünmek istemedi bir daha... Onun kulaklarında tek bir şey çınlıyordu artık: "Arş-ı âlânın en güzel kadını... Seni seviyorum... Sen yeter ki 'gel' de, ben kanat takıp uçarım yanına..."

Bu sırada cep telefonuna mesaj geldiğini duyup sehpaya uzandı. Selçuk, belli ki otel ödemesini yapmayı unuttuğunu henüz fark etmemişti. Canan'a aşk dolu sözler ve Yunus Emre'den güzel bir şiir yazmıştı sadece:

"Çiçeklerle hoş geçin, balı incitme gönül... Bir küçük meyve için, dalı incitme gönül... Başın olsa da yüksek, gözün engin-de gerek, kibirli yürüyerek yolu incitme gönül. Mevla verince azma, geri alınca kızma. Tüten ocağı bozma, külü incitme gö-nül. Sevmekten geri kalma, yapan ol yıkan olma. Sevene diken olma, gülü incitme gönül. Konuşmak bize mahsus olsa da bir güzel söz. Ya hayır de ya da sus; dili incitme gönül...

Sensiz olduğum her an inciniyorum nur yüzlüm... Beni ya yanında sev ya da aşkımı incitme sevdiğim... Kalbimi ellerine bıraktım giderken, ya gönlünün üzerine koy onu ya da azat et, uçur gitsin..."

Selçuk, öyle bir sorumluluk yüklemişti ki Canan'a artık ayrı kaldıkları her saniyeden onu sorumlu tutmuştu. Canan, bu deli hasrete son vermek için elinden geleni yapacaktı. Sevdiği adamın kalbini gönlünün üzerine yerleştirdi. Onu azat etmeye gücü yoktu.

"HAYIR" DEMEYİ ÖĞRENEMEYEN, KAYBETMEYİ ÖĞRENİR SONUNDA...

Birbirlerine sımsıkı sarılıp, kenetlenerek öylece kaldılar uzun uzun... Aralarından rüzgâr bile geçmezdi artık. Birbirlerini kucaklayarak hasret giderdiler doya doya...

Nuray'ın seminerleri nihayet bitmiş, yoğun programı hafiflemişti. Sonunda biricik arkadaşıyla görüşmeye zaman bulabilmişti.

"Canım benim... Çok özlemişim seni. İşlerim biter bitmez uçarcasına döndüm İstanbul'a. Annemden önce seni aradım. Arkadaşımı görmem lazım önce dedim."

"İnan nasıl sevindiğimi anlatamam sana Nuray. Telefonumda çağrını gördüğüm an 'Şükürler olsun döndü' dedim."

Nuray'ın Etiler'deki ofisinde Canan'ın en sevdiği yer camın önündeki ikili koltuktu. Buraya her geldiğinde o koltuğa tek başına oturup yayılır, akşama kadar da kalkmazdı. Şimdi de yine aynısını yaptı. Her zamanki yerine kurulup derin bir nefes aldı.

"İyi ki burada buluştuk Nuray. Şimdi kafede olsak bu kadar iyi hissetmezdim kendimi."

"Hafta sonu her yer tıklım tıklım arkadaşım. Hangi kafede yer bulup oturacaksın da rahat konuşacaksın. Yağmurdan dolayı millet kendini kapalı mekânlara atmış."

Hafta sonu yardımcısı izinli olduğu için Nuray mutfağa geçip önce az şekerli iki Türk kahvesi pişirdi, arından ocağa çay suyu koydu. Kahveden sonra çay, kısır ve börek ikram edecekti arkadaşına.

Odasına döndüğünde Canan'ı koltukta gözleri kapalı halde uzanırken buldu. Canan, güvendiği bir insanın yanında olmanın ve kendini ona tamamıyla teslim etmenin tadını çıkarıyordu. Nuray onun bu duygusunu hissetmiş olmalı ki, sesini çıkarmadan kahveleri sehpanın üzerine koyup, Canan'ın karşısındaki mor renkli berjer koltuğa yerleşti.

Cam sehpa üzerine bırakılan fincanların sesini duyup gözlerini açan Canan, gülümsedi:

"Dokunmasan günlerce uyurum burada..."

"Sen nasıl istersen arkadaşım. Merak etme, hiç dokunmam sana. Dilediğin gibi uyu, rahat et. Burası senin de yerin."

"Sağ ol Nuraycığım, biliyorum."

Canan, kendini iyi hissetmişti. Sorgusuz, yargısız, stressiz, karmaşasız ve kuşkusuz olmanın hafifliğini duydu içinde. Bu dinginlik ve huzur, Konya'yı hatırlattı ona. Şeb-i Arus törenlerinde hissettiği o hiçlik anını düşündü. Selçuk'un kulağına fısıldadığı şiiri duydu yine kulaklarında... Sanki bu hatıranın üzerinden çok uzun yıllar geçmişti... Selçuk'la koca bir ömrü geride bırakmış gibiydi... Oysa henüz iki ay bile olmamıştı Konya'ya gideli... Her şey o kadar hızlı ve yoğun yaşanmıştı ki, şu an bulunduğu noktaya baktığında hem çok heyecanlı bir o kadar da karmaşıktı.

Canan'ın yüzünde mahcubiyetle karışık ağır bir hüzün dalgası dolandı. Nuray'a karşı işlediği suçun esareti yokluyordu kalbini. Bunca yıl iyi günde, kötü günde birbirlerinden hiç ayrılmamışlardı, dostluklarının gücüne ve samimiyetine inanmaktan bir an olsun vazgeçmemişlerdi. Kimse uğruna arkadaşlıklarını gözden çıkarmaya razı olmamışlardı. Araya giren hiçbir yol, hiçbir zaman ve mekân bu iki arkadaşın birbirine sevgiyle bağlı olan gönüllerini soğutmayı ve uzaklaştırmayı başaramamıştı. Ta ki Canan'ın, duyguları ve zihni arasında bocalamaya başladığı şu son iki aya kadar... Canan, sevdiği adam konusunda giderek açık bir yaraya dönüşmüştü. Fazlasıyla hassas ve acı çekmeye meyilliydi. Selçuk'la ilgili herhangi olumsuz bir yoruma ya da en küçük bir kuşkuya dahi tahammülü yoktu. Bütün bunları kalbine ve onuruna yönelik ağır saldırılar gibi algılıyor, ıslak yarasının üzerine toz yapışmış gibi canının yandığını hissediyordu. Ömürlük dostu Nuray'ın da bilgisinden ve deneyiminden yol çıkarak yaptığı tespitler de yarasına hücum eden toz parçacıkları gibiydi... Oysa gerçeklerin yaktığı can, baldan daha tatlıydı. Canan, henüz bunun farkında değildi. Ne kadar iyi niyetli ve doğru da olsa, Nuray'ın önüne koyduğu gerçekleri gözden geçirmek istememişti. Bu gerçeklerle yüzleşmeyi reddettiğinden şu hayattaki en güvendiği dostuyla bile aralarına mesafe girmesine izin vermişti.

Şimdi bu özlem dolu sıcak karşılaşmanın ardından, yüreğinde dolaştırdığı suçluluğun ağır yükü altında ezildiğini hissetti. Arkadaşına karşı dürüst davranmamış, onun iyi niyetlerine ve sevgisine layık olamamıştı. Bu bencil ve haksız tutumundan dolayı kendini kolay kolay affedemeyecekti.

Canan kafasının içindeki bu karmaşayla ve duygularındaki mahcubiyetle uğraşırken, Nuray yerinden kalkarak çalışma masasının arkasında kalan camekân dolaptan bir şişe nane likörü, iki de likör kadehi alarak yerine geri döndü. Kadehlere dolan likörün nane kokusu baş döndürücüydü. İlk ikramı tek dikişte bitiren Canan, "Şat" diyerek yüksek tondan bir kahkaha patlattı. Arkadaşının keyifli halinden hoşnut olan Nuray, onun likör kadehini ikinci kez doldurup koltuğuna oturdu. Kahvesinden bir yudum alıp bütün ilgisini Canan'a yönelterek sordu:

"Anlat bakalım Canan Hanım... Kim bu adam?"

Canan, konuşmaya nerden ve nasıl başlaması gerektiğini bilmiyordu. Selçuk'tan önce duygularının dürüstlüğü konusunda Nuray'a bir açıklama borçlu olduğunu düşünüyordu.

"Aslında, benim sana o adamdan önce başka bir şey itiraf etmem gerekiyor Nuray... Bir konuda sana karşı çok dürüst davranmadığımı söylemem gerekiyor. Kendimi çok suçlu hissediyorum. Senin şu güzel ve sıcak dostluğunun karşısında çok ezginim..."

"Ne söylemeye çalıştığının farkındayım Canan. Fakat inan bu konuda senden bir açıklama beklemiyorum. Şu ana kadar bu adamla ilgili bana açtığın telefonlar boyunca duymak istediğin güzel sözleri söylemediğimi biliyorum. Bundan dolayı benden uzak kalmayı tercih etmen de çok doğal. Bugüne kadar hiç deneyimlemediğin bir süreç yaşıyorsun. Sana kırgın değilim. Seni anlıyorum. Yardımcı olmak istiyorum. Fakat şunu hiçbir zaman unutma ki, dostlar yalancı güzel sözlerle sahte mutluluklar vaat etmezler. Ben sadece 'olan'ı söylerim. Öğrendiğim ilimden de ilham alarak çıkış kapılarını gösterebilirim ancak. Bu kapılardan geçmek ya da geçmemek benim üzerime vazife değildir. Kimseye ne yapması gerektiğini söyleyemem. Herkes kendi tekâmülünü yaşar. Kalabalık yollarda tek başımıza yürüyoruz Canan... Arkadaşlarımız, dostlarımız, tanıdıklarımız, ailelerimiz, evlatlarımız var... Her biri yüreğimize dokunur, biz de onlara değeriz. Fakat kimse bir diğerinin kader yolculuğuna bekçilik edemez. İçinden geçtiğimiz ya da geçmediğimiz bütün kapılar kendi seçimlerimizdir. Benim mesleğim Yaradan'ın, yıldızlarla, gezegenlerle, doğayla ve yaşamla evrene kodladığı işaretleri okumaktır. Seni bildiğimden ve gördüğümden mahrum bırakıp sırf duymak istediğin yalanları söylersem, sadece sana karşı değil, evrenin kaidelerine karşı da hata etmiş olurum. Bu konuda ne kadar tavizsiz, dürüst ve prensip sahibi olduğumu sen zaten biliyorsun. İşte o nedenle benden uzaklaşmana hiç darılmadım. Sana hiç kızmadım. Çünkü kulaklarını tıkadığın şey benim sana sunduğum dürüst dostluğum ve ilmim değildi... Sen sadece duymak istemediğin gerçeklere kapattın kendini. Yüreğinin sesini kıstın. Bu tutumunu üzerime alınmadım. Benden özür dilemene gerek yok. Açıklama yapmak için zorlama kendini. Benim seni anladığımı bil yeter..."

Nuray, Canan'ın aklı ve ruhu arasında gidip gelen bütün hezeyanları birer birer yakalayıp soymaya başlamıştı bile... İnsanın içinde olan biten her şeyi, suratında görüp yakalıyordu sanki... Canan'ın sustuğu her şeyi duyuyor gibiydi. Saklayıp konuşamadığı her konuyu, Nuray çoktan onun gözlerinin içinde avlamıştı.

Ona karşı açık olmak zorundaydı. Zira daha şimdiden bütün ruhu ortalığa saçılıp, çırılçıplak kalmıştı adeta. Nuray, arkadaşının sönük bakışlarından bile, onun içinde kopan fırtınaları seziyor, onu anlıyor ve konuşmasını bekliyordu. İçine düştüğü karmaşanın farkındaydı. Canan'ın bir açmaz içinde mücadele halinde olduğunu görüyordu. Onun sessizliği ve huzuru bu denli özlemesinden de, içindeki suçluluk duygusuyla baş edemeyişinden de, nasıl bir karmaşa içinde olduğunu tahmin edebiliyordu.

Canan, Nuray'ın karşısında kendisini bu kadar çıplak hissettiği için hem utanmış, hem de ne diyeceğini bilememişti. Nuray'a yalan söylemek ya da ondan bir şey gizlemek mümkün değildi. Ona bir konuyu üstü kapalı ya da dolambaçlı yollardan geçerek anlatmanın hiç anlamı yoktu.

Her şeyi olduğu gibi dümdüz anlatmalıydı ama bunu nasıl yapacağını kestiremiyordu. Henüz kendisine bile itiraf edemediği onca duygu içinde gelgitler yaşarken şimdi Nuray'a ne söyleyecekti ve konuya nereden başlayacaktı bilemedi.

"Nuraycığım... Ne söyleyeceğimi bilemiyorum ama beni anladığın için mutluyum. Kafam biraz karışık... Kendimi hem çok mutlu hissediyorum, hem de liseli yeniyetme kızlar gibi ne yapmam gerektiğini bilemiyorum. Hayat acemisi bir insan gibiyim. Kozasından yeni çıkmış, dünyayı ilk kez gören bir kelebek gibi deli deli savrulup sağa sola uçuyorum..."

"Çok güzel bir örnek verdin arkadaşım... Kelebekler kozalarından çıktıklarında dünyayı ilk kez gördüklerini sanırlar. Oysa daha önce tırtıl oldukları dönemde de buradaydılar. Her şeyi ilk kez öğreniyor olduklarını düşünseler de, aslında sadece hatırlıyorlardır. Tıpkı insanlar gibi... İnsanlar da hayatları boyu sevgiyi, birliği, bilgeliği öğrenmek çabasındadır. Oysa yapmaları gereken şey öğrenmek değil, hatırlamaktır. Ruh her şeyi bilir. Ruh hafızası denen şey, senin yeni öğrendiğini sandığın şeye çoktan sahiptir. Aslında senin ruhun, neler olup bittiğini, bundan sonra neler olacağını biliyor. Kalbinin sesini bu kadar kısmazsan eğer, onun sana bir şeyler söylemeye çalıştığını kolaylıkla işitebilirsin. Sana bir şeyler hatırlatmak istediğini anlayabilirsin... Unutma, yaşadıklarımız ve yaşayacaklarımız ruh hafızamızda kayıtlıdır. Şimdi bunu da aklının bir köşesine yerleştirip, bana ona göre anlatmaya başla her şeyi olur mu?"

"Sence kafamdaki karışıklığın sebebi, ruh hafızamın devreye girmesinden dolayı mı?"

"Aynen öyle Canancığım... Olması gerekenler kendi akışı içinde oluşurken zihinsel karmaşa yaratmazlar. Teslimiyet içinde, güvende ve akışta olduğunu bilen insanlar huzurlu, berrak ve rahattır. Kalbi de ruhu da dupdurudur... Güvende ve akışta hissetmiyorsan, teslimiyet yaşayamazsın. Bütün iyi duygularına rağmen, içinde bir karmaşa ve huzursuzluk varsa akışın tersine kürek çekiyor olabilirsin... Ruh hafızan seni ikaz etmeye çalışıyor olabilir. Bundan emin olmamız için yıldız haritanı da çıkarıp incelememiz gerekecek."

"Hadi çıkaralım o zaman yıldız haritasını..."

"Canancığım... Senin önce dürüstçe kendi içine doğru yönelmen gerekiyor. Duygularınla ve karmaşanla yüzleşmelisin. Kendi içindeki evrenin sesini duymadan, semadaki yıldızların söyleyecekleriyle baş edemezsin. Duymaya hazır olmadığın şeylerle karşılaşabilirsin. Üstelik benden kaçtığın gibi, yıldızlardan ve gezegenlerden kaçamazsın. Sen önce kendinle hesaplaş... Yaşadığın ilişkinin sana ne hissettirdiğini anlat. Sana yardımcı olabilmem için, her şeyi bilmem gerekiyor."

"Selçuk'la nasıl tanıştığımızı biliyorsun. Konya'ya giderken havalimanında mucizevi bir tesadüfle çıktı karşıma. O gün iç hatlar inanılmaz kalabalıktı. Onca insan silsilesi içinde bir insanın başka birinin ilgi alanına girmesi mümkün değil. Herkes kendi koşturması içinde, göz gözü görmüyor. Ne bir yerde oturup dinlenmek mümkün, ne de tuvalete gitmek. Her yerde uzun kuyruklar oluşmuş... Birini iki saniyeden daha fazla görme şansın yok. Ama o beni buna rağmen fark etmiş. İzlemiş. Kahve kuyruğunda beni görmüş, paramı ödeyemediğimi, cüzdanımı unuttuğumu, uçuş işlemlerimi yapabilmek için deliler gibi oradan oraya koşturup durmamı, sonra yere oturup salya sümük ağlamalarımı hep izlemiş. O kahvenin kokusu burnuma geldiğinde rüyadayım sandım. Para verip satın alamadığım kahve ayağıma gelmişti. Üstelik de çok yakışıklı bir masal kahramanın elleriyle, gayet kibar ve etkili bir sunumla... Bu kadar yakışıklı ve baş döndürücü bir adamın dikkatini çekebileceğime hayatta inanmazdım. Ah onu bir görsen Nuraycığım... Etrafında o kadar çok kadın var ki, kuşatılmış gibi... Adamın yanından ayrılamayan, gözlerinin içinde kaybolup giden, o dokunduğunda eriyip yok olan, ağzından çıkacak tek bir kelime için yalvarırcasına bekleyen kadınları kendi gözlerimle gördüm ben. Kendisi de daha sonra tanımadığı kadınlar tarafından takip edildiğini, tacize uğradığını falan itiraf etmişti. Bildiğin Hollywood aktörleri gibi... Hatta daha bile etkileyici... Öyle bir sesi var ki, konuştuğu her söz efkârlı bir şarkı gibi... Sürekli şiir okuyor sanırsın... Allahım hele o bembeyaz dişleri, gülümsemesi, küçülen kara gözleri, nefesi, uzun parmakları, güçlü kolları... Anlatamam Nuray! Neler hissettiğimi anlatamam. Uzun boylu, yapılı, güçlü... Onu çıplak görüp de kayıtsız kalmak mümkün değil. Öyle derin ilahi bir aşkla dolu ki, günaha girmemek için iradesini nasıl yönettiğini görsen hayran kalırsın. Otel odasında iki uzun gece baş başa geçirmemize rağmen benimle sevişmedi. Mevlana'dan, Şems-i Tebrizi'den ve Yunus Emre'den şiirler okudu hep kulağıma. Çok iyi bir eğitimi var. Neredeyse bütün dini filozofların hayatlarını, öğretilerini, eserlerini ezbere biliyor. Bu öğretileri hayatının bir parçası haline getirmiş. Derviş gibi yaşıyor adeta... Namazla, oruçla, duayla, ibadetle geçiriyor hayatını. İçki, sigara içmiyor. Haram dediği şeylere karşı kendini çok iyi koruyor. Şu ana kadar hiç zaafa düşmedi."

"Anlıyorum canım... Peki sevişmediğiniz halde onu çıplakken nasıl gördün?"

Nuray'ın bu sorusu Canan'ı tokatlayarak uykusundan uyandırmıştı sanki. Konuşurken her şeyi dürüstçe anlatmadığını fark etti Canan... Taraflı davranıyordu. Olduğu gibi değil, olmasını istediği gibi anlatıyordu. Selçuk'un hayranlıkla bahsedip yücelttiği o meşhur erkeklik iradesiyle ilk karşılaştığı gece yatakta yapayalnız kalıp, onurunun kırıldığını hissederek hüngür hüngür ağlamamış mıydı? Kendisini kar soğuğunda balkona atıp acısını soğutmaya çalışmamış mıydı? Ertesi sabah otelden kaçarcasına çıkıp gitmemiş miydi? Aylardır hazırlandığı ve büyük hevesle gittiği Şeb-i Arus törenlerini bile yarıda bırakıp geri dönmüştü. Selçuk'la yarım kalan bütün sevişmelerinden sonra derin bir keder ve aşağılanma duyduğu halde şimdi neden onun bu iradesini büyük bir erdemden söz eder gibi saygı ve coşkuyla anlatıyordu?

Üstelik etrafındaki yüzlerce kadına rağmen Selçuk'un sadece onu seçtiğini ima ediyordu Nuray'a... Oysa bu adam bir aydır kavuşma özlemiyle yanıp tutuştuğunu söyleyip kolunda karısıyla gelmemiş miydi Canan'ın yanına? Günlerce karısıyla konakladığı otel odasının ve ekstraların hesabını ona yıkmamış mıydı?

Canan, şu ana kadar yaşamış olduklarını belki yanlış anlatmıyordu ama kesinlikle taraf tutuyordu. Biraz önceki coşkusundan ve heyecanından eser kalmamıştı yüzünde. Derin bir nefes alıp bu kez daha tarafsız konuşmaya özen göstererek devam etti:

"Biz aslında seviştik. Ama birlikte olmadık. Durum biraz karışık farkındayım... Şöyle anlatayım; soyunduk, öpüştük, seviştik... Birbirimize dokunduk. Selçuk gayet cesur sevişen bir adam. İhtiraslı ve tutkulu... Beni zevkten çıldırttığını bile söyleyebilirim. İkimiz de birbirimizin vücudunu iyi tanıyoruz. Buna rağmen tam anlamıyla birlikte olmadık.

"Bu senin seçimin miydi?"

"Dürüst konuşmak gerekirse hayır... Bu benim seçimim değildi. Ben sonuna dek gitmeye hazırdım. Selçuk biraz daha ileri gitmemizin zina olacağını söyleyip devam etmedi."

Canan daha fazla konuşamadı. Üzerinde düşünmek istemediği ikilemlerden biri de bu konuydu. Nuray'ın da buraya takılıp kalmasını istemediğinden konuyu başka yöne çekmek için zekice bir hamle yaparak, Selçuk'un her sabah hiç aksatmadan yolladığı güllere, mühürlü mektuplara, şiirlere ve duygu dolu mesajlara getirse de Nuray, bu kaçışa fırsat vermedi.

"Sence Selçuk ahlaki değerlere fazlasıyla bağlı bir adam mı?"

"Evet... Çocukluğundan beri muhafazakâr bir aile içinde yetişmiş. Din okullarına, dershanelere gitmiş bildiğim kadarıyla. İmam hatip mezunu. Bunun yanı sıra içsel derinliği olan ahlaklı biri. Tasavvuf konusunda hatırı sayılır bir bilgisi var. Gerçek bir bilge diyebilirim onun için. Bence bu tür ahlaki değerlere sahip olmak kötü bir şey değil. Hepimiz ahlaksızlıklardan yakınmıyor muyuz? İnsanlığın ne kadar kötüye gittiğini anlatıp durmuyor muyuz? Selçuk gibi erdemli ve terbiyeli adamları neden bu kadar ahlaklı oldukları için suçlayacak değiliz herhalde?"

"Bak arkadaşım! Durup dururken neden Selçuk'u savunmaya geçtin? Neden onu koruma ihtiyacı içindesin? Lütfen kendine karşı biraz daha dürüst olur musun?"

"Nuray, sen de benim konuşmalarımın içinde dedektiflik yapma n'olur. Benim bir şey yaptığım yok. Kimseyi savunmuyorum da, hem niye savunacakmışım?"

"Canım benim! Önce sakin ol. Sadece sus ve düşün. Kalbinin ne söylediğini dinle. Ben Selçuk'u şimdiye kadar hiç eleştirmedim. Onun hakkında olumsuz tek bir imada bile bulunmadım. Onu bu denli savunma ihtiyacı duymana sebep olan kişi ben değilim. Kalbin sana bir şeylerin yolunda gitmediğini söylüyor aslında. Ruh hafızan sana bir şeyler hatırlatıyor. İçinden yükselen sesi duymamak için benim asla suçlamadığım bir adamı şimdi sen nefes nefese korumaya çalışıyorsun."

Canan'ın yüzündeki heyecanın yerini karanlık bir bilinmezlik aldı. Kaygı dolu olduğu her halinden belliydi. Dokunsalar ağlamaya hazırdı. Görmezlikten geldiği her şeyle yüzleşmek zorunda kalacağını kendisi de biliyordu ancak bu yüzleşmelerden dolayı üzüntü duyacağını düşünmemişti hiç... Yok saymak kurtuluş değildi. Hiçbir kaçış, tehlikeyi ortadan kaldırmazdı. Görmezlikten gelmek, felaketin çığ gibi büyüyerek üzerine düşmesine fırsat vermek demekti... Nuray, arkadaşının duyguları ve zihni arasında yaşadığı amansız karmaşanın hangi noktada başladığını yakalamıştı artık. Dokundukça sızlayan bu apseli bölgeyi deşmesi gerekecekti. Bu her ne kadar dostunun canını yakacak olsa da, kangrenli alanın yavaş yavaş yayılarak onun bütün bedenini ve ruhunu ele geçirişini izleyemezdi.

"Canım arkadaşım. Biliyorum, şu an için seni çok zorlayacak bir yüzleşme bu. Fakat inan bana bunu hem kendin için hem de Selçuk için yapmalısın. Aksi halde aranızda yaşanan şeyin ne olduğunu hiçbir zaman bilemeyeceksin. Şimdi lütfen bana şunun cevabını ver: Sence Selçuk gerçekten zina yapmaktan korktuğu için mi seninle sevişmedi?"

Canan'ın kalbinde bir volkan patlamış gibiydi... İçini dolduran ateş akıntısının ağzından dışarıya doğru süzüldüğünü hissetti konuşurken:

"Hayır... Yani bence hayır... Belki gerçekten zina yapmak istememiş olabilir ama bana göre, bu yüzden sevmemiş olamaz."

"Daha açık konuşur musun?"

"Selçuk zina yapmaktan korkuyor olsaydı, bana hiç dokunmazdı. Deliler gibi seviştikten sonra konuyu ahlaki değerlere bağlayıp geri adım atması benim de dikkatimi çekmiyor değil. Bu konuda kafamı karıştıran şeyler var; ama düşündükçe işin içinden çıkamaz bir hale geldim. Dolayısıyla artık düşünmüyorum. Bu da onun tarzı işte! Yapacak bir şey yok."

"Bu bir tarz meselesi değil ama Canan... Bu ciddi bir dürüstlük meselesi. Üstelik ahlaki değerleri, eğitimi ve bilgeliğiyle insanları etkileyen bir adamın ahlaki kuralları kendi arzularına göre yönlendirmesi çok düşündürücü."

"Neden böyle davranıyor olabilir?"

"Bunun birçok nedeni olabilir. Şu an bu konuda söz söylemek için çok erken ama inan zor değil. Bana güven. Anlatmaya devam et lütfen. En son ne zaman böyle baş başa bir gece geçirdiniz?"

"İki akşam önce... Sheraton'da oda tutmuştum. Ankara'dan geleceğini söyleyince ikimiz için küçük bir program hazırladım ancak o karısıyla birlikte geldi. Sonra evime akşam yemeğine davet ettim onları. Ayhan'la tanıştırdım. Ertesi gün karısı Beyza, Ankara'ya döndüğünde gece Selçuk'la yalnızdık. Muhteşem bir sürpriz hazırlamış benim için. Odada şahane bir yemek yedik, mumlar ve romantik müzik eşliğinde çok güzel bir geceydi. Bana yine şiirler okudu, bol bol konuştuk... Her yer gül yapraklarıyla kaplıydı. Yerler, yatağın üzeri... Gül bahçesindeymişim gibi hissettim kendimi. Bana arş-ı âlânın en güzel kadını diye hitap ediyor. Yine seviştik. Üstelik, bu kez çok daha ileri gittik ama yine bir şey olmadı. Yapmadık yani... İlk defa ortak bir gelecekten söz etti. İstanbul'da olmak istediğini, bana daha yakın olabilmek için burada da birtakım işler yapmayı düşündüğünü anlattı. Gecemiz uzun sürmedi ama... Bir arkadaşı arabayla gelip aldı onu. Alelacele toparlanıp çıktı odadan. Gelen kişiyle birlikte arabayla Ankara'ya döneceğini söyledi. Yarım saat sonra da ben çıktım. Ödemeyi yapıp eve döndüm."

Bu detayı anlatması gerekmediği halde, otel hesabını kendisinin kapattığını neden açıklama gereği duyduğunu anlamadı. Söylediğine pişman olmuştu ama artık bunun için çok geçti...

"Neyin ödemesini sen yaptın Canan?"

"Odayı ben tutmuştum ama..."

Canan, yine savunmaya geçtiğini fark edince gereksiz açıklama yapma fikrinden vazgeçti. Nuray'ın bu detay üzerinde fazla durmayacağını umut ederek "Otel ödemesini ben yaptım" dedi...

"Karısıyla birlikte konakladığı bütün günlerin ve senin için organize ettiği romantik gecenin hesabını sana mı ödetti arkadaşım? Lütfen cevap verir misin, tam olarak böyle mi oldu?"

"Evet... Karısıyla kaldığı günleri, ekstra harcamalarını ve romantik gecenin bütün masraflarını ben ödedim. Tam beş bin lira!"

"Belli ki bu durum, maddi ve manevi içine oturmuş senin..."

"Hayır canım, hiç de öyle dert etmedim. Sanıyorum aceleyle çıktığı için ödeme yapmayı unutmuştur. Fark ettiğinde zaten çok mahcup olacaktır. Bu diğer konu kadar üzerinde durmamızı gerektirmeyen basit bir olay bence. Çok dert edecek bir durum yok benim için. Hiç kafama takmadım. Hiç üzerinde durmadım. Ha ben ödemişim, ha o ödemiş..."

"Canancığım... Kafana takmadığın bir konu olsaydı büyük ihtimalle anlatmayı bile unuturdun. Oysa sen kaç para ödediğini bile söylemek ihtiyacıyla dolup taşmışsın. Hesap ödeme konusunun seni çok sıktığı ve doldurduğu aşikâr. Belli ki durumu görmezden gelmek niyetindesin yine çünkü Selçuk'u savunmak zorunda kaldığında, onun hatalı olduğunu kabul etmek mecburiyetinde kalıyorsun. Yazık ki bu da senin canını sıkıyor. Çünkü o, senin gözünde öylesine kusursuz, eksiksiz, muhteşem bir adam ki, bu kadar büyük ve çirkin hatalar yapması seni hayal kırıklığına uğratıyor. Onun daima hayalindeki adam gibi kalmasını istiyorsun. Bu yüzden de olan biteni ya görmemeye çalışıyorsun ya da iyi niyetlerle yorumlayıp geçiştiriyorsun."

"Ama unutmuş olamaz mı Nuray? Neden hep olumsuz düşünüyoruz ki? Kafam zaten karışık, sen de bana hep negatif yorumlar yapıyorsun. Gerilmeye başladım bak yine..."

"Ben yorum falan yapmıyorum arkadaşım. Şu ana kadar sadece merak ettiğim şeyleri öğrenmek için sana sorular sorup duruyorum o kadar. Bunun dışındaki her şeyi sen kendin anlatıp yorumladın. Hesabı ödememesine ya da seninle tam anlamıyla sevişmemesine rağmen aslında gayet masum, sıradan bir adam olabilir. Selçuk'u suçluymuş gibi savunan sensin. Onu korumak ihtiyacı duyan kişi sensin. Onu haklı çıkarmak derdinde olan sensin. Hakkında hiç yorum yapmadığım halde sorularımı saldırgan bulan sensin. İşte en başından beri sana söylemeye çalıştığım şey buydu Canan. Ruh her şeyin farkındadır. Senin ruh hafızanda da bu adamla ilgili bilgiler kayıtlı. Bu yaşananlardan anlam çıkaran kişi ben değilim, senin ruh hafızan... Sen ruh hafızanın sesini kısmak istiyorsun, onu duymaya tahammülün yok çünkü hoşuna gitmeyecek şeyler işiteceğini hissediyorsun. Haklı da olabilirsin, haksız da... Belki gerçekten duymak istemeyeceğin şeyler biliyordur ruhun ya da belki başka bir şeyler hatırlatmaya çalışıyordur. Bu yüzden içerideki sese direnme. Akışında kalmaya gayret et. Hislerini çekiştirme. Kendini bir şeylere inandırmaya çalışma. Olanı izle. Takip et. Akışa güven. Korkma..."

Canan, süngüsü düşmüş yaralı bir asker gibi omuzlarını ve belini güçlükle doğrultarak derin bir nefes aldı. Daha sakin ve daha soğukkanlı görünmeye çalıştı:

"Haklısın Nuray... İçimden geçeni yüksek sesle söylemeyi başarmam gerekiyor. Aslında Selçuk'un zina diyerek sevişmelerimizi yarıda kesmesini dürüst bulmuyorum. Onun gibi ilahi adaleti, gönül dürüstlüğünü, temizliği, tasavvuf öğretileriyle benimseyen, muhafazakâr bir adamdan evli bir kadınla değil çırılçıplak sevişmesi, o kadının elini tutması bile beklenemez. Bana karşı neden böyle bir tutum içinde anlamıyorum. İradesini kontrol edemediğini söyleyemem çünkü sevişmenin en çıldırtıcı haz evresinde bile, hiçbir şey olmamışçasına gayet soğukkanlılıkla geri çekilebiliyor. Müthiş bir denetim mekanizması var. Haklısın işte... Bu konuyu aşamıyorum. Ben de buraya takılıp kaldım. Bir adım ileri dahi gidemiyorum. Ayrıca otel hesabını neden benim üzerime yıktığını da bilmiyorum. Sürekli şehir dışına iş seyahatlerine giden bir adamın otel usullerini gayet iyi bildiğini düşünüyorum. Tamam acelesi vardı ama uçağa yetişecek değil ya. Onu almaya gelen arkadaşını on dakika daha bekletebilirdi. Bu ödemeyi bilerek yapmadığını düşünüyorum açıkçası. Bunu söylemekten nefret ediyorum ama evet özellikle ödeme yapmak istemedi işte... Tabii ki parası olmadığı için değil. Bir sürü şehirde konut inşaatları var. Ailece inşaatçılıktan geliyorlar. Gayet de nüfuzlu bir işadamı. Tek bir telefonla bile havaalanında uçuş işlemlerimi halledip beni uçağa aldırmayı başardı. Arazi ihalelerine giriyor. Dolayısıyla müsteşarlarla, belediye başkanlarıyla, bakanlarla tanışıyor. Üç günlük otel hesabına tenezzül edecek biri değil."

Canan, şimdiye dek üzerini örttüğü konuları su yüzüne çıkarmaya cesaret etmişti. Fakat konuştukça gözleri doluyor, sesi giderek feryat eder gibi çıkıyordu. Arkadaşının içine düştüğü bulanık sularda can çekişmeye başladığını fark eden Nuray, Canan'ın ellerini tutup onu susturdu ve sakinleşmesini istedi.

"Sen gerçekten çok akıllı ve güçlü bir kadınsın Canan. Aslında her şeyin de farkındasın. Yaşadığın olayları her yönüyle görüp cesaretle onları irdelemen büyük başarı... Sen şu an doğru olanı yapıyorsun. Fakat olayları çok yönlü izlerken içine duygularını katma lütfen. Bütün bunlara bir anlam vermek zorunda değilsin. Senden tek istediğim işaretleri görüp bu işaretleri farkındalıkla cebine koyman ve akışta kalmaya devam etmen. Her ne bilmen gerekiyorsa karşına çıkacaktır. Her ne öğrenmen gerekiyorsa zaten öğreneceksindir. Evren, sınıfta kaldığın bütün dersleri sürekli karşına çıkarmaya devam edecektir. Ta ki sen alman gerekeni alıncaya dek. Farkındalıklı hareket edersen aynı dersi defalarca almana gerek kalmaz. Öğrenmen gerekeni ilk derste öğrenebilirsin. Ben sana bunu anlatabilmenin derdindeyim. Kimse hakkında şimdiye dek hiç yorum yapmadım, yapmayacağım da. Ben sadece işaretleri irdelerim. Şahısların kim oldukları, ne oldukları, ne kadar nüfuzlu oldukları, ne iş yaptıkları beni ilgilendirmez. Senden tek ricam, lütfen hislerinle ve içindeki karmaşayla ilgili mantıklı açıklamalar arama... Zihin seni her zaman sebep-sonuç ilişkisine çeker ve bu durum büyük resmi görmeni engeller. Dünyanın en zengin adamı olduğu halde akşam yemek yediği restoranın ödemesini günlerce, haftalarca yapmayan insanlar var. Sen mantıken olamaz diye düşünsen de aslında olabilir. Kıtlık bilinci her türlü zenginlikte, varlıkta tezahür edebilir. Bunun mantıklı bir açıklaması var mı diye sorarsan, bence de yok... Unutma, bolluk ve bereket sahip olduğun parayla ölçülmez. Sonsuz varlıklar içinde kıtlık yaşayan insanlar olabilir. Elbette kendilerini layık gördükleri bilinç, kaderlerine dönüşecektir. Ama kimin ne zaman hangi sınavdan geçtiğini bilemeyiz. Bu yüzden kimsenin varlığına ve yokluğuna bakarak onların bolluk bilincinde mi, yokluk bilincinde mi yaşadıklarına karar veremeyiz. Lütfen yaşadığın şeylerin içinde mantık arama... Sadece olanı gör ve farkında ol. Akışa karışma. Akıntıya karşı kürek çekerek suyun yönünü değiştiremezsin. Sadece kendini riske atarsın."

Kafasındaki soru işaretlerine verecek bir yanıtı olmasa bile Canan, şimdi kendini hem daha iyi hissediyordu hem de artık daha güçlüydü. Cevapların peşinde koşmayacaktı artık. Nedenler ve sonuçlarla ilgilenmeyecekti. Bu onu rahatlatmıştı fakat yaşadığı her şeyi tarafsızca ve dürüstçe izlemesi gerektiğini de biliyordu. Yorgun bakışlarıyla kadehine likör doldurmasını işaret etti Nuray'a... Gülümsemekte zorlanmadı. Her şeye rağmen iyi hissediyordu kendini. İçindeki gücü hatırlamak iyi gelmişti. Karşılıklı birer nane likörü daha içip keyiflendiler.

Nuray mutfaktan börek ve kısırı da getirerek arkadaşına çayla birlikte ikram etti. Bir süre Nuray'ın işleri ve yeni projeleriyle ilgili konuştuktan sonra saatine bakan Canan, bu akşam eve daha erken gitmeyi planladığını söyledi. Günlerdir Doğan ve Orçun'un yüzünü görmüyordu. Çocuklarını çok özlemişti.

Çayları tazeleyen Nuray, başka bir konu hakkında daha konuşmak istiyordu ve bu konu görüşülmeden Canan'ı göndermeye niyeti yoktu. Arkadaşının yeni bir konuşma hazırlığı içinde olduğunu fark eden Canan önce davrandı:

"Sor Nuraycığım sor... Artık tarafsız, dürüst ve cesurum. Olayları mantıklı açıklamalara oturtmaya çalışmadan, aklımca anlamlar ve yorumlar yüklemeden farkındalıkla izliyorum biliyorsun."

"Aferin sana... O halde söyle bakalım, Ayhan'la ilişkiniz nasıl gidiyor?"

Derin bir burukluk duydu kalbinde. Dudağının kenarında başlayan hüzün dalgası bütün yüzüne yayıldı konuşurken:

"Uzak... Hatta oldukça uzak... Aramızdaki mesafe giderek daha da açılıyor. İşin tuhaf yanı ne biliyor musun? Biz Ayhan'la meğer hiçbir zaman birbirimize çok yakın olmamışız. Tamam onu seviyorum. Kötü bir adam değil. Üstelik iyi bir baba... Doğan ve Orçun konusunda her zaman yüklerimi hafifletmiştir. Hiçbir zaman hiçbir konuda yalnız bırakmamıştır bizi. Varlığını, desteğini hep hissettirmiştir. Yirmi yıl boyunca birbirini seven, iki iyi arkadaş gibi yaşamışız aynı evin içinde. Ortaklığımızı her şeyin üzerinde tutmuşuz. İhtiyaçlarımızı önemsemişiz. Birbirimize alışmışız. Bu ortaklığı yürütmeyi de sevmişiz. Ama hiç sevgili olmamışız. Birbirimize hiç âşık olmamışız. Yakınlaşmamışız. Heyecanlanmamışız. Sevişirken bile ortaklığa hizmet etmişiz. Birbirini deli gibi arzulayan iki sevgili olmayı başaramamışız yatakta. İhtiyaçlarımızın giderilmesi görevini yerine getirmek üzere buluşmuş bedenlerimiz her defasında. Ne o bana kadın gibi davranmış, ne de ben ona erkek olduğunu hatırlatmışım. Birbirimizi kaybetmekten bile hiç korkmamışız çünkü ne ben onsuz yaşamayı biliyorum, ne de o başka bir kadınla ortaklığı tehlikeye sokmayı göze alabilir. Birbirimizden çok, düzenimizi sevmişiz..."

"Ayhan'ı seviyor musun?"

"Tabii ki seviyorum... Hatta onunla yaşlanacağımı düşünüyordum hep. Başkasına âşık olabileceğimi hayal bile edemezdim."

"Sen Selçuk'a âşık mısın?"

"Aşk mı, başka bir şey mi bilmiyorum... Ama bugüne kadar hiç yaşamadığım bir duygu bu... Sürekli onun olmak istiyorum, gözüm ondan başkasını görmüyor, küçük kızlar gibi kulağım hep telefonda, onu kıskanıyorum, karısının yanında uyumasını istemiyorum, özlüyorum, her şeyi onunla yapmak istiyorum. Onunla uyanmak, onunla kahvaltı yapmak, duş almak, yürümek, çalışmak, uyumak, onunla sevişmek, ona sarılmak, koklamak, sürekli onu görmek, yüzüne bakmak istiyorum. Sesini duymak istiyorum. Bu aşksa eğer, deliler gibi âşığım... Kendimi ona ait hissediyorum. Ayhan'ın yanında yatamıyorum. Bana dokunmasından korkuyorum."

"Ayhan sendeki bu değişimin farkında değil mi?"

"Aslında her şeyin farkında. Selçuk'la tanıştığı akşam onun bana âşık olduğunu fark etmiş. Bunu açıkça yüzüme söyledi. Düşünebiliyor musun Nuray, Selçuk'un bana karşı duyduğu aşk gizli kapaklı bir yalan değil. Dışarıdan bakan herkesin kolayca fark edebileceği kadar açık, uluorta ve gerçek... Selçuk duygularını gizlemiyor. Aşkını bastırmak çabasında değil. Ben de ona olan ilgimi saklamıyorum. Ayhan benim Selçuk'a olan duygularımı fark ettiğine göre ben de aşkımı dizginleyemiyorum demek ki... Bunca yıllık evliliğim boyunca ilk defa kocamdan boşanmayı ciddi ciddi düşünüyorum. Çocuklarımız artık yetişkin. Onlarla konuşabilir, yeni hayat düzenimize onları ikna edebilirim."

"Canan, bu konuda aceleci davranma sakın."

"Selçuk'un da karısıyla konuşacağı zaman gelecek. İstanbul'da işlerini ayarladığında, buradaki düzenimiz oturmaya başladığında ister istemez Beyza'nın da her şeyden haberi olacak. Ben de sanırım Ayhan'la o zaman konuşurum."

"Ben sana Selçuk'un karısıyla konuşmasını bekle demiyorum. Senin kendi kararlarından bahsediyorum. Bir süredir ruhun telaş içinde. Sakin değilsin. Telaşlı ruh halleri içinde ciddi kararlar almak doğru değildir. Kalbin çok hızlı atıyor. Ayhan'la konuşmak için lütfen yavaşlamayı bekle. Ruhun, kalbin, nefesin yavaşlamadan önemli konularla ilgili kararlar alma. Selçuk karısıyla konuşsa da konuşmasa da, sen yavaşlamayı bekleyeceksin tamam mı? Söz ver bana... Ruhun telaş içindeyken Ayhan'la konuşmak yok!"

"Tamam... Tamam... Acelesi yok zaten."

"Selçuk'un karısı sizi biliyor mu?"

"Aptal değilse o da anlamıştır sanırım. O gün yemekte bana karşı oldukça dengesiz bir ruh hali içindeydi. Bazen saldırgan, bazen dost canlısı... Uzun bir süre bana karşı nasıl davranması gerektiğini bilemedi. Sonunda yakın olmaya karar verip ilginç bir taktik geliştirdi ve kocasını kötülemeye başladı. Aklı sıra beni ondan soğutacak."

"Anlamadım, kocasıyla ilgili sana ne anlatıyor?"

"İpe sapa gelir şeyler değil. Henüz pek bir şey anlatmadı ama çapkın bir adamla evli olduğunu ima edip yakınıyor. Kendi derdini anlatırken laf altından bana mesaj vermeye çalışıyor. Kocasının etrafının kadınlarla kuşatıldığını ve bu durumun yıllardır sürüp gittiğini ancak evliliklerinin her şeye rağmen bitmediğini bildiriyor bana..."

"Selçuk konusunda haklı olamaz mı? Sonuçta evli olduğu halde başka bir kadınla aşk yaşayan çapkın bir adam var karşımızda."

"Of Nuray! Yine olumsuz konuşmaya başladın."

"Hayır efendim. Ne demiştik, sadece olanı izliyoruz, işaretleri takip ediyoruz. Asla anlam katmaya çalışmıyoruz, yorum yapmıyoruz... Sen bu kadınla ilgili de hükmünü vermişsin. Mantıklı bir açıklama bulup konuyu kapatmışsın. Canancığım, son kez söylüyorum, olayları yorumlama, anlamlandırma... Kendini ikna etme çabasına girme. Karşındaki kadının da nasıl bir süreç geçirdiğini, neyle imtihan edildiğini bilmiyorsun. Kimse hakkında peşin hükümlü olma. Farkındalıklı insan taraf tutmaz. Selçuk'un tarafını tutarak karısını devre dışı bırakamazsın. Küçümsediğin her ruh için, önemsediğin bir bedel ödemek zorunda kalırsın."

"Hayır, hayır... Beyza'yı küçümsemiyorum. Doğum günü partime onu da davet edeceğim. Selçuk'la ilgili ne karın ağrısı varmış anlatsın bakalım."

"Bu bir düelloysa eğer hiç tasvip etmiyorum. Yaptığın hiç hoş değil... Enerjin her ne kadar yüksek görünse de olumsuz. Unutma, kendinden başka kimseyi kontrol edemezsin. Başka bir ruh üzerinde tasarrufun olamaz. Kimseye bir şey yaptıramazsın. Başkalarından faydalanmak, onları kullanmak, senden eksiltir. Rekabet, kavga, çekişme, dedikodu bütün enerjinin dışarıya akmasıdır. Sen şu an tamamen enerji kaybediyorsun. Dışarıya odaklısın. Biraz önce dediğim gibi, ruhunun bu telaştan kurtulmaya ihtiyacı var."

"Anlıyorum seni, doğru söylüyorsun tamam... Dışarıya falan odaklı değilim ben. Gayet iyi niyetle doğum günü partime davet etmek istiyorum Beyza'yı. Ayrıca seni davet etmeme gerek yok değil mi? Haftaya ne gün olduğunu unutmamışsındır sen... Ama programın ne olduğunu bilmiyorum. O konuda arayıp bilgi veririm sana. Kübra yemek ve eğlence için o gece uygun olan mekânları belirleyip rezervasyon yaptıracaktı. Netleştiğinde konuşuruz yine..."

Canan, duygularının fazla deşifre olduğunu hissediyor, daha fazla çözülmek istemediğinden bundan sonra ne yapması gerektiği konusunda konuşmaya devam etmek istemiyordu. Konuştukça rahatlamış ancak atacağı adımlarla ilgili yönlendirilmekten hoşlanmamıştı. Doğru ya da yanlışlardan çok kafasına koyduğunu yapmakta, burnunun dikine gitmekte ısrarcıydı. Gözlerini Canan'dan ayırmadan onun her halini dikkatle izleyen Nuray, arkadaşının artık bütün kaidelere kulaklarını tıkadığını, kendi bildiğinin peşinden gitmekte inat ettiğini fark edince onun bu deneyimden hasarsız kurtulamayacağını düşündü. Bu yüzden de artık Canan'ı daha yakından izlemesi gerekecekti. Canan, akıllı ve güçlü bir kadın olmasına rağmen belli ki iradesinin kontrolünü yitirmiş, yapması gerekenlerin farkında olduğu halde bunları uygulamakta zayıf düşmüştü.

İnsanların iradelerinin felce uğradığı ve mantıklarının devre dışı kaldığı bu şuursuzluk dönemlerini yönetmek konusunda oldukça tecrübeli olan Nuray, arkadaşının ve Selçuk'un yıldız haritalarını da çıkardıktan sonra onların ilişkilerini gözlemlemeye devam edecekti. Canan'ı konuşturmak için daha fazla zorlamamaya karar verdi.

"Tamam o zaman... Haftaya saat kaçta ve nerede olacağımızdan haberdar edersiniz artık beni. Ben de bu arada senin yıldız haritanı çıkarmış olurum. Ayrıca Selçuk'un doğum tarihi ve doğum yeri bilgilerini de istiyorum. Nasıl yaparsan yap ama bu bilgileri mutlaka öğren. Özel hayatınla ya da işle ilgili önemli kararlar almadan önce beni mutlaka ara. İş konusunda da şu senin hep sözünü ettiğin Cengiz'le ortaklıktan bahsediyordun ya. İşte onun için de acele etme. Var olan düzeni devam ettirmeye çalış, kimseyle şimdilik yeni bir yola çıkma. Anlaştık mı?"

Kabahat işlerken yakalanan küçük kız çocukları gibi yüzü sararan Canan, gözlerindeki muzipliği ve suçluluğu gizleyemedi. Nuray onu yine kıskıvrak yakalamıştı. Bunu itiraf etmeden çıkıp gidemeyecekti.

"Aslında Nuray... Bir şey daha söylemem gerekiyordu benim sana... Ee... Nasıl söylesem ki? Bilemedim."

"Söyle arkadaşım söyle... Tahmin ediyorum. Öyle bir süreçten geçiyorsun ki dizginleyemediğin heyecanın ve telaşın sana hata yaptırmaya çok müsait. İşle ilgili kafanda birtakım değişiklikler yapmayı mı düşünüyordun? Cengiz'le ortaklık projeniz yakın zamanlarda mıydı?"

"Hayır söylemek istediğim şey Cengiz'le ilgili değil. Aslında onunla da yakın zamanda ortaklık sözleşmemizi imzalayacaktık ama Cengiz, konuyu bir süre için ötelemeye karar verdi."

"İsabet olmuş..."

"Beni asıl düşündüren şey Selçuk'la kuracağım ortaklık!"

"Sen neler söylüyorsun Canan? Ne demek bu şimdi? Birbirinize ne kadar yakınlaşmış olursanız olun, hiç tanımadığın bir adamla işbirliği yapamazsın. Yanındaki Cengiz'e bile güvenmen yıllar sürdü. Bir iki aydır öpüşüp koklaştığın adamla ortaklık sana da riskli gelmiyor mu? Üstelik o kadar yanlış bir zamanda iş konusunu gündeme getiriyorsun ki hayal kırıklığına uğraman an meselesi. Bütün gökyüzü, evren, yıldızlar sana 'hayır' diye bağırıyor. Ortaklıklar için uygun bir zaman değil. Sakın acele etme. Cengiz'e rağmen Selçuk'u şirkete ortak olarak alma fikrinin yanlışlığını yıldızlar kadar kalbin de sana söylüyor olmalı Canan, sen sezgilerinden bu kadar mı uzak kaldın?"

"Kızma, anlatacağım sana... Başka bir konu var. Tabii ki kendi şirketime Selçuk'u ortak olarak alacak değilim. Onun İstanbul'a daha sık gelmesi ve buraya sorunsuzca yerleşebilmesi için birtakım işler yapması gerekiyor. İş bağlantıları olduğunda hem daha çok görüşmeye başlayacağız hem de buradaki yeni hayatımızı kimseyi rahatsız etmeden düzenliyor olacağız. Ortaklık teklifi Selçuk'tan geldi. Onunla başka bir iş yapabilirim. Bunun ne olduğunu henüz bilmiyorum ama hızlıca karar vermem gerekiyor çünkü ben ne kadar uzun boylu düşünmeye başlarsam aramızdaki mesafe de giderek açılacak. Ayda bir kez görüşerek ilişkimizi sürdüremeyiz. Buna ikimiz de dayanamayız ayrıca uzak kalırsak geleceğimizi de planlayamayız. Nuray ne olursa olsun Selçuk'la yeni bir iş imkânı yaratmam gerekiyor. Onunla ortaklık kurduğum bir iş olmak zorunda."

"Beni gerçekten çok endişelendiriyorsun. Bu adamın sana yakın olmak için aklına gelen ilk fikir iş ortağı olmanız mı? Seni seven ve sürekli görmek isteyen bir adamın başka hiçbir bahaneye ihtiyacı olamaz. Hiçbir neden ve gerekçe göstermeden uçağa atlar ve yanına gelir. Hepsi bu kadar. Ortak bir gelecekten söz etmek için iş ortağı olmayı düşünmek senin gibi ünlü ve başarılı bir işkadınına düşündürücü gelmiyor mu? Canan, senin bu iradesizliğin gerçekten çok can sıkıcı bir hal almaya başladı. Sana sadece önemli kararlar ve iş ortaklığı için doğru zamanda olmadığını söylüyorum o kadar. Benden habersiz hiçbir şey yapmaya kalkma. Küçük çocuklar gibi düşüncesizce hareket etme. Neyi göze aldığının farkında ol. Hayatı sürprizleriyle kucaklamak güzeldir ama sürprizler konusunda ısrarcı olmak uyumu bozar."

"Bu teklif bana da sıcak gelmedi. Doğrusunu söylemek gerekirse ne Selçuk'la, ne de başka biriyle farklı bir alanda yeni bir iş kurma düşüncem var. Heyecanım da yok, hevesim de. Mimarlık şirketimde zaten yeterince yoğunum ve oldukça da iyi bir şirketiz. İşlerimiz de yolunda. Ama Selçuk'un bu önerisini duymazlıktan gelemiyorum çünkü ilişkimizin sürekliliği onun İstanbul'a gelmesine bağlı..."

"Sen aslında 'hayır' demek istiyorsun değil mi? Yarım kalan sevişmelerinize 'hayır' demek istiyorsun. Bu tür bir ilişkiyi kabul etmiyorsun ama reddedemediğin için kabullenme yoluna gidiyorsun. İlişkinizin sürekliliğinin de sana bağlı olmasını kabul etmiyorsun. Selçuk'un sorumluluğu omuzlarına yüklemesine de 'hayır' demek istiyorsun ama diyemediğin için aklına yatmayan işleri gündemine alıp oldurmaya çalışıyorsun. Bu ortaklığı istemiyorsun. Ona 'hayır' diyemediğin için bu işi yapmak zorunda hissediyorsun kendini değil mi?"

Nihayet beynindeki tümörü kabullenen ölümcül bir hasta gibi olduğu yere çöküp metanetle doktorunu dinlemeye başladı Canan... İçindeki habis hastalık kendini ele vermişti artık... Bundan sonra itiraz edip olanı reddetmeye kalkışmak iyileşmeyi daha çok geciktirecekti. Teslim olmaktan başka çaresi kalmamıştı. Ya sayılı günlerine razı olacak ya da ruhunu kuşatan bu marazdan kurtulacaktı. Devasını Nuray'ın gözlerinde ararcasına umutla sordu:

"Ben neden bu adama 'hayır' diyemiyorum Nuray? Söylediğin her şey doğru. Yarım yamalak saçma sevişmeleri istemiyorum, ortak olmak istemiyorum... Bu ilişkiyi sürdürmek isteyen ve mücadele eden tek kişi de olmak istemiyorum. Yanıma gelmek için bana yaptırımlar koymasını kabul edemiyorum. Kendi bahanelerini kendisi yaratıp koşsun gelsin yanıma. Ayrıca karısıyla yatıp kalktığı otelin parasını da ben ödemek istemiyorum. Bütün bunları hoş görmek de istemiyorum."

"Bu adama karşı kendini ifade edemediğinin, kendin gibi olamadığının farkında mısın şimdi? Olmadığın bir insan gibi davrandığını, sana ait olmayan duygu ve düşünceleri benimsediğini görüyorsun... Bu adamın karşısındaki kadın gerçek sen değil. İnsan ilişkilerinin kaderini belirleyen tek güç, 'hayır' diyebilmektir. Senin, gerçek sen gibi olmanı engelleyen her şeye 'hayır' demeyi başardığında yaşadığın ilişki de anlamlı ve sağlıklı olur."

"Selçuk'a bu konularda 'hayır' dersem onu kaybetmekten korkuyorum Nuray."

"İşte mutsuz ilişkilerin temelleri bu korkularla atılır. Aşk ilişkilerinde korku yoktur. Birini diğerine uydurmak çabası yoktur. Biat ederek mutlu olmak, köleler için bile söz konusu değildir. Unutma 'hayır' demek hayırlardan gelir... Hayırlı işlerin, hayırlı yarınların, hayırlı ilişkilerin ve hayatın düsturudur. 'Hayır' diyebilmek, hayırlara açılan kapıları aralamaktır... Sevdiğin insanları kırmamak için istemediğin şeyleri yapmak zorunda kalmak, gitmek istemediğin yere gitmek, kabul etmediğin şeylere razı olmak, kalbinin onaylamadığı olaylara göz yummak, kaybetmek korkusuyla itaatkâr olmak insana benliğini ve öz saygısını kaybettirir. 'Hayır' diyemediği için beden dokunulmazlığının ihlaline bile göz yuman insanlardan ne farkın var senin şimdi?.. Sevdiğini kaybetmekten korkmak ve bu uğurda her şeyi göze almak erdem değildir. Sevmediği halde sadece çıkarlarına uygun olduğu için zengin insanlarla ilişki kurmak, düzen bozulmasın diye saygısız bir evliliği sürdürmeye devam etmek, çok yakışıklı ya da çok güzel diye birileriyle sevgili olmak; mesleğine, parasına, tipine ve şartlarına göre eş seçmek ne kadar duygusuzca ve acımasızca işlerse, emin ol kaybetmekten korktuğu için 'hayır' diyememek ve kalbinin onaylamadığı şeylere razı olup susmak da bir o kadar yanlıştır. 'Hayır' diyemeyen insan öz saygısından vazgeçmiştir. Kendine saygı duymayan birine kimin âşık olup da hayat boyu ona sevgiyle ve saygıyla bağlı kalması beklenebilir?

İhanete, dayağa, küfre, aşağılanmaya ve otoriteye itiraz etmemek, evrensel bir kaideyi ihlal ettiğinden ilişkinin de kimyasını bozar. Her ne sebeple olursa olsun ruhunun ve bedeninin kabul etmediği bir şeye 'hayır' dememek, öz saygı yasasını çiğnemek olduğu için ilişkinin de yara almasına neden olur. Taraflardan biri bu kuralı ihlal ediyorsa emin ol, aralarındaki aşk artık ölmüştür. Her şeye rağmen bir arada kalmaya, ilişkilerini ve evliliklerini sürdürmeye devam etseler de o çiftlerin arasında aşk olması mümkün değildir.

'Hayır' diyerek birini kırmak ya da incitmek söz konusu bile olamaz. Kırılmak istemeyen bir insanı, her ne söylersen söyle kıramazsın. Kırılmak kişinin kendi tercihidir. Senin yorumunla, cevabınla ya da kararlarına ilgili değildir. Bir şeyi yapmak istemediğinde ve bunu açıkça karşı tarafa ifade ettiğinde o eğer sana küsmeyi tercih ediyorsa bu onun kişisel kararıdır. Kararına saygı duyup küsmemeyi de seçebilirdi pekâlâ.

Bütün insan ilişkilerini 'hayır'lar ve bu 'hayır'lara karşı

duyulan anlayış ve saygılar yönetir. Bunun dışındaki ilişki şekilleri eksik, sakat ve sahtedir. Mutlu ve güçlü birlikteliklerde herkes bir diğerinin öz saygısına hak verir.

Sen istemediğin şeylere razı olmayıp 'hayır' dediğinde ve bunu doğru ifade ettiğinde karşı taraf sana küsüp gidiyorsa, ilişkiniz bitiyorsa emin ol hayırlı bir bitiştir. 'Hayır' demekle sonlanan her şey hayırlıdır... Bu iş hayatında da, insan ilişkilerinde de değişmez bir kuraldır. İşinde gördüğün haksızlığa ya da herhangi bir olumsuzluğa 'hayır' diyebiliyorsan, kendini doğru ifade edebiliyorsan uzun vadede kaybetmen mümkün değildir.

Unutma, razı olduğun her şeyin ağır bir bedeli vardır ve er geç ödemek zorunda kalacaksındır. Kendin olmaktan korkma. Önemli olan onun gerçek seni kabullenmesi ve koşulsuzca sevebilmesidir. Olmadığın biri gibi davranarak onu bir rüyaya âşık edersin. Sonsuza dek süren bir rüya yoktur. Uyandığında sana saygı duymayacaktır çünkü sen öz saygı kaidesini ihlal ettiğin için evren bu davranışının karşılığını sana sunacaktır. Kendin olmanın bedeli, yalan olmaktan daha ağır değil. 'Hayır' diyemeyen her insan uzun vadede kaybetmeye mahkûmdur. Şimdi evine git ve kim olduğunu düşün. Aşk olmak da, yalan olmak da senin seçimin. İçindeki güçten ne uğruna vazgeçtiğini hesapla... 'Hayır'la gelenler de, gidenler de hayırlıdır. Bu akışa güvenir, teslim olursan evren seni yanıltmayacaktır..."

Nuray'ın bu söylediklerinden sonra yapması gerekenler hakkında çok daha güçlü fikirler edinmişti Canan. Karşısına çıkan bu rehberliği doğru değerlendirmediği takdirde hata yapacağının farkındaydı...

Nuray'la vedalaşırken ona sımsıkı sarılıp öptü. Bu kadının dostluğuna sahip olduğu ve bilgisine kolayca ulaşabildiği için şanslı hissetti kendini. Evine döndüğünde sakin ve dingindi. Daha kendinden emin ve bundan sonra yaşayacakları konusunda artık daha farkındalık sahibiydi. Nuray'ın bahsettiği içindeki o telaş duygusun giderek yatıştığını düşündü.

Ayhan salonda televizyonun karşısına geçmiş, büyük ihtimalle ne seyrettiğinin bile farkında değildi. Öyle dalgın ve düşünceliydi ki Canan'ın salona küçük bir bakış atıp "İyi geceler" dediğini dahi duymadı. Fark edilmek konusunda ısrarcı davranmayan Canan, sessiz adımlarla Doğan'ın odasına süzüldü. Orçun da ağabeyinin yanına gelmiş, birlikte çok sevdikleri *The Mentalist* dizisinin yeni sezon bölümlerini izliyorlardı bilgisayarda. Annelerinin bu sürpriz ziyareti karşısında hem şaşkın hem de memnunlardı. Orçun'un ilgisi annesine yönelmiş olsa da aklı dizide kaldığından gözünü bilgisayardan ayıramayarak konuştu:

"Anne sen de yanıma uzan, birlikte seyredelim. Bak çok heyecanlı. Şimdi sana olan biteni kısaca anlatacağım, anında bağımlısı olacaksın. Hadi gel..."

Canan bu içten ve coşkulu daveti kıramayarak küçük oğlunun ayak ucundan yatağa tırmandı. Doğan ve Orçun'un arasındaki küçük boşluğa sığışmayı başarıp oğullarının ne izlediğini anlamaya çalıştı. Fakat dizide olan bitenden çok, evinin ve oğullarının gündemini merak ediyordu:

"Neler yapıyorsunuz bakalım evlatlar? Kaç gündür güzel yüzünüzü göremedim. Her şey yolunda mı bakayım?"

Doğan'ın dudaklarında incecik bir tebessüm oturuyor olsa da yüzünde dolanan hüznün farkına varmamak imkânsızdı. Annesinin ilgisinden hoşnutsa da, cevap vermek yerine onu izlemeyi seçmişti. Orçun başını, Canan'ın karnının üzerine koyup diziden de bakışlarını kaldırmadan, muzip ve alaycı bir sesle yanıtladı bu soruyu:

"Ne yapacağız ki anne. Sabah okula gidiyoruz akşam da ders çalışıp yatmadan dizi izliyoruz işte. Nasıl bir gelişme bekliyorsun ki. Bizim hayatımızdaki tek değişim dizilerin sezon finallerinde yaşanıyor maalesef. Bitenin yerine yenisini izliyoruz o kadar."

"Bence çok heyecanlı bir hayat... Okulda ve yeni servisinde problem yok değil mi? O olaydan sonra arayıp rahatsız eden birileri var mı?"

"Babamın hışmı karşısında kim durabilir? Şoförün beni aradığını savcılığa şikâyet edince neye uğradıklarını şaşırdılar. İfadeye falan da çağırılmışlar. Adam şikâyetten vazgeçelim diye babamın şirketine kadar gitmiş. Ağlamış oralarda. Bizim merhametli peder de geri almış şikâyeti ama adamın kulağını da iyice çekmiş. Onlar memleketlerine göç etmiş bile olabilirler."

Orçun'un bu tatlı, şakacı anlatımına kayıtsız kalamayan Doğan, annesiyle birlikte gülmeye başladı. Kardeşinin koluna hafifçe vurarak "Senin de şu her şeyi abartma huyun yok mu? Hep bu dizilerden oluyor işte. Olaylara yaklaşımın bile gerçeküstü..." dedi.

"Nedenmiş?.. Hiç de abartmıyorum. Çok korktular işte. O zaman neden gitsinler babamın şirketine kadar. Bunca zaman arayan da olmadı hiç. Belli ki İstanbul'u terk ettiler..."

Canan oğlunun yanaklarını sevgiyle sıkıp, "Hadi canım... Sen önüne bak dizini seyret. Koptun sen yine..." dedi.

Oğullarının bu keyifli ve eğlenceli hallerini izlemek onu rahatlatmıştı. Buna rağmen salondaki televizyonun karşısında göremediği uzakları seyre dalan, ıssız bir dağ gibi yalnız ve yorgun bulduğu Ayhan'ın durumuna içerlemişti. Canan, babalarının son zamanlardaki yılgın hali hakkında oğullarının ne düşündüğünü merak ediyordu:

"Babanızı neden yalnız bıraktınız bu akşam. Diziyi içerde hep birlikte izleseydiniz ya?"

Orçun'un neşesi havada asılı kalıp buz kesti bir anda. Annesini hiç duymamış gibi diziyi dikkatle izlemeye daldı. Doğan'ınsa bu konu hakkında ne zamandır konuşmak istediği her halinden belliydi:

"Babamın durumu çok iç açıcı değil anne. Şirket iflasını vermiş. Babam iki gündür evden bile çıkmıyor. Biz ne sorsak sanki hiç sorun yokmuş gibi gülümseyerek geçiştiriyor. Bundan sonra ne yapmak istediğiyle ilgili hiçbir şey anlatmıyor. Yardımcı olmak istediğimi söyledim bir defasında. Gözleri dolunca artık işle ilgili tek bir soru bile sormamaya yemin ettim. Altı üstü işten ayrıldı diye ağlayacak bir adam değil o. Yeniden iş bulabilir ya da isterse yeni bir şirket bile kurabilir. Maddi olarak bizim kötü etkileneceğimizi düşünüyor olabilir. Okul aidatları, ev giderleri, harcamalar konusunda bize de görev düşecek olmasından dolayı kederleniyor olabilir. Ama konuşmuyor. Bizimle hiçbir şeyini paylaşmazsa ona nasıl yardım edebiliriz ki?"

"Doğancığım... Baban zor bir süreçten geçiyor ama bütün bunları aşabilecek bir adam o. Dediğin gibi dilerse yeni bir iş bile kurabilir, iyi bir şirkette yine yönetici olarak da çalışabilir. Hem sen gelir gider konusunu çok fazla kafana takma. İkinizin de bu konuda üzülmesini istemiyorum. Ben varım. Çalışıyorum. Üstelik işlerim de iyi. Sizin hayatınızda hiçbir şey değişmeyecek. Bunları düşünmeyin çocuklar. Siz okulunuzla, derslerinizle ilgilenin."

"Sen de babamı yalnız bıraktın anne. Kaç gündür eve de geç geliyorsun. Bir iki kez salonda uyurken gördüm seni. Belli ki babamla karşılaşmak istemiyorsun. Konuşmak istemiyorsun. Aranızda bir sorun olduğu belli. Ben babamın tek üzüntüsünün iş olduğunu düşünmüyorum."

Doğan'ın açıksözlülüğü ve içinde biriktirdiği bunca hüznü yumuşacık ama kendinden emin oturaklı konuşmasıyla anlatırken buğulanan gözleri Canan'ın kalbine saplanıp sızlattı içini...

Kederli ve sorunlu ağır mevzuların kasvetinden oldum olası hoşlanmayan Orçun, gözünü ayıramadığı diziyi kapatıp çok yorgun olduğunu ve artık uyumak istediğini söyleyerek kaçarcasına çıkıp gitti odadan. Burada konuşulanların zerresini duymak istemediğinden, çıkarken kapıyı da kapattı.

Canan, oğullarının neşesini kaçıran ve onların tertemiz kalplerini karanlığıyla kuşatan huzursuzluk sisinin sorumlularındandı. Bunu ne kadar inkâr etse de yüreğinin bildiği gerçeği değiştirmeyi başaramayacaktı. Şimdi karşısına dikilen ve yaşadığı mutsuzluğun haklı hesabını annesine soran oğluna bir açıklama borçluydu. Ona ne söylemesi gerektiğini bilmediği gibi, yalanlar anlatmaya da hakkı yoktu. Hayatının hiçbir döneminde dürüst davranabilmek için bu kadar mücadele ettiği olmamıştı. Açık ve yalansız olabilmek için kendisine direnir hale gelmişti. Sesindeki metaneti korumaya çalışarak, oğluna güven vermek istedi:

"Babanla ben çok eski arkadaşız Doğan... Yirmi yıllık yoldaşlığımız, hayat arkadaşlığımız var. Bu o kadar uzun bir süre ki bütün mevsimleri görüp yaşadık biz birlikte. Bazen yaz oldu, bahar oldu... Bazen de yapraklar döküldü, fırtınalar koptu, soğudu... Tamam kabul ediyorum. Şu sıralar babanla benim için bahar mevsimi değil belki ama sen ve kardeşin bizim ömürlük baharımızsınız... Her ne olursa olsun, bizim için değişmeyecek olan tek şey budur. Biz babanla bundan sonraki hayatımızı yeniden şekillendirebiliriz. Ne yaparız, nasıl yaparız inan ben de henüz bilmiyorum. Ama şu bir gerçek ki, benim babanızla yoldaşlığım da, sana ve kardeşine duyduğum aşk da ebedidir."

"Babama çok haksızlık ettin anne. İşleri kötü gidiyor, düzenimiz bozuluyor diye ona sırtını döndün. Bunu uzun süre bizden gizlediği için de kızgınsın babama. Adam işini ve güvenini kaybettiği gibi seni de kaybetti. Ona destek olmak yerine, derdini anlayıp yardım edeceğine güçten düşmüş boksör gibi ring dışına attın adamı. Şimdi sadece ailesinin sorumluluğunu taşıyamadığı için değil, karısı ona sırt çevirdiği için de üzgün. Yoldaşlıkta yarı yolda bırakmak var mı? Senin şirketin batsaydı, iflas etseydin, işsiz, güçsüz, parasız kalsaydın, babam sana böyle davranmazdı. Kollarını açar, sen üzülme diye elinden geleni yapardı. Sana ne diyeyim bilemiyorum ama kızgınım anne... Babamı yalnız bıraktığın için gerçekten kızıyorum. Aklında ne var bilmek istiyorum. Babama karşı bu uzaklığının sebebi onun işsiz kalması mı?"

"Doğan tabii ki böyle bir şey yok. Babanın işleri kötü gidiyor diye ondan uzaklaşacak değilim. Biz evlendiğimiz zaman bu kadar rahat şartlar altında yaşamıyorduk ki. Babanla ikimiz her şeyi adım adım başardık. Çalıştık. İkimiz de evimiz ve çocuklarımız için harcadık kazandıklarımızı. Üstelik o kadar çok maddi sıkıntılar yaşadığımız günler oldu ki, bazen sıfırdan başlamak zorunda kaldık. Buna rağmen hep beraberdik. Bizim için her şey her zaman hep yolundaydı. Ayrıca biz bugün sıkıntı içinde falan da değiliz. Ortada sıkıntı bile yokken babana karşı neden tavır alayım? Ben onu yalnız bırakmış değilim. Evet aramızda şimdilik havada asılı duran bir anlaşmazlık var ama bunun babanın işiyle gücüyle hiç ilgisi yok."

"O halde başka bir şey var?"

"Evet başka bir şey var ve biz bu konuyu babanla kendi aramızda halledelim izin verirsen. Senin kafana takacağın bir şey yok Doğan. Hadi artık yat uyu. Geç oldu. Yarın sabah dersin yok mu senin?"

"Var..."

"Tamam... İyi geceler o zaman."

Canan, oğlunu yanağından öpüp ona bütün şefkatiyle sarıldı. Yataktan kalkıp Doğan'ın başını yastığına koymasını bekledi. Kafasının ağırlığını taşıyamaz gibi yastığına kapaklanan oğlunun saçlarını okşayıp üzerini örttü. Kapıyı aralayıp ışığı söndürmek üzereydi ki, Doğan'ın sorusuyla bastığı yere çakılıp kaldı.

"O adam kim anne?"

İşte bunu hiç beklemiyordu Canan... Tam yatak odasına gidip Selçuk'a önemli bir konu hakkında konuşmak istediğini belirten bir mesaj yazacak, kalbinin 'hayır' dediği detaylar hakkında net ve güçlü tavrını ortaya koyacaktı ki Doğan, bütün yeni kararlarını ve duygularını altüst etti annesinin.

Oğlunun kimden bahsettiği hakkında hiç bir fikri yoktu Canan'ın... Ama eğer Selçuk'u soruyorsa ona verecek tek bir yanıt dahi bulamazdı içinde. Gafil avlanmış, kötü yakalanmıştı... Evde karısıyla misafir olarak gördüğü bir adamla annesi arasında duygusal bağlantı kurup babasının sezgileri kadar güçlü tespitler yapamazdı Doğan...

Arkasını dönüp oğlunun şahin gibi sert ve keskin bakışlarıyla karşılaştığında soruyu işitmemişçesine rahat ve doğal konuşmaya gayret etti:

"Işığı söndüreyim mi oğlum?"

"Sana bir şey sordum anne."

"Duymadım canım. Ne sordun? Işığı mı kapatayım?"

"O adam kim?"

Yok artık! Bu kadar yüksek sesli ve keskin ifadeli bir soruyu duymazlıktan geliyormuş gibi yapmaya devam edemeyecekti. Doğan'ın sorusunu kabul edip yanıt vermesi gerekiyordu. Fakat Ayhan'la bile yüzleşemediği bir konuyu oğluna nasıl izah edebilirdi? Cendereye sıkışmış, nefes alamaz hale gelmişti. Bocaladığının fark edilmesini istemiyordu. Doğan, telaşını sezerse çocuklarının güvenini ve sevgisini kaybederdi. Selçuk'la olan ilişkisini daha geçerli ve kabul edilebilir koşullar altında oğullarına izah etmesi, karşılığında da saygı ve anlayış beklemesi gerekirdi. Şu an bu açıklamanın ne yeri ne de doğru zamanıydı.

En iyisi soruyu ciddiye almıyormuş numarası yapmak ve yumuşak bir geçişle konuyu kapatmaktı. Canan'ın şimdilik başka bir çaresi yokmuş gibi görünüyordu. Rahatlığı ve özgüveniyle oğlunu ikna etmeye çalışarak konuştu:

"Sarı çizmeli Mehmet Ağa... Hangi adam, kim oğlum? Benim hayatımda adamdan bol ne var? Kendimden başka kadın tanımıyorum neredeyse... Gece gece şimdi hangi adamı düşüneyim?"

"Ofise sepetler dolusu kırmızı güller yollayan adam..."

Belli ki Doğan'a ulaşan bu bilgilerin merkezi mimarlık şirketiydi... Ona bilgi sızdıran hain eleman her kimse, oldukça acımasız ve kötü niyetli davranmıştı. Patronun özel işleri hakkında oğluyla dedikodu yapabilmeye kim cüret edebilir diye düşündü Canan... Hissedar namzedi olan Cengiz'i bile listesine alıp şirkette çalışan herkesin yüzünü bir bir gözlerinin önünden geçirerek ifade aldı. Aslında kendi elemanları içinde böylesi bir ihanete zaaf gösterecek hiç kimse yoktu. Hepsi gayet düzgün, kaliteli, ahlaklı, mesafeli ve profesyonel insanlardı. Doğan'ın güllerden haberdar olabilmesi için bizzat şirkete gelmesi gerekirdi. Buna rağmen şirket yöneticilerinden annesine sayısız hediyeler ve çiçekler yollanmasına gayet alışkın olan Doğan'ın durup dururken şirketteki çiçeklerden özel anlamlar çıkararak rahatsızlık duyması mümkün değildi. Bu işin içinde başka bir iş vardı ama ne? Canan bu sorunun yanıtını bulmadan, Doğan'la nasıl konuşması gerektiğine karar veremezdi. Şu an oğlunun neyi, nasıl bildiği çok önemliydi. Kısa süren ama gayet atik bir zihinsel yoklamadan sonra Canan, Doğan'a bilgi sızdıran kişinin kim olduğunu tahmin etti...

Tabii ki bu iş Merve'nin işiydi... Oğlunun kız arkadaşı birkaç gün önce şirkette staja başlamıştı. Anlaşılan staj yapmaktan çok Doğan'a muhbirlik yaparak vakit geçirmeyi tercih ediyordu. Canan'ın bu densiz stajyer için acil önlem alması gerekecekti. Onun kulağını ya sağlamca çekmeliydi ya da bir an evvel staj belgesini imzalayıp şirketten postalamalıydı.

Yeniyetme bir stajyerin, patronun odasına girip çiçek sepetlerini ve ortalığı kurcalamasına herkesin göz yumduğu da aşikârdı. Elemanlar patronun müstakbel gelinini kızdırmamak için ona fazla tolerans göstermişlerdi anlaşılan. Odalara rahatça girip çıkıp gönlünün dilediği gibi dolaşmasına ve ortalığı kurcalamasına ses çıkarmamışlardı. Bu durumda ofiste kulağı çekilecek çok insan vardı. İşgüzar velet, kim bilir daha neleri karıştırmış olabilirdi? Sepete iliştirilen mektupları da açıp okuduysa eğer, şu an Doğan'a her şeyi anlatmak zorunda kalacaktı.

Ama hayır! O zarfların üzerinde kalp baskılı eritme mühürler vardı. Mum mühürleri yırtıp açtıktan sonra tekrar eriterek kalp baskısıyla kapatması imkânsızdı. Sakin olup Doğan'ı kırmadan ve herhangi bir kuşkuya meydan vermeden onun bu sorusunu yanıtlamalıydı. Panik yapmasına gerek yoktu. Soğukkanlılık, insanın hem zırhı, hem de silahıydı...

"Şirketteki gülleri mi soruyorsun? İyi de onlar Ankara'dan bir müşterimden geldi. Hem senin niye bu kadar ilgini çekti onu anlamadım. Bana ilk defa mı çiçek geliyor?"

"Bir ay boyunca her sabah hangi proje için güllerle teşekkür ediyorlar sana?"

"Sonunda seni de kaybettik oğlum... O firmanın Ankara'da bir dolu konut inşaatı var. Adamlar şimdi İstanbul'a açılmayı planlıyorlar. Ben de işlerin yoğunluğu nedeniyle tekliflerini kabul etmiyorum. Adamları süründürüyorum. Onlar da beni ve şirketimi ikna etmek için en kibar yolu seçerek her sabah çiçek yolluyorlar. Masama çek yollasalardı kıyameti koparacağımı herkes iyi bilir bu piyasada. Akıllarınca kibarlık ediyorlar işte. Israrlı ve istikrarlı davranarak da şirketime güven aşılamaya çalışıyorlar sözde... Öf Doğan be! Sıkıldım ben bu açıklamadan. İyice saçma sapan şeyler konuşur olduk. Ben yatıyorum artık. Sende kapa gözlerini uyu. Aptal saptal şeyler üretip durma. Hadi iyi geceler..."

Canan, konuyu güzel kontrol ettiğini ve çabuk kapattığını düşünüp yatak odasına gitti. Oğlunu ikna edip edemediğini bilmiyordu ama şimdilik elindeki verileri çürüttüğü de bir gerçekti. Merve'nin işini de nasılsa yarın sabah hallederdi.

Kıyafetlerini çıkarıp geceliğini giyerek yatağa girdiğinde, salondaki televizyonun hâlâ açık olduğunu fark etti. Ayhan'ın bu gece yatağa dönmeye niyeti yok gibiydi. Koltukta sızıp kalmadıysa muhtemelen boşluğa bakmaya devam ediyordu. Canan, kocasının yanına gidip onu içinde bocaladığı girdaptan çekip çıkarmayı ve yıllardır birlikte uyudukları sıcak yataklarında ona sarılarak uyumayı düşündüyse de bu fikrinden vazgeçti. Selçuk'a söz vermişti bir kere... Artık kocasına dokunmayacaktı... Hem Ayhan'a yeni umutlar vaat etmek de istemiyordu. Bu ona karşı çok daha büyük bir haksızlık olurdu.

Canan, yatağın sol tarafına uzanıp üzerini örttü. Gün boyu Nuray'la yaptıkları konuşmaları düşündü. Söyledikleri doğruydu. Canan'ın ruhu telaş içindeydi. Fazla coşkulu ve tez canlıydı şu sıralar. Hata yapmaya meyilli, büyük kararlar almaya hevesliydi. Selçuk'la konuşması gerektiğini biliyordu. Yapmak istemediği hiçbir şeye razı olmamalıydı. Selçuk'un, otel hesabını ödemeden Ankara'ya döndüğü günden beri iş ortaklığı konusunu düşünüp durmuş ama içinden çıkamamıştı. En azından şimdi bu işbirliğinin doğru olmadığını biliyor ve bunu kendisine de itiraf edebiliyordu. Selçuk, eğer Canan için İstanbul'a gelip yerleşmek istiyorsa kendi sebeplerini kendisi hazırlamalı ve organize etmeliydi. Kavuşmak uğruna Canan'ı istemediği şeylere mecbur bırakmamalıydı.

Canan, yatağından aşağı sarkarak yerde duran çantasına uzandı ve cep telefonunu alıp kurcalamaya başladı. Selçuk gece boyunca üç kez aramıştı.

Rahat konuşamayacakları için Selçuk'u geç saatlerde ailesinin yanından aramak istemeyen Canan, mesaj yazıp yolladı:

"Aradığını duymamışım sevgilim... Sesini duymak isterdim. İstanbul'a geldiğinde konuşmamız gereken şeyler var. O yüzden haftaya mutlaka gelmeye çalış. Seni çok özledim. İyi geceler..."

Çok geçmeden Selçuk'un romantik mesajlarından biri geldi:

"Yanından ayrılalı yıl olmuş gibi sevgilim... Bunca yıl sensiz soluk bile almamışım meğer. Karaya vurmuş balık gibi sensiz yüreğim... Susuzluğum, özlemim, yarınım benim. Kavuşmak umudu da olmasa inan çekilir gibi değil hasretin. Koynuna beni al bu gece. Kollarına, göğsüne beni sar. Bacaklarının arasına beni koy... Benden başkası sevip okşamasın seni. Benden başkası koklamasın saçlarını..."

İNSANIN DEĞERİ ARADIĞI ŞEYLE ÖLÇÜLÜR; NEYİ ARIYORSA, ONA LAYIKTIR ÇÜNKÜ...

Sabah uyandığında hissettiği çocuksu heyecanın sebebini anlamasa da duyduğu tatlı keyiften ve nedensiz neşeden dolayı şikâyet edecek değildi. Bu belki de gününün çok güzel geçeceği anlamına geliyordu. Nuray her zaman demez miydi, "Akışta kalmak, mucizelere hizmet etmek demektir..." diye. İşte şimdi tam da öyle yapacaktı... Kendisini günün akışına teslim edecek, olacak olanlara karışmayacaktı. Suyun yönüne müdahale etmeyecek, akıntıya karışıp gidecekti. Madem her doğan gün yeni bir hayata başlamaktı, o halde tüm varlığıyla ve sonsuz sevgiyle bugünkü yeni hayatını kucaklayıp kabullenecekti.

Mart ayının sert soğuğuna rağmen güneşin güçlü sarı sıcağı tam da Canan'ın yüzüne vuruyor ve yanaklarını ısıtıyordu. Yatağından süzülerek çıktığında bu olumlu duyguların sonsuz denizinde keyifle kulaç atar gibiydi. Ayhan yanında uyumadığına göre yine salonun duvarlarında ya da açık televizyonun karşısında gözlerini kırpmadan boşlukta asılıp kalmış olmalıydı. Bütün hafta boyunca kendisini eve kapamış, kimseyle tek kelime konuşmadan kuytu köşelerde derin düşüncelere dalmış, pencereden bile bakamdan günlerce hayalet gibi evin içinde dolanıp durmuştu. Selçuk'la olan ilişkisi hakkında oturup konuştukları o öğlen yemeğinden sonra kocasıyla arasında giderek yükselmeye başlayan buz dağlarının erimesi çok da kolay görünmüyordu. Ayhan'ın susmaya devam ettikçe sezgilerinin güç kazandığını düşünen Canan, kocasının artık çok daha fazla şey hissettiğine inanıyordu. Sanki hiç konuşmadıkları şeyler hakkında bile her şeyi biliyor, anlıyor, hatta saatler boyu boşluğa bakan kederli gözlerinin önünde Canan ve Selçuk arasında yaşanan her şeyi film gibi izliyordu. Belki de bu yüzden artık karısına hiçbir şey sormaz olmuştu. Soludukları havanın içinde konuşulan her şeyi duyuyor, söylenen bütün aşk sözlerini efkârlanarak dinliyor, onların tutkulu sevişmelerini kalbini tutarak izliyor, her defasında yarım kalan şehvetlerinin onları birbirine nasıl kenetleyerek bağladığına onuru ezilerek tanık oluyordu. Canan'ın yüreğinden geçen her şeyden haber olmalıydı ki artık hiçbir şeyi merak edip öğrenmek istemiyordu.

Belki Selçuk'un İstanbul'a yerleşmek amacıyla buradaki iş girişimlerinden bile haberdardı. Bu karısının bir süre sonra başka bir evde, başka bir adamla, yeni bir hayata başlayacağı anlamına geliyordu. Ayhan'ın bu yeni karara göstereceği tepki hakkında Canan'ın hiçbir fikri yoktu. Oysa kocasını herkesten çok iyi tanıdığını düşünür, onu gözlerine bakarak bile okuyabildiğini sanırdı. Öyle çok şey öğrenmişti ki Selçuk'u tanıyıp ona âşık olduktan sonra, kendisi hakkında bile ne kadar az şey bildiğini görmüş, ruhunda ve bedeninde tüm heyecanıyla süre giden bu aşk serüveni boyunca sayısız duygu ve düşünceler fethetmişti... Artık kendisi de dahil olmak üzere, doğurduğu çocuklarıyla bile ilk kez tanışıyor gibiydi. Orçun susarak içine kapanıp evde olan bitene karşı buz tutarken, Doğan'sa sezgilerinin gücüyle yüzleşiyordu. Annesiyle ilgili onun da kafası karışıktı ve hissettiği şeylerle ilgili haklı çıkmaktan yana korku içindeydi. Babasının derbeder haline çok içerliyor, annesine duyduğu büyük sevginin yanına şimdi kırgınlıklar ve hatırı sayılır kızgınlıklar koyuyordu.

Canan, hayatındaki erkeklerin ona karşı takındıkları tutumun ve dizginlemekte zorlandıkları hırçın duyguların farkındaydı. Fakat ne kendisinin yapacakları, ne de hayatındaki bu adamların giderek neye dönüşecekleri hakkında bir şey biliyordu...

Şu sıralar en sevdiği şey, Nuray'ın sözünü dinleyip akışa teslim olmaktı. Hiçbir şeyi ve kimseyi değiştirmek üzere hamle yapmayıp, var olana güvenle teslim olmayı seçiyordu. Tıpkı bu sabah yaptığı gibi...

Akşamüzeri Paper Moon'da maaile akşam yemeği yenecek, gece saatlerinde Cahide'de doğum günü pastası kesip eğlencenin keyfine varılacaktı. Bugün çok güzel görünmeliydi... Göz alıcı, baş döndürücü, nefes kesici olmaydı. Fakat bunun için uzun uğraşlar vermesi gerekmeyecekti çünkü zaten çok güzeldi... İçinde uçuşan kelebekler ve yüreğindeki çocuksu coşku gözlerinde parlıyor, güzelliğine güzellik katıyordu. Yataktan yeni çıktığı şu dağınık halini bile aynada gördüğünde gülümsedi. Selçuk'un ne kadar haklı olduğunu düşündü. "Gülümseyen bir yüz, asla çirkin görünemez" demişti...

Ebeveyn banyoda şarkılar mırıldanıp elini yüzünü yıkadıktan sonra komodinin üzerindeki cep telefonunu alıp Selçuk'un bugünkü aşk dolu, romantik sözlerini okumak istedi. Telefonunda ne yeni bir çağrı, ne de okunmamış bir mesaj vardı. Anlaşılan henüz "günaydın" mesajı yazmamıştı Selçuk... Bu saatte uyuyor da olamazdı. Sabah namazını kılmak için güne çok erken saatlerde başlardı. Hatta namazdan sonra yatağına geri dönüp uykuya devam edemediğini, bu yüzden de kahvaltı yapıp hemen işlerinin başına geçtiğini söylemişti bir defasında. Bu saatte uyanmamış olması mümkün değildi. Hasta değilse ya da başka bir sıkıntısı yoksa şimdiye dek çoktan Canan'a mesaj yazıp şiirlerle aşkını anlatmıştı... İlk defa bu sabah Selçuk'un sıcak ilgisinden mahrum kalıyordu Canan. Buna rağmen neşesi kaybolmadı. Bugün onun doğum günüydü ve her şey yolundaydı. Şahane bir gün yaşayacağından emindi. Bugünkü hayat akışının sürprizler ve hediyelerle dolu olduğunu biliyordu. Küçücük de olsa kalbine kuşku sızmasına izin veremezdi.

Yatak odasından çıktıktan sonra salona geçti... Ayhan burada olmadığına göre ya uyanmış banyoda duş alıyor olmalıydı ya da günler sonra nihayet dışarı çıkmaya karar vermişti... Hafta sonu geç saatlere kadar uyumayı tercih eden oğullarını rahatsız etmek istemeyen Canan, onlar uyanıncaya dek çay demleyip kahvaltı hazırlamak için mutfağa gitti.

İçeriden gelen tıkırtılardan mutfağın boş olmadığı belliydi. Kapıyı açar açmaz duyduğu sağır edici güçlü patlamayla sarsıldı. Yolunu kesen yoğun sis bulutuyla kuşatıldığından hiçbir şey göremez oldu. Daha sonra üzerine yağmur gibi yağan ışık halelerini fark etti. Bir anda şimşek gibi patlayan yüksek bağırış sesleriyle neye uğradığını şaşıran Canan, ilk şaşkınlığını atlattıktan sonra mutfakta yaşananları birer birer seçip görmeye başladı. Ayhan, Doğan ve Orçun partilerde kullanılan minik sis toplarını patlatıp, konfetileri havlandırmışlar avazları çıktığı kadar tribün marşı söyler gibi "Ya ya ya, şa şa şa, Canan Canan çok yaşa..." diyerek bağırıyorlardı...

Bu şok edici ama gayet iyi organize edilmiş tatlı kutlamadan çok etkilenen Canan da onlara aynı gürültüyle karşılık verip tezahürata katıldı. Çocuklar annelerine sarılıp doğum gününü kutladılar. Babalarının öncülüğünde erkenden uyanmışlar ve hep birlikte şahane bir kahvaltı hazırlayıp babalarının önceden Orçun'a sipariş ettiği bir yığın kutlama aksesuvarıyla mutfağı adeta gece kulübüne dönüştürmüşlerdi. Canan bu sürprizle çok duygulandı. Doğan'ı ve Orçun'u defalarca sarılıp öptü. Şimdiye dek Ayhan'a karşı hiç bu kadar hayranlık ve sıcaklık duymamıştı. Kocasını yanaklarından öpüp bu tatlı düşüncesi için ona teşekkür etti. Annesiyle babası arasındaki sevgi kıvılcımlarını ilgiyle takip eden Doğan, bu organizasyonun babasından başka kimseye mal edilmemesi için kendince çok önemli bir açıklamada bulundu:

"Her şey tamamen babamın fikri anne... Bu partinin tek mimarı babamdır. Biz sadece sabahki süslemelere katıldık o kadar. Babam uyandırmasa hâlâ pirelerle boğuşuyorduk."

İçinde duyduğu sevginin ve mutluluğun tebessümlerine yansıdığını fark etmeyen Canan, bu haliyle ailesini ne kadar sevindirdiğini bilmiyordu. Ayhan, Doğan ve Orçun, hayatların en kıymetli kadınından görmeyi çok özledikleri bu sevgi dolu, sıcacık yakınlıkla heyecanlandılar. Uçuşup, coşup gülüştüler... Uzun süren ayrılıklardan geri dönmüş, hasretle yanıp kavrulmuş gibiydi her biri...

Canan'ı kırmızı saten örtüler, beyaz inci ve yaldızlı süslerle taht gibi işlenmiş sandalyesine oturtup hizmet ettiler. Çayını doldurup, ekmeğine tereyağı ve bal sürdüler. Doğan, kırmızı saten peçeteyi özenle açıp annesinin boynuna bebek önlüğü takar gibi iliştirdikten sonra taze demlenmiş çayına iki tane tatlandırıcı atıp karıştırdı. Orçun, ballı ekmekleri annesinin ağzına uzatırken Ayhan ocak başında kalp şeklinde hazırladığı kreplerin üzerini vişne reçeliyle süslüyordu.

Uzun zamandır bu evde bu kadar kalabalık ve içten kahkahalar yükselmemişti. Canan her hücresinde soluduğu bu huzurun kendisi için ne kadar kıymetli olduğunu düşündü. Bu muzip adamları çok seviyordu. İyi ki hayatındaydılar ve iyi ki bu kadar sevgi doluydular... Hiç kimse şu yaşadığının da büyük ve gerçek bir aşk olduğunu inkâr edemezdi. Hiçbir sevgilinin aşkından daha küçük ve değersiz sayılamazdı. O halde insan aynı anda defalarca kez âşık olabilirdi. Her gün, hatta her an aşkla dolup taşabilirdi. Birini çok sevmek, diğerini daha az sevmek değildi.

Mutfak tezgâhının üzerinde çalan cep telefonu, Canan'ı bu yoğun aşk rüyasından sarsarak uyandırdı. Çocuklarının elleriyle hazırladığı tahtından kalkarak telefonuna uzanmak istediyse de Doğan centilmence annesini yerine oturtup tezgâhta duran cep telefonunu aldı. Kimin aradığını görünce yüzündeki sevinç hüzne boğuldu. Hiçbir şey söylemeden, telefonu annesine uzatıp yerine oturdu. Artık kraliçe için özel olarak hazırlanan sürpriz kahvaltının servisi bitmişti. Eğlence buraya kadardı. Coşkunun ortalık yerine yeni bir sis topu atılmış, göz gözü görmek istemez olmuştu. Doğan, kendi çayını yudumlarken, hiçbir şey hakkında konuşmasa da bir şeylerin akışı bozduğunu için için hisseden Orçun, kendi ekmeğine bal sürmekle meşguldü. Ayhan ocağın altını kapatmış, kalpli kreplerini masaya bırakıp Canan'ın tam karşısına yerleşerek oturmuştu. Tek bir an bile gözlerini kaldırıp karısının yüzüne bakmadı. Ne kadar geç olsa da artık Canan'ı anlamayı ve yüreğinin sesini duymayı öğrenmişti. Keşke bunu çok daha önce başarabilmiş olsaydı. Karısının içindeki yangını, yokluğu ve yalnızlığı çok daha önce anlayabilseydi. Onun susuzluğunu, kuraklığını, ıssızlığını keşke daha önce görebilseydi. Belki şimdi her şey çok daha farklı olacaktı. Belki Canan, âşık olmak için kanatlanıp başka yüreklere uçuşmayacak, kendi sevdalı dünyasında mutluluğa kanabilecekti.

Selçuk'un adını cep telefonuna "İlahi Aşk" diye kaydeden Canan, oğlunun bunu görmüş olmasından çok utandı. Yanakları pembeleşip elleri titremeye başladı. Sesinin de titreyeceğinden korkarak telefonu yanıtlamak istemese de hem Selçuk'un mesaj yazmak yerine neden aramayı tercih ettiğini merak ediyor hem de bu aramayı açmadığında neden ailesinin yanında konuşamadığıyla ilgili yeni kuşkular yaratmaktan korkuyordu.

Sesindeki heyecanı denetlemeye çalışarak sakin ve dikkatlice açtı telefonunu. "İlahi Aşk" dediği bu adamın diğer arkadaşlarından farkı olmadığını, onunla her zaman, her yerde rahatlıkla konuşabildiğini ailesine ifade etmek niyetinde olsa da Canan'ın bu uğurda gösterdiği mücadele samimiyetini gölgeliyordu:

"Efendim... Günaydın... Hı hı... Çok iyiyim... Hı hı... Evet... Hı hı... Evde kahvaltı yapıyoruz. Evet... Hı hı... Evet... Ciddi misin? Tamam. Evet... Hı hı... Oldu o zaman. Hı hı... Hoşça kal..."

Hiçbir telefon görüşmesinden sonra yanındakilere açıklama yapma ihtiyacı hissetmediğinden aynı alışkanlıkla kimseye bir şey izah etme borcu duymayıp sakince kahvaltısına geri döndü. Masada uzayıp giden sessizliğin yaptığı bu telefon görüşmesiyle yakından ilgili olduğunu hissediyordu. Buna rağmen teslim olmayacaktı. Yenilgiyi bir kez kabul ederse eğer, artık bütün cephelerde mağlup sayılacaktı.

Biraz önceki sevinçli, mutlu ve samimi ruh haline geri dönebilmeyi umarak sesine neşeli cıvıltılar katıp konuştu:

"Canlarım benim... Sizi çok seviyorum. Muhteşem bir doğum günü sabahı yaşattınız bana. Kahvaltı süper. İkram, sunum, görsellik, hepsi şahane. Eksiksiz. Hepinizin ellerine sağlık. Benim artık yavaş yavaş bu enfes sofradan kalkıp kuaföre gitmem gerekiyor. Randevum var. Akşam için hazırlanmam gerekiyor. Eğlenceye bu gece dans ve müzikle devam edeceğiz anlaştık mı?"

Orçun, belli belirsiz havada dolanan kederden can havliyle kurtulmak istercesine esprileriyle ortamın enerjisini yükseltmeyi dileyerek söze atladı:

"Kahvaltı partisi için dünden beri hazırlanıp durduk, tatil gününde de sabahın köründe kalkıp işe koyulduk anne. Artık akşam için ayrıca hediye beklemezsin inşallah. Bu organizasyon seni bir iki yıl daha idare eder diye düşünüyorum..."

Canan gülerek "Yok öyle efendim. Şımartın beni şımartın... Elinizden geleni ardınıza koymayın. Boş durmak yok, sürprizlere devam. Sakın yan gelip yatmaya kalkmayın tamam mı?" dedi.

Doğan'ın sorusu her ne kadar önemsiz gibi görünse de, Orçun'un ısıttığı havayı buza kesmeyi başardı:

"Sahi sen bugün kaç yaşına bastın anne? Artık yaş kemale eriyor galiba, yakında anneanne de olursan hiç şaşırma. Senin pencere önünde örgü örme zamanın yaklaşıyor. Bence o kadar da şımarıklık peşinde koşma!"

Doğan'ın bu soruyu bilerek ve annesinin canını yakabilmeyi dileyerek kinayeyle sorduğunun farkında olan Canan, kendini mutlu hissettiği şu anın içinde durup dururken yüzleştiği bu acımasız gerçekçiliğin cam gibi kırılıp dağıldığını hissetti yüzünde. Kırgınlığını gizlemeye gayret ederek, esprili havasını sürdürdü:

"Anne bugün kırk iki yaşına bastı bebeğim. Kendimi en genç ve en güzel hissettiğim yaştayım. Anneannelik benim güzelliğime gölge düşürmez, ama senin bu yaşta babalığa soyunman yakışıklılığına balyoz gibi bir darbe indirir benim ahmak prensim..."

Canan, oğluna karşı zırhını kuşanmış halde, aynı acımasızlıkla ona saldırırken buldu kendini. Neden bu kadar sert ve kışkırtıcı konuştuğunu anlayamadı. Annesinin başka bir adama âşık olduğundan kuşkulanan ve için için bunun korkusunu yüreğinde besleyen çaresiz bir çocuğun serzenişini olgunlukla karşılayıp onun yüreğini yatıştırmayı düşüneceği yerde, karşı saldırıya geçip biricik oğlunu yaralamaya çalışıyordu. Konuyu daha fazla uzatmaya niyeti yoktu artık. Doğan ne derse desin, ona yanıt vermeyecekti. Oğlu cebindeki bütün zehirli oklarını ardı ardına savurmaya devam ediyordu:

"Aslında haklısın anneciğim. Herkes yaşının sorumluluklarını bilerek yaşamalı. Çocuksan çocuk gibi yaşayacaksın. Yaşlı başlıysan da ona göre yorgan seçeceksin ayağına. Acı gerçekleri kabullenmek en iyisi bence..."

Canan, gülümsemeye devam etse de artık içten ve sıcacık değildi bakışları. Doğan'ın giderek eleştiri ve acı dozunu artırmaya başladığını fark eden Ayhan, bu gereksiz çekişmeye son vermek istediğinden karısının beklediği kaçış yolunu açtı ona:

"Anneniz benim için hep yirmi yaşındadır çocuklar. Onunla evlendiğimde nasılsa, bugün de aynı küçük kız işte... Bunca yıldır hiç değişmeden ve hiç büyümeden duruyor gözümün önünde. Değil kırk iki, seksen iki yaşına bile gelse ben hep üniversiteli o küçük kızı göreceğim karşımda."

Güzel kelimeler seçip onları yan yana getirerek duygularını ifade etmek konusundaki beceriksizliği oğulları tarafından da iyi bilinen Ayhan'ın bu romantik performansı, masadaki herkesi şaşırttı. İltifat ve övgüden yana doğuştan yeteneksiz sayılan bu adam, oğullarının başarılı karnelerini kutlarken bile "Sizinle gurur duyuyorum, aslan oğullarım benim. İyi ki benim çocuklarımsınız" demeyi başaramamış, Canan'dan kopya çekerek papağan gibi kelimeleri tekrar ederek konuşmak zorunda kalmıştı. Şimdi şair gibi derinlikli ve hoş konuşuyor olması, Orçun'un bile dikkatinden kaçmamıştı:

"Vay baba. Sende büyük gelişmeler görüyorum son zamanlarda. Özdemir Asaf yutmuş gibi konuşuyoruz. Ben bile çok duygulandım. Ağlasam mı acaba?"

"Kimseden tek bir söz bile aşırmadan konuştum. İçimden geldiği gibi söyledim işte. Kalbimde olanı anlattım."

"Keşke bu sahalarda hep böyle hareketler görseydik senden. Çok şık bir şut oldu bu. Top ağalarla buluştu. Tebrikler, gol gol gol... Kralsın baba... Efsanesin."

"İnsanın duygularını ifade edebilmesi tabii ki çok güzel bir şey ama cevher her zaman içeridedir oğlum. Sessizlik de bazen çok şey anlatır. Önemli olan süslü sözlerin suretine aldanmak değildir, sessizliğin anlattığı gerçeklikleri duyabilmek de gerekir..."

"Yok artık, babam şairlikten filozofluğa ışık hızıyla terfi etti. Dayanamayacağım kalkıp öpeceğim" diyen Orçun, sandalyesinden kalkıp babasına uzanarak yanaklarından öptü. Oğlunun alaycılığına gülümseyen Ayhan "Otur hadi yerine şımarık... Sana da iyi malzeme verdik, yandık!" dedi.

Canan, daha önce hiç olmadığı kadar duygulu bir adamı görüyordu kocasının gözlerinde. Onu seviyordu. Hayatının sonuna kadar kaybetmek istemeyeceği en güvenilir sığınağıydı Ayhan... Ondan uzaklaştıkça acı duyuyor ama aralarındaki soğuk dağın büyümesine de engel olamıyordu. Selçuk'a rağmen Ayhan'a dönmesi imkânsızdı...

Doğan'la yaşadığı gerilimi güzel iltifatlarıyla yatıştıran Ayhan'a içinden teşekkür ederek bu ılımlı havadan istifadeyle kahvaltı masasından kalkan Canan, kuaföre yetişmesi gerektiğini söyleyip giyinmek üzere yatak odasına döndü.

Akşam giyeceği kıyafeti ve aksesuvarları için küçük bir valiz hazırladı. Her kötü ihtimale karşı valizine yedek bir iki kıyafet daha yerleştirdi. Makyaj malzemelerini, parfümünü de yanına alıp kıyafetlerine uygun iki çift ayakkabı seçerek küçük valizini kapattı. Üzerine dar siyah bir kot pantolonla kırmızı gömleğini giyerek allık ve maskarayla hafif bir makyaj yaptı. Kendisini bir kez daha taze ve güzel hissetti.

Selçuk'la rahat konuşamadığı gibi onun yaptığı sürprize ne kadar sevindiğini de belli edememişti. Sabah erken saatlerde İstanbul'a gelen Selçuk, baş başa yemek yedikleri ve gül yapraklarıyla donatılmış yatağın üzerinde tutkuyla seviştikleri aynı odaya yerleşmiş Canan'ı bekliyordu...

Kanatlanarak evden çıkan Canan, Sheraton Otel'in resepsiyonundan geçerken görevliyle göz göze gelince hissettiği utanma duygusuna hiçbir anlam veremedi. Birkaç hafta önce ödediği hesaptan dolayı mı kendini mahcup hissediyordu yoksa evli bir adamla sevişmeye çıktığı anlaşıldığı için mi rahatsız olmuştu bilemedi. Asansörle yukarı çıkıncaya dek bu konuyu düşünse de, odanın kapısına geldiğinde bütün kuruntuları uçup gitti. Duyduğu aşktan daha değerli hiçbir şey yoktu artık... Kapı bir iki kez vurulduktan sonra hemen açıldı.

Selçuk, güçlü kollarını açarak Canan'ı belinden kavradığı gibi kucakladı. Ayakları yerden kesilen âşık kadın, cennete uçar gibi havalandı sevdiği adamın kucağında.

"Akşama doğru geleceğini sanıyordum. Çok sevindim bu sürprize. Seni çok özledim Selçuk... Seni çok seviyorum aşkım."

Selçuk, kucağından indirmediği bu ihtiraslı kadının dudaklarına kondurduğu yumuşak öpüşlerle yine yangını başlatan ilk kişi oldu. Canan'ı yatağın üzerine yatırarak tutkuyla öpmeye devam etti. Her zamanki gibi yakışıklı, çok sıcak ve güçlüydü...

"Güzel kadınım... Seni çok istiyorum. Allahın izniyle benim olacaksın. Yalnız benim. Hasretim... Varlığına her solukta şükrettiğim kadın... Yüreğinin güzelliğine hayran kaldığım sevgili... Gül yüzünü seyretmeye doyamadığım... Sevmekten usanmadığım... Sevdikçe, varlığına susadığım... Seni karşıma çıkarana şükürler olsun... Seni yoluma yoldaş edene hamt olsun... Arş-ı âlânın en güzel kadını hoş geldin..."

Selçuk, fısıldar gibi konuştuğu aşk dolu sözlerle ruhunu kışkırtıyordu yine Canan'ın... Bütün hücrelerine kadar hâkimi oluyordu varlığının... Onun tek efendisi hatta adeta tek tanrısı gibi kudretli erkekliğinin altında köleleştiriyordu Canan'ın dişiliğini... Kırmızı gömleğinin düğmelerini tek eliyle yavaşça açarak sutyenin üzerinden taşan göğüslerini dudaklarıyla öpüp okşadı. Ateş izi bırakan dilini kulakmemesinde, boynunda ve göğüs uçlarında gezdirdi sonra... Dokunduğu her yeri yakıp yaralayarak geçiyordu. Sertleşen erkekliğini Canan'ın karnına dayayarak hissetmesini istedi uzun uzun. Pantolonun üzerinden dokunmasına izin verdi. Kendisi de güçlü eliyle sertçe kavramıştı Canan'ın kadınlığını... Okşayarak dakikalarca kıvrandırdı onu yatakta. İkisi de zevkten hırçınlaşıyor, yükselip iniyorlardı...

Selçuk her zaman olduğu gibi yine yatağın ve iradenin tek hükümdarıydı. Sevişmenin zirveye en yakın ve en şuursuz sathında oyundan çekilip bu deli orman yangınını kendi rüzgârıyla büyümeye terk etti.

Bedeninin geniş ve güçlü heybetiyle Canan'ın yanına uzanarak kahve denizi dediği saçlarını okşamaya başladı. İçindeki azgın alev dalgalarının yatışmasını bekleyen Canan, kan ter içinde kalmış soluyordu. Onun bu halini hınzırca keyiflenerek izleyen Selçuk, saçlarından başka hiçbir yerine dokunmuyordu artık... Yatak oyunlarının çıldırtıcı bütün kaidelerine hâkim olduğu, şehvet raconunu çok iyi bildiği aşikârdı. Soluğu yavaşlayıp, bedeninin sıcaklığı ılınmaya başlayan Canan, işkenceye alışmış köle teslimiyetiyle gözlerini kapayıp ıstırabından aldığı zevkin tadını çıkarıyordu artık...

Gece karanlığı gözlerini, arzu yangınında kıvranan bu güzel kadının çırpınışlarına diken Selçuk, o dumanlı, sıcak ve tok sesiyle konuştuğunda Canan dünyaya yeniden doğuyor gibiydi:

"İyi ki doğdun güzel kadınım... Birlikte nice uzun, hayırlı

yıllara... Hasretimizin dindiği huzurlu vuslat dönemlerimizin umutlu bekleyişindeyim."

"Artık İstanbul'a yerleşmelisin Selçuk... Ya da ben Ankara'ya gelmeliyim. Bilmiyorum. Ama bizim aynı şehirde, aynı hayatın içinde birbirimize dokunarak yaşamamış gerekiyor. Ben bu halde yaşamaya devam edemem. Sensiz eksik, yarım, mutsuzum..."

"Bunca zamandır ortaklıkla ilgili düşüme fırsatın oldu mu? Bir karar verebildin mi?"

"Başka bir şey düşündüğüm yok zaten. Seninle şu durumda ortak olamayacağımı söyledim. Benim zaten hisse devredeceğim bir hissedar namzedim var. Sanırım başka bir iş kurmak gerekecek ama benim mimarlık dışında kotarabileceğim başka bir iş imkânı olduğunu düşünmüyorum. Başka ortaklar arasan diyorum."

"Bütün bunları hiç düşünmedim mi sanıyorsun? Seninle birlikte çalışmak isteğimin basit bir kapris olduğunu mu düşünüyorsun? Burada dostlarımla ya da tek başıma yapacağım her işe karımın ailesi dahil olacaktır. Onların da bulunduğu bir yerde huzurlu olamayız. Bizi rahat bırakmazlar. Beyza kayıtsız kalsa bile ailesi buna izin vermeyecektir. Ancak bilmedikleri bir alanda, hiç tanımadıkları biriyle kuracağım ittifaka bulaşamayacaklardır. Ben senden geleceğimizin güvencesini istedim. Hisse değil. Benim hayatımı küçük hissedarlıklar yönetmiyor."

"Haklısın aslında. Böyle düşünmemiştim. O halde bambaşka bir sektörde ama işini bilen profesyonel birileriyle yol almak lazım. Mimarlıkla ilgili açacağımız yeni bir şirket benim şimdiki işime zarar verir. Sektörde güvensizlik yaratır. Ortağımı huzursuz eder. Başka bir şey yapalım. Hatta hemen yapalım. Bu ayrılığa, aramızdaki bu uzaklığa daha fazla tahammül etmek istemiyorum Selçuk."

"Reklamcılığa ne dersin?"

"Çok zor, biz ne anlarız reklamcılıktan?"

"Öyle değil basın, tanıtım, organizasyon, tanıtım filmi, fotoğraf çekimi gibi şeyler. Halka ilişkiler ve organizasyon diyelim mesela..."

"Hımm... Olabilir... Neden olmasın. Bu konuda Kübra'dan rehberlik alabilirim. İstanbul'un bütün gece mekânları onun elindedir. Bütün sanatçıları, reklamcıları, organizatörleri, yapımcıları tanır... Gazete ve dergilerde mekân makaleleri de yazıyor. Medyaya da hâkim. Ondan yardım alabilirim ama tanıtım organizasyon işine bulaşacağını hiç sanmıyorum. Şirket projemizle ilgilenmeyecektir."

"Senin büyük oğlun iletişim fakültesinde değil mi? Halkla ilişkiler demiştin sanırım..."

"Evet..."

"Bence şahane..."

"Nasıl yani. Doğan'la mı ortak olalım?"

"Neden olmasın?"

"Doğan daha çok küçük. Öğrenci. Okuyor. Okulunun bitmesine iki yıl var daha. Hem belki mastır falan da yapacak. Onun işi uzun. Sektörde pişmesi, eğitimini tamamlaması lazım. Reklamcılık adına yapabileceği hiçbir şey yok. Medyayı tanımıyor, sektörü bilmiyor..."

"Bir şey yapmayacak zaten. Ünlü mimar Canan Arısoy'un reklamcı oğlu olarak sektörde markalaşacak. Şirketi biz adam edeceğiz. Doğan için de iyi bir antrenman sahası olur. Hem okulu bittiğinde de hazır bir işin başına geçer."

"Biz tanıtımcı değiliz ki?"

"Senin iş yaptığın onlarca inşaat firması ve holding var. Doğan'a kuracağımız kreatif ekip proje üretir. Bize de satması kalır. Uygulama için yine ekip kurarız. Hem senin şu Kübra dediğin arkadaşın da şirketin elinden tutarsa ufak ufak başlamış oluruz. Piyasanın tozunu attırmamız gerekmiyor ki. Şimdilik bir iki büyük firmanın reklam işleriyle şirketi ayakta tutmaya çalışırız. Bu arada işi öğrenir, geliştiririz... Benim tanıdığım bazı inşaat ve tekstil firmaları da var. Onlar da potansiyel müşteriler. Gayet güzel bence. Hem bir iki yıl sonra Doğan'a kurulu bir düzen bırakmış oluruz. Bir taşla iki kuş."

"Giderek aklıma yatıyor. Böyle düşünüldüğünde yapamayacağımız bir iş değil. Şimdilik sadece açılış, kokteyl, resepsiyon, fotoğraf çekimleri, kısa tanıtım filmleri, basın işleri yapsa bile şirket kendini döndürebilir. Doğan da yetenekli ve girişimci bir çocuktur. İlginç projeler, yaratıcı teklifler oluşturabilir pekâlâ. Bu konuyu Ayhan ve Doğan'la birlikte konuşmam gerekiyor."

"Kocan düşünülen ortağın ben olduğumu öğrendiğinde izin verir mi?"

"Vermez. Karşı çıkacaktır. İtiraz edecektir. Fakat şu sıralar evin ve çocukların genel ihtiyaçlarını karşılamakta maddi ve manevi irtifa kaybettiğinden büyük sözler söyleme hakkını kendinde bulamayabilir. Onu zayıf noktasından yakaladığımda ikna edebileceğimi düşünüyorum. O yüzden konuşmakta fayda var. Artık evin ve çocukların bütün yükü benim üzerimde. Aklına gelebilecek her türlü kalem ödemesi benim hesaplarıma verilen talimatla ödeniyor. Cep telefonlarımızın faturalarından arabalarımızın vergisine kadar, bütün ödemeleri ben yapıyorum. İşle ilgili yeni girişimlerimizin karşısında uzun süre direnip cengâverlik yapacak gücü yok Ayhan'ın."

"Yazık... Senin gibi güzel, güçlü ve akıllı bir kadına mutluluk verme gücünü Allah ona nasip etmemiş. Oysa senin gibi bir cevherle ödüllendirilmiş. Allah'ın verdiği nimetlerin ve fırsatların kadrini bilmek de ibadettir. O nimetlere şükretmek, haklarını teslim etmek ve emanet gibi korumak gerekir. Senin gibi bir kadını hak etmek kolay değil. Böyle güzel, sıcak, aşk dolu, akıllı, yetenekli bir kadın uğruna büyük bedeller ödemeli insan. Kocan seni hiç hak etmemiş. Eteklerinin altına sığınıp sefil bir hayat yaşamaya nasıl razı olabilir. Böyle bir adam, karısını ve çocuklarını nasıl koruyabilir. Sana erkeklik yapamaz artık... Ah benim güzel kadınım. Arş-ı âlânın en güzeli... İnşallah sana sahip çıkacağım günler yakındır. Sana hemen imam nikâhı kıymamı ister misin? Aramızdaki zina duvarını yıkıp geçelim ister misin?"

"İmam nikâhı mı? İkimiz de başkalarıyla evliyken mi?"

"Kocanın yüzüne karşı üç defa boş ol dersin. Abdest alırsın. Allah huzurunda o adamdan ayrılmış, bedenini ve ruhunu ondan arıtmış olursun. Sonra sana imam nikâhı yaparım. Benim kadınım olursun."

"Resmi olarak evli olduğumuz insanlarla aynı evde kalmaya devam edip Allah huzurunda bekâr kalmayı nasıl başaracağız Selçuk? Bu söylediklerini senin aklın alıyor mu?"

"Nikâh, Allah katındadır gül yüzlüm. Devletlerin hangi kâğıtlara ne imzalattığının bir önemi yoktur. Onlar yasal hakları düzenlemek için oluşturulan nizamlardır. Allah senin nereye imza attığına değil, gönülden kimi eş seçtiğine bakar. Kocanla bir daha aynı yatakta uyumayacaksın. Onu Allah katında boşayacaksın. Bir daha onunla sevişmeyeceksin. Sana dokunmasına izin vermeyeceksin. Hepsi bu. Dilersen haftaya geldiğimde evleniriz. Ne dersin?"

"Madem evleneceğiz, madem birbirimizi eş olarak seçiyoruz, o halde devletin resmi evraklarla yanımızda tuttuğu insanlarla neden aynı evin içinde yaşamaya devam edelim ki? Sen karından boşanmayacak mısın? Ben Ayhan'dan boşanmayacak mıyım?"

"Resmi sözleşmelerden kurtulmak öyle kolay değil güzel kadınım. İnşallah hayırlısıyla bu söylediklerin de olur. Ama hemen haftaya olması imkânsız değil mi? Beyza'dan ayrılmaya kalktığımda sahip olduğum servetin ve şirketin yarısından fazlasına sahip. Üstelik başka bir kadınla evlenmek için karımdan ayrılmak istediğim ortaya çıkarsa mahkemelerin bana yükleyeceği nafakanın ve maddi yükümlülüklerin önünü alamam. Benim bu süreci mümkün olduğunca ağırdan, kuşkulandırmadan ve kimseyi kırmadan atlatmam gerek. Anlıyor musun?"

"Sen karını seviyor musun? Benimle tanıştığından beri onunla seviştin mi hiç? Yani Allah katında evliliğiniz devam ediyor mu?"

"Ah benim tatlı küçük meleğim. Sen neler düşünüyorsun böyle... Kalbine, aklına böyle endişeler sokma."

"Sorumu cevaplamadın ama..."

"Beyza'yı çocukluğumdan beri tanıyorum ben. Babalarımız ortak işler yapıyorlardı. Hep bir arada büyüdük. İçine kapanık, mazlum bir kızdı. Namuslu, utangaç... Ondan nefret etmiyorum. Beyza'yı severim. Kızımın annesidir. Benim çocukluğumdan beri beşik kertmem gibidir. Saygılıdır. Bağlıdır. Edeplidir. Ahlaklıdır. Eğitimlidir. Onun kötü biri olduğunu söyleyip çekiştiremem. Günah işlemiş olurum. Allah huzurunda da helalimdir."

Canan, yattığı yerden kalkıp mini bardan küçük bir şişe su alıp içti. Selçuk yatakta konuşmaya devam ettikçe Canan bütün bedenini saran kıskançlık aleviyle kavruluyor, ayaklarından kulaklarına kadar dalga dalga kızarıyordu. Selçuk'un karısıyla ilgili anlattıklarını daha fazla dinlemek istemiyordu.

Canan, sabahtan beri bekleyen kahvaltı masasını işaret ederek "Her şey buz gibi olmuş. Sıcak çay söyler misin? Bir şeyler atıştıralım" dedi.

Selçuk komodinin üzerindeki telefona uzanarak odaya çay, kızarmış ekmek ve omlet sipariş etti.

Saatine baktıktan sonra küçük bir telaşla yerinde kalkıp banyoya doğru yürüdü:

"Benim öğlen namazımı kılmam gerekiyor. Saat epey geçmiş. Hiç fark etmedim. Canan ben abdest alıyorum. Oda servisi gelirse kapıyı açar mısın?"

"Tamam... İlgilenirim ben."

Canan, şaşkınlıkla karışık tuhaf bir heyecan duydu içinde. Selçuk'u namaz kılarken görecek, dua ederken izleyecekti. Biraz önceki kıskançlık yangınının yerinde şimdi çocuksu bir bekleyiş vardı.

Elinde havluyla yüzünü kurulayarak banyodan çıkan Selçuk, gömleğinin kıvrık kollarını uzatıp düğmelerini ilikledi. Yatağın ucuna oturarak cebinden çıkardığı çoraplarını giydi.

Antredeki gardırobu açıp koyu yeşil bir seccade aldı. Otelin her odasında seccade bulunmadığına göre muhtemelen Selçuk telefonla oda ayırtırken bu detayı özellikle belirtip odasına seccade istemiş olmalıydı.

Kıblenin yönünü hesaplamaya kalkışmadan kendinden emin hareketlerle seccadesini pencereye doğru yaydı. Odada tek başınaymış gibi rahattı. Canan'ın duyabileceği bir sesle besmele çekip sağ ayağıyla seccadesinin üzerine adım attı. Gece karanlığı gözlerini önüne düşürüp, iki elinin başparmaklarını önce kulaklarına götürüp "Allahüekber" dedi. Ardından ellerini göbeğinin altında birleştirerek sessizce namaz kılmaya başladı. Eğildi, doğruldu, secdeye kapandı ve sonra yine ayağa kalkıp bakışları önde dua okudu. Defalarca eğildi, doğruldu ve secdeye kapandı... Bunları yaparken o kadar kendi içinde, yalnız ve huzurluydu ki ne odada başka birinin varlığından haberdar gibiydi ne de kapıyı tıklatan oda servisinin sesini duymuştu. Başka bir âleme aitti ve etrafında olan biten her şeye kapalıydı... Duymuyor, görmüyor, hissetmiyordu...

Canan, gözlerini hiç ayırmadan izledi onu... Selçuk'un yüzünü, dudaklarını, gözlerini, ellerini ve birbiri sıra ahenk içinde tekrarladığı hareketlerine baktı dikkatle... Çocukken babaannesini de aynı ilgiyle izlediğini hatırladı. Hatta bir iki kez onu taklit etmeye de kalkmıştı. Babaannesi namaz kılarken Canan da yanına küçük bir tülbent açardı... Annesinin fularını başına dolayarak birkaç kez eğilip kalkar sonra da tülbendin üzerinde oturmaya devam edip aynı babaannesi gibi başını sağa sola çevirip kalkardı. Bunun gibi bir iki küçük anı dışında hiç namaz kılmamıştı. Ne heves etmiş, ne de teşvik edilmişti. Babaannesi, o daha ilkokuldayken vefat edince artık ailede namaz kılan kimse de kalmamıştı. Selçuk'un namaz konusundaki disiplini ve istikrarını hayranlıkla izlerken içindeki boşluğun adını da bulmuştu sanki... Evet... Canan'ın peşine düştüğü şeyin adı ilahi aşk, koşulsuz sevgi ve ruhun birlik bilinciydi. Hücrelerine dek susuzluğunu çektiği kudret zihinde, bedende ve tutkulardaki ihtiras değildi, o aslında yaradılıştaki koşulsuz aşkın ve birlik duygusundaki teslimiyetin peşindeydi. Günlerce rüyalarında gördüğü Mevlana'nın söylediği de buydu, Şeb-i Arus'a giderken bulmayı umduğu şey de...

İşaretlerin Dili (Evrensel Rehberlik)

Canan'ın aslında kendisiyle de ilgili bir hedefi var. Manevi değerleri olan, ibadet eden, ritüellerine sadık, prensip sahibi, gönül terbiyesinden geçmiş, tekâmül sürecinde kadim yollar almış bilge ve aydın bir insan olma özlemi içinde. Fakat olmak istediği insan için hiç çaba sarf etmediği gibi, bunu nasıl başarabileceğiyle ilgili en küçük bir teşebbüste bile bulunmamış.

Şeb-i Arus törenlerine katılmak istemesindeki en büyük etkenlerden biri, içindeki bilgeyi uyandırıp manevi yönü güçlü bir hayat başlatabilmek içindi. Her zaman yaptığı gibi maalesef bu konuda da değişimi dışarıdan başlatmaya kalktı.

Manevi değeri yüksek mekânları ziyaret ettikçe, dini kitaplar okuyup tasavvuf şiirleri ezberledikçe hayalindeki bilgeye dönüşeceğini sanması yazık ki Canan'ın işini daha da zorlaştırdı.

Her değişim içeriden başlar. Dışarısını değiştirmek için bile önce içeriyi restore etmek gerekir. Bu da meşakkatli ve emek isteyen bir iştir.

Canan aceleci ve tez kanlı bir kadın olduğu için maneviyata giden yolun bile kestirmesine sapmaya kalktı. Mevlana'nın türbesini ziyaret edip onun hakkında bir iki kitap okuyarak bu hedefe varacağını düşündü. Oysa törenleri sonuna kadar izlemek konusunda bile kararlılık göstermedi. Disiplinli davranamadı. Şeb-i Arus'un üçüncü gününde kırılan egosunun acısıyla İstanbul'a kaçtı.

Şimdi de olmak istediği insana çok benzeyen Selçuk'a karşı hayranlık duymaya başladı. Selçuk'a giderek öyle ağır sorumluluklar yükledi ki onu bilinçaltına âşık, derviş, bilge ve şair olarak kaydetti. Onu kusursuz, eksiksiz, dokunulmaz bir adama dönüştürdü. Böylece Selçuk'a karşı duyduğu bağımlılığının şiddeti de giderek artmaya başladı.

Yelda Cumalıoğlu'nun Aşkolsun kitabında da dediği gibi:

"BAŞKALARINDA ÂŞIK OLDUĞUMUZ ŞEYLER GENELDE BİZDE OLMAYANLARDIR!"

Lütfen kimde neyi sevdiğine dikkat et!

Muhtemelen kendi içinde bulamadığın bir şeye, başkasının üzerinden hayranlık duyuyorsundur.

Selçuk, seccadesinin üzerinde dizlerini kıvırıp bir müddet oturdu. Ardından başını önce sağa sonra da sola çevirerek selam verir gibi yumuşak bir baş hareketi yapıp ellerini açtı. Mırıldanır gibi dualar okuyup ellerini yüzüne sürerek Canan'ın da duyabileceği kadar bir sesle "Âmin" dedi...

Selçuk, yerdeki seccadeyi özenle kaldırıp katlarken, Canan da taze gelen sıcak çayı bardaklara doldurdu ve "Ne zamandır namaz kılıyorsun?" diye sordu.

Selçuk, masaya gelip sandalyesine oturduktan sonra, sorudan duyduğu memnuniyeti de gizleme gereği duymadan yanıt verdi:

"Hatırlayamadığım zamanlardan beri kılıyorum. Babam beni üç yaşından beri cuma namazlarına götürüyormuş. Evde namaz kıldığı zamanlarda da yanına oturtup izletirmiş. Çocukluğumdan beri kılıyorum. Hiçbir zaman da bırakmadım."

"Kendini çok iyi hissediyorsun değil mi?"

"Kendimi iyi hissetmek için namaz kılmıyorum ben. Secde etmek şükürdür. Allah'ın verdiklerine ve vermediklerine şükredip kulluğuna layık olmaya çalışıyorum. Sen neden kılmıyorsun?"

"Bilmiyorum. Kimse söylemedi. Öğreten de olmadı, anlatan da... Ama kılmak isterdim. İlahi aşkı hissetmek, manevi huzuru yaşamak isterdim. Okuduğum kitaplardaki tamlık duygusu bu olsa gerek."

"Neden ölmüşsün gibi konuşuyorsun? Namaz kılmak istersen, kılarsın. Kendinden başka sana engel olan yok ki."

"Haklısın. Doğru söylüyorsun aslında... Peki namaz kılmayı öğretir misin bana? Vakitlerini ve nasıl kılındığını gösterebilir misin? En azından denemek istiyorum."

"Namaz kılmak diyete başlamak gibi bir şey değil ama Canan... Bir iki gün deneyeyim olmadı vazgeçerim diye düşünüyorsan aradığın tamlık duygusunu namazda bulamazsın. Bu ibadeti anlamalısın. İçindeki öğretiyi hissetmelisin. Namazdaki fazileti anladığında ondan vazgeçemezsin zaten. Nasıl ki nefes almayı ertelemiyorsan, bu ibadetini bırakmayı da düşünmezsin. Namaz, Allah'la bir olmak yolunda atılan adımlardan biridir. Onu hissetmek, aşkına ve rahmetine nail olabilmek uğruna gerçekleştirilen beş vakitlik bir hac yolculuğudur. Zihnin durduğu, dünya işlerinin sona erdiği manevi bir rütbedir. Namazda kin, düşmanlık, öfke, hırs, intikam yoktur. Sen bu hac yolculuğuna hazırsan ben seve seve sana namaz kılmayı öğretirim. Çok da memnun olurum. Allah yolunda bir kula rehberlik etmekten onur duyarım."

"Çok güzel anlatıyorsun Selçuk. Büyüleniyorum sen böyle konuştukça. İçimde öyle geniş ve büyük bir alan var ki, bomboş, amaçsız, heyecansız... Ruhumun açlığını hissettiği bir eksiklik var yüreğimde. Nedir bu arayışın adı bilmiyorum."

"Bu senin değil, ruhunun arayışı... Ruhun bedenine yerleştirilmeden önce ait olduğu o sonsuz kudreti hatırlıyor ve yeniden ona kavuşmak, onu bulmak istiyor. Ruhlar Rabb'ini özler. O'nu hissetmek ve O'na dönmek arayışındadır. Senin içinde hissettiğin o boşluk duygusu, ruhunun Rabb'ine duyduğu özlemdir. O'nunla bir olmak hasretidir. Ruh her zaman Rabb'ini aramaktadır. İnsanların manevi tatmin arayışları da içlerindeki o boşluk ve anlamsızlık hissinden dolayıdır. Dünya insanının haline bak; her yerde ve her şeyde bir anlam arayışı içindeler. Buda'larda, yogalarda, meditasyonlarda, totemlerde, binlerce öğretide hep bir maneviyat arayışı vardır. Bunun sebebi ruhlarının tatmin bulmamasıdır. Rabb'lerinden uzak düşmelerinden dolayı mutsuzdurlar. İnsanoğlunun tekâmül gayesi Allah'a yakın olabilmektir. O'nun uzağına düşen insanlar yalnız, anlamsız, boş, mutsuz, amaçsız ve ıstırap içindedirler. Belli ki senin ruhun da O'na yakın olmayı arzuluyor. Rabb'ini diliyor."

"Ben varım... Kesinlikle namaz kılmayı öğrenmek istiyorum. En kısa zamanda bana da namaz kılmayı öğret tamam mı? Çok istiyorum. Gerçekten çok istiyorum."

"Peki! Anlaştık o zaman..."

Canan çayını bitirip saatine baktığında akşam odada yapacağı hazırlıkları şimdiden organize etmesi gerektiğini hatırladı:

"Otelin kuaförünü aramam lazım. Bir iki saat sonra odaya gelsin. Ayrıca arabamdaki valizimin de getirtilmesi gerekiyor."

Canan, oda telefonunu kaldırıp işlerini halletmeye çalışırken Selçuk da evrak çantasının içinde cep telefonunu aramaya başladı. Abdest alırken banyoda cebinden çıkardığını hatırlayıp içeri girdi sonra. Odaya dönmediği gibi banyonun kapısını da kapayarak telefon görüşmeleri yaptığı Canan'ın dikkatinden kaçmamıştı. Otel personeline taleplerini kısa keserek izah eden Canan, banyodaki seslere kulak kesildi. Selçuk'un kiminle ne konuştuğunu, üstelik görüşmelerini neden kapalı kapılar ardında yapma gereği duyduğunu merak ediyordu. Kulağını banyo kapısına dayayıp dinlemeye kalkışsa çok mu ayıp olurdu bilemedi ama en azından Selçuk'un ne konuştuğunu daha yakından duymaya çalışsa iyi olurdu. Küçük ve sessiz adımlarla banyo kapısına yaklaşarak kulak kabarttı. Biraz çabadan sonra Selçuk'un Beyza'yla konuştuğunu anladı. Önce kavga ettiklerini sandı fakat Selçuk'un sesindeki heyecan gerginlikten değil neşedendi sanki...

"Tamam yavrum... Merak etme sen..." diyordu.

Gerisini duyamadığı bir iki cümleden hemen sonra banyonun kapısı açılıp Selçuk dışarı çıktığında, Canan'ı gardırobun önünde bir şeyler ararken buldu.

"Ne arıyorsun güzelim?"

"Yedek havlu bakıyorum. Giyinmeden önce duş alacağım."

"Banyoda var..."

"Ha tamam... Sen kiminle konuştun. Beyza'yla mı?"

"Evet... Yarın kızım Esma'yla birlikte İstanbul'a gelecek. Havalimanından aldırtacağım onları."

"Bugün neden gelmedi peki? Geçen gün onu arayıp doğum günüme davet etmiştim oysa. Biz baş başa kalalım diye mi gelmedi acaba? Yoksa bu organizasyon Beyza'nın doğum günü armağanı mıydı bana?"

"Beyza çok akıllı bir kadındır ama bu tür hesapların kadını değildir. Sabaha karşı ağabeyinin gelini doğum yaptığı için gelemedi benimle. Birazdan seni arayıp açıklamasını yapar, partine katılamadığı için özür diler. Yarın gelmelerini de ben istedim çünkü ailece yapmayı çok istediğimiz ancak sürekli ertelediğimiz küçük bir gezi planımız var. İnşallah onu gerçekleştireceğiz."

"Selçuk sen benimle dalga mı geçiyorsun?"

"Sen ne kadar ciddiysen ben de en az senin kadar ciddiyim. Kesinlikle dalga geçmiyorum."

"Canımı yakmaya çalışıyorsun ama. Bunu bilerek yapıyorsun. Beni kızdırmak, kışkırtmak için karından övgüyle bahsediyorsun. Onu bana karşı savunup yüceltmek çabasındasın. Üstelik beni aşağılamaya çalışarak yapıyorsun bunu. Neden saldırganlaşıyorsun böyle?"

"Ah benim güzel kadınım. Tatlı meleğim... Kıskanç kızım benim. Ben hiç kimseye saldırmam. Karımı küçük düşürerek ona saldıran sensin. Şimdi bana neden kızıyorsun?"

"Sen de onu savunmaya geçiveriyorsun ama hemen."

"Bunu senin için de yaparım sevgilim. Beyza'nın da seninle ilgili alaycı konuşmasına izin vermem mesela."

"Sen karını bayağı seviyorsun Selçuk. Ondan boşanmayacaksın sen. Siz birbirinize gayet yakınsınız. Ayhan'la benim aramdaki gibi soğuk mesafeler yok sizde."

"Beyza'dan nefret ettiğimi söylemedim ki hiçbir zaman. Kızımın annesiyle ömür boyu görüşmeye devam edeceğim. Ondan boşanmak için nefret etmem gerekmiyor ki. Sen neden böyle hırçın duygular içinde kendini ve beni yıpratmaya çalışıyorsun. Sana hemen namaz kılmayı öğretmeliyim sevgilim. Şeytani duyguların ruhunu ele geçirmesine izin verme. Nefret, kıskançlık, öfke senin güzel yüreğini karartmasın. Sana duyduğum aşka gölge düşürmesin."

Selçuk, belinden kavradığı Canan'ı yavaşça kendisine çekip dudaklarını, burnunun ucunu, gamzelerini, çenesini ve boynunu küçük öpüşlerle yakmaya başladı. Son zamanlardaki gerginliğinden kendisi de rahatsız olan Canan, sevdiği adamın kollarına teslim olup onun öpücüklerine karşılık verdi:

"Affet sevgilim. Seni çok seviyorum. Neden böyle çocuk gibi davranıyorum bilmiyorum. Bazen karından kıskanıyorum seni. Başka kadınların sana duyduğu ilgiden de rahatsız oluyorum. Hatunların kuşatması altında gibisin."

"Ben o kadınların içinden yalnız seni seçiyorum ama... Onlar beni beğeniyor, ilgi duyuyor olabilirler. Ben de seni beğeniyorum. Ne var bunda? Herkes herkesten hoşlanabilir, önemli olan seçimlerdir. Senin sinirlerini bozan şey bizim uzun süren ayrılıklarımız. Birbirimizden ayrı kaldıkça bu tür şeytani duyguların tesiri altına gireceksin. Çok hassassın."

"Haklısın. Senden ayrı kaldıkça korkularım da artıyor. Gereksiz serzenişlere giriyorum. Duygularımı kontrol edemedikçe ilişkimize de zarar vermekten çekiniyorum. Senin derhal İstanbul'a yerleşmen gerekiyor. Şu ortaklık işini derhal halledeceğim. Ayhan'la konuşup onu ikna edeceğim. İkna olmasa bile onu dinleyecek değilim..."

"Canım sevgilim benim..."

Kapı tıklamasıyla öpüşmeleri kesildi... Canan içeri geçerken Selçuk da kapıyı açarak Canan'ın arabasından getirtilen valizi teslim aldı. Akşam yemeği ve parti hazırlığına duş alarak başlamayı planlayan Canan'ın uzun ve meşakkatli bir işe kalkıştığını gören Selçuk, ceketini giyip evrak çantası ve cüzdanını da yanına alarak veda etti:

"Canım sevgilim sen rahat rahat duşunu al, hazırlıklarını yap. Ben bir iki arkadaşımla görüşeceğim. Otel içindeyim. Bana ihtiyacın olursa ararsın. Karşılaşamazsak zaten akşam yedi gibi Paper Moon'da beraberiz. Hadi Allaha emanet ol."

"Tamam aşkım... Yemekte görüşürüz o zaman."

Selçuk tam kapıyı açıp dışarı çıkacağı sırada geri dönüp "Bu arada çıkarken valizini ve özel eşyalarını almayı sakın unutma olur mu sevgilim? Yarın Beyza ve Esma'nın odanın içinde kadın eşyalarına rastlamasını istemem."

"Tamam Selçuk Bey. Ben dediğiniz gibi toparlanır çıkarım odadan. Başka bir emriniz var mı?"

"Evet var, beni çok sev... Hadi görüşürüz."

Odada yalnız kalan Canan, sabahtan beri bekleyen sofranın toplanması için personel çağırıp yatağa uzandı. Gözlerini tavana kilitleyip sevdiği adamın saatlerdir kendisine yaşattığı yoğun ve hızlı duygu değişiminden dolayı hissettiği yorgunluğu üzerinden atmak istedi. Bugün her şey öyle hızlı gelişiyordu ki bir duygudan başka bir duyguya savrulup duruyordu. Geldiğinden beri önce sevişme arzusuyla kışkırtılmış, ardından derin bir romantizm yaşamış, daha sonra ciddi iş konuları konuşup önemli kararlar almış, ilahı aşkla yüreği havalanmış, kıskançlık krizine girmiş, sevilmiş, sakinleşmiş, şimdi de yalnız kalmıştı. Saatlerdir duygu meddücezirlerinde çırpınan Canan, kendini nasıl hissettiğinden emin değildi artık.

Selçuk'la ilgili planladığı hiçbir şeyi uygulayamadığını düşündü. Oysa Nuray'la uzun uzun konuşmuş, endişelerini açıkça dile getirip yapmak istemediği şeyleri samimiyetle ifade etmeye karar vermişti. Özellikle her defasında yarım kalan sevişmeleri kabul etmediğini ve iş ortaklığına sıcak bakmadığını söyleyecek, dürüstlükle "hayır" diyecekti ona. Selçuk'u görür görmez her şeyi unutmuş, onun çekim alanına girer girmez doğru yanlış bütün değer yargılarını yitirmişti. Bu adamla her bir araya gelişinde o ne kadar kendisine hâkimse, Canan da bir o kadar iradesine yenikti.

İşaretlerin Dili (Evrensel Rehberlik)

İrade felci çok ciddi bir kayıptır!

İnsanın kendisiyle ilgili bütün kontrolünün devre dışı kaldığı, başka faktörler tarafından denetlendiği ruhsal yatalaklıktır!

Şöyle konuşan çok insan duymuşsundur:

"Sigarayı bırakmak istiyorum ama bırakamıyorum."

"Spora başlamak istiyorum ama bir türlü başlayamıyorum."

"Az yemek istiyorum ama kendimi tutamıyorum."

"Ayrılmak istiyorum ama yapamıyorum."

"Söylemek istiyorum ama söyleyemiyorum."

"Yanlış olduğunu biliyorum ama yine de yapıyorum."

İşte bu durum iradenin felç olduğu ve maalesef artık hiçbir işe yaramadığı çok vahim bir durumdur. Çünkü artık güç kişinin kendisinde değil tamamen iradeyi felç eden o dışsal faktördedir.

Sendeki bu rahatsızlığı dünyada tedavi edebilecek sadece tek bir doktor var! O da sensin...

İradeni yeniden işler hale getirebilmek için artık silkelenip ayağa kalkmalısın.

Bunu yaparken iradenle inatlaşır ya da ona birtakım yaptırımlar diretirsen oyunu yine kaybedersin. Daha önce de söylediğim gibi inatlaşmak ya da diretmek oyunu kaybetmektir. İradenle dalaşana kadar onu ikna etme yoluna git ve değişimi başlat!

Canan, iradesiyle ilgili bağlantıyı kopardığı gibi, bu durumu değiştirmek yerine, her şeye razı olmayı seçti. Onun iradesinin felç olduğu yer Selçuk'tu... Bu adama âşık olduğuna göre, o halde iradesi dilediği kadar felç olarak kalabilir diye düşündü. Selçuk tarafından yönetilmeyi kabul ederek, çok ağır bir bedele boyun eğmiş oldu.

Selçuk odadan çıktığından beri, aldığı yeni kararlarla ilgili hislerinin olumlu olmadığını fark etti Canan... Çok acele etmişti. Selçuk'u kaybetmek korkusuna kapılıp panikle saçma sapan, temelsiz bir işe girişmeye kalkmıştı. Üstelik oğlu Doğan'ın da durup dururken risk altına gireceği amatör bir projeyi onaylamıştı.

Bu adama neden "hayır" diyemediğiyle ilgili kendini sorgulamak istediyse de, sonuç değişmiyordu. O yanında olmadığında mantığı ve sezgileriyle başka kararlar alırken, Selçuk'la olduğu zamanlarda adeta efsunlanarak başkalaşıyor ve bile isteye onun iradesinin hükmü altına giriyordu. Yaşadığı bu müthiş ikilem aslında Canan'ı hem huzursuz ediyor hem de kızdırıyordu. Üstelik Selçuk'un Beyza'ya karşı olan güçlü bağlılığı ve yakınlığı da müşterek gelecekleri hakkında düşler kurarken Canan'ı hayli düşündürüyordu. Karşısında karısına sadık bir adam olmasa da ailesine sevgi ve şefkatle bağlı, üstelik taşıdığı sorumluluklardan memnun bir aile reisi vardı sanki. Onun karısından ayrılması maddi ve manevi kolay görünmüyordu. Oysa Ayhan'la yolları ayırmak hiç bu kadar çetrefilli ve koşullu değildi. Canan, kocasından hiçbir nafaka talep etmeyecek, anlaşmalı olarak bir protokol imzalayacaklar, herkes kendi üzerindeki mallarını alacak, çocuklar dilediği yerde dilediği kadar kalmaya kendileri karar verecekler ve tek celsede boşanmış olacaklardı. Ev sahibi Canan olduğuna göre muhtemelen Ayhan taşınıp gidecekti. Onların arasında öyle iş anlaşmaları, akraba yaptırımları, nafaka ya da tazminatlık mal alışverişleri yoktu. Sanki yıllar önce de boşanmak için evlenmişlerdi. Canan, ayrılığa hiç bu kadar müsait bir çift olduklarını fark etmemişti şimdiye dek. İncecik bir hüzün yokladı kalbini. Dokunsalar ağlardı şimdi ama yemek servisini almaya gelen garsonlar onu bu ağır melankoliden çıkarmayı başardılar.

Oda temizlendikten sonra valizini açıp kıyafetlerini çıkaran Canan, kuaför ve makyöz gelmeden önce duş almak için banyoya gitti. Sıcak suyu açıp küvetin dolmasını beklerken klozetin üzerine oturdu. Bu sırada Selçuk'un şu ana kadar doğum günü hediyesini neden vermediğini düşündü. Acaba nasıl bir sürpriz hazırlığı içindeydi. Sevgilisine hediye almayı unutmuş olamazdı. Hem öyle olsa bile şu sıralar arkadaşlarıyla oturup vakit geçirmek yerine pekâlâ bu işle ilgilenebilirdi. Kendisine yakışır biçimde anlamlı ve incelikli bir armağan hazırlamış olmalıydı. Muhakkak sunumu ve saati de etraflıca düşünülüp organize edilmişti. Selçuk'tan alelade bir hamle beklenmezdi ne de olsa. O her zaman ve her durumda hem şaşırtıcı hem de etkileyici olmayı başarırdı.

Canan bunları düşünürken içeride cep telefonunun çaldığı duyup suyu kapatmadan çıktı. Selçuk'un aradığını tahmin edip heyecanla telefonunu eline alsa da arayan İngiltere'deki kız kardeşi Handan'dı. Belli ki ablasının doğum gününü hatırlamış, onu kutlamak istemişti. Canan'dan sekiz yaş küçük bu kız kardeşin, Türkiye'deki yakınlarını sık arayıp sorduğu söylenemezdi pek. Bundan on beş yıl evvel çalıştığı şirket tarafından üç aylık dil eğitimi için Londra'ya gönderildiğinde, burada evsiz bir sokak müzisyeniyle tanışması üstelik kimselere haber vermeden onunla evlenmesi ortalığı karıştırmıştı. İşgüzarlıkları ve dik kafalılığıyla ailesine her zaman sıkıntı yaşatmış olan Handan, üç aylığına gittiği Londra'da tam on beş yıldan beri sokak şarkıcısı kocası ve küçük kızıyla birlikte yaşıyordu. Bunca zaman içinde Türkiye'ye sadece dört beş kez gelmiş, anne babasının hışmından çekindiği için de her defasında Canan'ın yanında kalmıştı. Ara sıra da böyle telefon görüşmeleri yapıyorlardı. Genelde arayan Canan ve annesi olurdu. Ailenin bu bencil ve şımarık küçük evladı her zaman ilgiyi üzerinde tutmayı başarmıştı. Her zaman aklı havada, inatçı, kafasına koyduğunu yapan, gözü kara bir kız olmuştu. Ablasının doğum gününü hatırlamış olması da çok şaşırtıcıydı. Handan için önemli günler ve yıllar olmamıştır hiçbir zaman, onun için sadece yaşanan kısa anlar vardı.

Canan sevinçten çok merakla açtı telefonu:

"Efendim Handan? Teşekkür ederim. İyiyim ben. Her şey yolunda. İyi gidiyor. Sen nasılsın? İşe devam mı? Güzel. Kocan nasıl? Sevindim. Liz neler yapıyor, büyüdü mü? Aferin ona. Benimle ilgili mi konuşmak istiyorsun? Neden? Anlamadım? Öyle konuşacak bir konu yok Handan. Ayhan mı aradı seni? Bunları o mu anlattı? Seni dinleyeceğimi düşünmemiştir herhalde. Yaşadığım hiçbir şey hakkında seninle konuşmak istemiyorum Handan. Bu konuda akıl alacağım en son insansın. Kendi hayatına ve aldığın saçma sapan kararlarına bak sen. Selçuk'u tanımadan ne yaşadığımı, ne hissettiğimi anlayamazsın. Ayhan'ı sevmediğimi söylemiyorum ki? Tabii ki seviyorum. Çocuklarımı elbette düşünüyorum. Ben bir heves peşinde değilim. Öyle tek görüşte aşk hikâyelerinin insanı da değilim. Selçuk'la paylaşımımız çok farklı. Anlatsam da sen bunu anlayabilecek duyguda değilsin henüz... Tamam sustum. Dinliyorum... Söyle... Evet... Pişman mısın? Daha önce söylememiştin bunu. Üzüldüm. Gerçekten üzgünüm. Handan, iyi niyetli olduğunu biliyorum. Kafamı karıştırma benim lütfen. Yapma bana bunu. Kapatıyorum. Hoşça kal."

Canan telefonu kapattığında duygusallaşmış, ağlamak üzereydi. Banyodan gelen su sesini duyup koşarak duşun musluğunu kapattı. Küvet dolmuştu. Soyunup suyun içine yattı. Handan'ın sözleri kulaklarından çıkmıyor, aklının içinde hoyratça gezinip duruyordu. Kız kardeşinin bu kadar acı çektiğini bilmiyordu. Hayatı boyunca yüreğinin götürdüğü yere koşar adımlarla giden, düne ve yarına takılmayan, sorumsuz, çılgın bu yaramaz kız şimdi ablasına, kalbinin sesini dinleyerek aldığı bütün ani kararlarından dolayı binlerce kez pişmanlık duyduğundan bahsetmişti. "İnsanın gönlündekini yaşamayı seçmesi elbette çok güzeldir abla. Ama ben artık şunu iyi biliyorum ki, başkalarının mutsuzluğuna rağmen gönüldekini kovalamanın bedeli yapayalnız bir hayat... Sevdiklerini üzmek pahasına sadece kendi yüreğini tatmin etmek için hızlıca çıkılan yolların sonunda çıkmaz sokaklar, düş kırıklıkları ve pişmanlıklar var. Bazen yüreğinin sesi zannettiğin şey, sadece kuru bir ihtirastır. Tıpkı yalancı bahar gibi..." demişti... Ayhan'ın özellikle Handan'ı arayarak onun ablasıyla konuşmasını istemesi boşuna değildi. Bir hayalperestin halinden ancak hayalleri suya düşen başka bir hayalperest anlayabilirdi...

Ayhan, aslında sadece evliliğini kurtarmak mücadelesi içinde değildi, o karısının incitilmesine de engel olmak istiyor, bu uğurda elinden gelenin fazlasını yapıyordu. Canan'ı kaybettiğinin farkındaydı, karısı yirmi yıldır taht kurduğu gönül sarayından çoktan taşınıp gitmişti... Her ne kadar kırgın, üzgün ve aldatılmış olsa da, karısının kimse tarafından kırılıp parçalanmasını izlemek de istemiyordu. Ayhan'ın bu denli duygulu, mantıklı ve duyarlı bir adam olabileceğini aklına bile getiremedi Canan... Onun kocası dümdüz, duygusuz, dolambaçsız, heyecansız, sıradan bir adamdı. Ayhan normal şartlarda karısı tarafından başka bir erkek için terk edilecek olsa kıyametleri koparır, öfke krizlerine girer, huzursuzluk verir, tehdit eder, hır çıkarır diye düşünüyordu Canan. Oysa kocası düşündüğü gibi değildi. O gayet metanetli, sağduyulu ve düşünceli bir adam tutumu sergiliyordu... Karısına karşı kırgın olsa da ona öfkelenerek canını yakmaya gönlü razı olmuyordu. Birbirlerinden koptuklarını bilse bile Canan'ın mutluluğu için üzerine aldığı sorumluluktan vazgeçmeyip her şeye rağmen onu uzaktan da olsa korumak için çabalıyordu. Ayhan'ın bu sağduyulu, âşık hali Canan için işleri daha da zora sokuyordu. Âşık bir adamdan hiç nedensiz yere kaçıp gitmek öyle kolay olmuyordu. Kalp kırıklarının üzerine basarak başka bir aşka yelken açmak ağır bir vicdan hesaplaşmasına neden oluyordu. Keşke Ayhan bu kadar anlayışlı davranmasaydı karısına karşı... Keşke bu kadar olgun ve sevdalı bir adama dönüşmeseydi. O zaman çekip gitmek bu kadar ıstırap verici olmazdı. Ayhan, hiç sorun çıkarmayıp Canan için bu ayrılığı kolaylaştırmaya çalışırken, aslında onun pervasızca çekip gidişini daha da zora sokuyordu. Nefreti yıkıp geçmek, direnişe karşı koyup özgürlüğe koşmak her zaman daha kolaydır. Şefkatine rağmen birini terk etmek, yeni yükler sırtlanmaktan başka bir şey değildi.

Canan'ın kafası bu telefonla birlikte çok karışmıştı. Kocasının ona duyduğu aşkın bu denli derin ve büyük olduğundan hiç emin olamamıştı evlilik hayatları boyunca. Onun bu güzelliklerini ve fedakârlığını görmezlikten gelip uzun geçmişlerine ve dünya güzeli iki oğullarına rağmen Ayhan'dan vazgeçmek giderek güçleşiyordu.

Çelişkiler arasında sıkışıp kalan Canan'ın, akışa teslim olmaktan başka çaresi yoktu. Keşke Nuray'ın rehberliğini kolayca hayatına uygulayabilseydi. Endişe duyduğu şeyleri yapmak zorunda olduğu duygusuna kapılmadan cesaretle "hayır" diyebilse, kendisini ifade edip öz saygısını koruyabilse ve teslim olduğu akışın ona verdiği öğütleri işitebilseydi.

Canan banyodan çıktığında rahatlamış değildi. Artık kendini hafif de hissetmiyordu. Handan'ın bu telefonuyla birlikte yorgunluğu artmış, omuzlarını çökertmiş, uyuma arzusunu güçlendirmişti. Şimdi yatağa uzansa, sabaha kadar deliksiz uyuyabilirdi.

Kuaför ve makyöz gelip gece için hazırlıklar başladığında, zaman çok daha hızlı geçti. İşi bitip aynanın karşısına geçtiğinde göz alıcı göründüğünün farkındaydı. Etrafında dönüp aynada kendisini izledi. Yoğun ve iri dalgalarla coşturulan kahverengi saçları ona ayrı bir hava katmış, çok yakışmıştı. İri ela gözlerindeki gölgeli makyajı, uzun kirpiklerini kaşlarına taşıyan siyah maskarasıyla bakışları buğulanmış, yumuşamıştı. Kırmızı parlak rujuyla daha davetkâr ve kışkırtıcı görünen dudakları olduğundan dolgun görünüyordu. Uzun siyah simli elbisenin beline kadar açılan derin dekoltesi sırtını bütün çıplaklığıyla cömertçe sergiliyordu. Nefis göründüğünü düşünüyordu. Aynadaki kadının dişiliğinden ve iddiasından etkilenmişti. Kesinlikle yaşının insanı değildi. Dişiliğinin en tatlı, en cazibeli ve taze döneminde mumyalanıp kalmış gibiydi. O zamanın uğramadığı kadınlardandı. Yıllar içinde hiç değişmeyen, ama lezzetine lezzet katarak vazgeçilmez olanlardandı...

Canan, otelden ayrılırken, Selçuk'un hatırlattığı gibi eksiksiz toparlandı. Odaya daha önce hiç kadın girmemiş gibi yataktaki kokusunu bile üzerine alıp çıktı. Asansöre doğru yürüdüğü sırada anlam veremediği tuhaf bir dürtüyle odaya geri döndü. Valizinden siyah string külotunu çıkarıp yatağın başucuna gelerek yastığın altına sokuşturdu. Şimdi rahatlamıştı. Kafasının içindeki tutarsız gürültünün büyük bir kısmı susmuştu.

İşaretlerin Dili (Evrensel Rehberlik)

Canan, Selçuk'un karısına kıskançlık duyguları beslemekle kalmadığı gibi ona karşı birtakım savaş oyunları uygulama yoluna da gitmeye başladı.

Kırılan egosunun intikamını alıp zihinsel rahatlama yaşayabilmek için planlar yapmaktan asla geri adım atmıyor. Oysa kıskançlık ve intikam duygusuyla başka bir insana zarar vermek, onu üzmek ve egosunu kırmak adına yapılan her şey kişinin elinde tuttuğu zehirli oku kendi kalbine doğru yöneltmesidir sadece.

"Başka bir insana zarar vermek" diye bir durum yoktur!
"Başka bir insana zarar verdiğini sanmak" diye bir şey vardır.
Zarar verebileceğin tek kişi kendinsindir. Bunun dışında yapabileceğin hiçbir şey yok!
Biri hakkında kötü sözler sarf ederken, birinin malına, canına, namusuna musallat olurken, birinin işini bozarken, kalbini kırarken, yalan söylerken, birine el kaldırırken, hakaret ederken, birini zora düşürmeye çalışırken, çelme takarken, birini aşağı çekmeye çalışırken sadece kendine zarar verdiğinin farkında ol...

Paper Moon'da Ayhan, çocuklar, Nuray ve Kübra'yla buluşup keyifli ve bol sohbetli bir yemek yediler hep birlikte... Selçuk bu yemeğe davetli olduğu halde katılmamıştı. Canan'ın gözleri ara sıra saatine gitse de herkesin yanında Selçuk'u arayıp nerede kaldığını sormaya cesaret edemedi. Ayhan, karısındaki huzursuzluğun nedenini hissetse de çocuklarının keyfini kaçırmamak ve arkadaşlarının yanında karısını zor durumda bırakmamak için hiçbir şey demedi.

Nuray bir ara yanında oturan Canan'ın kulağına eğilip Selçuk'un davetli olup olmadığını sordu. Evet... Selçuk da yemekte olacaktı ama sebebini bilmediği bir şekilde ortalıkta yoktu. Muhtemelen doğum günü hediyesi arıyordu ya da arkadaşlarıyla sohbet etmek ona daha tatlı gelmişti.

Yemeğin sonuna doğru gelindiğinde Selçuk, herkesin bir arada olduğu masaya güler yüzlü, rahat ve kendinden emin, vakur bir tavırla geldiğinde ortamın havası da birdenbire değişti.

Canan ayağa kalkarak iki saattir gözü yollarda beklediği misafirini karşıladı. Selçuk, önce Ayhan'a selam verip elini uzattıysa da Ayhan ona sadece küçük bir baş hareketiyle karşılık verip yemeğine döndü. Doğan ve Orçun da ellerini uzatmaya tenezzül etmeyerek "İyi akşamlar" demekle yetindiler. Keyiflerine gölge düştüğü her hallerinden belliydi. Selçuk, masadaki erkeklerin bu soğuk tutumlarından hiç etkilenmediğini kanıtlamak istercesine, bütün enerjisini ve ilgisini hanımlara yönelterek en güçlü erkeklik kozlarını takınarak kuşandı.

Nuray'a elini uzatıp tokalaşarak "Merhaba hanımefendi... Selçuk Arslan... Sizi tanıdığıma çok memnun oldum. Çok zarifsiniz" dedi. Selçuk'un kibarca uzanan elini sıkıp gülümseyerek karşılık veren Nuray, Canan'ın hayatına bomba gibi düşen bu adamı doğru tanıyabilmek için ondaki her ayrıntıyı dikkatle izlemeye başladı.

Kübra'nın elini de dudaklarına götürerek kendisini tanıtan Selçuk'un, cilveli bakışları ve kıvrak hareketleriyle pek çok erkeğin başını döndürmeyi başaran bu kadınla daha uzun süre ilgilendiği kimsenin dikkatinden kaçmadı. Selçuk'un takdim merasimi boyunca neler yaptığıyla zerre kadar ilgilenmeyen Ayhan, Doğan ve Orçun bile bu kez göz ucuyla olan biteni takibe almışlardı.

Selçuk, Kübra'nın yanındaki boş sandalyeye oturduğunda bile kadının elini bırakmamıştı. Gördüğü zarif ama yoğun alakadan etkilendiği her halinden belli olan Kübra, bu uzun boylu, yakışıklı, esmer adamın şimdi ne yapacağını heyecanla bekler gibi gülümseyerek ona bakıp kaldı bir müddet.

"Çok memnun oldum Selçuk... Ne kadar etkileyici bir enerjin var senin böyle. Masanın havasını değiştirdin. Dikkat çekmekte çok başarılısın."

Kübra'nın açıksözlü ve aklına geleni rahatlıkla söyleyebilecek özgüvene sahip bir kadın olduğunu sezen Selçuk, tuttuğu eli kibarca özgür bırakırken yine o büyülü sesiyle şiir gibi konuşmaya başladı:

"Sizi çok uzun yıllar önce tanıyormuşum hissine kapıldım. Beni affedin. Çok özlediğim ve yakınlık duyduğum birine kavuştuğum duygusuna kapıldım. Elinizi bırakamayacağımdan korktum bir an. Bu kabalığımı bağışlayın lütfen."

Uzun kıvırcık saçlarını savurup, şen kahkahalarıyla kadeh gibi çınlayan Kübra, bu adamı farklı bulmuştu:

"Ah sen gerçekten değişik bir adamsın Selçuk... Hangi filmin içinde çıkıp geldin böyle? *Rüzgâr Gibi Geçti* mi desem, *Kazablanka* mı desem bilemedim. Nostaljik ve romantik bir havan var senin... Demek özlediğin birini hissettin bende..."

"Ruhum sizi tanıdığına ve kader de sizi şimdi karşıma çıkardığına göre sanırım Levh-i Mahfuz'da sözleşmiştik. Sizinle çok önceden tanıştığımıza eminim. Bu yüzden bu akşam burada olmaktan memnunum. Hamt olsun."

Selçuk'un bu hadsiz komplimanı sadece Canan'ı değil Ayhan'ı ve Nuray'ı da rahatsız etmişti. Henüz tanıştığı bir kadına güzelliğiyle ilgili iltifatlar yapmaya cüret etmesi şaşırtıcıydı. Kübra kimsenin ne düşündüğüyle ilgilenmeden sadece Selçuk'a odaklanmış, neşeli ve işveli bir sesle konuşup duruyordu:

"Aman Allahım çok güzel bir tanışma öyküsü anlatıyorsun öyle Levh-i Mahfuz falan ama ben hiç öyle ruhlar tanışmasından falan anlamam. Bizde o işlere Nuray bakar. Konuyu kendisine danışacağım."

Kübra espriyle Nuray'a dönüp "Ne dersin biz önceden tanışıyor olabilir miyiz Nuraycığım?.." dedi. Selçuk'u izlemeye devam eden Nuray, yemek masasında spiritüal nutuklar atmak istemediğinden konuyu kibarca kapattı:

"Sana bu konuyu çok daha uygun bir ortamda başka bir zaman, etraflıca anlatırım canım. Şimdi ayaküstü izah edebileceğim kadar basit bir mevzu değil bu..."

Ayhan, Doğan ve Orçun bu müsamere sahnesindeki ilginç diyaloglardan bir şey anlayamadıklarını ifade eder gibi boş gözlerle birbirlerine bakıp afallasalar da kendilerini çabuk toparlayıp tatlı siparişi vermek için menü isteyerek konudan uzaklaştılar.

Canan, masada donup kalmıştı, ne duyduklarına, ne de gördüklerine inanabiliyordu. Selçuk bu sözleri kendisine de söylemiş, buna benzer konuşmalar kendi aralarında da geçmişti. Aynı filmin değişik versiyonlarını izler gibiydi. Bütün bedenini saran yakıcı kıskançlık duygusu giderek şiddetini artırdığından Canan bir noktadan sonra kendisini kontrol edemeyeceğinden endişe ediyordu. Selçuk, kısa süren takdim merasiminden sonra bir daha Canan'ın yüzüne bile bakmamış, bütün gün yaptığı hazırlıklardan sonra ne kadar güzel göründüğüyle bile hiç ilgilenmeyip sanki masada o yokmuş gibi davranmaya başlamıştı.

Sükûnetini korumaya çalışan Canan, bunun kendisine yönelik bir kıskandırma hamlesi olabileceğini düşünerek yanlış bir şey yapmamak yolunda telkin ediyordu kendisini...

Ayhan ve çocuklar garsona sufle siparişi verirken Canan ve Nuray da menüden tatlı seçimi yapmaya çalışıyorlardı. Kendi aralarında gülüşerek konuşmaya devam eden Kübra ve Selçuk'un masadaki hiçbir hareketle ilgilenmemesi Canan'ın sinirlerini gerdi. Keyfinin yerinde olduğunu sesinde ifade etmek ister gibi rahat ve sakin bir sesle konuşmaya çalıştı:

"Selçuk! Sen bir şeyler sipariş etmek ister misin? Geç geldiğin için bizimle birlikte yiyemedin."

Selçuk, bakışlarını Kübra'dan bir an olsun ayırmadan, teşekkür edip tok olduğunu söyledi.

Canan'ın öfkesini kontrol etmekte zorlandığını fark eden Nuray, onu mantıklı olmaya davet ederek, "Sakın sana yakışmayan hareketler yapmaya kalkma Canan... Aklını başına topla. Kocanın ve çocuklarının yanında kendini küçük düşürürsen Selçuk'un karşısında da hiçbir saygınlığın kalmaz. Düşünmeden yapacağın her şey sadece sana zarar verir unutma..." dedi.

İki gruba ayrılan yemek masasının bir yanında Selçuk ve Kübra kendi aralarında gülüşüp konuşurlarken, masadaki diğer grup ise tatlılarını yiyip kendi aralarında havadan sudan küçük şeyler anlatıyordu.

Ayhan hesabı istediğinde, Doğan annesine aldığı hediyeyi pembe yaldızlı bir paket içinde verip yanaklarından öperek doğum gününü kutladı. Doğan annesine lacivert renkli ipek bir fular almıştı. Kendisine pantolon alırken bile zorlanan Doğan'ın bu kadar şık bir seçim yapması şaşırtıcıydı. Belli ki bu hediye için kız arkadaşı Merve'den yardım almıştı. Orçun da annesini öpüp hediyesini verdi. İçinden çerçeveli bir tablo çıkacağı belli olan geniş paket açıldığında Canan çok duygulandı. Küçük oğlu doğdukları günden beri bütün fotoğrafları tabettirmiş, özenle yapılan bu şahane kolajı çerçeveleterek ölümsüzleştirmişti. Canan küçük oğlunun anlamlı hediyesine baktığında kocası ve çocuklarıyla birlikte dolu dolu geçen uzun yıllarını ve hayatına anlam katan sevgi dolu bağlılıklarını gördü. Nuray da biricik arkadaşının doğum gününü kutlayıp ona aldığı yeni model akıllı telefonu hediye etti. Gözler Ayhan'a döndüğünde cebinden çıkardığı küçük kadife kırmızı kutuyu karısına uzatan vakur adam "Nice mutlu yıllara yol arkadaşım!" dedi... Kırmızı kutuyu merakla açan Canan, gördüğü şeye inanamadı. Bundan yıllar evvel Ayhan evlilik teklif ederken kendi annesinin alyansını alıp götürmüştü sevdiği kıza... Canan amfide parmağına taktığı bu emektar yüzüğü bir daha hiç çıkarmamıştı. İki yıl önce iş seyahati sırasında yurtdışında bir otelde kaybettiğinden beri parmağı boş kalmıştı. Kayınvalidesinin aşk dolu evliliğinden kendi evliliğine miras kalan bu hatırayı kaybettiği için çok üzülmüştü. Oteli defalarca arayıp yüzüğün bulunmasını istemişti. O günden sonra başka alyans takmak da içinden gelmemişti. Ayhan dört yıl önce vefat eden annesinin aynı model alyansını yeninden yaptırmış, içindeki isim ve tarihleri de birebir yazdırmayı unutmamıştı. Bu alyansı annesinden alıp okulda sevgilisinin parmağına taktığı gün, tıpkı bugün olduğu gibi Canan'ın doğum günüydü... Ona evlenme teklif ederken de şimdi söylediği gibi "Nice mutlu yıllara yol arkadaşım!" demişti... Ayhan'ın bu değerli hediyesi ve inceliği karşısında gözyaşlarını tutamayan Canan, ne söyleyeceğini bilemiyordu. Hem çok mahcup hem de çok çaresizdi. Bir yandan Selçuk'a duyduğu aşkı inkâr edemiyor, diğer yandan kocasına ve çocuklarına karşı kayıtsız kalamıyordu. Ayhan onun mutlu geçmişi, Selçuk'sa aşk dolu geleceği gibiydi. İkisi arasında seçim yapmak artık mümkün değildi. Ayhan giderek öyle bir adama dönüşüyordu ki, onun aşkının üzerine basıp geçmek yeni bir kalp yarası açmaktı... Bu yüzükle ne yapacağına bir türlü karar veremeyen Canan, onu parmağına takmak yerine kocasını öpüp teşekkür ederek çantasına koydu. Bu Ayhan'ı öldürmenin en kestirme yoluydu aslında...

Masada yaşanan hediye alışverişi ve duygu yoğunluğuyla ilgilenmeyen Selçuk ve Kübra, hesabın gelmesiyle kalkacaklarını anlayıp sohbetlerini sonlandırdılar. Canan'ın gözündeki küçük damlaları ve birbirinden güzel hediyeleri gören Kübra, "Ah... Durun durun! Benim de hediyem var" diyerek çantasından çıkardığı paketi kendisi açıp, İtalya'dan aldığını söylediği broşu Canan'ın sol yakasına taktı.

Arkadaşına karşı duyduğu kızgınlığa rağmen ona karşı yakın ve sıcak davranmak mecburiyeti duymayan Canan, heyecansız buz gibi bir sesle teşekkür edip sustu.

Heyecansız bir spor müsabakası izler gibi ilgisiz ve uzak bakışlarla tarafları takip eden Selçuk, bu sohbetin sonra ermesi üzerine isteksizce söze girdi:

"Ben de yeni yaşını gönülden tebrik ederim sevgili Canan. Beyza bugün bazı özel nedenlerle gelmediği için hediyeni sana ulaştıramadık. İnşallah yarın karımla birlikte hediyen de gelmiş olacak. Hayırlısıyla o zaman takdim edeceğiz. Bu gece için elim boş üzgünüm..."

Duyduğu can sıkıntısını gizleme kaygısı gütmeden konuşan Canan, soğuk ve mesafeli bir tavırla Selçuk'un yüzüne bile bakmaya tenezzül etmeyip, "Hiç önemli değil Selçuk. Hiç zahmete girmeyin. Rahat olun" dedikten sonra kocasının koluna sarıldı.

Ayhan, bu kez Selçuk'a karşı koz olarak kullanılmaya razı değildi. Hesabı ödemek üzere ceketinin iç cebindeki cüzdanı ararken kibarca kurtuldu karısının sevdiği adama karşı oynadığı bu kibirli aşk oyunundan... Ayhan kolunu kaçırırken kırılan onurunu kurtarmaktan çok, can acısını bastırmaya çalışıyordu... Canan, kocasına yaptığı zulümden ıstırap duyarak Nuray'ın koluna girdi. Selçuk'un hediye konusundaki düşüncesiz tavrında bilinçli bir art niyet vardı. Kadın ruhunu sözleri ve sürprizleriyle deşifre edip çözebilen, akıllı ve incelikli bu Don Juan'ın, sevdiği kadına özel bir hediye alabilmek için öğlen saatlerinden beri bolca vakti olmasına rağmen bunu yapmamasının mantıklı bir izahı olamazdı. Üstelik Canan için düşünülen hediye için karısının yaptığı seçimi öne sürmesinin tek nedeni Canan'ın kıskançlık ve kırgınlık duygularını kaşıyıp kudurtmaktı. Elbette bunu yaparken planladığı bir şey olmalıydı. Yataktaki stratejik zekâsı ve irade gücü, kadın erkek ilişkilerinde ne kadar usta bir yönetici olduğunu kanıtlıyordu. Canan'ı kışkırtmakla mutlaka hedeflediği bir sonuç olmalıydı. Zaman onun bütün niyetlerini aydınlığa kavuşturacaktı.

Mekândan hep birlikte çıkıp kapının önünde valenin arabaları getirmelerini beklerlerken nedense kimse kimseyle konuşmuyordu. Arabalar geldiğinde herkes nasıl organize olacağını bilemeden birbirine bakarken Selçuk çok daha önceden organize edilmiş bir planı uyguluyor olmanın rahatlığı ve güveniyle kimseye bir açıklama yapmadan Kübra'nın kullandığı arabaya kurulup yerleşti.

Kübra şoför mahalline yürürken, şen şakrak sesiyle Canan'a seslendi:

"Canımcığım! Biz Cahide'ye doğru geçiyoruz. Hadi siz de kendinizi ayarlayıp arkamızdan gelin. Nasıl olsa yeri biliyorsunuz. Cahide'de görüşürüz şekerlerim... Bay..."

Ayhan ve Nuray, cereyan eden bu şaşırtıcı durum karşısında Canan'ın ne hissettiğini anlayabilmek için meraklı ve kaçamak bakışlarla onu izlerken, Doğan ve Orçun yetişkinleri kendi aptalca sorunları içinde baş başa bırakmaya karar verdiklerinden, babalarının kullandığı araca binip beklemeye başladılar. Ayhan, karısının bu gerginlikle tek başına araba kullanmasına izin vermeyip, ona kendisi ve çocuklarla birlikte gelmesini söyledi. Valeye hatırı sayılır bir ücret ödeyip Canan'ın arabasını eve bıraktırtacaktı. Nuray da kendi arabasıyla Ayhan'ı takip ederek gelecekti. Bu planlamayla yola çıktıklarında Kübra ve Selçuk çoktan gözden kaybolmuşlardı bile.

Cahide'de kendileri için ayrılmış masaya yerleştiklerinde Kübra ve Selçuk'un önden gitmelerine rağmen henüz ortalıkta görünmüyor olmaları Canan'ın hem aklının karışmasına, hem de sinirlerinin daha da bozulmasına neden oldu.

Ortamın renkli ambiyansı ve müzikle birlikte rahatlayan Doğan ve Orçun, küçük ritimlerle oturdukları yerden eğlenceye ısınmaya başladılar. Ayhan da şu saatten sonra ilgisini çocuklara yönelterek kafa dağıtmaya gayret edecekti. Gece boyunca Selçuk'un yaptıkları ya da yapmadıklarıyla uğraşmaya hali yoktu. Zaten karısıyla bu garip adam arasında yaşanan ilişkiyi sağlıkla düzenlemek amacında olmamıştı hiçbir zaman. Onun tek çabası Canan'ın suiistimal edilip rencide olmaması içindi. Canan'a duyduğu aşk ve bunca yıllık hayat arkadaşlıklarının hatırına şefkatli ve koruyucu olmak zorunda olduğunu düşünüyordu.

İçki siparişlerini verip bir saat sonra kesmeyi planladıkları doğum günü pastasıyla ilgili gerekli detayların üzerinden geçip sohbet etmeye başladılar. Bu akşam Orçun'un içki içmesine bile izin verilmişti ancak onun için uygun bulunan tek alternatif biraydı. Babasının bu toleransından memnun kalan Orçun ilk yarım saatin içinde iki şişe birayı bitirmişti bile. Doğan'ın kız arkadaşı Merve de mekânı teşrif edip Canan'ın doğum gününü kutladıktan sonra Doğan'ın da neşesi yükseldi. Genç sevgililer bol bol dans edip votka vişne siparişi verdiler. Ayhan, Canan ve Nuray'sa kırmızı şarapla eğlenceye dahil oldular.

Şaraptan sonra Canan da her ne kadar rahatlamış ve keyiflenmiş görünse de, Selçuk'la Kübra'nın bir saattir kayıp olmalarından dolayı endişe ettiğinin farkında olan Nuray, arkadaşının kulağına eğilerek ona sakin olması gerektiğini hatırlattı:

"Canan lütfen şu gecenin tadını çıkar. Eğlenmene bak. Ailen de burada, ben de yanındayım. Lütfen senin yanında olan insanların kıymetini bilip onlara odaklan. Olamayanların peşine düşüp enerjinin dışarıya akmasına izin verme. Karşında çok akıllı bir adam var Canan. İşin hiç kolay değil. Selçuk tam bir strateji üstadı. Yaptığı her şeyin bir nedeni var. Sana karşı mı oynuyor, başka hedefleri mi var bilemem ama emin ol yaptığı her şey planlı ve bilinçli. Selçuk gerçek bir enerji vampiri. Senin enerjini iliklerine kadar çekip sömürmeyi iyi başarıyor. Kontrolü eline almış, seni ve hayatını dilediği gibi yönetiyor. Lütfen Canan, hiç değilse bu gece enerjini çekip emmesine izin verme. Moralin düştükçe, kendini mutsuz hissetmeye devam ettikçe ve kafanı o adama taktığın müddetçe Selçuk'un gücüne güç katarsın. Artık aramıza dön ve bu güzel geceden zevk almaya bak. Anlaştık mı?"

"Hadi Selçuk'un yaptıklarını yok saymaya çalışayım da Kübra'ya ne demeli. Kaç yıllık arkadaşım o benim. Üstelik Selçuk'la yaşadığım ilişkiyi de biliyor. Kaç gece buluşup kafaları çekerek Ayhan'dan ve Selçuk'tan konuştuk birlikte. Kübra'nın bu yaptığı akıl alır gibi mi?"

"Bak Canan... Başkalarının yaptıklarının doğruluğuna ya da yanlışlığına karar verecek makamlar biz değiliz. Ortada bir yanlışlık varsa Kübra bunun bedelini zaten ödeyecektir. İlahi adalet her zaman, her yerde, her koşulda işlemeye devam eder. Kimsenin yaptığı zerre kadar bir haksızlık ya da kötülük bile gözden kaçmaz. İçin rahat olsun. İlahi adaletin terazisi, bizim vicdan tartılarımızdan çok daha hassas ve adil. Yaşanan olaylara anlam yüklemeye çalışma. Kimse hakkında hüküm vermek zorunda değilsin. Sadece izle. Farkında ol. Yapılanları gör. Kimsenin seni olumsuzca etkilemesine izin verme. Akışa teslim ol. Göreceksin her şey kendiliğinden çözülecek. Görmen gerekenler gözünün önüne getirilecek. Hayatından gitmesi gerekenler gidecek. Yeter ki sen izin ver. Hiçbir şeyi oldurma çabasına girme. Selçuk'a da Kübra'ya da nasıl davranmaları gerektiğini öğretemezsin. Şu yaşanan olayların değişmesini istiyorsan ve bundan dolayı kendini kötü hissediyorsan sadece kendini değiştirebilirsin Canan. Ne olmasını istiyorsan önce sen istediğin şeye dönüşebilmelisin. Mutlu bir hayat istiyorsan önce kendi içinde mutluluğu bulacaksın. Sevmek tek kişiliktir. Sen seviyorsan seviyorsundur. Ama sevdiğin herkes aynı sevgiyle sana karşılık vermek zorunda değil. Sen ona iyilik yapıyorsun diye karşı taraftan da iyilikle karşılık bulacağının bir garantisi yok. İnsan ne yaparsa kendine yapar unutma. Seversen kendi gönlün yücelir. Paylaşırsan senin bereketin artar. Öfkeni yenersen senin huzurun genişler. Onlar da kendilerine yapıyor. Eğer bir haksızlığa alet oluyorlarsa kendileri adalete muhtaç kalırlar. Evrenin bu düzenini yönetmek sana bana düşmez. Bu düzenin bir sahibi var. Bu düzenin kaideleri var. Sen yeter ki bu düzenin adaletine güven ve ona teslim ol."

İşaretlerin Dili (Evrensel Rehberlik)

Enerji vampiri, karşısındaki kişinin zayıf noktalarını güçlü sezgileriyle iyi tahmin eden, o bölgeyi yaralayarak karşısındakinin enerjisini boşaltarak tatmin olan kişidir.

Enerji vampirlerini çok da uzakta aramaman gerektiğini söyleyebilirim. En iyi enerji vampirleri çocuklar, aile bireyleri ve yakın çevreden çıkar.

Örneğin çocuklar ebeveyninin en zayıf bölgesinin neresi olduğunu iyi bilir. İstediği bir şey yerine getirilmediğinde de acımasızca o bölgeyi yaralamaya ve ebeveyninin enerjisini çekip boşaltmaya başlar. Annesi o yemek yemediği zaman çok üzülüyorsa, sabahtan akşama kadar aç kalmayı başarabilir. Böylece annesinin enerjisini emerek aşağı çekmiş ve hedefine ulaşmış olur. Bu başarısından dolayı da kendi enerjisi yükselir.

Ailen ya da arkadaşların da hassasiyet duyduğun, mayınlı bölgelerini gayet iyi bilirler. Onların canını sıkacak ya da üzecek bir şey yaptığında hatta bazen hiçbir şey yapmadığında bile sebepsizce senin mayınlı bölgeni yaralayıp enerjini çekebilirler. Çünkü kendi enerjilerini yükseltebilmek için senin enerjine ihtiyaçları vardır. Üstelik bunu yaparlarken son derece kibar ve iyi niyetli de davranırlar.

"Canım sen şu aralar biraz kilo mu aldın? Azıcık uzun olsan benim diyen mankene taş çıkarırsın? İnşallah maaşı yüksek bir iş bulursun da böyle sürünmekten kurtulursun? Aşkım neyin var, çok kötü görünüyorsun? Burnun yamuk mamuk ama sana ayrı bir karizma katıyor!"

Bu türden cümleler enerji vampirlerine aittir. Karşısındaki insanın zaaflarına yönelik konuşurlar ve o bölgede yara açarak bütün enerjinin kendilerine doğru akmasını sağlarlar.

Karşısındakinin enerjisiyle beslenen enerji vampirlerini durdurmanın en etkili yolu, zayıf bölgeyi koruma altına almaktır.

Zaaflarını onlara göstermez ya da bu zaaflardan dolayı hiç enerji kaybetmediğini onlara kanıtlarsan birkaç denemeden sonra o bölgeye çalışmaktan vazgeçeceklerdir.

Nuray'ın bu sözlerinden sonra Selçuk'un bütün enerjisini, neşesini ve keyfini çekip aldığını Canan da fark etti. Gerçekten de onu her düşündüğünde ya da yaptıklarını sorguladığında daha yorgun, mutsuz, karmaşık ve içine kapanıktı. Nuray'ın söylediği gibi Selçuk bir enerji vampiri olabilirdi. İlgisini onun üzerinden alması gerekiyordu.

Bir iki kadeh daha şarap içip oğullarıyla dans ettikten sonra sıra pastanın kesilmesine gelmişti. Mekân bir anda "İyi ki doğdun Canan..." sesiyle çınlamaya, herkes Canan'ın etrafında toplanmaya başladı. Kırmızı gül şeklindeki pasta da yine Ayhan'ın tercihiydi. Canan gözlerini kapayıp davetlilerden bir dilek dilemeye yetecek kadar kısa bir süre talep ettiyse de ne istemesi gerektiğine bir türlü karar veremeyince, beklemekten bunalan Orçun espriyle "Hadi anne hadi... Senin dilek listesi biraz kabarık galiba... Sadece tek bir dilek hakkın var, öyle kırk iki tane dilek tutamazsın, hadi!" dedi.

Canan, dileğine Selçuk'u mu, ailesini mi ya da tamamen kendisini mi katmalıydı bilemedi. Hayattan ne beklediğinin farkında değildi. Yeryüzüne bir melek inip "Hadi Canan, dile benden ne dilersen" dese verecek bir cevabı yoktu. Sadece Selçuk'la evlenip mutlu olmak derdinde değildi, sevilmek de istiyordu. Sevdiği bir adamın ona delice tutkun olmasını da arzuluyordu. Aşkı düşlerken Ayhan'ı düşünmeden de edemiyordu. Selçuk'u dilemek Ayhan'ın aşkına haksızlıktı. Ayrıca çocuklarıyla bir arada olmak, onları huzursuz etmeden büyütmeye devam etmeyi de diliyordu. Bu konuyu daha sonra ciddi ciddi oturup düşünmeye karar verip "Koşulsuz aşk" diyerek pastasının üzerindeki kırmızı mumları üfledi. Kendisini sevgiyle ve coşkuyla alkışlayanlar arasında Selçuk ve Kübra'yı da fark edince sinirleri yine gerildi.

Pasta kesilip servis başladığında masaya birlikte gelen Selçuk ve Kübra'nın neşeleri Canan'ın neşesinden çalıyordu. Nuray kesinlikle haklıydı. Bu adam Canan'ın enerjisini çekerek yükselen bir enerji vampiriydi. Muhtemelen her hareketinde de bilinçliydi.

Nihayet saatler sonra görüş açısına giren Selçuk, etrafta dolanıyor, masada oturuyor, karşısında duruyor ama nedense Canan'ın hiç farkında değilmiş gibi uzak, soğuk ve hissiz davranıyordu. Zihninde çoğaldıkça çoğalan sorularıyla baş edemeyen Canan, kalbindeki sancıyı kimselere hissettirmeden Selçuk'u yok sayarak Kübra'ya yönelip sordu:

"Kübracığım nelerdesin saatlerdir? Bugün doğum günüm olduğunu unuttun sandım."

"Aşkım, kelebeğim unutur muyum hiç! Buralardaydık. Selçuk'u birileriyle tanıştırdım da."

Kübra'nın bu geçiştirici yanıtı Canan'ı tatmin etmeye yetmedi. Daha fazla açıklamaya ihtiyacı olduğunu ifade edebilmek için soru sormaya devam etmesi gerekiyordu. Selçuk da soruyu duymamış gibi kendi halinde masada oturduğuna göre anlaşılan ikisi de bunca zamandır nerede ne yaptıkları konusunda konuşmaya çok da hevesli değillerdi. Bu iki sorumsuzun yarattığı gerilimden ve onu içine düşürdükleri çaresizlik duygusundan giderek öfke duyan Canan, gözünü karartıp daha detaylı bir açıklama beklediğini belirterek yeni sorular sormaya hazırlanıyordu ki Nuray, arkadaşının elini tutup önce onu sakinleştirdi, daha sonra da taze doldurulmuş bir kadeh şarap ikram ederek dikkatini dağıtmaya çalıştı.

"Hadi Canancığım şerefine arkadaşım... Bu gece senin gecen, bu kadehi sana kaldırıyorum."

Nuray'ın uzattığı kadehi alıp kafasına diken Canan, Doğan ve Merve'nin dans davetine Ayhan'la birlikte katılmayı kabul ederek yerinden kalktı. Bira şişelerini ardı ardına boşaltmaya devam eden Orçun'sa, sarhoş olmuş ayakta zor duruyordu. Anne babasının dansına musallat olup araya sızarak tepinmeye başladı. Bu gece kendisine tanınan özgürlüğün sınırlarını fazla zorlayan Orçun'un bu sarhoş hali annesini endişelendirdi. Küçük yaramazını ikaz eden Canan, bira siparişine son verilmesini istedi. Dans etmek niyetiyle sağa sola sallanıp zıplarken midesi bulanan Orçun, istifra etmeye başladığındaysa babası onu yakaladığı gibi tuvalete götürdü.

Doğan ve Merve'yi baş başa bırakarak masaya yalnız dönen Canan, Kübra'yla Selçuk arasındaki hararetli sohbete

Nuray'ın da dahil olduğunu görüp bozuldu. Bu şımarıklığının çocukça olduğunu çabuk fark ederek moralini düşürmemeye imtina edip etrafa gülümseyerek sandalyesine oturdu.

Yarım kalan şarabını yudumlamaya devam eden Canan, Selçuk'un elinde de aynı kadehten olduğunu gördüğünde şaşkınlıktan küçükdilini yutacaktı. Sigara bile içmeyen, zina yaparak günaha gireceği korkusuyla sevişmelerini yarıda kesen ve beş vakit namaz kılan bu adamın alkol konusundaki düşüncelerini iyi bilen Canan, kadehin içindeki kırmızı sıvının vişne suyu olabileceğini tahmin etti. Selçuk, odayı gül yapraklarıyla bezeyip baş başa mum ışığında yemek yedikleri o romantik gecede bile odaya şarap siparişi vermemiş, hatta Canan'ın içmesine de müsaade etmeyerek alkolle ilgili hassasiyetini açıkça ifade etmişti. Selçuk'un sadece Kübra'yı kırmamak ve ona eşlik etmiş olmak için şarap içmeye razı olacağına inanmazdı. Selçuk her ne kadar karmaşık ve gizemli bir adam olsa da değerleri konusunda gayet prensip sahibiydi.

Canan'ın şaşkın bakışlarını üzerinde hissettiği her halinden belli olan Selçuk, onunla göz göze gelmemek konusunda da çok kararlıydı. Bütün gece tek bir an bile bakışları birbiriyle buluşamamıştı. Belli ki Selçuk, yataktaki irade yönetimine hayatının pek çok alanında hâkimdi.

Şaraptan vazgeçip eğlenceye viskiyle devam eden Kübra'nın da sarhoş olduğu hareketlerindeki rahatlıktan ve konuşmalarındaki argodan anlaşılıyordu. Kübra'nın fönlü düzgün saçları kabarıp dağılmış, büstiyerinin dekolte derinliği artmış, makyajı silinerek uçmuştu. Selçuk'la beden teması arttığı gibi, çekinmeden argo kelimeler de kullanmaya başlamıştı. Birbirlerine doğru eğilerek sohbet ederken Selçuk elini Kübra'nın beline koyuyor, Kübra da kocaman dolgun göğüslerini Selçuk'un koluna bastırıp yaslıyordu. Aralarından su sızmayacak hale gelmeyi başarmışlardı. Üstelik bu samimiyeti yakalamak için kimseden yardım almaya bile ihtiyaç duymamışlar, kendi aralarında kaynaşıp erimişlerdi. Kübra yine Selçuk'u biriyle tanıştırmaya karar vermiş gibi kalabalığın arasından uzak bir yeri görmeye çalışarak ısrarla birini işaret edip gösterdi. Hedeflediği kişiyi göstermeyi başardıktan sonra heyecanla bir şeyler anlatıp Selçuk'un elini tutuğu gibi onu masadan kaldırarak götürdü. Onları dikkatle izleyen Canan, karşı köşede bir masaya doğru gittiklerini, burada yaşlı bir adamla baş başa oturan sarışın, mavi gözlü, hoş bir kadının elini sıktıklarını gördü. Selçuk bu kadının elini de kibarca öpüp, karşısındaki yaşlı adama yönelerek kendini takdim etti. Bu insanları etkilemesi de uzun sürmedi. Birkaç dakika sonra Kübra ve Selçuk, çiftin masasında oturup kadeh tokuşturuyorlardı.

Nuray'la yalnız kalan Canan, sadece üzgün değil, şaşkın ve çaresiz de hissediyordu kendini. Selçuk'a karşı hem büyük bir aşk besliyordu, hem de onu bir kaşık suda boğmaya hazırdı. Aşk ve nefreti aynı anda, oldukça da güçlü hislerle deneyimliyordu.

Öfkesine merak, merakına kuşkular karışmıştı Canan'ın... Binlerce soruyla boğuşup dururken, Selçuk'un biraz önce Kübra'nın elini tutup giderken masada bıraktığı kadehe takıldı gözleri. Hızlı bir hamleyle kadehe uzanarak aldı ve bir iki yudum içti. Damağına ulaşan tadı tanımladığında öyle şaşkındı ki ne söyleyeceğini bilemiyordu. Dili dolanıyor, sesi çıkmıyordu. Nuray, arkadaşının hareketlerindeki panikten ve konuşmak çabasıyla tuhaf tuhaf kekelemesinden bir şeyler olduğunu anlamıştı. Canan'ın büyük tepkiler verdiğini hatırlatıp hareketlerini küçültmesini istedi ondan.

"Canan sana neler oluyor böyle? Birazcık kendine gelir misin lütfen. Şu hareketlerine bir çekidüzen ver. Sen de biraz fazla içtin galiba."

"Nuray, Nuray, Nuray... İnanmıyorum... İnanamıyorum... Selçuk şarap içiyor. Bildiğin şarap bu. Adam içki içiyor."

"Emin misin?"

"Ne demek emin misin Nuray? Adamın kadehinde şarap var. Vişne suyu değil bu. Bildiğin halis muhlis kırmızı şarap. Anlayamıyorum. Bu nasıl olabilir? Bu adam alkol haram, zina haram deyip duruyor bana. Beş vakit namaz kılıyor. Otelde mum ışığında yemek yediğimiz o gece bile odaya şarap söylemedi. Hatta ben isteyince, içmeme izin vermedi."

"O kadeh Kübra'nın değil mi?"

"Hayır... Hayır... Kesinlikle eminim. Bu Selçuk'un kadehi. Şimdi kalkarken bıraktı masanın üzerine. Baksana karşı köşedeki masaya, Kübra'nın elinde viski var. Şarap içmiyor."

"O zaman Selçuk gayet güzel içki içiyor demektir Canancığım. Bu kadar şaşırıp kendini kaybedecek kadar ne var ortada?"

"Şaşılacak bir durum değil mi yani bu? Ben Selçuk'un namaz kıldığını bugün kendi gözlerimle gördüm. Ağzına sigara bile sürmez o. Bak bir yudum da sen al şu kadehten Allah aşkına. Bak bakalım şarap mı vişne suyu mu? İçsene hadi."

"Saçmalama artık Canan, lütfen çek şunu burnumun dibinden. Milletin içki kadehlerini mi kontrol edeceğim? Alkol muayenesi mi yapıyorum ben? Bırak ne içiyorsa içsin. Bu bilgi bana değil, sana lazım. Bence bu konuyu sen değerlendir."

"Nasıl değerlendireyim Nuray, bu da ne demek şimdi? Ne yapmalıyım yani ben? Selçuk bana yalan söyledi. Bana içki içmiyorum dedi. Haram dedi. Günah dedi. Demek ki doğru söylemedi. Sence nasıl davranmalıyım bundan sonra?"

"Canan çok rica ediyorum birazcık kafanı kullan. Senin gibi akıllı bir işkadının şu duruma düştüğü görmek beni çok üzüyor. İşaretleri gör artık arkadaşım. Her şey gayet aşikâr. Ne bekliyorsun, Allah yere inip seninle kahve içerek konuşacak değil ya. Bu yoldan konuşuyor işte. Algın bu kadar mı devre dışı kaldı Canancığım ya?"

Orçun yarı baygın babasının kolunda masaya dönünce konuşmaları yarım kaldı. Ayhan, oğlunun sarhoş olduğunu ve eve gitmesi gerektiğini söyleyip izin istedi.

"Bu adamın midesi bulanıyor. Başı dönüyor. Bu halde daha fazla kalamaz. Götürüp yatırayım. Uyusun, dinlensin. Sen istiyorsan biraz daha kal. Taksiyle geri dönersin. Ya da beni ararsın, gelip seni alırım."

Canan, kocasının bu önerisini tam kabul etmek üzereyken Nuray araya girerek organizasyonu yaptı:

"Hadi Canan sen de kalk. Onları bu halde yalnız bırakma. Çocuğa nane limon bir şeyler kaynat evde midesi düzelsin. Hem sen de burada rahat edemezsin ki şimdi. Aklın onlarda kalacak. En iyisi sen de git. Hadi kalk, yürü..."

Canan isteksizce de olsa yerinden yavaşça kalktı:

"İyi hadi madem, kalkalım o zaman. Doğan'a da söyleyelim o da gelsin bizimle."

Sevgisiyle baş başa barda içki içip dans ederek eğlenen Doğan'a işaret eden Ayhan, onu yanına çağırdı. Kız arkadaşı Merve'yle birlikte masaya dönen Doğan, Orçun'un sarhoş haline üzülüp kendini sorumlu tuttu:

"Keşke bu kadar içirmeseydim. Çıkarınca da mı toplayamadı kendini?"

"Hayır! Kardeşinin midesi bulanıyor. Bir saattir tuvalette istifra ediyor çocuk. Eve gitmemiz lazım oğlum. Hadi siz de hazırlanın çıkalım. Merve'yi de evine bırakırız."

"Baba siz çıkın o zaman. Nasılsa annem de yanınızda. Biz biraz daha kalalım Merve'yle, sonra kalkarız."

"Çok geç kalmayın ama Doğan. Hem artık içmeyin de tamam mı çocuklar. Her şeyi tadında bırakın."

"Tamam baba ya. Çocuk muyuz biz? Sarhoş değilim ben. Merve zaten bir şey içmiyor. Fazla da kalmayız. En fazla bir saat daha müzik dinler çıkarız."

"İyi o zaman. Biz gidiyoruz. İkinizin telefonu da açık olsun. Aradığımda duyun. Hadi görüşürüz."

"Merak etme baba. Telefonlarımız açık..."

Ayhan'ın endişelerini hafifletmek isteyen Nuray, merak etmemelerini söyleyerek "Ben de biraz daha buradayım. Kübra'yla konuşacaklarım var. Çocuklar gözümün önündeler. Onları taksiye bindirip öyle çıkarım. Siz rahat olun. İyi geceler" dedi.

Canan, kocası ve oğluyla birlikte mekândan ayrılırken gözleri Selçuk'u arıyordu. Veda edemese bile, hiç değilse eve gittiğini görsün istiyordu. Biraz önce tanıştıkları o sarışın kadın ve yaşlı adamla birlikte oturdukları masada göremedi onları. Kim bilir nereye gitmişler, ne yapıyorlardı? Aklında Nuray'ın yaptığı ikazlar, kalbinde kontrol edemediği bir öfke ve kırgınlıkla eve döndüklerinde, Ayhan oğlunu apar topar odasına götürüp kıyafetlerini çıkarmasına yardım etti. Canan da mutfağa girip Orçun'a nane limon kaynatarak getirdi. Elini yüzünü yıkayıp, bir fincan nane limon içtikten sonra biraz daha rahatlayan Orçun, başını yastığa koyar koymaz derin bir uykuya daldı.

Ayhan, Orçun'un üzerini örtüp banyoya girdiğinde, Canan da salonda bıraktığı çantasının yanına giderek cep telefonunu aldı. Önce Doğan'ı ardından da Nuray'ı arayacaktı...

Doğan, mekândan biraz önce çıkmış taksiyle Merve'yi evine götürüyordu. Yarım saate kadar eve dönmüş olacaktı.

Nuray'ın telefonunu iki kez aradığı halde ona ulaşamadı. Üçüncü aramasında çalar çalmaz telefonunu açan Nuray da mekândan çıkmış evine doğru gidiyordu.

Selçuk'un durumunu merak etmekten perişan olduğunu söyleyen Canan onun hakkında ısrarla Nuray'dan bilgi almaya çalışıyor, Nuray da merak ettiği her şeyi Selçuk'u arayarak öğrenmesini söylüyordu ona. İki arkadaş, bir süre bu şekilde çekişip durdular birbirleriyle telefonda.

Canan, Selçuk'un oteline dönmüş olmasını umuyor, kendisi ayrıldıktan sonra Kübra'yla mekânda ne yaptığını öğrenmek istiyordu. Zaten birazdan onu da arayıp bütün gecenin hesabını tek tek soracaktı. Nuray, arkadaşına sakin olmasını ve siniri yatıştıktan sonra Selçuk'u aramasını söyleyerek telefonu kapatmak istediyse de çocuklar gibi ağlamaya başlayan Canan'ın haline üzüldü. Onlar çıktıktan kısa bir sonra süre Doğan, Merve, Selçuk, Kübra ve Nuray hep birlikte oturup konuşmuşlar, birer kadeh şarap siparişi daha verip hesabı ödemişlerdi. Kübra, Nuray'a hiçbir açıklama yapmadan veda etmiş, Selçuk'u da elinden tutarak birlikte çıkmışlardı mekândan. İkisi de sarhoş olduklarını söyleyip aynı taksiye binmişlerdi. Nuray, nereye gittiklerini bilmiyordu. Doğan ve Merve'yi geçirdikten sonra kendisi de arabasına atlayıp evinin yolunu tutmuştu.

Nuray, bu gece için Canan'a hiçbir şey düşünmeden yatıp uyumasını önerdi:

"Çözmekte güçlük çektiğin bir sorunla karşılaştığında karar vermek için acele etmemelisin. O gece hükümsüzce ve önyargısız bir halde yatağına girip uyursan ertesi sabah uyandığında çözümün kendiliğinden geldiğini görürsün çünkü muhtemelen karar vermeni güçleştiren şey zihnindir. Huzurlu bir uykunun ardından zihnin güne daha zinde ve daha sessiz başlayacağından ihtiyaç duyduğun çözümü içinde duyman çok daha kolay olacaktır. Şimdi sadece yatıp uyu. Görmen gereken her şey karşına çıkacaktır arkadaşım. Her sınavın bir sonu, bir de öğretisi vardır."

Canan, Selçuk'la ilgili duyduklarından o kadar etkilenmişti ki artık Nuray'ın ikazlarını işitmiyordu. Tansiyonu düşmüştü. Başı dönüyordu. Kendini koltuğun üzerine atıp elleri titreyerek Selçuk'u aradı. Telefonu kapalıydı. Ona ulaşamayınca Kübra'yı aramaya başladı. Kübra'nın telefonu çaldığı halde bir türlü açılmıyordu. Elleri ve dudakları buz kesen Canan, sinir krizi geçirmek üzereydi. Doğan'ın kapının kilidini açarak içeri girdiğini duydu. Her şeyi en ince ayrıntısına kadar Doğan'dan öğrenecekti şimdi. Madem hep birlikte oturup konuşmuşlardı, madem hep birlikte hesabı ödeyip çıkmışlardı, o halde Doğan bütün olan biteni görmüş olmalıydı...

Canan yatak odasına gidip kıyafetlerini çıkardıktan sonra makyajını temizledi. Doğan'ın odasına doğru yürüdüğü sırada, onu Orçun'un odasından çıkarken gördü. Doğan kardeşinin durumunu merak etmiş, görmeden yatıp uyumak istememişti. Orçun'un odasının önünde annesiyle karşılaşınca şaşırdı:

"Hayırdır sen de mi Orçun'un yanında yatacaksın?"

"Hayır, neden öyle söyledin?"

"Babam içerde uyuyor da."

"İyi... O zaman ben de senin yanında yatarım."

"Çok esprilisin. Bu saatte bu performans... Ama teşekkür ederim anne ben almayayım. Sütümü içtim, gazımı da çıkardım. Sana iyi geceler anneciğim. Kafam kazan gibi. Sinirlerim de tepemde. Senin yerinde olsam gecenin bu saatinde bana hiç bulaşmazdım."

"Ne oldu, neden bu kadar sinirlisin sen? Mekânda mı bir şey oldu?"

"Of anne sakın üstüme gelme, aman diyeyim sakın. Kalbini kırmak istemem."

Orçun arkasını dönüp odasına girince Canan da peşinden gitti:

"Oğlum anlatsana. Böyle kendi kendine kızıp küserek olmaz ki?"

"Tamam anlatırım ama şimdi değil. Bir iki saat sonra sabah olacak. Bu gece kafayı vurup yatalım, sabaha Allah kerim. Olur mu?"

"İyi peki... Sen bilirsin. Yalnız sana küçük bir soru sormak istiyorum. Selçuk'u nasıl buluyorsun Doğan? Onunla vakit geçirme durumun oldu mu hiç?"

"Bana ondan bahsetme anne olur mu? Ne diye o adamı soruyorsun gece gece?"

"Seninle ilgili planlarımız var da!"

"Benimle ilgili planların babamla yapıldığını sanıyordum ben. Buradan bir sonuç çıkarmam gerekiyor mu?"

"Saçmalama Doğan. Neyse bu konuyu da başka zaman konuşuruz. İyi geceler."

Canan, kızgınlıkla Doğan'ın odasından çıkıp yatak odasına gitti. Madem Ayhan bu gece oğlunun yanında uyuyacaktı, o zaman Canan da yatak odasında rahatça yatabilirdi. Başını yastığına koyduğu gibi telefonuna sarılan Canan, sabaha kadar Selçuk'u ve Kübra'yı arayıp durdu. Birinin telefonu kapalı diğeriyse açmamakta ısrarlıydı. Güneş doğduktan sonra yorgunluktan bayılırcasına sızıp kalan Canan, öğlene doğru uyandığında telefonu hâlâ elindeydi.

Ne Selçuk aramıştı henüz, ne de Kübra onlarca cevapsız çağrıyı görüp geri dönmüştü.

Canan, ebeveyn banyoda yüzünü yıkadıktan sonra yatağına geri dönüp oturdu ve Selçuk'u aramaya devam etti. Nihayet telefonunu açmıştı, çalıyordu...

"Hayırlı günler güzel kadınım... Günün aydın olsun arş-ı âlânın hurisi... Ya Hayy... Ya Vedud..."

"Selçuk sen bütün gece neredeydin?"

"Oteldeydim sevgilim. Odamdaydım."

"Telefonun neden kapalıydı? Seni arayıp durdum sabaha kadar."

"Şarjım bitmiş sevgilim. Görmedim bile. Şimdi öğle namazını kılınca fark ettim. Yeni açtım. Beyza da sabahtan beri arayıp durmuş. Havalimanına onları almaya gidiyorum. Tam da seni arayacaktım, sen aradın."

"Selçuk, dün olanlarla ilgili bana açıklama yapmayı düşünüyor musun? Kübra'yla yaptığını şey neydi öyle?"

"Bana ondan bahseden sendin sevgilim. Yeni kuracağımız işle ilgili ne kadar işimize yarayacağını anlatan sendin. Kocanın yanında sana yakın davranamayacağıma göre ben de bütün gece Kübra'dan yeni işimizle ilgili yardımlar aldım. Bir sürü işletmeci, sanatçı, yönetici, organizatörle tanıştırdı beni. Çoğunun telefonlarını aldım. Tanıtım şirketimizden bahsettim. Beni bir sürü insanla tanıştırabileceğini söyledi. Hepsiyle bir araya getirecekmiş beni. Sence güzel bir gelişme değil mi bu? Doğan'a ve geleceğimize yatırım yaptığım için bana sitem edecek değilsin herhalde. Ben seninle birlikte olmak için bu işe kalkıştım. İstanbul'da kalabileyim diye. Seninle bir gelecek düşleyebilelim diye."

"Ama çok hızlı samimi oldunuz. Gözünüz kimseyi görmedi. El ele tutuşmalar, birbirinize sürtünmeler falan. Bunların hepsi işimizin bir parçası mı?"

"Senin arkadaşın bana asıldı Canancığım. İkisi aynı şey değil. Ben işimizi tehlikeye atmamak için onu geri çevirip kırmak istemedim. İlgisine ses çıkarmadım. Fakat asılan kişi ben değilim. Kübra çok çapkın bir kadın. Üstelik seninle ilgili çok da güzel şeyler söylemiyor. İlişkimizi bildiğini söyledi. Seninle yapamayacağımı, senin doğru insan olmadığını, içine kapanık, problemli bir kadın olduğunu anlattı. Eğlenmeyi de bilmez sevişmeyi de dedi. Kocası bile yirmi yılda asker arkadaşı gibi oldu, o ne anlar kadınlıktan, âşık olmaktan deyip durdu. Evli ve çocuklu kadınlarla tutkulu aşklar yaşanmazmış. Hayatımızın sonuna kadar kocasının gölgesi benim üzerimde olacakmış. Sevimsiz ve sıkıcı bir kadınla ikinci bahar olmazmış. Ben daha genç, daha ateşli ve daha eğlenceli kadınları hak ediyormuşum. Sorunsuz ve zevkli bir hayata layıkmışım falan..."

"Sen neler söylüyorsun Selçuk? Bütün bunları Kübra mı söyledi? İnanamıyorum! Peki neden birlikte çıktınız mekândan, nereye gittiniz?"

"Beni otele bırakacağını söyledi, kabul ettim. Otele geldiğimizde odama çıkmak istedi. Birlikte olmayı teklif etti. Seni çok istiyorum, lütfen yat benimle dedi. Seni sevdiğimi söyledim. Kimseyle sevişemeyeceğimi anlattım. Benim için bir kadınla yatmanın çok da kolay olmadığını izah ettim. Değerlerimi, prensiplerimi anlattım. Onunla yatmayı kabul etmedim. Beni taciz etti. Baştan çıkarmak için elinden gelen her şeyi yaptı. İşle ilgili desteğine ihtiyacım olduğunu söyledim. Bunun için kendisiyle görüşeceğimi ama sevişmemizin mümkün olmadığını anlattım. O da beni elde etmek için elinden gelen her şeyi yapacağını söyleyerek evine gitti."

"Gerçekten anlayamıyorum. Bu kadın benim çok eski arkadaşım. Ne kadar çapkın biri de olsa bana ihanet edebileceğini düşünemezdim. Bu arada sen akşam şarap mı içtin?"

"Tabii ki hayır! Alkol ve sigara kullanmıyorum biliyorsun. Değil şarap içmek içine şarap konan yemekleri ve tatlıları bile yemem ben. Neden böyle anlamsız sorular soruyorsun bana sevgilim?"

"Dün şarap kadehi vardı elinde. Sen masaya bırakınca bir yudum içtim. İçinde gerçekten şarap vardı Selçuk..."

"Bu konuda seni ikna etme mecburiyetim yok Canan... Ben sana değil Rabb'ime karşı sorumluyum. İçtiğim haramdan ötürü ona karşı günahkâr olurum. Rabb'ime ihanet etmiş olurum. Ona karşı kulluğumdan utanırım. Bunu göze alıp da ağzıma haram süremem ben. Şimdi sen kalkmış neyin hesabını soruyorsun benden?"

"Ne bileyim Selçuk. Of kafam çok karışık. Ben ne düşünmem gerektiğini bilmiyorum. O kadehin içinde şarap vardı. Ne bileyim işte senin elinde duruyordu. Sen içiyorsun gibi geldi bana."

"Kübra'nın kadehini taşıdım bir ara. Sonra masaya bırakıp kalktım. O da zaten başka bir şey içmeye başlamıştı. Ben bütün gece vişne suyu içtim. Sen neye inanmayı tercih edersen ona inan sevgilim. Rabbim benden emin olduktan sonra kıyamet kopsa vicdanım rahattır benim."

"Ben iyice kafayı yedim galiba... Kıskançlıktan ne yapacağımı şaşırıyorum bazen."

"Böyle anlamsız şeylerin kıskançlığını yapıp tuhaf kuşkularla beni itham etmek yerine ilişkimizin geleceğini düşünsen. Şu şirket işini halletsen daha iyi olmaz mı? Bu tavrınla bana ve ilişkimize zarar veriyorsun. Bir gün birbirimizden koparsak aşkımızın tek müsebbibi sen olursun. Bundan sonra ona göre düşünüp hareket et. Hadi ben havalimanına geldim. Kapatıyorum artık. Görüşürüz."

"Aşkım özür dilerim. Çok özür dilerim. Seni çok seviyorum ama bir daha böyle bir sorun yaşamayacağız. Söz veriyorum sana. Şirket işini bugün halledeceğim. Sen Ankara'ya dönmeden avukata ve müşavire talimat vereceğim tamam mı?"

"Hoşça kal Canan..."

"Hoşça kal sevgilim..."

Canan telefonu kapattıktan sonra dün gece boyunca yaptığı bütün saçmalıklardan utandı. Denetimsiz kıskançlığı ve yersiz kuşkuları yüzünden hayatı hem kendine hem de Selçuk'a zehir ediyordu. Alkol alıp almadığını sorgulayarak aslında ona hiç güvenmediğini ima etmişti. Bu elbette Selçuk'un hoşuna gitmezdi. İbadetlerine bu denli sadık, prensip sahibi bir adamı işlemediği günahlarla itham etmek onur kırıcıydı. Üstelik Kübra'yla yatıp yatmadığını öğrenmek istemesi de çok gereksizdi. Selçuk zaten sevişmek konusunda kendisini özgür hissetden bir adam olsa iki aydır sevgili olduğu, deliler gibi seviştiği kadınla bütünleşirdi. Sevdiği adama karşı haksızlık ettiğini ve onu çocukça kaprisleriyle yorduğunu düşündü. Eğer Selçuk'a karşı bu şekilde davranmaya devam ederse Kübra haklı çıkacaktı. Canan'ın erkekleri yoran, içine kapanık ve sorunlu bir kadın olduğu bu gidişle kanıtlamış olacaktı. Sağduyusunu oyuna dahil etmediği sürece Selçuk'u kaybetmesi an meselesiydi. Adam haklı olarak daha eğlenceli, daha sorunsuz, hatta belki daha genç ve güzel bir kadınla olmayı tercih edebilirdi.

Bir an evvel şu şirket meselesini halletmeli, Selçuk'un İstanbul'a yerleşmesini sağlamalıydı. Böylece daha huzurlu ve sağlıklı bir aşk hayatı yaşayarak geleceklerini de yine umutla ve mutlulukla planlayabileceklerdi. Aksi takdirde bu kuşkular ve kıskançlık dürtüsüyle Selçuk, ellerinin arasında can çekişerek boğulacaktı. Belki de hayatı boyunca bir daha karşısına çıkmayacak olan böylesi romantik ve heyecan verici bir ilişkiye zarar vermiş olacaktı.

Kübra'yla ilgili duyduklarının sarsıntısını da üzerinde taşıyarak yatak odasından çıkan Canan, akşamdan kalma oğlunun durumunu da merak ediyor, onu görmek istiyordu. Orçun'un odasına doğru yönelmişken Ayhan'ı mutfakta kahvaltı hazırlarken görünce küçük oğlunun ziyaretini erteledi.

Yeni kalktığı uykulu gözlerinden anlaşılan Ayhan, çayın suyunu koymuş, buzdolabından kahvaltılıkları çıkarıyordu. Canan'ı gördüğünde günaydın deyip, "öğlen kahvaltısı"nda ne istediğini sordu. Espri kaldıracak halde olmayan Canan, direkt konuya girdi:

"Ayhan, benim seninle konuşmam gereken önemli bir konu var..."

"Konuşalım... Hemen şimdi mi?"

"Aslında evet. Daha fazla geciktirmenin anlamı yok."

"Peki o zaman. Otur şöyle. Seni dinliyorum..."

Ayhan çay suyunun altını kısıp mutfak masasının başına oturdu. Canan da kocasının tam karşısına gerçek derin bir nefes aldı. Son derece kendinden emin ve kararlıydı:

"Ben yeni bir iş sektörüne adım atmaya karar verdim. Tanıtım ve organizasyonla ilgili birtakım planlarım var. Profesyonel olarak yeni bir şirket çatısı altında çalışmak istiyorum. Bu arada mimarlık şirketim devam edecek tabii ki."

"Sen tanıtım ve organizasyondan ne anlarsın Canan? Nereden çıktı şimdi bu?"

"Müşteri potansiyelime güveniyorum. Reklam, tanıtım, organizasyon konusunda hizmet alabilecek birçok kurumsal şirket ve holding tanıyorum. Uygulama için profesyonel bir reklam ekibi kuracağım. Başında da şirket ortağı olarak Doğan duracak."

"Doğan daha okuyor. Çocuk staj bile yapmadı. Şirket yönetip proje üretmek için çok acemi."

"Bütün bunları ben de biliyorum Ayhan. Şirket zaten benim kontrolümde olacak. Tanıtım ve organizasyon işlerinde biraz ayakta kalmayı başarıp bir sürdürülebilirlik yakalarsa yürüyüp gitmesini sağlayabilirim. Böylece birkaç yıl sonra Doğan'a da kurumsallaşmış bir şirket bırakmış olurum. Kendi işinin başına geçer. Okul bittiğinde işi hazır olur."

"Bilemedim. Çok mantıklı gelmese de madem öyle karar verdiniz. O halde anne oğul size hayırlı olsun ne diyelim. İnşallah başarırısınız."

"Yalnız asıl önemli konu bu değil. Ben şu an kendi adıma bir şirket açamam. Cengiz'e hisse devredeceğimi biliyorsun. Ortağım başka bir sektörde yeni bir oluşum içinde olduğumu öğrenirse aramızda bir güven sorunu oluşabilir. Kendi şirketimi ve ilişkilerimi riske sokmak istemiyorum. Doğal olarak Cengiz, bütün enerjimin mimarlık ofisinde yoğunlaşmasını tercih eder."

"Anlıyorum. Doğan'a başka bir ortak bulmamız gerektiğini söylüyorsun sanırım... Olabilir aslında. Belki ben ortak olurum. Sorun değil."

"Ben daha çok Selçuk'un ortaklığını düşünüyorum. Onun da çok güçlü bir müşteri potansiyeli var. Hemen her sektörden firmalarla yakın ilişkiler içinde. Doğan'a çok sağlam müşteriler getirebilir. Şirketin kısa sürede parlamasını sağlayabilir. Böylece istikrar ve güven konusunda Doğan da işe avantajlı başlamış olur."

"İşte bu mümkün değil Canan. Asla kabul etmiyorum. Doğan'ın o adamla ortak bir işe girişmesine izin veremem. Oğlumu o tekinsiz adamın yanında kurbanlık koyun gibi yerleştiremem. Hem sen bunu nasıl düşünebiliyorsun? Oğlunu nasıl riske atabilirsin? Bu kadar mı gözün karardı artık senin?"

"Selçuk gayet başarılı ve güvenilir bir işadamı. Neyin riskinden bahsediyorsun sen! Asıl seninle ortak olması riskli. Ne girişimcilik potansiyelin var, ne halihazırda bir yatırım bütçen var. Oturduğun yerden ahkâm kesiyorsun. Selçuk'un pek çok şehirde yatırımları var. Ailece inşaatçılıktan geliyorlar. Ben Doğan'ın yanına ipsiz sapsız bir adam yerleştirmiyorum. Çocuklarımın geleceğini planlamaya çalışıyorum. Çünkü artık birinin bunu yapması gerekiyor."

Ayhan incinmişliğini gizlemeye çalışarak gözlerinin dolmasına izin vermedi. İçinde kabaran öfkeyle de mücadele ediyor, karısına karşı sakin kalmaya çalışıyordu.

"O adamın ticari sicili hakkında ne biliyorsun? Sektördeki saygınlığının ya da güvenilirliğinin ne olduğunu araştırdın mı? Yaptığı işler hakkında kimler ne söylüyor merak ettin mi hiç? Hepsini bırak adam Ankara'da yaşıyor zaten. Uzaktan kumandayla İstanbul'da reklam şirketi yönetilmez."

"Merak etme. İstanbul'da da bulunacak. İşinin başında duracak. İş programını yeni düzenine göre ayarlayacak. Ayrıca ben ve Doğan da işimizin başına olacağız. Spor olsun diye yatırım yapmaya kalkmıyoruz."

"Seni anlamak o kadar zor ki Canan. O kadar temelsiz, teminatsız, güvensiz işlere kalkışıyorsun ki üstelik bu uğurda kendi oğlunu bile gözden çıkarıyorsun. O adama nasıl bu kadar güvenebilirsin?"

"Çok duygusal davranıyorsun Ayhan. Aklındaki o tuhaf kuruntular yüzünden Selçuk'tan hoşlanmadığının farkındayım. Ama onun iyi bir işadamı olduğunu, başarılı bir yatırımcı oluğunu gözden kaçırıyorsun."

"Kuruntularımda haksız olduğumu iddia edemezsin. Yine söylüyorum, o adam sana âşık... Sen de ona karşı ilgisiz değilsin. Belli ki bu şirket projesi de sana daha yakın olabilmek için... Her ne düşünüyorsanız, her ne planlıyorsanız dilediğiniz gibi yapıp edin ama senden tek ricam lütfen benim çocuklarımı riske atma. Aranızdaki bu ince hesaplara Doğan'ı dahil etmeyin. Onu kendi işlerinize bulaştırmayın o kadar. Daha fazla konuşmak istemiyorum. Benim için konu kapanmıştır..."

"Çok yanlış düşünüyorsun. Ben burada iş yapmaya çalışıyorum Ayhan. Senin gibi kendimi günlerce eve kapayıp elimi kolumu bağlayarak sorumsuzca oturmuyorum. Risk alıyorum. Proje üretiyorum. Çalışıyorum. Evde oturup kuruntular üretmek, sahada iş başarmaktan daha kolay. Senin işine de kolay olanı yapmak geliyor."

"Ben o adamla ortak falan olmam anne!"

Doğan'ın tokat gibi patlayan sesiyle irkilen Canan ve Ayhan, bu davetsiz kulak misafirliğinden hiç hoşlanmamışlardı. Anlaşılan Doğan bütün konuşmaları duymuş, üstelik babasının da söz konusu ortaklıkla ilgili düşüncelerinin ne olduğunu öğrenmişti.

Canan, Ayhan'a duyduğu kızgınlığın acısını Doğan'dan çıkarmamaya dikkat ederek, sakince konuşmaya çalıştı:

"İstersen önce oturup işin ne olduğu hakkında bilgi al oğlum. Daha sonra kararını verirsin. Kapıdan duydukların kadarıyla yorum yapmaya kalkma."

"Hiç zahmet etme anne. Bilgi akışına ihtiyacım yok. Dünyanın en kârlı işi bile olsa o adamın içinde olduğu hiçbir projede yokum ben. Hepsi bu kadar. Hiç tartışmayalım."

Canan, baba oğlun bu muhalif tavrından dolayı çok gerilmiş, sinirlerine hâkim olmakta zorlanıyordu. Mutfak masasını sertçe itip sandalyesinden hışımla kalkarak yüksek sesle söylene söylene mutfaktan çıktı:

"İyi tamam beyler... Tamam efendiler... Siz burada baba oğul baş başa oturup kahvaltı hazırlayın, çorba pişirin, mantı yapın. Evi silip süpürün. Markete falan gidin. Ben iş peşinde koşayım. Gidip çalışayım, kazanayım. Siz hiç merak etmeyin, ben hepinizi kurtarırım. Hepinize yeterim ben. Rahat olsun siz. Aferin size..."

Annesinin bu ağır sözlerinden onuru incinen Doğan, Canan'ın arkasından bağırarak ona karşılık verdi:

"Sen bizim için hiçbir şey yapma anne tamam mı? Mümkünse sen bizim için hiçbir şey yapma. Bizimle ilgilenme. Bizimle ilgili hiçbir şey düşünme sen. Böylesi bizim için daha güvenli."

Ayhan, oğlunun annesine karşı bu kabalığına kızarak onu susturdu:

"Doğan kendine gel artık, sus! Kiminle konuştuğunu unutma. Annene karşı saygılı ol."

"O bize karşı saygılı mı davranıyor baba?"

"Doğan diyorum. Sus artık. Kapat şu çeneni."

Mutfaktaki çekişmeyi de işiten Canan, iyice canı sıkılmış bir halde odasına dönüp kıyafetlerini giyerek çıkmaya hazırlandı. Koca bir pazar gününü evin içinde bu muhalif grupla birlikte geçirmeye tahammül edemeyecekti. Gitmeden önce Orçun'un odasına doğru başını uzatıp bakan Canan, oğlunun derin ve huzurlu bir uykuda olduğunu gördükten sonra çıktı evden.

Arabasına bindiğinde nereye gideceğiyle ilgili en ufak bir fikri yoktu. Beykoz'dan Avrupa yakasına doğru yola koyuldu. Köprüye geldiği sırada bir kez daha aradı Kübra'yı ama cevap alamadı. Kübra'nın Bebek'teki evine emrivaki bir baskın yapmayı planladıysa da bu fikrinden çabuk vazgeçti. Kübra'nın mumu nerede söndüreceği belli olmazdı. Onu evde yakalamak günün her saati için büyük şanstır. Hem zaten şu an evde olsa bile yalnız olmama ihtimali çok yüksekti. Tek başına yatağa girmekten hoşlanmayan müzmin bekârlardandı ne de olsa. Selçuk tarafından geri çevrilmiş olmanın verdiği öfke ve hırsla muhtemelen geceyi yalnız geçirmemişti. Şimdi bütün bu riskleri göze alarak Kübra'nın kapısına dayanmak olmazdı. Yarın haftanın ilk günüydü. Nasılsa sabah saatlerinden itibaren Arnavutköy'deki ofisinde çalışıyor olacaktı. Kübra'yı ofisinde yakalamak hem daha mümkündü hem de daha doğru...

Böylece rotasını sahile kırmadan devam etti. Levent sapağına geldiğinde Selçuk'u düşündü. O da şu sıralar karısı ve kızıyla baş başa bir hafta sonu geçiriyor olmalıydı. Onunla da buluşup yalnız kalması mümkün değildi. Bu düşüncesine rağmen Levent sapağından girerek Maslak'a doğru ilerledi. Çok geçmeden Sheraton Otel'e gelmişti. Madem Selçuk'la yalnız kalamayacaktı o halde ailece görüşürlerdi. Bunda ne olabilirdi ki, onlar ailece görüşen yakın ahbaplardı.

Canan, resepsiyondan odayı aratarak Selçuk'la konuştu. Lobide beklediğini, kendisiyle iş görüşmek istediğini hatta dilerse Beyza'yla birlikte gelebileceğini söyleyerek telefonu kapattı. Girişteki kafelerden birine yerleşerek beklemeye başladı.

Çok geçmeden Selçuk, yanında karısıyla birlikte geldi Canan'ın masasına. Kara gözlerindeki ışığa, tıraş olmuş esmer parlak yüzüne, kıyafetindeki uyuma ve özene bakılacak olursa, Selçuk hiç de akşamdan kalma, yorgun bir adam gibi görünmüyordu. Canan onu ilk kez spor ayakkabılı ve eşofman takımı içinde görüyordu. Bu haliyle de çok yakışıklı ve dikkat çekiciydi. Vücudunun doğuştan sahip olduğu ahenk, üzerine her ne geçirse onu şık ve havalı gösteriyordu.

Beyza da mavi türbanı ve ayak bileklerine dek uzanan siyah uzun elbisesi üzerine giydiği türbanıyla aynı renk triko hırkasının içinde gayet kendinden emin ve güler yüzle karşıladı Canan'ı... Hanımlar birbirlerini sarılıp öptükten sonra Beyza, doğum günü hediyesi olduğunu söylediği bir paketi uzatarak yeni yaşını tebrik etti. Canan, teşekkür ederek merakla açtığı paketin içinden çıkan hediyeyi gördüğünde karıkocanın birlik olup kendisine şaka yaptıklarını düşündü. Her ikisinin de ciddi olduklarını anladığında altılı çay takımı için ayrıca minnet duyduğunu ifade ederek kabul etti hediyesini.

Canan, biraz önce kocasıyla yaptığı görüşmenin ayrıntılarına girmeden konuşmasına başladı:

"Yarın avukatımla ve mali müşavirimle görüşeceğiz Selçuk... Öğleden sonra benim şirkete gel. İşlemleri başlatalım. Bu arada emlakçıyla da konuşup yeni şirket için yer bakalım."

"Güzel... Çok sevindim. Doğan da geliyor mu?"

"Hayır... O planda küçük bir değişiklik oldu. Şirket ortağın benim. Doğan'la bu işleri konuşmak kolay değil. O daha çocuk. Önce okulunu bitirsin. Sanırım herkes için en iyisi bu olacak."

"Sen nasıl uygun görürsen! Ben her şeyin çok güzel olacağına inanıyorum. Çünkü bizim rehberimiz çok kuvvetli Canan. Biz Rabb'imizin vekâletiyle yol alıyoruz. Bizim tek yardımcımız, tek vekilimiz Allah'tır. O bizi her zaman hayırlı olana kılavuzlar. Allah nefsimizle saptırıp da kendimizi kaybetmekten ve yanlışa düşmekten korusun bizi."

Beyza'nın da işlerin yolunda gitmesinden dolayı duyduğu memnuniyet hareketlerine de sirayet eden heyecanından belli oluyordu. İkisini de tebrik ederek, kocası gibi bir dizi hayır duaları etmeye başladı:

"Allah yardımcınız olsun. Rabb'imin bolluğu, bereketi hayrınıza olsun inşallah. Güzel işleriniz olsun her zaman. İnşallah her şey umduğunuzdan kolay olur. Çok başarılı olun."

"İkinizin de hayır dualarına teşekkür ederim. Ben de eğer inanırsak başarabileceğimizi düşünüyorum. Umarım yanılmıyorumdur."

Canan, bu sözünün altında yatan güvensizlik hissini konuşmasını tamamladıktan sonra fark edip Selçuk'u yine yaralamış olmaktan endişe etti. Kırdığı potu düzeltmek istercesine, "Hayatımda verdiğim en doğru kararlardan biri bu. Selçuk gibi güvenilir, içinde Allah korkusu olan, adaletli bir ortak bulmak her zaman kısmet olmaz" dedi.

Artık herkesin keyfi yerindeydi. En kötü karar bile kararsızlıktan daha iyi olduğuna göre Canan'ın da belirsizlikler içinde yolunu bulmaya çalışmasına gerek kalmamıştı. İyi ya da kötü, bir yol seçmişti nihayet. Bundan sonrasını zaman gösterecekti. Nuray'ın da dediği gibi bilmesi gerekenler er ya da geç karşısına çıkacaktı. Bu sınavdan alması gereken bir ders varsa, hayat onu öğretene kadar yakasını bırakmayacaktı.

Selçuk bu kararı bir yemekle kutlamayı teklif ederek hanımları restorana davet etti. Beyza, kızı Esma'nın da yemeğe katılmasını isteyip cep telefonundan arayarak restorana çağırdı. Hep birlikte masaya yerleşip ne yiyecekleri konusunda tartışırlarken Selçuk'un kızı Esma geldi.

Canan, genç kızın duru güzelliğinden ve kuğu gibi zarif yapısından çok etkilendi. Esma, eşsiz bir güzelliğe ve nefes kesici bir asalete sahipti. İnce uzun boyu, düzgün vücut hatları ve alımıyla benim diyen mankenlere meydan okuyabilirdi. Boynundan bağladığı topuzlu türbanı, yüzünün bütün detaylarını cömertçe ortaya koyuyor, güzelliğini olabildiğince açık ediyordu. Bembeyaz, pürüzsüz teni, yeşil gözleri, uzun kirpikleri, şekilli küçücük burnu, pembe yanakları, mahzun ama zeki bakışlarıyla tıpkı babası gibi büyüleyiciydi. Görünüşe bakılırsa aslında ne annesine, ne de babasına benziyordu fakat insanları acımasızca kendi enerji alanına çekip alma yeteneğini kesinlikle babasından almıştı.

Canan, Esma'yla tanıştırıldıktan sonra yemek boyunca gözlerini onun üzerinden alamadı. Genç kızın su gibi akan zarif hareketlerini, yumuşak ama kendinden emin ince sesiyle yaptığı akıllıca konuşmalarını hayranlıkla izledi. Esma'nın da tıpkı babası gibi konuştukça çınlayan şarkılı bir sesi vardı.

Yemeğin sonunda babasına bugünkü gezi planlarını ve saati hatırlatan Esma, artık çıkmaların gerektiğini kibarca söyleyince Selçuk da Canan'dan özür dileyerek izin istedi:

"Bugün için Esma'ya çok önceden verilmiş bir sözüm vardı. Bizim aslında çıkmamız gerekiyor. Kusura bakma lütfen Canan. İzin verirsen biz artık kalkalım."

"Tabii ki kalkabilirsiniz. İşinize bakın. Haber vermeden gelip emrivaki yapan benim ne de olsa. Ailece yaptığınız programı bozmayın. Ben de Kanyon'a uğrayıp biraz alışveriş yapmayı düşünüyorum zaten. Oradan da eve geçerim."

Baba kız yemek masasından kalkıp yavaşça toparlanırlarken yerinden kımıldamayan Beyza, aklına sanki o an gelmiş gibi heyecanlanarak gezi fikrini değiştirdiğini açıkladı:

"Selçuk sen Esma'yı al götür. Benim canım dışarı çıkmak istemiyor. Pazar pazar bütün saraylar, müzeler tıklım tıklımdır şimdi. Otelde kalıp dinleneyim."

"İyi o halde. Sen burada kal. Odaya çıkıp dinlenirsin bol bol... Biz de kızcağızımla birlikte gideriz... Hadi size hayırlı günler olsun. Allaha emanet olun."

Esma, dans eder gibi zarif ve kıvrak elini kibarca Canan'a uzatıp veda etti:

"Hayırlı günler Canan Hanım... Sizinle tanıştığıma çok memnun oldum. İnşallah daha uzun zamanlar geçireceğiz hep birlikte. Babamla işleriniz de hayırlısıyla yoluna girdiğinde birbirimize daha yakın olacağız. Babamın seçimlerine her zaman çok güvenirim. Size bu kadar kıymet verip güven duymasını anlıyorum."

Canan da buna karşılık "Babanın hangi seçimlerinden bahsediyorsun Esmacığım? Katalogdan sipariş edilmişim gibi konuşuyorsun. Baban beni sana nasıl anlattı? Bana kıymet verdiğini de nerden çıkarıyorsun?" demek istediyse de genç kıza tebessüm ederek, yeniden görüşmek dileğiyle uğurladı:

"Güle güle Esmacığım... Seni tanıdığıma sevindim. Görüşürüz. Sevgiler..."

Canan, baba kızın arkasından bakarken Selçuk'un kolunu Esma'nın beline sıkıca dolayıp onu kendine doğru çektiğini gördü. Restorandan sarmaş dolaş çıkan Selçuk ve kızı, birbirlerinin kulaklarına bir şeyler söyleyip gülüşüyorlardı.

Beyza masaya iki çay daha sipariş edip bir süre daha Canan'la sohbet etti ve onu alışveriş fikrinden caydırmak için yeni bir teklifte bulundu:

"Çok önemli ve acil şeyler almayacaksan şu alışveriş işini iptal etsen de kafeye gidip muhabbete devam etsek daha iyi olmaz mı, ne dersin?"

"Bilmem ki... Aslında bu kalabalıkta alışveriş yapmaya pek halim yok gibi. Malum dün gece çok yorucuydu. Dağılmış haldeyim. Eve dönmek de istemiyorum. Pazar pazar evde erkek muhabbeti, maç falan... Neden olmasın, hadi kalk kafeye gidelim o zaman. İki Türk kahvesi söyleyelim."

"Hay çok yaşa sen Canan. Hem falına da bakarım senin."

"Fal mı? Ciddi misin, sen fal da mı bakıyorsun? İyi ama günah değil mi? Hani yanlış anlama namaz kılıyorsun, türban falan da takıyorsun ya o açıdan söyledim..."

"Fal günahtır elbette. Allah'a şirk koşmaktır. Tövbeler tövbesi... Benimki kâhinlik değil. Öyle vakit öldürmek için eğlencelik. Sallıyorum yani."

"İyi hadi bakalım. Bana da salla o zaman."

Beyza da tıpkı Selçuk gibi kolayca karıştırıyordu kafasını Canan'ın. İkisi de kendi günah sınırlarını kendileri belirleyip canlarının istediği gibi de uyguluyorlardı. Biri dilediğince seviştikten sonra zina korkusuna kapılıp yataktan kalkıyor, diğeri günah olduğunu söylediği halde kâhin olmamakla kendini teselli ederek, eğlence bahanesiyle fal bakabiliyordu.

Canan, daha bu sabah yerli yersiz endişeler ve güvensizliklerle zihnini bulandırmamaya karar verdiğinden bu konuya takılıp kalmak niyetinde değildi.

Birlikte kafeye geçerek iki Türk kahvesi sipariş ettiler. Lokum eşliğinde gelen kahveleri yudumlamaya başladılar. Birazdan Beyza, öyle bir konu açacaktı ki, Canan'ın üst üste yaşayacağı şok ve panik duygusu onda çok şeye mal olacaktı.

"Dün geceki doğum günü partisi kaçta bitti? Sabaha kadar ulaşamadım Selçuk'a."

"Ben çok geç saatlere kadar kalmadım. Küçük oğlum birayı fazla kaçırıp istifra etmeye başlayınca saat yarım gibi kalktık Ayhan'la. Selçuk kulüpte kaldı. O benim büyük oğlan Doğan ve arkadaşım Kübra'yla birlikte geceye devam etti."

"Öyle mi? Doğan'la sabahladılar o halde..."

"Hayır, hayır... Biz eve gelip Orçun'u yatırdıktan bir saat sonra Doğan da geldi. Saat iki gibi evdeydi."

"Selçuk öyle mekânlarda tek başına sabahlamaz. Bulmuştur yine birini. Yanında güzel bir kadın varsa saat umurunda olmaz onun."

"Beş vakit namaz kılan bir adamın içkili mekânlarda kadınlarla eğlenmekten hoşlanması çok ilginç... Senin için çok yorucu ve yıpratıcı bir durum olmalı."

"Ben koskoca on sekiz yıl boyunca alıştım bu adamla yaşamaya. Onun ciğerini biliyorum artık. Kabullenmekten başka yapacak bir şey de yok. Selçuk kadınlarla oyun oynamayı çok sever. Onlarla eğlenir, güzel vakit geçirir. Bütün kadınların onun peşinde olduğunu sanıyor. Bununla da gurur duyuyor. Malum çok yakışıklı bir adam. Hangi ortama girsek evlisi de bekârı da hatun milleti şöyle başını çevirip bakarlar adama. İyice bir süzerler. Bazıları bakarken yer bitirir. Adam da kör değil ya görüyor işte beğenildiğini. O da tadını çıkarır. Hiç reddetmez. Onu isteyene karşı koymaz. Takılıp gider."

"Sen de buna alıştım diyorsun öyle mi?"

"Alışmaktan ziyade hak veriyorum. Biz on sekiz yıldır evliyiz ama çocukluğumuzdan beri hep beraberiz. Birbirimizden başka karşı cins görmedik ki? Selçuk hep yatılı okudu, imam hatibe gitti. Ben gözümü onda açtım, o gözünü bende açtı. Benden başka kadın görmedi ki hayatında. Şimdi erkeklik duygusuyla merak içinde, heves içinde. Kadınlardan kaçmak yerine onların taleplerine göre karşılık veriyor. Kadınına göre muamele. İsteyene gidiyor, istemeyene bulaşmıyor."

"Seni aldattığını mı düşünüyorsun?"

"Düşünmek mi? Gözlerimle görüyorum, ellerimle yakalıyorum. Yattığı kadıların çoğunu tanıyorum. Ankara'daki şirkette nerdeyse kızların hepsiyle birlikte oldu."

"Yok artık! Nasıl bir şirket bu, kızların birbirinden haberi yok mu? Olur mu hiç öyle şey?"

"Olmaz olur mu? Kızların hepsi birbirini biliyor. Selçuk'a bayılıyorlardı. Onunla yatmayanı aralarına almıyorlardı. Az değiller tabii aşüfteler. Hiç boş durmadılar. Adamın aklını almak için çok uğraştılar. Telefonunda hep mesajlar olur Selçuk'un. Hiç öyle silme huyu da yoktur. Ara sıra açıp açıp okuyorum. Adama yazılan mesajları bir okusan, bunu bir kadın yazmış diyemezsin. Ağza alınmayacak kelimelerle aşna fişne yapıyorlar. Kimi memelerinin fotoğrafını çekmiş yollamış, kimi külotunu aralamış çekmiş fotoğrafını... Ohoo... Daha aklına gelmeyecek bir sürü dolap. Hepsi de genç kızlar. Güzel kızlar. Adam ne yapsın şimdi bu durumda? Sen bu kadar cayır cayır yanıp kuduruyorsan, o da gelip ateşini alır senin. Adamı mı suçlayayım şimdi? Bir defasında şirkette staj yapan biriyle yatmıştı. Kızın hem yaşı küçükmüş, hem de bakireymiş. Kız hamile kalınca ortalık karışmıştı. Ailesi dava açmaya kalktı. Suç duyurusunda bulunmakla tehdit ettiler. Bizimkiler araya girdi. Bakan çocukları sağı solu aradılar. Amcamlar Selçuk'un burnundan getirdiler. Şirketteki hisseleri azaltıldı. Yetkileri alındı. Kıza yüklü miktarda paralar ödendi. Kız kocamın onu darp ettiğini iddia edip rapor bile almıştı. Amcamlar olaya müdahale etmeselerdi Selçuk cezaevine bile girebilirdi. Velhasıl bütün bunlardan sonra bebeği aldırıp konuyu kapattılar. O karı hâlâ çalışıyor bizim şirkette. Tabii şimdi stajyer değil, müdür oldu doğal olarak..."

"Sen neler söylüyorsun böyle Beyza, bu bahsettiğin adam bizim tanıdığımız o muhafazakâr, dininde ibadetindeki Selçuk mu? İnanamıyorum. Başka birini anlatıyor gibisin..."

"Aynen öyle... Ankara'dan kaçmak istemesinin bir sebebi de bu olaylar işte. Bizimkiler göz açtırmıyor adama. Şirket desen hareme döndü. Kızların bazıları evlendi. Selçuk'a abi demeye başladılar. Bazıları hâlâ haftada bir olsun adamla sevişebilmenin derdindeler."

"Beyza sen nasıl bu kadar emin konuşabiliyorsun? Tamam kocan yakışıklı. Hadi kadınlar da ona ilgi duyuyor diyelim. Bu Selçuk'un onlara sürekli karşılık verdiğini kanıtlamaz. Bir kere hata yapmış olabilir. Bundan da pişmanlık duymuştur, zaten sizinkiler adamın kulağını çekmiş. Hâlâ nasıl bir dolu kadınla yattığı sonucuna varıyorsun ki? Sanki adam hiç durmuyor sürekli birileriyle sevişiyor!"

"Eminim ben. Emin olmadan böyle konuşabilir miyim? Kocama durup dururken iftira atacak halim yok herhalde. Onun ciğerini biliyorum diyorum sana. Hem bir sürü kanıt geçiyor elime. Telefon mesajları var. Ceplerinde torba torba lastiklerden var. Şu küçük yuvarlaklar. Prezentatif mi prezervatif mi ne... Kullanmıyor olsa niye değişik kutularla, şekillerle satın alsın ki. Yok kokulu, yok acılı, bilmem neli... Benim için de almıyor. Bizde zaten günahtır o lastiklerden kullanmak. Dışarıya da boşalmak olmaz. Allah'ın vermeyi düşündüğü hiçbir canın kaderine dokunulmaz. O yaşı küçük kızı hamile bırakmasından sonra korktu aynı hatayı bir daha yapmaktan. O yüzden bu lastiklere sardı. Bir daha böyle bir skandala karışırsa artık değil şirkete adım atmak Ankara'ya bile dönemez. Bizimkiler kesiverir kulağını."

"Hiç üzerime vazife değil ama Beyzacığım, ben senin kocan gibi dini bütün bir adamın zina yapacağına çok ihtimal vermiyorum. Sen abartıyor olabilirsin. Ayrıca bu adam neden sürekli şirketle tehdit ediliyor? Adam ortak değil mi, kim adım attırmayacakmış Ankara'ya falan... Yasal hakları var, kanun var... Olur mu öyle şey? O kadar gerçeküstü şeyler anlatıyorsun ki ağzım açık kaldı."

"Bizde pek öyle değildir şirket işleri Canancığım... Öyle hisselerle, kanunlarla haklar korunmaz. Kimin ne hakka sahip olacağına bizimkilerin ihtiyarlar heyeti karar verir. İhtiyar dediğime de bakma bu arada..."

"Selçuk ne kadar çok kadınla yaratsa yatsın, bu evliliğin kaderini de senin ihtiyarlar heyeti mi belirler demek istiyorsun?"

"O kadar da değil. Evliliğimle ilgili benim haklarım gözetilir her zaman. Kararlarıma ikna olurlarsa saygı da gösterirler. Ayrılmak istersem ayrılırım. Ama ben Selçuk'u haklı bulduğum için karşı çıkmıyorum çapkınlıklarına. Hem ben ayrılmak istesem Selçuk buna asla izin vermez. O bensiz karada çırpınan balık gibidir. Nefes bile alamaz. Bir ara çok kızdım. Yeter dedim, her şey bir yere kadar. Kocamı kıskandım doğal olarak. Boşanmak istedim. Ailem de kabul etti. Aylarca eve almadım adamı. Selçuk deliye, divaneye döndü. Yalvardı, yakardı, ağladı. Aylarca her sabah koca koca sepetlerde güller yolladı eve. Tek bir gün bile atlamadan kırmızı mühürlü zarfların içinde aşk mektupları gönderdi. Yemeden içmeden kesildi, zayıfladı, perişan oldu. Sonra dayanamadım, barıştık. Selçuk'a hayır demek kolay değildir."

"Çok özel bir soru olacak ama yatakta sana karşı ateşli midir?"

"Of of of... Selçuk yangın yeri gibidir. Onunla bir kere yatan kadın artık lanetlenmiştir. Mümkün değil bir daha başka bir adamla sevişemez. Yatakta bambaşka bir adama dönüşür. Şiirleriyle, konuşmalarıyla, oyunlarıyla aklını başından alır insanın. Tutkuludur... Nasıl söylenir bilemiyorum ki. Açık söylemek gerekirse, çok azgındır. Azdırmasını da iyi bilir. Aygır gibidir yatakta. Yorulmak bilmez. Üst üste boşalıp ilk defa sevişiyor gibi iştahla sabaha kadar devam eder. Ondan vazgeçmek hiçbir kadının harcı değildir. Ancak Selçuk'un vazgeçmesiyle biter bütün hikâyeler."

"Neden bir çocuğunuz var? Sizde korunmak günah değilse bol bol doğurman gerekirdi..."

"Bol bol da hamile kaldım zaten. Esma'dan önce tam dört kez düşük yaptım. Tedavi gördüm. Zar zor Esma'yı doğurduktan sonra yine üç tane düşük oldu. Selçuk her hamileliğimi çok istedi. Şu an da otuz yedi yaşındayım ve yine korunmuyorum. Yine hamile kalırsam, Selçuk doğurmamı isteyecek."

"Madem bu kadar çok kadınla ilişkisi var, hiç korkmuyor musun bir gün içlerinden birine âşık olur diye?"

"Oldu zaten... Selçuk çok kadına âşık oldu. Peşlerinden başka şehirlere gidip divane gibi dolandı oralarda. Sonra yine dönüp eve geldi. O düzenini değiştirmeden âşık olur. Çok da sever âşık olmayı... O yüzden böyle bir korkum da yok artık..."

"Korkun yok ama akşam adama ulaşamayınca kafana takmışsın, meraklanmışsın işte..."

"Kafama takmadım sadece emin olmak için sordum. Boşu

boşuna adamın günahını almayım diye. Ama belli ki dün gece de yalnız değilmiş. Sorun yok."

"Adama her ulaşamadığında onun bir kadınla olduğunu söyleyemezsin ki... Şarjı bitmiştir, telefonu kapalıdır, uyuyakalmıştır. Neden aklına sadece ihanet geliyor?"

"Yastığının altından siyah bir kadın külotu çıktı... Cebinde de yine o lastikler var."

Bu açıklamadan sonra Canan o külotun kendisine ait olduğunu itiraf etmemek için kendini zor tuttu. Bu külot Selçuk'un dün gece başka bir kadınla yattığının kanıtı olamazdı Canan için... Onun başkasıyla seviştiğine ikna olabilmesi için daha güçlü verilere ihtiyacı vardı.

Ayrıca Beyza'nın anlattığı adam Selçuk'a zerre kadar benzemiyordu. Canan'ın tanıyıp da sevdiği bu kişiden Beyza'nın anlattığı gibi bir hayali kahramanın çıkması imkânsızdı. Selçuk istese bile karısının anlattığı gibi biri olamazdı. Canan onu tanıyordu. Değerleri konusundaki hassasiyetini biliyordu. Selçuk'un hayatının merkezinde onu yöneten ağır ve katı kuralları vardı. Zina da bunlardan biriydi. Değil her önüne gelen kadınla birlikte olacak kadar iradesiz olmak, sevip arzuladığı insana bile el süremeyecek kadar manevi sorumluluk sahibi bir adamdı o.

Anlaşılan Beyza, kocasının Canan'la olan ilişkisinin giderek geliştiğini ve yakında aynı şehirde birlikte yaşamayı planladıklarını bile öğrenmişti. Zaten bu ortaklıktan sonra kocasının İstanbul'da daha çok kalacağını, böylece Canan'la yaşadığı yasak ilişkinin de meşrulaşacağını tahmin etmeliydi. Ayhan bile işin bu yanının farkındayken Beyza'nın kadın sezgilerine rağmen her şeyden habersiz kalması söz konusu olamazdı. Belli ki kocasını kötüleyip onu aşağılayarak Canan'ın ondan uzaklaşmasını sağlamaya çalışıyordu. Selçuk'a hadsiz suçlamalarda bulunarak Canan'ı ondan soğutmak hedefindeydi. İki lafından birinde her ne olursa olsun kocasının ondan boşanmayacağını ima etmesinin altında yatan mesajla da Canan'ın boş hayaller ve beklentiler içinde olduğunu duyuruyordu. Yuvasını yıkacak olan bu kadına gösterdiği sözde yakın sevgi gösterileri ve samimiyetle de aslında bu yasak ilişkiden hiçbir şekilde haberdar olmadığı izlenimi yaratıyordu. Selçuk'u kötülemek için adeta fırsat kolluyor olmasının başka mantıklı bir açıklaması olamazdı. Beyza aldatılmışlığın çaresizliğiyle ne yapacağını şaşırmış, iyice akla hayale gelmeyecek tutarsız kurgu ve suçlamalarla kocasının yakasını bu kadından sıyırmak derdine düşmüş olmalıydı. Ailesiyle ilgili yazıp oynadığı mafyacılık hikâyesiyle de muhtemelen Canan'ın gözünü korkutabilmek derdindeydi.

Canan bir daha bu şuursuz kadınla asla görüşmeyecekti. Onun küçük hesaplarına alet olup işini kolaylaştırmaya hiç niyeti yoktu. Selçuk'un azgın bir aygır gibi her dişiye ağzının sulandığı martavalını yeterince dinlediğini düşünen Canan, sohbetin daha fazla uzamasına izin vermeyerek artık eve dönmesi gerektiğini söyleyip kalktı.

Arabasını kullanırken yol boyunca, Beyza'nın kocasıyla ilgili anlattığı şeylerin uçukluğuna kahkahalar atıp durdu. "Hani insan uydurur da biraz usturuplu uydur" diyerek koca günü hikâye dinleyerek geçirdiğini düşündü.

Eve döndüğünde Ayhan ve çocukları televizyonun karşısında film izlerken buldu. Bir araya geldiklerinde patlamış mısır eşliğinde film izlemeye doyamazlardı. Keyifleri gayet yerindeydi. Canan kimsenin neşesini kaçırmamak için salona başını uzatarak "İyi akşamlar beyler..." diyerek selam verip Orçun'a kendini nasıl hissettiğini sordu. Orçun da her şeyin yolunda olduğunu, kendini iyi hissettiğini ve yarın sabah okula gidebileceğini söyledi.

Canan yatak odasına geçip bir kez daha Kübra'yı aradı ama anlaşılan telefonu açmamaya kararlıydı. Ya yaptığı şeyden utanç duyduğu için arkadaşıyla yüzleşmek istemiyor ya da bu konuyla ilgili kimsenin keyfini kaçırmasına izin vermemek için telefonunu açmıyordu. Kendi bilirdi. Nasıl olsa yarın Canan onu ofisinde yakalayıp hesap soracaktı. Selçuk'la yaşadığı her şeyin açıklamasını yapmak zorunda kalacaktı o zaman. Bu yüzleşmenin kaçar tarafı yoktu. Mutlaka karşı karşıya gelecеklerdi. Bugün değilse yarın!

Nuray'ı da arayan Canan, Kübra'ya ulaşıp ulaşamadığını sordu. Nuray, Kübra'yla konuştuğunu fakat durumunun iyi olmadığını söyleyip konuyla ilgili başka açıklama yapamayacağını anlattı. Canan'ın yarın mutlaka yanına gelmesini isteyen Nuray, ona Selçuk'a karşı çok dikkatli olmasını tembihledi. Mümkünse yalnız kalmamaları ve kesinlikle birlikte hiçbir işe kalkışmaları yolunda baskı yaparcasına ısrar etti. Canan'ı korumaya çalıştığı belliydi fakat kime karşı ve neden bunu yaptığı hakkında hiçbir şey açıklamıyor, bu da Canan'ın sinirlerini bozuyordu. Nuray yanlış zamanda açıklanan doğruların, doğru kabul edilemeyeceğini iyi biliyordu. Bunun için de arkadaşını gözetimi altında tutup Canan için doğruları duymaya hazır olacağı zamanın gelmesini bekliyordu. Şu an arkadaşına ne söylerse söylesin Canan onu duymayacak, gerçekleri kabullenemeyecek ve hatta belki ikazlarından dolayı Nuray'a küsecekti. Bu yüzden Canan'a açıklama yapmak yerine onun algısının açılacağı zamanı kollamayı tercih eden Nuray, arkadaşını yarın Etiler'deki ofisine çağırarak görüşmeleri gerektiğini söyledi.

Canan kendini dağılıp bin parçaya ayrılmış hissetti. Selçuk'la ilgili birbirine uzak o kadar çok duyguyu aynı anda deneyimliyordu ki bu onu fazlasıyla yıpratmaya, yormaya ve sanki mutsuz etmeye de başlamıştı.

Bu sırada kapısının tıklatıldığını duydu. Doğan, izin isteyerek odaya girip yatağın üzerinde oturan annesinin karşısına dikilerek derin bir nefes aldıktan sonra isteksizce konuşmaya başladı:

"Şu adamla ortaklık işini kabul ediyorum."

Canan şaşırmıştı:

"Ne değişti sabahtan beri?"

"Benim için bir şey değişmedi. Babam için de. O adamla ilgili fikrimiz aynı. Bana kalsa şu şirket işine asla girmezdim ama babam, senin yanında olmam gerektiğini söyledi. Anneni yalnız bırakma, o adamla tek başına hareket etmesine izin veremeyiz, onu korumak zorundayız dedi."

"Yanıldığınızı göreceksiniz oğlum. Benim korumaya değil, desteğe ihtiyacım var. Sen yanımda olursan başarırız. Bu şirket senin geleceğin için..."

Doğan öfkeli ve buruktu. "Hayırlı olsun" diyerek çıktı odadan.

Salona döndüğünde babasını yerinde bulamadı. Orçun, filmi tek başına izliyordu. Doğan babasının nerede olduğunu sordu kardeşine. Orçun, babasının işi olduğu bahanesiyle dışarı çıktığını ama ani işin ne olduğunu bilmediğini söyledi. Babaları hemen dönecekmiş. Merak etmeye gerek yokmuş.

Doğan ve Orçun film biter bitmez yataklarına dönerken babalarını cep telefonundan aradıkları halde ona ulaşamadılar. Ayhan telefonunu açmıyordu. Saat gece yarısını geçtiğinde kapının açıldığını duyan Doğan, ancak o saatten sonra rahatça uyuyabildi. Canan yatak odasında yattığından, Ayhan geceyi yine salonda geçirdi.

Sabah yataktan fırladığı gibi soluğu Arnavutköy'de alan Canan, Kübra'nın ofisine dayandı. Tam da tahmin ettiği gibi Kübra haftanın ilk günü işe erken başlamış, odasında çalışıyordu. Kapıyı açan sekreter misafirinin geldiğini içeriye haber veremeden Canan odaya dalmıştı bile.

Kübra bu zaten bu ziyareti bekliyormuş gibi gayet sakin ve heyecansızdı. Ne Canan'ın bu agresifliğine şaşırmış, ne de kendini korumak zorunda hissetmişti.

"Günaydın Canan... Otursana."

Canan, beklemediği bu sükûneti Kübra'nın pişkinliğine yorup daha da gerildi. Odanın ortasında yüksek sesle bağırır gibi konuştu:

"Sen iki gündür telefonlarını neden açmıyorsun? Neyi açıklayamamaktan çekiniyorsun? Çağrılarımı görmüyor musun? Öldün mü?"

"Çağrılarının hepsini gördüm. Sadece seninle konuşmak istemedim. Telefonda halledilebilecek bir mesele değildi. Nasıl olsa kapıma dayanacağını biliyordum. Şimdi sakinleş de oturup konuşalım."

"Oturmak falan istemiyorum ben. Açıklama bekliyorum. Selçuk'un erkek arkadaşım olduğunu bildiğin halde utanmadın değil mi adamın elinden tuttuğun gibi sürükleyip götürmeye! Yattın değil mi onunla?"

"Sakinleşmediğin sürece seninle konuşmayacağım."

Canan, ofis masasının karşısındaki duvarı boydan boya kaplayan uzun koltuğun tam orta yerine genişçe yerleşerek oturdu. Kübra sekreterinden iki şekersiz Türk kahvesi yapmasını isteyip Canan'ın karşısına tekerlekli koltuğunu çekerek gözlerinin içine baktı.

"Ben sana ihanet etmedim Canan."

"Selçuk'a neler anlattığından haberim var Kübra. Onu sevişmeye zorladığını da biliyorum. Hakkımda söylediğin aşağılık sözleri de öğrendim. Benim Selçuk'a layık olmadığımı, onun ancak senin gibi genç, güzel ve eğlenceli kadınlarla mutlu olabileceğini ima eden bir dolu laf salatası yapmışsın. Ama bu kez başaramadın değil mi canım arkadaşım? Selçuk'u yatağa çekemedin. Onu benden vazgeçirip kendi seviyesiz hayatına alet edemedin değil mi?"

"Selçuk sana böyle mi anlattı?"

"Evet... Bu kadar açık yüreklilikle bana her şeyi anlatabileceğini tahmin edememen çok doğal, Selçuk'u tanımıyorsun."

"Asıl sen onu tanımamışsın Canan. Bu anlattıklarının hiçbiri olmadı. Hem senin hakkında nasıl böyle ileri geri konuşabileceğimi düşünürsün sen?"

Bu sırada odanın kapısı açılıp Küba'nın sekreteri ve asistanı elleri dolu halde girdiler odaya. Biri kahveleri servis ederken, diğeri de bir sepet dolusu kırmızı gülü Kübra'nın masasına yerleştirdi. Güllerin içinden çıkan kırmızı kalp mühürlü beyaz bir zarfı Kübra'ya uzatan asistan kız, güllerin kimden geldiğini bilmediğini söyleyerek çıktı odadan.

Canan'ın sinirleri artık iyice bozulmuştu. Kendi kendine gülüp söylendi:

"Ben nasıl bir bilmecenin içindeyim böyle?"

Kübra zarfı açıp okuduktan sonra, hiçbir açıklama yapma gereği duymadan konuşmasına devam etti:

"Selçuk'tan etkilenmediğimi söylersem yalan olur. Ama her ne olursa olsun arkadaşımın sevgilisini ayartmayı düşünemem Canan. Hele senin hakkında olmadık çirkin sözler konuşamam. Sen anlaşılan beni de hiç tanımamışsın. Selçuk bana tanıtım ve organizasyon şirketi projenizden bahsedip onu işadamları ve sanatçılarla tanıştırmamı istedi. Öyle kibar ve ikna edici konuşuyordu ki, ben de bütün gece karşılaştığım herkesle onu tanıştırdım. Çok eğlenceli, çok da zeki bir adam olarak gördüm onu. Sohbeti de güzeldi. Çok eğlendim. Çok keyif aldım. Senin de bana güvenini sonsuz sandığım için hiç tereddüt etmedim. Gecenin sonunda da sandığın gibi olmadı. Mekândan birlikte çıkmayı o istedi. İkimiz de sarhoştuk. Arabayla dönemezdim. Selçuk taksiye binmeyi teklif etti. Önce beni evime bırakacaktı, oradan da otele dönecekti. Böyle anlaşıp çıktık ama Selçuk plana sadık kalmadı."

"Selçuk'u suçlamaya kalkma Kübra. Şu anlattıkların o kadar tutarsız ki. Bana yalan söylüyorsun. Her şeyden önce Selçuk içki içmez. Ağzına bile sürmez. İkinizin de sarhoş olduğunu söyleyemezsin. Kübra lütfen dürüst ol ve bana her şeyi olduğu gibi anlat. Bunca yıllık dostluğumuzun hatırına bana karşı açık olmak zorundasın şimdi."

"Ben sana her şeyi nasıl olduysa aynen öyle anlatıyorum Canan. Yalan söylediğim falan yok. Yemin ederim sana. Selçuk sarhoştu. Bütün gece içti. Sen elindeki kadehleri görmedin mi? Şimdi nasıl o adam alkol falan almaz diyebiliyorsun? Asıl senin kafanın içi yalan yumağı olmuş."

"Selçuk içmez Kübra. Kadehinin içinde vişne suyu olduğunu söyledi. İçki içmek Selçuk için büyük günahlardan biri. Bu konuda asla ödün vermez. Onu tanımadığını söylemiştim sana. O adam günde beş vakit namaz kılıyor. Onun hakkında atıp tutarken bunları bilmediğin için açık veriyorsun..."

Kübra, arkadaşının yüzüne acıyarak bakıp gülmeye başladı... Hem üzgün, hem de şaşkındı:

"Canan, bu adam namaz kılar mı kılmaz mı bilemem. Ne kadar muhafazakâr ve dini bütün olduğu hakkında inan fikrim yok ama gayet güzel içki içtiğini söyleyebilirim. Siz gidene kadar birlikte iki şişe şarap bitirdik. Özel olarak kendim açtırdığım için biliyorum. Siz çıktıktan sonra da bana eşlik etmek için kendisine bir kadeh viski söyledi. Bana inanmıyorsan Doğan'a sor, Nuray'a sor... Onlar da ordaydı. Masada viski siparişi verdiğini herkes duydu. İçerken de hepsi gördü. Oğlunun kız arkadaşına sor. O da yanımızdaydı. Ben bütün bunları ıssız adada yaşamadım ki. Ortam kalabalıktı. Dilediğinle konuşabilirsin. Ama sen bu adamı haklı çıkarmaya o kadar kendini programlamışsın ki, gözünün önünde yaptığını inkâr etse inanacaksın."

"Bu gülleri neden yollamış sana?"

Kübra, arkadaşının gülleri tanıdığını fark edip açıklamasına devam etti:

"O gece için benden özür diliyor. Gülleri onun için yollamış. Taksiyle beni evime bıraktıktan sonra kendi de indi. Oteline dönmedi. Evime gelmek istedi. Israr etti. Kabul edemeyeceğimi, arkadaşımın sevgilisi olduğu için onunla hiçbir şey yaşayamayacağımı izah ettim ona. Dinlemedi. Peşimden eve geldi. Yüksek sesle konuşuyordu. Taşkınlık yapıyordu. Bağıra bağıra şiir okumaya başladı kapımda. Ben de sitede komşulara rezil olmamak için bir kahve içirip gönderirim diye düşündüm. Hem ayılırsa kafayı da toparlar dedim. Eve girince benim bardan viski alıp içmeye devam etti. Kahve yaptım, getirdim, istemedi. Beni sevişmeye zorladı. Taciz etti. Birbirinden süslü laflarla, iltifatlarla, bin tane şey vaat ederek sırnaştı. Kabul etmediğimde gerilmeye başladı. Onu sonunda evden atmaya karar verip çekiştiririrken yüzüme bir tokat patlattı. Neye uğradığımı şaşırdım. Yere yapıştım. Benim kafam da bir dünya. Midem bulanıyor, ayakta duramıyordum zaten. Bir an evvel zıbarıp yatayım istiyordum. Adam sırnaştıkça tepem atmaya başlamıştı. Tokadı yediğimde korktum. Beni öldürecek sandım. Sapık mıdır nedir anlayamadım. Yerden kalkmaya çalışırken karnıma sert bir tekme geçirdi. Yarı baygın haldeydim artık. Kucağına alıp koltuğa yatırdı. Birden kibarlaştı. Romantikleşti. Köpekler gibi özür dilemeye başladı. Güçsüzlüğümden faydalanarak benimle birlikte oldu. Kolumu kaldırmaya halim yoktu. Defalarca sevişti benimle. Yorulmak bilmiyordu. Her defasında ilk kez sevişiyormuş gibi güçlüydü. Öğlen gibi kendime geldiğimde çok kötüydüm. Adam bildiğin tecavüz etti bana. Sana durumu nasıl anlatacağımı bilemedim. Üzülmeni istemiyordum. Nuray seninle konuşmam gerektiğini, her şeyi açıkça anlatmamı söyledi. Aksi halde arkadaşlığınız bozulur dedi. Canan bu adamın gerçek yüzünü gördüğünde, gerçekleri ondan gizlediğin için seni hiç affetmez dedi. Bu yüzden her şeyi anlatıyorum sana. Bunları bildiğim halde susarsam sana zarar vereceğimi düşündüm."

"Yalan söylüyorsun... Selçuk'la kaç aydır beraberim ben. Defalarca baş başa kaldık. Bir kez olsun benimle birlikte olmadı. Zina yapmak korkusuyla her defasında kendini kontrol edip kalktı yataktan. Bahsettiğin adam Selçuk'un verilerine uymuyor Kübra. Hayatımda Selçuk kadar iradesini kontrol edebilen başka bir adam görmedim. Öyle zaafa düşüp birine saldıracak kadar denetimsiz biri değildir o. Çok üzülüyorum Kübra... En çok da senin hakkında yanıldığım için üzülüyorum inan."

"Bu adam sana sandığın kadar değer vermiyor Canan. Belki benden nefret edeceksin bunları anlattığım için ama hakkında iyi şeyler konuşmayan kişi ben değildim... Selçuk'tu... Daha genç, daha eğlenceli kadınlardan hoşlandığını söyleyen kendisiydi. Sorunsuz bir birliktelik arzuladığını o anlattı. Seni sıkıcı bulduğunu, kıskanç ve kuşkucu davrandığını, bundan dolayı da artık çok bunaldığını söyledi."

"Yeter artık! Daha fazla dayanamayacağım bu saçmalığa..."

Kübra'nın bu acıtıcı açıklamalarına daha fazla tahammül edemeyeceğini hisseden Canan, hışımla oturduğu yerden kalkarak ardında bir nefret rüzgârı bırakıp dışarı çıktı. Rahatça nefes alabilmek için can havliyle kendisini caddeye attığında hüngür hüngür ağlıyordu.

Bütün insanlar sanki birlik olmuş, Selçuk'u olmadığı bir adam gibi göstererek onu aşağılamak için var güçleriyle mücadele ediyor gibiydiler. Selçuk'u tanımaktan hoşnut olan ve hakkında iyi şeyler düşüren tek bir kişi bile yoktu etrafında. Adamın karısı bile kaç yıllık kocasıyla ilgili ithamlar uydurmakta hiçbir beis duymayarak hakkında söylenmemiş tek bir çirkin söz bile bırakmamıştı. Kadın avcısı, tecavüzcü ve yalancı biri olarak üzerinde asılsız bir izlenim yaratmak istedikleri bu adamı acımasızca ve elbirliğiyle yerden yere vurup duruyorlar, böylece Canan'ı daha da çok üzüyorlardı. Onu Selçuk'tan uzak tutmak uğruna buldukları bu yol çok zalimceydi. Tertemiz, dini bütün ve ahlaklı bir insanı istese bile olmayı başaramayacağı bir adamın suçlarıyla küçük düşürmek adil değildi.

Bütün bu insanlar kendilerince haklı bahanelerle Selçuk'u Canan'a uygun bulmuyor olabilirlerdi elbette, peki nasıl olur da çoğu sözbirliği etmişçesine onu aynı suçla itham etmeyi başarabiliyorlardı?

Beyza'yla Kübra'nın suçlamaları arasındaki güçlü tutarlılık akıl alır gibi değildi. Bu iki kadın da birbirlerini tanımıyorlardı. Ortaklık etmiş olmaları mümkün değildi. Beyza daha dün kocasının yaşı küçük bir kızı darp ederek iğfal ettiğini anlatmışken, bugün Kübra'nın aynı senaryonun mağduru olması talihsiz bir tesadüf olabilir miydi?

Canan hıçkırıklar içinde arabasını park ettiği yöne doğru sendeleyerek yürürken aklında hep bu suçlamalarla ve suçlamalar arasındaki tutarlılıklarla boğuşuyordu. Tam arabasının yanına gelip de kapıyı açmak üzereyken arkasından omuzlarına doğru uzanan iki güçlü kolun onu sıkıca kavramasıyla sarsıldı.

Selçuk, gözyaşları içinde yaprak gibi titreyen bu kadını yakaladığı gibi kendisine çekip, hiçbir şey sormaya kalkmadan olağanca şefkatiyle sımsıkı sarıldı. Şu an en ihtiyaç duyduğu kişinin mucizevi biçimde karşısına çıkmış olmasından duygulan Canan, kendini bedeninin ve ruhunun bütün yükleriyle birlikte Selçuk'un kucağına bıraktı. Bir müddet birbirlerine sarılı halde yolun ortasında öylece kaldılar.

Hıçkırıklarını içine çekip sakinleşmeye çalışan Canan, kendisini biraz daha toparlayarak yorgun başını Selçuk'un göğsünden kaldırıp avazı çıktığı kadar bağırmaya başladı. Kalbinin ortasındaki volkan nihayet patlamış bütün yakıcılığıyla ağzından dışarı püskürür olmuştu:

"Kimsen sen Selçuk? Sen kimsin? İnsanlar senin hakkında neler anlatıyorlar biliyor musun? Haberin var mı? Ben artık bıktım. Usandım... Dayanamıyorum... Yeter, yeter, yeter..."

"Bağırma Canan... Sakin ol lütfen... Hadi bin şu arabaya. Yan tarafa geç hadi... Ben kullanacağım..."

Canan ve Selçuk arabaya binip etraftaki insanların meraklarını daha fazla azdırmadan uzaklaşıp gittiler. Arabayı Sarıyer'e doğru süren Selçuk Emirgân Korusu'na geldiklerinde park edip Canan'a yöneldi. Burada daha rahat konuşabileceklerini söyleyerek önce koru içinde yürümeyi teklif etti. Birlikte el ele yeşilliğin içinde hiç konuşmadan sessiz sedasız dolaştılar bir süre. Ağaçların ve rengârenk çiçeklerin arasında doğanın ve serinliğin uyarıcı kokusunu çekerek yürümek ikisine de iyi geldi.

Sarı Köşk'e girerek cam kenarında bir masaya yerleştiler. Buradan İstanbul'un iki asma köprüsü de görülebiliyordu. Eşsiz manzaranın verdiği sükûnetle rahatladılar. Self servis çalışan restoranda servis tezgâhlarından birkaç parça kahvaltılık ve çay alarak masalarına geri döndüler.

Çayından bir yudum aldıktan sonra Selçuk'un yüzüne bakan Canan'ın yine gözleri dolmaya başladı:

"Selçuk! Ben çok yorgunum. Artık kimsenin senden bahsetmesini istemiyorum. Hele duyduğum şeylerin gerçekliğini sorgulamak çok canımı yakıyor. Bu duygudan da bu karmaşadan da nefret ediyorum."

"Canan'ım... Bana ne olduğunu anlatacak mısın?"

"Kübra ona tecavüz ettiğini söylüyor. Ona vurduğunu, darp ettiğini, içki içip kendini kaybettiğini anlatıyor. Benim hakkımda da kötü düşünüyormuşsun... Kötü şeyler söylüyormuşsun."

"İyi de güzel sevgilim, Kübra'nın bu şekilde davranması sence de normal değil mi? Sana her şeyi olduğu gibi, açıkça ve dürüstlükle anlattığımı fark edince elbette kendini haklı çıkarmanın bir yolunu bulacaktı. Sana arkadaşının beni nasıl taciz ettiğin, beni sevişmeye zorladığını anlattım. Onunla yatmam için bana nasıl baskı yaptığını biliyorsun. Şimdi doğal olarak sana karşı haklılığını kanıtlamak zorunda hissediyor kendisini. Tam da ona yakışan oynak bir tavır bu. Seninle ilgili söylediği kötü sözleri, bana mal etmeye çalışmasını da anlayabiliyorum. Fakat sen bu noktada hangimizin doğru söylediğine karar veremiyorsan bu konuda seni ikna etme çabasına girmem sevgilim. Benim nasıl bir adam olduğunu biliyorsun. Nasıl bir yaşam tarzım olduğu hakkında da az çok fikir sahibisin. Buna karşılık Kübra'nın da yaşam şekli ortada. Hatta fazla uluorta bir kadın. O kadının rahatlığının ve hafifmeşrepliliğinin nelere mal olabileceğini şu aklınla tahmin edebilirsin sanırım. Bu konuyla ilgili büyük yemin edip Kuran'a el basacak değilim. Benim kitabımı ve değerlerimi hiç kimse böyle bir adiliğin adaletsizliğine tanık olarak kullanamaz."

Canan çocuklar gibi ağlıyordu. Selçuk'un haklılığına inanıyor fakat etraflarındaki insanların alet olduğu bu ithamları bir türlü affedemiyor, kabullenemiyordu.

"Kübra'nın ofisinde senin güllerini gördüm. Mektubunu da... Senin özür dilediğini söyledi."

"Doğru... Sabah bir sepet gül yolladım ona. İçinde de küçük bir not vardı. Onu reddettiğim için, kendisini kötü hissetmemesini istedim. Benim başka bir kadına âşık olduğumu, yaptığım seçimden dolayı mutsuz olmamasını yazdım. Bu durumun iş ilişkilerimizi ve arkadaşlıklarımızı etkilememesini söyledim. Kısaca 'üzgünüm' dedim. Bu sabah da bir kahvesini içip aramızdaki yanlış anlamalara bir son vermek istedim. O yüzden ofisine gittim. Hepsi bu kadar. Ne var şimdi bunda? Ben hassas bir adamım güzel sevgilim. Hiçbir kalbin üzerine basarak arkama bile bakmadan yürüyüp gidemem. Kimsenin mutsuzluğu üzerine başka bir mutluluk inşa edemem. O kadına bu açıklamayı borçluydum. Arkamda ağlayan gözler bırakarak yoluma huzurla devam edemem ben. Benim için herkes çok kıymetlidir. Ben yaratılana, yaratandan dolayı sorumluyum. Saygılıyım. Neden şimdi bunun hesabını vermek zorunda kalıyorum ki? Hadi tamam farz edelim arkadaşın haklı olsun, peki ben akılsız bir adam mıyım? Tecavüz ettiği kadına çiçeklerle özür dileyip suçumu kabullenerek kendimi ele verecek kadar kafasız biri miyim?"

"Benim sana güvenim sonsuz aşkım. Anlatılanların zerresine inanmadım zaten. Yanlış algılama. Seni sorgulamıyorum ben, çünkü senin güzel yüreğini biliyorum. Değerlerini, prensiplerini seninle birlikte yaşıyorum ben. Tanık oluyorum. Gözlerimle görüyorum. Kübra'yla Beyza'nın seni kötülemek için işbirliği yapmışçasına hep aynı yerden seni vurmaya çalışmaları canımı çok yakıyor. Kadın düşkünü, çapkın, kaba, tecavüzcü biriymişsin gibi acımasızca konuşmalarına dayanamıyorum. Karın daha dün senin yaşı küçük bir kıza tecavüz edip onu hamile bıraktığını anlattı bana."

"Bak gönlümün güzeli... Karım seninle yaşadığım ilişkiyi biliyor. Telefonlarımı karıştırmış. Yazışmalarımızın hepsini görmüş. Sana her sabah yolladığım çiçeklerden de yeni haberi olmuş. Ben de Beyza'yı daha fazla kışkırtıp kızdırmamak için sana bu sabah çiçek yollayamadım. Benim bahçem sensin zaten. Senin güzel yüzün, tatlı kokun varken hiçbir çiçekten medet ummam... Kadınlar benim sınavım Canan... Bu sınavdan kaçışım yok benim. Sana daha önce de etrafımın kadınlarla çevrili olduğundan bahsetmiştim. Onlar tarafından baskı altında tutulduğumu, taciz edildiğimi, hatta takip edildiğimi bile anlatmıştım. Bana yolladıkları fotoğrafların ahlaksızlığından da bahsettim hatırlıyorsan. Dilerim Allahtan sen benim sınavım olma. Sana yenilirim. Gönlüm ezilir sana karşı... Bu yüzden gönlümün güzeli, sana son kez söylüyorum! Ben artık yaşını başını almış bir adamım. Dünkü yeniyetmeler gibi macera peşinde koşmaya, sorunlar denizinde mutluluk aramaya tenezzül etmem. Ben mutluluğu Allah yolunda bulmuşum zaten. İbadetimle, inancımla ve buna uygun yaşantımla huzurluyum. İstedim ki sen de benim bu aşk köşkümde bana yoldaş ol. Rabb'imin yoluna birlikte köle olalım. Fakat bu köşke ancak sükûnetle girilir. Senin kafan bu kadar karışık, yüreğin bu denli tedirginken sen bana yâr olamazsın. Benim de sana hiç hayrım olmaz. Dilersen birbirimize zarar vermeye başlamadan aşkla, sevgiyle ayrılalım. Sen benim Levh-i Mahfuz'dan beri yârimsin, yoldaşımsın. Gönlümün senden kopması söz konusu değil. Fakat yollarımızı ayırabiliriz. Yol yakınken ortaklık işinden de dönelim. İçinde güven olmayan hiçbir birliktelikten hayır gelmez. Zorlamanın anlamı yok. Allah'ın bir bildiği vardır diyerek teslim oluruz yazdığı kadere."

"Hayır aşkım... Hayır... Bizim birbirimize karşı güven sorunumuz yok. Biz birbirimizi hep tanıyorduk. Senin daha ilk günden beri söylediğin gibi bizim karşılaşmamız tesadüf değildi. Birbirimizin gözlerinin içine baktığımız ilk andan beri çok öncelerden tanışıyor gibiydik. Sen Allahın bir lütfusun bana. Kimsenin kötü niyetlerine kurban edemem bu birlikteliğimizi. Buradan çıkınca hemen şimdi ofisime gidip mali müşavirimle görüşüyoruz. Yeni şirketin açılış işlemlerini başlatıyoruz. Şartları konuşup bu işi bir an önce bitiriyoruz tamam mı? Daha fazla dedikodu, fesat ve suçlamalara kulak asmak istemiyorum. Kimsenin aramıza girmesine, bizi birbirimizden koparmasına izin veremem. Seni seviyorum Selçuk. Sana güveniyorum..."

"Ben de seni seviyorum arş-ı âlânın en güzel kadını. Ben seninle birlikte her yolda yürürüm. Yeter ki yanımda ol. Aşkımdan kuşkuya düşmediğin sürece yanındayım. Ben kocanın hışmına rağmen vazgeçmedim senden. Oteli basıp bana tehditler savurmasına rağmen seni arayıp bu ilişkiyi sorgulamak istediğimi söylemedim. Ayhan'ın dün gece otele geldiğinden haberin var mıydı senin?"

"Hayır yoktu. Bilmiyordum... Şimdi senden duydum... Çok şaşkınım... Dün bir ara evden çıkıp gitmişti. Ne zaman döndüğünden haberim yok. Demek ki senin yanına geldi. Kavga mı ettiniz?"

"Tartıştık diyelim... Otele gelip eşkıyalık yapmaya kalktı. Tehditler savurarak beni aşağıya yanına çağırdı. Lobide yukarı aşağı volta atıp duruyordu. Ayağımı denk almamı istedi. Senden uzak durmamı söyledi. Karımın başına bir şey gelirse seni sorumlu tutarım dedi. Yumruklarını yüzüme sıkıp tükürüklerini sıçratarak bağıra çağıra konuşup gitti. Sadece hakkımda yanıldığını söyledim. Ona aynı şekilde karşılık vermeye kalkışsaydım haklı çıkacaktı. Buna izin vermedim. Lütfen sen de kimsenin kışkırtmalarına kapılıp onlara haklı çıkma fırsatını verme."

"Ah canım benim... Aşkım... Sen de nelerle uğraşıyorsun.

İkimizi de rahat bırakmayacaklar anlaşılan. Hadi kalkıp gidelim buradan... Yeni hayatımıza başlayalım artık... Kendi kaderimizi kendimiz yazalım. Kimseye kulak asmadan, her şeye ve herkese rağmen bir arada yürüyelim."

HER HATA BİR DOĞRU EDER

Canan ve Selçuk'un yıldız haritalarını karşısına koyup dikkatle inceleyen Nuray, bir yandan da yıldızların ve gezegenlerin rehberliğinin önemine dikkat çekerek gökyüzünün anlattıklarından nasıl faydalanmak gerektiği hakkında Canan'ı bilgilendiriyordu.

"Her insan bir doğum anı planıyla doğar ve büyür... Yeryüzündeki tekâmülünü de bu planla yaşayıp tamamlar. Dünyaya neden geldiğimiz, hayatımız boyunca kim olarak yaşamayı seçtiğimiz, nereden gelip nereye doğru gittiğimiz bizlere ve evrene her an her saniye etki etmektedir. Güneş, doğum haritasında yönetici güç olarak bilinir. Harita sahibinin kişiliğini ve bu kişiliği nasıl belirttiğini gösterir. Güneş'in bulunduğu burcun özelliklerini yansıtır. Güneş egomuzu ve kişisel kimliğimizin bilinçli olarak farkında olduğumuz kısmını temsil ettiği için, Güneş'in bulunduğu burç kendimizi geliştirmeye, gerçekleştirmeye çalışmak ve çevremizi şekillendirmek için irademizi ve gücümüzü nasıl kullandığımızı gösterir. Yıldız sistemimizin kalbi sayılan Güneş, vücudumuzda kalbi ve omuriliği yönetir. Astrolojide Güneş Aslan burcunun yöneticisidir. Güneş, Burçlar Kuşağı'ndaki turunu bir yılda tamamlar ve her bir burçta yaklaşık bir ay boyunca kalır. Hayatın neresinde duruyoruz, çevremize nasıl enerji veriyoruz, çevremiz bizi nasıl tanıyor gibi bilgiler doğum haritamızda yer alır. Astroloji, kendimizi tanımak ve kim olduğumuzu bilmek adına kullanmamız gereken çok eski ve çok önemli bir gökyüzü bilimidir. Doğum haritası, astroloji rehberliğini kolaylaştırır. Doğum haritası insana güçlü ve zayıf yanlarını gösterir. Yani astrolojideki ilmi ve hayrı fark edebilirsek yaşamamızı, istek ve hedeflerimize kolayca ulaşmamız konusunda yıldız ve gezegenlerden yardım ve destek alabiliriz. Bu rehberlikten doğru faydalanan insanlar hayatlarını daha net ve kaliteli yaşarlar. Böylece genel ve günlük yaşamımız içinde ailemizle, çevremizle daha barışık, kararlarımızda daha net, çatışmalarda daha anlayışlı ve her durumda çok daha hoşgörülü yaşayabiliriz. Başkalarını değiştirmek yerine kendimizi değiştirip geliştirerek hayata daha olumlu bakarak, umutsuzluğa kapılmadan, tüm olasılıkların farkında olup, evrene karşı daha teslimiyet içinde oluruz. Şunu unutmamak lazım ki, hayat bir armağandır ve süresi de yoktur!"

İşaretlerin Dili (Evrensel Rehberlik)

Hepimiz için doğum haritamızdaki burç ev ve gezegen yerleşimleri, birbirleriyle olan açı kombinasyonları karakterimizin oluşumunu etkiler. Duygu ve alışkanlıklarımızı, ikili ve sosyal ilişkilere yaklaşımımızı, nasıl düşündüğümüzü, nasıl düşünmemiz gerektiğini, hangi yöntemle iletişim kurduğumuzu ve bütün bunlardan ne öğrendiğimizi, yaşamdaki öncelikli motivasyonlarımızı, en çok ne için mücadele ettiğimizi, nasıl mücadele etmemiz gerektiğini nasıl çalıştığımızı ya da nasıl çalışmamız gerektiğini, sosyal becerilerimizi, kabiliyetlerimizi, sevgi alanlarımızı, nasıl bir aşk yaşamamız gerektiğini, ilişkilere vereceğimiz yönü, içinde olduğumuz anın kuvvetini, doğru ve yanlış davranışlarımızı, ilişkilerdeki öz kimliğimizi, partnerimizle uyum ya da uyumsuzluğumuzun nedenlerini, kısaca özümüzü bize anlatır, açıklar...

Doğum haritamızı bilirsek, hayatımızı olumlu yönde yönlendirebiliriz ve yönetebiliriz. Hayatın bize sunduğu fırsatları ve sahip olduklarımızı doğru bir şekilde değerlendirdiğimiz takdirde korkularımızdan kolayca özgürleşiriz. Hangi anda ve zamanda neler yapmak ya da yapmamak gerektiğini öğrenip kaybetmek yerine, kazanç elde etmemizi sağlar.

Astrolojiden yardım almak, bize başta Yaradan izniyle kısmet edilir. Bazen bir deneyim yaşayacaksak ve öğretilerden geçeceksek görmemiz gerekenleri göremeyebiliriz. Tıpkı Canan'ın bütün verilere rağmen gerçekler içinde yalana teslim olmayı kendi iradesiyle seçtiği gibi, pek çok insan farkında olduğu yanlışlara yazık ki bilgisizce kapılabilir. Fakat astroloji rehberliğiyle en azından kadersel planımızda olası zor olayları bile daha teslimiyet içinde karşılayabilme, en az zararla bu tekâmülü atlatma şansımız her zaman vardır.

Gerek güncel yaşamımızda, gerekse kadersel planda zorlandığımız anlarda kalbimizi rahatlatabilir, endişelerimizi azaltabilir, yaşamda edineceğimiz tecrübelerle birlikte ruhsal olarak da büyürüz. Bu yüzden doğum haritamızı öğrenmek, çok önemlidir...

Canan yeni şirketin açılış işlemleri sırasında resmi evraklardan Selçuk'un doğum tarihi ve doğum yeri bilgilerini de öğrendiğinden, şimdi ikisinin de yıldız haritası ortaya çıkabilmişti.

Nuray, her ikisinin de doğum anı planlarını karşılaştığında ortaya çıkan sonucun çok da iç açıcı olmadığını arkadaşına izah ederek, bu kez onu yıldızların da yol göstericiliğiyle uyarmaya devam etti:

"Canancığım, senin doğum haritana göre Venüs, Selçuk'un Güneş burcuyla uyumlu ve ahenk içinde görünüyordu. Fakat 1992 yılında Satürn, senin bugün Selçuk'la yaşadıklarına çok benzer bir deneyimi Ayhan'la yani eşinle de yaşamana sebep olmuş. Aslında sen bu sınavda tecrübeli bir öğrencisin. Belli ki dersini iyi almamış olmalısın ki şu an yine aynı tecrübeyi yaşamakla görevlisin. Satürn'ün vaktiyle bugün karşına çıkan yanlışları kocan vasıtasıyla sana zaten deneyimletmiş. Bugün Satürn'ün keser döner sap döner, gün gelir hesap döner dediriyor farkında mısın?"

"Aslında çok haklısın Nuray. Bundan seneler evvel ben Ayhan'la henüz nişanlıyken ailesi onu başka bir gelin namzediyle tanıştırıp onunla evlendirmek istemişti. Ayhan beni sevmesine rağmen o kızla yine de görüşmüştü. Çocukluk işte. O zamanlar ikimiz de çok toyduk... Ama Ayhan'ın bana rağmen o kızla görüşmeyi kabul etmesine çok üzülmüştüm. Yine de ondan vazgeçmedim. Bana olan sevgisine güvendim. Zaten üç dört ay sonra Ayhan o kızla görüşmeyi tamamen kesti. Ailesi de bizim ilişkimizi onaylamak zorunda kaldı. Evlendik."

"Gördüğün gibi Canancığım, Selçuk'la yaşadığın ilişki aslında Ayhan'la senin arandaki bağın sınavı. Bu birliktelikte Selçuk'a anlam yüklüyorsun ama asıl büyük sınavı Ayhan'la veriyorsun. Evliliğinizin atlatması gereken bir tekâmül bu."

"Selçuk'la yaşadığımın bir anlamı yok mu demek istiyorsun?"

"Öyle bir şey söylemedim. Sadece senin sınavın Selçuk'la değil Ayhan'la demek istiyorum. Selçuk'la yaşadıkların elbette çok değerli çünkü bu yasak ilişkiden çok kıymetli bir ders alacaksın. Eğer sağduyunu devreye sokar ve farkındalıklı hareket edersen yaşayacağın yıkımı küçültebilirsin. Senin haritanda da yer alan aşkın ve sevginin gezegeni olan Venüs, yani halk dilindeki adıyla Seher Yıldızı, Boğa ve Terazi burçlarını yönetir.

Hint astrolojisinde evlilik gezegendir. Aşk, romantizm, sevgi, sanat, yaratıcılık hayatında "güzel" olan her şey Venüs'ün armağanıdır. Venüs, Boğa ve Terazi burçlarında egzoteldir. Natal haritada Terazi, Boğa, Balık burçları yerleşimi "mooltrikona" dediğimiz kişiye sanat ve yaratıcılık konularında özel bir yetenek verir. Selçuk'un konuşmaları ve nüktesi Venüs'ten dolayı çok güçlü. Bir süre daha aklını başından almayı başaracaktır. Selçuk'un doğum planındaki Venüs'ün konumu da erkeğin arzuladığı bir kadın modeline işaret ediyor. Erkek için eş, sevgili ya da metres göstergesidir bu. Venüs'ü Terazi, Balık, Boğa yerleşimi olan bir erkek, bir yandan evlilik ve ortaklıklara büyük önem verirken hayatına alacağı kadında seçeceği estetik, güzellik, kültür, cazibe, uyumluluk kriterleriyle hem sevgili, hem eş, hem de iş ortağı olabilme potansiyeli gösteriyor. Açıkçası Canancığım haritaya göre ikinizin evliliklerinde de skandal ilişkiler, cinsellikte sapkınlıklar söz konusu..."

"Anlamadım, skandal ve sapkınlık mı?"

"Evet... Skandal ve sapkınlık diyorum... Senin Selçuk'la ilgili anlattıklarını önümüze koyarsak, bunun yanı sıra Beyza ve Kübra'nın anlattıklarını da haritadan aldığımız verilere göre hesaba katmamız gerekecek. Çok üzgünüm ama Beyza ve Kübra doğru söylüyor olabilirler. Muhtemelen Selçuk, geç ergenlik sendromu yaşıyor olabilir. Bunun yanı sıra hakkında önemli bir skandal patlayacağını da söyleyebilirim. Sandığından çok daha tehlikeli bir adam var karşında."

"Skandal yaratacak nesi olabilir ki Selçuk'un?"

"Bilemem. Fakat haritası buna işaret ettiğine göre, senin dikkatli davranmanda fayda var Canan. Ayrıca seni şu ortaklıklar konusunda da defalarca uyarmıştım hatırlarsan. Buna rağmen gidip Selçuk'la ortak oldun. Bak gördüğün gibi haritası da ortaklıklara dikkat çekiyor. O şirketin daha şimdiden senin başını ağrıttığını tahmin ediyorum."

"Her şeyin bir zamanı var. Şirket açılalı daha on gün oldu.

Zamanla oturacaktır. Dekorasyonu, temizliği, mobilya alışverişi daha yeni bitti. Şu sıralar teknik malzeme işleri ve santralle uğraşıyorum. Anlayacağın daha iş yapmaya başlamadık bile. Dur bakalım. Genel ihtiyaçlarımızı giderelim. Bir iki ufak tefek işler yapmaya başlayalım. Her şey yoluna girer diye düşünüyorum. Sonuçta mimarlık şirketimi açtığımda da her şey güllük gülistanlık değildi."

"Ben sana çalışmaktan bahsetmiyorum Canan... Yıldızlar seni yapacağın işler hakkında değil, kurduğun ortaklıklarla ilgili uyarıyor. İkisini birbirine karıştırma. Ben senin tuttuğunu koparan bir kadın olduğunu zaten biliyorum. Aklına koyduğunda başaramayacağın hiçbir şey yok senin. Sadece suiistimale uğrama ihtimalinin yüksek olduğunu söylüyorum. Üzgünüm ama seni uyarmak zorundayım. Bu benim hem işim, hem de sana karşı arkadaşlık görevim. İyi ve güvenilir bir ortaklık için Selçuk'un da bu şirkete senin kadar emek vermesi gerekir."

"Ne demek istediğini biliyorum Nuray... Maalesef şimdilik maddi ve manevi bütün fedakârlığı ben yapıyorum. Haklısın, Selçuk'un daha fazla yanımda olması gerekirdi. On gündür şirket için harcadığım paranın haddi hesabı yok. Şirketin yatırım bütçesini de hayli yüksek tuttuk. Kiraladığımız dubleks dairenin depozitosu ve iki aylık peşin kirası da yabana atılır bir rakam değil. Özel hesabım şimdiden eridi bile. Mimarlık ofisindeki şirket hesabıma dokunursam Cengiz'i kaybederim. Bütün işler sarpa sarar. Ayhan da hesaplarımızın erimesinden çok şikâyetçi."

"Selçuk ofisin yerini biliyor mu?"

"İnşallah bugün öğrenecek. Sabah adresi mesaj attım. Öğleden sonra gelecekti."

"Aferin sana... Peki neden elini cebine atmadığını sordun mu hiç?"

"Tabii ki bu konuları konuştuk. Ankara'da yeni bir ihale

almışlar. Şu sıralar ödeme yapmasının zor olduğunu söyledi. Birkaç ay sonra hesaplaşacağımıza söz verdi. Ona güveniyorum çünkü şirket ortaklığı uzun bir yolculuk. Akıllı bir işadamı daha yolun başındayken sorun yaratırsa ortaklığın devam etmeyeceğini bilir. Zaten şu aşamada sorun çıkarmaktan nasıl bir menfaat elde edebilir ki?"

"Haklı çıkmanı isterim Canancığım..."

"Bu arada sen biraz önce bir sendromdan bahsetmiştin Selçuk'la ilgili... Neydi o?"

"Geç ergenlik!"

"O ne anlama geliyor peki?"

"Senin anlattığın verilere göre Selçuk muhafazakâr bir adam. Namaz kılıyor. İçki içmiyor. Zina yapmaktan korkuyor. Bu yüzden seninle sevişmiyor. Çünkü çocukluğundan beri böyle yetiştirilmiş. Anladığım kadarıyla hiç kız arkadaşı olmamış. Erkek okullarında okumuş. İmam hatibe gitmiş. Karşı cinsle hiç teması olmamış. Ergenlik yaşlarını sağlıklı yaşayamadığı için o döneme ait olan hormonal reflekslerini maalesef, şimdi kırklı yaşlarda deneyimliyor olabilir. Beyza ve Kübra'nın anlattıkları bu yüzden doğru olabilir. Bana göre onlar da yalan söylemiyor. Selçuk'un doğum haritasının işaret ettiği cinsel sapkınlık bu olabilir. Arkadaşım kabul etmen belki güç olacak ama Selçuk geç ergenlik sendromu yaşıyor... Bu gerçeği reddetmek yerine, onu kabul edip önlemlerini alman çok daha akılcı olur. Lütfen beni dinle. Gerçekleri reddederek onlardan kaçamayız. Fakat kabul ederek hayatımızı kolaylaştırma şansımız her zaman var. Sen gerçeklere direndikçe alacağın zararın boyutları da büyüyor."

"Nuray, bu söylediklerini kabul etmek çok zor. Benim gördüğüm adamda bu söylediklerinin hiçbiri yok."

"Sınav senin sınavın arkadaşım. Ben sana olanı söylüyorum. Gerisi senin iradene, senin tasarrufuna kalmış. Sadece gördüklerinden sonuçlar çıkararak manaya ulaşman imkânsız.

Görmediklerini önemsemek zorundasın. İşaretler tarafsızlıkla yorumlanır. Her zaman, her şeye karşı tarafsız olmak zorundasın. Farkındalık sahibi insan, hiçbir şeyin ve hiç kimsenin taraftarı değildir. Sen Selçuk'un yanında durarak ondan gelen verileri okuyamıyorsun. Bu söylediklerimi bir kez daha düşün derim. Bu arada Ay düğümlerinizi de inceleyelim..."

"Selçuk'un kuzey Ay düğümü Aslan, güney Ay düğümü Kova... Senin kuzey Ay düğümün Terazi, güney Ay düğümün Koç... Selçuk'un Ay düğümleri düzenden ayrılan ve çıkarlarını gözeten bir yapıya işaret ediyor. Karizmatik ve saygın bir duruş yaratmak ve bu amaçta enerjisini kullanmak onun için çok önemli. Sende ise isteklerini elde etme konusunda ciddi bir girişimcilik söz konusu. İlişkilerden hayat dersi çıkarman gerektiğinin altı çiziliyor.

İşaretlerin Dili (Evrensel Rehberlik)

Kuzey ve güney Ay düğümleri, Güneş ve Ay'ın yörüngelerinin kuzeyde ve güneyde kesiştiği sanal noktalardır. İnsanın dünyaya geliş ve gidiş amaçlarını gösterir. Reenkarnasyona inananlar için bir önceki hayatları, inanmayanlar içinse genetik mirası anlatır. Her iki şekilde de mevcut değerlerimizle, geliştirmemiz gereken yönlerimiz üzerindeki bağlantıyı anlatır. Bize hayat boyu süren asıl hayat derslerini anlattığı için Ay düğümleri çok önemlidir.

Doğum tarihinize göre kuzey-güney Ay düğümlerinizi hesaplayın:

14 Şubat 1918-15 Ağustos 1919	*Yay-İkizler*
16 Ağustos 1919-7 Şubat 1921	*Akrep-Boğa*
8 Şubat 1921-23 Ağustos 1922	*Terazi-Koç*
24 Ağustos 1922-23 Nisan 1924	*Başak-Balık*

24 Nisan 1924-26 Ekim 1925	Aslan-Kova
27 Ekim 1925-16 Nisan 1927	Yengeç-Oğlak
17 Nisan 1927-28 Aralık 1928	İkizler-Yay
29 Aralık 1928-7 Temmuz 1930	Boğa-Akrep
8 Temmuz 1930-28 Aralık 1931	Koç-Terazi
29 Aralık 1931-24 Haziran 1933	Balık-Başak
25 Haziran 1933-8 Mart 1935	Kova-Aslan
9 Mart 1935-14 Eylül 1936	Oğlak-Yengeç
15 Eylül 1936-3 Mart 1938	Yay-İkizler
4 Mart 1938-12 Eylül 1939	Akrep-Boğa
13 Eylül 1939-24 Mayıs 1941	Terazi-Koç
25 Mayıs 1941-21 Kasım 1942	Başak-Balık
22 Kasım 1942-11 Mayıs 1944	Aslan-Kova
12 Mayıs 1944-13 Aralık 1945	Yengeç-Oğlak
14 Aralık 1945-2 Ağustos 1947	İkizler-Koç
3 Ağustos 1947-26 Ocak 1949	Boğa-Akrep
27 Ocak 1949-26 Temmuz 1950	Koç-Terazi
27 Temmuz 1950-28 Mart 1952	Balık-Başak
29 Mart 1952-9 Ekim 1953	Kova-Aslan
10 Ekim 1953-2 Nisan 1955	Oğlak-Yengeç
3 Nisan 1955-4 Ekim 1956	Yay-İkizler
5 Ekim 1956-16 Haziran 1958	Akrep-Boğa
17 Haziran 1958-15 Aralık 1959	Terazi-Koç
16 Aralık 1959-10 Haziran 1961	Başak-Balık
11 Haziran 1961-23 Aralık 1962	Aslan-Kova
24 Aralık 1962-25 Ağustos 1964	Yengeç-Oğlak
26 Ağustos 1964-19 Şubat 1966	İkizler-Yay
20 Şubat 1966-19 Ağustos 1967	Boğa-Akrep
20 Ağustos 1967-19 Nisan 1969	Koç-Terazi
20 Nisan 1969-2 Kasım 1970	Balık-Başak

3 Kasım 1970-27 Nisan 1972	Kova-Aslan
28 Nisan 1972-27 Ekim 1973	Oğlak-Yengeç
28 Ekim 1973-10 Temmuz 1975	Yay-İkizler
11 Temmuz 1975-7 Ocak 1977	Akrep-Boğa
8 Ocak 1977-5 Temmuz 1978	Terazi-Koç
6 Temmuz 1978-12 Ocak 1980	Başak-Balık
13 Ocak 1980-24 Eylül 1981	Aslan-Kova
25 Eylül 1981-16 Mart 1983	Yengeç-Oğlak
17 Mart 1983-11 Eylül 1984	İkizler-Yay
12 Eylül 1984-6 Nisan 1986	Boğa-Akrep
7 Nisan 1986-2 Aralık 1987	Koç-Terazi
3 Aralık 1987-22 Mayıs 1989	Balık-Başak
19 Kasım 1990-1 Ağustos 1992	Oğlak-Yengeç
2 Ağustos 1992-1 Şubat 1994	Yay-İkizler
2 Şubat 1994-31 Temmuz 1995	Akrep-Boğa
1 Ağustos 1995-25 Ocak 1997	Terazi-Koç
26 Ocak 1997-20 Ekim 1998	Başak-Balık
21 Ekim 1998-9 Nisan 2000	Aslan-Kova
10 Nisan 2000-12 Ekim 2001	Yengeç-Oğlak
13 Ekim 2001-13 Nisan 2003	İkizler-Yay
14 Nisan 2003-25 Aralık 2004	Boğa-Akrep
26 Aralık 2004-21 Haziran 2006	Koç-Terazi
22 Haziran 2006-18 Aralık 2007	Balık-Başak
19 Aralık 2007-21 Ağustos 2009	Kova-Aslan
22 Ağustos 2009-3 Mart 2011	Oğlak-Yengeç
4 Mart 2011-29 Ağustos 2012	Yay-İkizler
30 Ağustos 2012-18 Şubat 2014	Akrep-Boğa

GÜNEY AY DÜĞÜMÜ: Ruhun geçmişini, şu ana getirdiği değerleri anlatır. Otomatik olarak gelişmiş yeteneklerimizi, aktif olan yönümüzü anlatır. Kişisel alışkanlıklarımızı, huyumuzu, olayları yorumlayış özelliklerimizi, hayata başlarken diğer insanlardan farklı olarak gelişmiş yönlerimizi anlatır. Ancak ilerleyen yaşla birlikte ne kadar bu özellikleri uygulamayı istersek, başarısız olamaya başlarız.

KUZEY AY DÜĞÜMÜ: Bu dünyaya geliş amacımızı, gitmek zorunda olduğumuz noktayı anlatır. Yaşantımızın ilk yıllarında bu konularda hiçbir yetenek göstermesek de zamanla, yöneldiğimiz, zorla öğrenmek durumunda kaldığımız alandır. Bize doğuştan verilen yeteneklerimizi bir kenara koyarak, öğrenmemiz gerekenleri anlatır. Bunu anlamak için güney düğümünü çok iyi anlamalı, yaşamımızda bize gösterdiği yolda ilerlemeliyiz.

Kuzey Ay düğümü Koç'ta, güney Ay düğümü Terazi'deyse: Doğal bir içgüdüyle karşı tarafı düşünür. Hayatı sen, ben diyalogları üzerine kurulmuştur. Denge, uyum, huzur adına çekimser ya da kararsız kalabilir. Artık daha çok ben diyebilmeli, istek ve arzularını ortaya koymakla karşı tarafı kıracağını düşünmemelidir. Kararlı, net ve istekli davrandığında kurmakta zorlandığı dengeyi sağlayacaktır.

Kuzey Ay düğümü Boğa'da, güney Ay düğümü Akrep'teyse: Maddi konular üzerinde fazlaca durur. Eşinin, başkalarının paralarını yönetme konusunda doğal bir yeteneği vardır. Miras, nafaka, prim gibi konularda şanslıdır. Zaman içinde daha çok kendi kaynaklarına yönelmelidir. Kendi parasını, değerlerini korumaya önem vermelidir. Finansla ilgili konularda zorlansa da üstüne gitmelidir. Değer anlayışını geliştirmelidir.

Kuzey Ay düğümü İkizler'de, güney Ay düğümü Yay'daysa: Derin felsefeler, idealler arasında hayatın anlamını değerlendirme konusunda oldukça başarılıdır. Yabancılar, yüksek öğretim, uzak yollarda şansı yaver gitmiştir. Öğrendiği derin bilgileri, çok basit ve yalın bir düzeyde yakın çevresine aktarmayı öğrenmelidir. Büyük düşünmekten vazgeçmeli, pratik ve hızlı olmalıdır. İçerikten çok, bilgiye önem vermelidir. İletişimi geliştirmelidir.

Kuzey Ay düğümü Yengeç'te, güney Ay düğümü Oğlak'taysa: Geçmişine, geleneklerine, kurallarına bağlı kalmanın verdiği kararlılıkla hareket eder. Hayatın zorluklarını mühendis kafasıyla pratik şekilde çözümler üretir, uygular. Artık hayatın daha duygusal, sevgi dolu, yumuşak taraflarını öğrenmelidir. Kurallarını geliştirmeli, daha merhametli davranmalıdır. Hedefleri değil de, sevdikleri üzerine eğilmelidir.

Kuzey Ay düğümü Aslan'da, güney Ay düğümü Kova'daysa: Farklı davranmayı, insanları çarparak etkilemeyi sever. Her zaman sıra dışı özellikleriyle tanınır. Düzenden ayrılan, ama çıkarlarını gözeten bir yapısı vardır. Yönetilmekten hoşlanmazken yönetim becerileri kazanmalı, insanları babacan bir edayla organize etmelidir. Onurlu, karizmatik, saygın bir duruş yaratmak için enerjisini kullanmayı öğrenmelidir.

Kuzey Ay düğümü Başak'ta, güney Ay düğümü Balık'taysa: Başkalarını düşünmek konusunda oldukça hassastır. Siz bir şey istemeden gereken yardımı yapıp ortadan kaybolmuştur bile. Hayatı akışına bırakmıştır. İnsanlara yararlı, faydalı olma teması üzerinde yoğunlaşıp, enerjisini pratik ve verimli kullanmayı öğrenmelidir. İnsanlara yardımcı olurken fayda-zarar hesabı yapıp, uygun bir şekilde destek vermelidir.

Kuzey Ay düğümü Terazi'de, güney Ay düğümü Koç'taysa: Kişisel isteklerini, arzularını ön plana koymaktan çekinmez. İstediklerini alma konusunda cesur ve girişimcidir. Kolay harekete geçer, sürekli motivedir. Şimdi daha çok karşı tarafı dinlemeli, isteklerini anlamalıdır. İlişkiler üzerinden hayat dersleri çıkarmalıdır. Sen-ben dengesini korumayı öğrenmelidir.

Kuzey Ay düğümü Akrep'te, güney Ay düğümü Boğa'daysa: Maddi güvenlik ihtiyacını gidermek için, kişisel kazanımlarını yani parasını, gelirlerini değerlendirmeyi başarmıştır. Elindekilere sıkı sıkıya bağlı, değerbilir yanı güçlüdür. Şimdi parasını, sahip olduklarını korumaktan vazgeçmelidir. Başkalarının kaynaklarını yönetmek, yönlendirmek konusunda harekete geçmelidir. Çalışma ve kazanmada risk almalıdır.

Kuzey Ay düğümü Yay'da, güney Ay düğümü İkizler'deyse: Yakın çevresiyle ilişkisi çok güçlüdür. Konuları çok kolay kavrar. Hemen her şeyi bilir, ayaklı gazete gibi dolaşır. Sözleri yerli yerinde ve etkileyicidir. Bir müddet sonra bildiklerinin ne kadar sığ, basit olduğunu görmeye başlayacaktır. Daha derinleşmek, bir konuda ustalaşmak için çalışmalıdır. Sadece bilgi değil, deneyimlerle de tecrübelerini önemsemelidir.

Kuzey Ay düğümü Oğlak'ta, güney Ay düğümü Yengeç'teyse: Herkesi, her şeyi sevmek, korumak, annelik yapmak gibi bir ihtiyaçla etrafındaki sevgiyi artırır. Değer verdiği, koruma altına aldığı şeyler konusunda fazla ısrarcı olabilir. Hayatın sadece sevgi olmadığını, hedefler ve varılması gereken noktalar olduğunu da öğrenmelidir. Doğru bir rotada, taviz vermeden, kararlı bir şekilde çalışmalı, amaçlarını anlatmalıdır.

Kuzey Ay düğümü Kova'da, güney Ay düğümü Aslan'daysa: Yönetsel kabiliyetleri sayesinde her işi organize edebilir. İnsanların neyi, nasıl yapması konusunda gelişmiş bir vizyonu vardır. Yönetimden zevk alır. İnsanları yönetmek, başa geçmek yerine ekip ruhuyla bireysel çalışmayı öğrenip örnek olmalı, kimseye benzememelidir. Daima farklı olmalı ve üretmelidir.

Kuzey Ay düğümü Balık'ta, güney Ay düğümü Başak'taysa: İnsanlara yardım etmek için özel yetenekleri vardır. Bir işin nasıl detaylanacağını, hangi basamaklardan oluştuğunu iyi bilir. En düzensiz yeri düzenlemekten zevk alır. Artık detaylarla boğuşup kalmaktan kurtulmalıdır. Hayatın farkında olmayı öğrenmeli ve öğretmeli, daima objektif olmalı, hayata dar pencereden bakmamalı, yararlı olacağı konuları da genişletmelidir. Daha fedakâr, hassas, herkese yönelik çalışmalıdır. Olayları akışına bırakmayı öğrenmelidir.

Canan yaklaşık iki saattir Nuray'ın yanındaydı... Bütün anlattıklarını gözden geçireceğine, uyarılarını dikkate alacağına ve önlemler konusunda elinden geleni yapacağına söz vererek Etiler'deki ofisten ayrıldıktan sonra rotasını Maslak'a doğru çevirdi.

Doğan ve Selçuk'un ortaklık yaptığı tanıtım ve organizasyon şirketi için dubleks daire kiralayan Canan, on gün boyunca tadilat, temizlik ve dekorasyon işiyle uğraşıyordu. Selçuk her ne kadar yanında olamadıysa da, Doğan annesini bütün bu süreçte hiç yalnız bırakmamış, isteksiz de olsa her işine koşturmuştu.

Canan ofise geldiğinde, bilgisayar ve diğer teknik malzemeleri getiren bilgi işlem ekibini kapının önünde beklerken buldu. Anlaşılan Doğan ya okuldan geç çıkmış ya da trafikte kaldığından ekibi karşılamaya yetişememişti. Elemanları ofise aldıktan sonra teknik kurulumun nasıl yapılacağı konusunda ekibi yönlendirerek onları rahat çalışabilmeleri için yalnız bırakıp Doğan'ın odasının bulunduğu üst kata çıktı.

Çok geçmeden Doğan da ofise geldi. Elemanlara selam verip çalışmaları bir süre gözledikten sonra annesinin sesinin geldiğini duyduğu odaya girdi. Cengiz'le gergin bir konuşma yaptığını anladığı annesine başıyla selam verip masasının karşısındaki tekerlekli koltuğa oturup konuşmalara kulak misafiri oldu.

Canan'ın sıkıntılı olduğu her halinden belliydi:

"Firmayla konuşup proje teslimi için bir ay daha izin isteyebilirsin Cengiz. Şu an gelemem ama. Maslak'tayım. İşlerim var. Yarın görüşelim. Sabah şirkete geleceğim. Tamam o da olur. Sen gel o halde, bekliyorum. Ben iki üç saat daha buradayım. Görüşürüz. Şimdi adresi mesaj atarım sana..."

Telefonu kapatıp yeni şirketin adresini Cengiz'e mesaj atan Canan, işlerin çok yolunda gitmediğini Doğan'dan gizlemesinin artık anlamsız olduğunu bildiğinden, açık konuşmak zorunda kaldı:

"Cengiz biraz sinirli de. Ofiste işler karışmış. Projede sorun çıkmış..."

"Biz çok büyük bir hata yaptık anne..."

"Anlamadım, o da ne demek şimdi?"

Canan, telefonla işini bitirip masanın üzerine koyduktan sonra bütün dikkatini oğluna vererek ne söylediğini anlamaya çalıştı.

"Şu haline baksana anne ya, geleceği belirsiz şu aptal şirket için yıllardır emek verdiğin mimarlık mesleğine, canla başla kurduğunuz o güzelim şirkete nasıl zarar veriyorsun. Daha düne kadar parmakla gösterilen bir mimardın. Şimdi değil proje üretmek iki maket dikip bir işi teslim edemiyorsunuz."

"Burayı da senin için kurduk ama oğlum. Bu da önemli bir yatırım. İş hayatında her şey yaşanabilir. Önemli olan krizi doğru yönetmektir. Evet şirkette birkaç küçük sorun yaşanıyor ama halledemeyeceğimiz şeyler değil."

"Sen hayatını yönetemiyorsun anne, krizleri nasıl yöneteceksin? Cengiz senin bu haline daha ne kadar tolerans gösterebilir ki? Adamın hisse devrini neden geciktirdiğini alamadın mı hâlâ? Belli ki artık sana ve işine eskisi kadar güvenmiyor. Cengiz giderse çok kan kaybedeceğinin de farkındasındır herhalde. Adam müşteri bulmakta ve ikna etmekte gerçek bir dâhi. Bu kadar parlak bir şirket olmanızda Cengiz'in ne kadar büyük bir payı olduğunu sen kendin anlatırdın her zaman. Selçuk'un da aynı dehada bir adam olduğunu düşünüyorsan yanılıyorsun ama..."

"Sen annene güven Doğancığım... Benim mimarlık ofisim nasıl sayılı şirketlerden biri arasına girmeyi başardıysa, senin ortağı olduğun bu şirket de sektörün dikkat çekenlerinden biri olacaktır... Okulun bittiğinde burası çoktan kendini kanıtlamış bir marka sayılacak. Mezun olur olmaz, kendine ait kurumsal bir şirketin yöneticisi olarak iş dünyasına adım atacaksın."

"Boş hayallere kendini bu kadar kaptırmış olmana çok üzülüyorum anne. Ne yazık ki bu adam senin sandığın adam değil. Bilmediğin şeyler var... Ayrıca görmek istemediğin şeyler de var. Neden bu adamla ilgili konuşulanlara kulaklarını tıkıyorsun, gözlerini neden kör ediyorsun anlamıyorum. Bilerek görmemeye ve duymamaya çalışıyor gibisin. Sen insan sarrafı bir kadındın. Adamın gözüne baktığın zaman beyninin içini görürdün."

"Babanın bana olan kırgınlıklarına üzüldüğün için böyle söylediğini biliyorum. Onu üzdüğüm için kızıyorsun bana. Bu konuda çok duygusal davranıyorsun. Selçuk, ahlaklı ve erdemli bir adamdır. Belki dediğin gibi dâhi bir sanatkâr olmayabilir ama en azından gözünün arkada kalmadan işini emanet edebileceğin biridir. Ortaklıklarda en önemli şey güvendir. Strateji ve işgücü daha sonra gelir. Babanla benim aramdaki meseleyi biz kendi aramızda hallederiz. Biz ilk defa anlaşmazlık yaşamıyoruz. Bunu da aşarız. Sen şimdi okulunla ve yeni işinle meşgul ol. Milletin ne dediğiyle uğraşma."

Doğan, içinde biriktirip durduğu öfkesini daha fazla tutamayacağını anladığında sesinin tonunu ayarlamakta güçlük çekti. Kafasının içindeki kaygılarla boğuşmaktan yorgun düştüğü her halinden belli olan Doğan, sitemkâr ve kırgındı:

"Sen kimi koruyorsun böyle anne ya. Utanmasan bu adama peygamber falan diyeceksin. Babamı bile bu herif için harcadın, onurunu kırdın. Senin Hz. Selçuk, benim kız arkadaşıma asıldı anne! Haberin var mı? Uyan artık Canan Hanım uyan... Aç gözünü! Kocaman bir sapık soktun hayatımıza. Tebrikler."

Canan, oğlunun bu isyankâr ve fütursuz tavrından çok rahatsız oldu. Selçuk hakkında söyledikleri öfkesinin daha da büyümesine neden oldu. Doğan'a karşı anlayışlı tavrını sürdüremeyen Canan, hiddetli ve tavizsiz konuştu:

"Utanmıyorsun değil mi baban yaşında bir adamı bu şekilde suçlamaya? O adamın da bir kızı olduğunu unutuyorsun. Onun da bir ailesi var. Üstelik ne kadar muhafazakâr insanlar olduğunu sen kendi gözlerinle de gördün. Beni çok hayal kırıklığına uğrattın Doğan. Sen insanlara kolayca çamur atacak bir çocuk değildin."

"Hani birkaç hafta önce senin doğum gününü kutlamıştık ya Cahide'de, hatırlıyor musun? Hani Orçun içtiği biralardan sonra istifra etmeye başlayınca sen ve babam erken kalmak zorunda kalmıştınız ya, işte o zaman Merve'yle ben masada yalnız kaldık bu adamla. Ayıp olmasın diye bara da geri dönmedik. Adam Merve'ye göğüs uçlarının belli olduğunu, kıyafet seçerken daha dikkatli olması gerektiğini söyledi biliyor musun? Gece boyunca birkaç kez mini eteğinin altından Merve'nin iç çamaşırlarını gördüğünü anlattı. Sonra 'Sen eşsiz güzellikte bir kızsın, etrafına böyle çılgınca arzular yayıp gezerek insanları günaha sokma' gibi abuk sabuk şeyler söyledi anne. Yemin ederim o an herifin yüzüne yumruk atmak istedim. Beynini patlatmamak için kendimi çok zor tuttum. İnanmıyorsan Kübra Abla'ya sor. O da duydu. Nuray Abla'ya sor. O da masadaydı. Kimseye çamur falan atmıyorum ben. Yaşadıklarımızı söylüyorum."

Canan buz kesmişti... Oğlunun hiçbir sözüne müdahale etmeden dinledi onu. Doğan bütün bunları uyduruyor olamazdı herhalde. Çocukluğundan beri kimseye yalan söylememişti. İşlediği bütün kabahatleri, cezalandırılmak pahasına itiraf ederdi. Annesinden gizlisi saklısı yoktu. Adil bir çocuktu. Kimseye haksızlık yapamazdı. Kimse hakkında kötü konuşamazdı. Hele iftira atmak, başkalarının onuruyla oynamak Doğan'ın asla tenezzül edemeyeceği mevzulardı. Affedici ve hoşgörülü bir çocuktu. Tamam sinirlenince öfkesini kontrol etmekte zorlanırdı ama birine karşı bu kadar öfke ve nefret dolu olması mümkün değildi...

Ortada çok büyük bir yanlış anlama olmalıydı. Ne Selçuk için anlatılanlar doğru olabilirdi, ne de Doğan'ın yalan söylemesi mümkündü. Canan'ın her şeyi açıklığa kavuşturması ve yaşanan bu karmaşanın derhal çözülmesi gerekiyordu.

Doğan'a ne söyleyeceğini bilemedi. Üzgündü... Ne oğluna, ne de Selçuk'a karşı haksızlık etmek istiyordu. Sustu. Konuşmadı... Sessiz sedasız yerinden kalkıp odada volta atmaya başladı.

Oğlunun anlattığı her şeyde haklı olma ihtimalini düşünüp durdu. Ya Doğan her şeyi doğru algılıyorsa, ya söylediği hiçbir şeyin içinde abartı yoksa, ya bütün bunlar tam da oğlunun anlattığı gibiyse... İşte o zaman ne yapacaktı? Ne düşünecek, ne hissedecekti? Doğan haklıysa, Beyza ve Kübra da haklı olacaktı. İşte Canan buna dayanamazdı. Selçuk'u azimle koruduğu o büyük kalkanlarını suya düşürmüş olacaktı.

Doğan'ın anlattığı adam Selçuk'sa eğer, şimdiye dek kalbi aşkla ve merhametle dolu sandığı bu adamın, kızı yaşındaki çocuklardan tahrik olan bir sapkın olduğunu kabul etmesi gerekecekti.

İçine düştüğü cehennem azabı içinde adeta can çekişirken Cengiz de çıkagelip Canan'ın hayatının orta yerine yeni bir bomba bıraktı. Yeni şirketi gezip dolaşan Cengiz, bu taze girişim ve cesaret için Canan'la Doğan'ı tebrik ettikten sonra biraz önce Doğan'ın kalktığı koltuğa oturup derin bir nefes aldı:

"Yeni işiniz hayırlı uğurlu olsun ama ben buraya pek de hayırlı haberlerle gelmedim. Termal Otel projesi tamamen yattı. Adamlar bir aylık süreyi uygun bulmadılar. Sözleşmeyi tek taraflı feshettiler. Canan farkında mısın bilmiyorum ama şirket son zamanlarda ciddi kan kaybetti. Anladığım kadarıyla sen de bütün enerjini başka bir işe kanalize etmiş durumdasın. Şu durumda bizim işlerimizle tam randımanlı ilgilenemeyeceğin ortada. Ben hisse devri fikrinden tamamen vazgeçtiğimi açıklamak için geldim. Bu kararımın ivedilikle alınmış bir karar olmadığını da bilmeni isterim. Uzun zamandır ofiste tek başıma çalışıyorum. Bunun bir süreç olabileceğini düşünüm fakat senin elini ayağını çektiğin bir şirkette artık inançla ve umutla çalışamıyorum. Üzülerek söylemek zorundayım ki, kariyerimle ilgili başka planlar yapmak zorunda kaldım. Bu yüzden de önümüzdeki haftadan itibaren şirkette olmayacağım. İstifa ediyorum."

"Cengiz biz bu şirkete çok emek verdik. Birlikte çok işler başardık."

"Haklısın... Fakat bütün bunları senin de dediğin gibi birlikte yaptık. Sen artık bizimle birlikte değilsin. Bütün algın, dikkatin ve yoğunluğun başka yerde. Bu güvensizlik içinde ortaklık kurmam mümkün değil. Bunu göze alamıyorum."

"Çok üzüldüm Cengiz. Sen gidersen kaybım büyük olur. Bunu bir kez daha düşünemez misin?"

"Canan sen çok iyi bir mimarsın. Çok da iyi bir işkadınısın. Benim gitmem senin için bir kayıp sayılmaz. Sen yeter ki yine eski inancın ve hırsınla işine sarıl. Senin için de her şeyin hayırlısını dilerim, yeni işiniz için de... Kararımı defalarca gözden geçirdim. Bu noktaya gelmem kolay olmadı. Benim bundan sonrası için başka planlarım var. Belki başka bir ortakla kendi şirketimi açacağım ya da kendim tek başıma devam edeceğim."

"Seni mutsuz olduğun bir yerde zorla tutamam Cengiz... İnşallah senin için de doğru olan budur. Daha sonra üzülmeni istemem..."

"İnşallah... O halde ben artık kalkayım. Sizi de daha fazla meşgul etmeyeyim. Malum işleriniz çok yoğun. Size kolay gelsin. Görüşürüz..."

Cengiz gittikten sonra bozulan sinirlerini denetleyemeyen Canan'ın gözleri doldu. Her şeyin üst üste gelmesi böyle bir şeydi galiba. Bir yandan Selçuk'la ilgili yaratılan yeni bir karmaşa, diğer yandan irtifa kaybeden köklü bir emek vardı. İkisi aynı anda ağır gelmişti. Her şeyin güzel olacağını umarken işlerin giderek sarpa sarması üzücüydü.

Doğan annesinin durumuna hem üzülüyor, hem de bütün bunların sürpriz olmadığını annesinin bu sonu kendisinin hazırladığını düşünüyordu:

"Üzülme artık anne. Cengiz'in böyle bir karar verebileceğini sen de biliyordun. Bütün bunları Selçuk'la ortaklık peşinde koşarken düşünecektin. Şimdi ağlayıp sızlanmanın kimseye faydası yok. Kriz yönetimi diyordun ya al işte sana nur topu gibi bir kriz. Dilediğin gibi yönetebilirsin. Senin yerinde olsam mimarlık şirketime dört elle sarılır, kısa zamanda orayı toparlardım. Kendini boş yere üzme. Toparlan ve kararlarını gözden geçir..."

"Doğan lütfen daha fazla üstüme gelme..."

Canan konuşmasını henüz bitirmemişken, Selçuk içeri girip neşeyle selamladı herkesi. Keyfinin yerinde olduğu belliydi.

Doğan'ın bu ziyaretle birlikte canı sıkılmıştı. Selam bile vermeden çıkmak üzere toparlanmaya başladı.

"Selamünaleyküm şirketin atom karıncaları. Nasılsınız bakalım?"

Gözündeki yaşları silip Selçuk'u karşılayan Canan'ın üzerindeki durgunluk ve bıkkınlık fark edilmeyecek gibi değildi. Doğan'ın yüzüne bile bakmadan hışımla dışarı çıkmasına da anlam veremeyen Selçuk, ne olduğunu merak etti:

"Hayırdır Doğan'la mı kavga ettin sen?"

"Hayır ama çok kızdım ona... Hem de çok. Sinirlerimi altüst etti benim. Öldürecekler artık beni."

"Ne oldu anlatsana..."

"Senin Merve'ye bir şeyler söylediğini, onu utandırdığını anlattı."

"Merve de kim?"

"Doğan'ın kız arkadaşı. Doğum günü akşamı o da vardı."

"Hiç hatırlamıyorum. Ne demişim ki kıza?"

"Aman boş ver. Saçmalık işte..."

Canan, biraz önce Cengiz'le yaptıkları konuşmayı anlattı Selçuk'a uzun uzun... Ağlamaya başladı yine... Son zamanlarda çok daha fazla ağlamaya başlayan bu sinirleri bozuk kadına sıkıca sarılan Selçuk, onu dudaklarından öpüp sakinleştirmeye çalıştı. Yine o yumuşak ve şefkatli sesiyle büyüler gibi konuşmaya başladı:

"Hiçbir şey için üzülme sevdiğim... Güzel kadınım... Her şey olması gerektiği gibi olur. Sen yüreğini ferah tut. Allah'a inan, güven. O karıncanın bile rızkını gözetirken seni unutur mu sanıyorsun? Her ne olursa olsun ben senin yanındayım. Moralini hiçbir şey için bozma. Hadi gel çıkalım artık. Bilgi işlemciler gitti biraz önce. Aşağıda gördüm. Bütün kurulum yapılmış. Saat gibi... Faturalarını bıraktılar. Onu da masanın üzerine koyuyorum. Kaybolmasın, takip edersin. Bugünlük başka iş var mı burada?"

"Hayır yok. Yarın santral gelecek. Şirketin telefonları ve dahili numaralar bağlanacak. Bugünlük bu kadar."

Selçuk, Canan'ın beline sarılıp onu kuvvetlice kendine çekerek öptü. Birlikte çıkıp Canan'ın arabasına bindiler. Otele gideceğini söyleyen Selçuk bu gece önemli işleri olduğunu, buradaki işadamı dostlarıyla toplantı yapacağını, hatta belki onları yeni şirkete müşteri olarak ayarlayabileceğini söyledi. Bu yüzden geceyi baş başa geçiremeyeceklerdi. Bu sırada ceplerinde ve evrak çantasında bir şeyler aranan Selçuk, "Yanında ajansın çek defterlerinden biri var mı? Ben benimkini Ankara'da unutmuşum. Bu gece çeke ihtiyacım olabilir" dedi.

"Var vereyim... Ama çantam arka koltukta. Sen çantamı açabilir misin? İç cepteydi. Oradan al..."

Selçuk arka koltuğa uzanıp Canan'ın çantasından çek defterini aldı. Otele geldiğinde de ona sıcak ve ateşli bir öpücük daha verip "Sevgilim... Artık kocana boşanmak istediğini söyleyebilirsin" dedi.

"Ne? Ne dedin sen? Bu şimdi böyle mi söylenir Selçuk?.. Ne oldu ki? Beyza'yla konuştun mu yoksa?"

Selçuk gülümseyerek arabadan indi ve açık kapıdan içeri doğru eğilerek şoför mahallinde oturan Canan'a göz kırptı:

"Sana sadece boşanabilirsin diyorum... Gerisi sürpriz..."

"Ya aşk olsun ama en heyecanlı konuyu şimdi giderayak söylüyorsun."

"Seni seviyorum arş-ı âlânın en güzeli..."

"Ben de seni seviyorum aşkım..."

Canan'ın heyecandan eli ayağı titremeye başlamıştı. Trafiği takip etmekte bile zorlanıyordu. Radyoyu açıp bağıra bağıra şarkı söylemeye başladı. İçi içine sığmıyordu. Kanatlanıp uçacak gibiydi. Kalbinin yerinden fırlayacağından korkup derin nefesler alarak sakinleşmeye çalıştı. Biraz önce yaşadığı her şeyin üzerini çizmişti. Hiçbir şey umurunda değildi artık. Ne Cengiz, ne şirket, ne de ipsiz sapsız iftiralar. Sonunda kâbus bitecek, mutlu ve pembe bir rüya başlayacaktı. İşte o zaman herkesin ağzı torba gibi büzülecekti.

Canan eve geldiğinde coşkusunu frenleyerek önce salona girdi. Orçun okuldan dönmüş, yine o çok sevdiği yabancı dizilerden birini izliyordu tek başına. Canan, pürdikkat televizyona kilitlenmiş oğlunun dikkatini fazla dağıtmamaya çalışarak yavaşça yanına gelip yanağına bir öpücük kondurdu ve "Ağabeyin geldi mi anneciğim?" diye sordu. Orçun annesinden gelen bu sürpriz öpücüğün altında yatan neşeyi sezerek, "Hayırdır anne, işleri çabuk toparladın galiba. Cengiz Bey hazretleri istifadan mı vazgeçti yoksa? Ben de seni battın sanmıştım" dedi.

"Oho küçük bey, bakıyorum istihbarat ağınız çok güçlü. Haberlerim benden önce ulaşıyor eve."

"Her yerde kulağım vardır benim..."

"Madem öyle şunu da bil o zaman, annen daha batmadı şehzade hazretleri... Baban geldi mi?"

"Evin muhtarı mıyım anne ben? Sınıf yoklamasını niye ben veriyorum sana?"

"İyi hadi, sen dizini izlemeye devam et o zaman. Ben de odaları dolaşayım o zaman."

"Evde evde... Çalışma odasında saatlerdir telefon görüşmesi yapıyor. Bir şeyler yazıp çiziyor. İşle ilgili gelişmeler var galiba."

"Hımm... Senin istihbarat gerçekten iyiymiş evlat."

Canan, salondan çıkıp çalışma odasına girdiğinde Ayhan'ı masasının başında çok meşgul buldu. Hem telefonda görüşüyor hem de durmadan notlar alıp verileri bilgisayarına işliyordu. Karısının içeri girdiğini fark edince bakışlarıyla sıcak bir selam verip elini kaldırdı. Canan, kocasının görüşmesini beklemek için masanın karşısındaki sandalyeye geçip oturdu. Ayhan'ın ciddi bir mevzuuyla ilgilendiği belliydi.

"Tamam Serdarcığım... Sen bana bir fizibilite raporu hazırla. Önümüzdeki hafta toplanıp bir durum değerlendirmesi yapalım. Ona göre ne yapacağımıza karar veririz. Sana da iyi akşamlar" dedikten sonra telefonunu kapatıp Canan'a döndü. Yaptığı görüşmenin içeriğiyle ilgili ona bilgi verme ihtiyacı duydu:

"Galiba ben de mimarlığa geri dönüyorum. Birtakım olumlu gelişmeler var."

"Çok sevindim. Hayırlısı olsun. Hayat böyledir işte, birileri inerken birileri çıkar."

"Sana karşı kinaye yapmadığımı biliyorsun. Bugün Cengiz'le olanları duydum. Doğan'la telefonda konuştuk. Çok üzüldüm, senin de üzüldüğünü biliyorum. Ama hiç paniğe kapılmadım. Çünkü sen çok iyi bir mimarsın. Sektöre çok hâkimsin. Piyasada önemli bir adın var. Ben çok kısa bir süre sonra işleri yoluna koyacağına inanıyorum. Sen bu şirketi ilk kurduğun zamanlarda da yalnızdın. Buna rağmen başardın. Cengiz'in istifasına çok üzülme."

"Ben de senin gibi düşünüyorum. Belki biraz zor olacak ama üstesinden gelemeyeceğim bir durum değil. Yeni işin yükünü sırtımdan attığımda bütün ilgimi mimarlık şirketine vereceğim. Halledemeyeceğim bir durum değil..."

"Böyle düşündüğüne sevindim... Sana güveniyorum."

"Ayhan, seninle konuşmam gereken bir konu daha var."

"Dinliyorum."

"Nasıl söyleyeceğim bilemiyorum. Benim için hiç kolay değil. Aramızdaki mesafenin giderek açılması birçok şeyi sorgulamama neden oldu. Uzun zamandır aynı yatakta bile yatmıyoruz. Birbirimizden uzak kaldıkça giderek yakınlaşmamız da imkânsız hale gelmeye başladı."

"Canancığım, bu yaşadığımız geçici bir süreç. Geldiği gibi de gidecek önemsiz bir sıkıntı. Ben sadece sana nefes alabileceğin, rahatça düşünebileceğin bir alan yaratmaya çalıştım. Senden uzaklaştığım falan yok. Benimle uyumak istemeyen sensin. Bana kızdığın için bunu yaptığını biliyorum. Kalbin sakinleştiğinde beni yine yanında bulacaksın. Seninle arama mesafe girmesi imkânsız. Biz seninle uzak kalmış değiliz, sadece soluklanıyoruz o kadar. Bu uzun süreli her evlilikte yaşanabilecek geçici bir durum."

"Benim için gelip geçmiyor ama Ayhan. Büyüdükçe büyüyen bir yalnızlık var bu evde. Aramıza sanki haftalar değil de uzun yıllar girmiş gibi hissediyorum. O kadar yabancıyım ki artık bu evliliğe, aynı evde bir arada olmaya devam etmenin imkânsız olduğunu düşünüyorum."

"Anlamadım. Evlerimizi ayırmamızı mı istiyorsun? Dilersen ben bir süre otelde kalabilirim."

"Hayır, böyle bir şey söylemiyorum. Ben boşanmak istiyorum Ayhan. Çocuklarımız için seninle olan hayat arkadaşlığım sonsuzdur ama senin kadının olduğumu hissetmiyorum uzun zamandır."

"Canan sen neler söylüyorsun? Bu kadar kolay mı birbirimizden vazgeçmek? Bunca yıllık yaşanmışlığımız, sevgimiz, çocuklarımız var. Biz bütün zorlukların içinden birlikte geçerek, birbirimize tutunarak, inanarak geçtik. Bugünkü mutlu güzel hayatımızı emekle, sevgiyle kurduk. Çocuklarımızı büyüttük. Okuttuk. Tam artık birbirimiz için yaşamaya başlayacakken, artık bizim için yeni bir bahar yaşanacakken gidemezsin. Biz bize lazımız Canan. Seni de, beni de şu saatten sonra anlayıp sevecek insanlar bulamayız. Bizi ancak biz anlarız. O adamın kafanı karıştırdığının farkındayım. Gönlünü bulandırdığını tahmin ediyorum. Bu yüzden boşanmak istiyorsan..."

"Hayır Ayhan... Kimse için senden vazgeçmiyorum. Kalbimin sana karşı hissettiği uzaklıktan dolayı bu kararı aldım."

"O adamla birlikte olduğun için benimle yapamayacağını, evliliğimizi sürdüremeyeceğini düşünüyorsan sen her halinle benim kabulümsün. Hiçbir şey için geç kalmış değilsin Canan. Dilediğin yerden dönebilirsin. Her halinle başımın tacısın."

"Öyle bir şey olmadı. Kimseyle birlikte olmadım ben. Sadece ayrılmak istiyorum hepsi bu."

Canan, bu konuşmayı daha fazla sürdüremeyecekti. Gözleri doldu. Ağlamamak için kendisini zor tutuyordu. Ayağa kalkıp Ayhan'ın hiç yüzüne bile bakamadan koşar adımlarla çıkıp gitti odadan... Yatağının üzerine kapanıp hıçkırarak ağlamaya başladı. Ayhan'ın bu denli olgun bir yüreğe, karısına karşı bu kadar büyük ve koşulsuz bir aşka sahip olduğunu bilmiyordu. Onun bu merhametli, sevgili ve anlayışlı hali Canan'ın kalbini sızlatmıştı. Ayhan'dan vazgeçmek gerçekten kolay değildi. Üzerine ağır bir hüzün bulutu çöktü. Saatlerce yatağın içinde ağlayıp durdu. Ayhan'sa bütün gece karısının yanına uğramadı. Kapının önünde onun içini parçalayan hıçkırıklarını duyup gözyaşı döktü.

Sabaha kadar yattığı yerde kıvranıp acı çeken Canan, kocasından ayrılmak istemediğini hissediyordu. Onu terk edip gitmeyi göze alamıyor fakat Selçuk'un çekim alanında şuurunu yitirdiğinden o adama "hayır" demeyi de başaramıyordu.

Sabah gün ışıdığında gözleri ağlamaktan şişmiş, bedeni yorgun ve kırıktı... Yataktan sürünerek çıktığında hissettiği şiddetli baş ağrısıyla hareketleri yavaşladı. Duvarlara yaslanarak su içmek için mutfağa doğru yürümeye çalıştı. Orçun, erkenden kalmış, okul formalarını giyip hazırlanmış, servisin gelmesini beklerken kendisine küçük bir sandviç yapmak istemişti. Annesinin halini görünce sitemkâr ve buruk bir sesle konuştu:

"Arısoy ailesinin dağılışı..."

Orçun'un ne demek istediğini anlayamayan ancak konuşmak için de hiç hali olmayan Canan, ağzını açtığında acı çeker gibiydi:

"Anlamadım. O da ne demek?"

"Ne olacak canım. Sen dağılmış haldesin. Babam piyasada yok. Doğan akşam eve gelmedi. Bir ben kaldım şu evi kale gibi koruyan. Bak sonunda bana kaldın gördün mü?"

Cevap vermeye can bulamadığı için suyunu içip bir tane de ağrı kesici hap yutan Canan, yine geldiği gibi sürünerek yatak odasına döndü. Bir süre sonra Orçun'un evden çıktığını duydu. Banyoya girip duş aldıktan sonra kendisini biraz daha toparlanmış hissederek avukatını arayıp iki saat sonra ofiste olmasını istedi. Kararını değiştirmemişti. Ne kadar ıstırap da çekse yolundan dönmeye niyeti yoktu. Boşanacaktı.

Kıyafetlerini giyip hazırlandıktan sonra Selçuk'u da arayıp onunla konuşmak, sesindeki şefkat ve güvenden cesaret bulmak istedi. Selçuk'un cep telefonu kapalıydı. Muhtemelen yine şarjı bitmiş ve şu saate kadar da fark etmemiş olmalıydı çünkü sabah namazını kılalı iki saati geçiyordu. Kahvaltısını bile yapmış olması gerekiyordu.

Başının ağrısını bir nebze de olsa bastırabilmesine rağmen içindeki sıkıntıyla baş edemeyen Canan, bugün hiç iyi değildi. Yüreğinin orta yerindeki taş bütün göğsünü baskılıyor, nefes aldırmıyordu. Zaman zaman boğulacağı hissine kapılıyor, baygınlıkla olduğu yere çöküp oturuyordu. Bir türlü toparlanıp evden çıkamadı. Selçuk'un cep telefonu da hâlâ kapalıydı. Onun sesini duymadan rahatlayamayacağını hissedip oteli aramaya karar verdi. Selçuk'un odası da cevap vermiyordu. Resepsiyon, otel müşterileri hakkında bilgi veremeyeceğini söyleyerek Canan'ın hiçbir sorusunu yanıtlamadan kapatınca, içindeki sıkıntının derinliği de arttı.

Saat daha erken olduğuna göre, avukat ofise gelinceye kadar Maslak'a gidip otele uğrayabileceğini hesapladı.

Zar zor toparlanıp evin kapısını açtığı sırada uzun boylu, iriyarı, takım elbiseli dört adamın zili çalmak üzere olduklarını görüp irkildi. Şaşkınlığını ve merakını yenemeyen Canan, ne söyleyeceğini bilemeden adamların yüzüne bakıp kaldı. Film karesin içinde donmuş gibi, hareketsiz ve endişe içindeydi.

Adamlardan esmer ve pos bıyıklı olanı polis olduklarını açıklayıp Canan Arısoy'u aradıklarını söyledi. Canan, akşam eve gelmeyen kocasının ya da oğlunun başına bir şey gelmiş olabileceği korkusuyla sarsılıp panikledi:

"Oğluma mı bir şey oldu? Kaza mı oldu? Lütfen söyleyin..." diyerek titremeye başladı. Aynı pos bıyıklı polis, "Canan Arısoy siz misiniz?" diye sordu.

Sesi titreyen Canan ağlamaya başlamıştı. Güçlükle konuşuyordu:

"Evet, benim... Oğlum nerede?"

"Oğlunuzla ilgili bir durum değil. Başka bir konuyla ilgili olarak ifadenize başvurulacak. Bize yardımcı olmanızı rica ederiz. Buyurun gidelim."

Canan'ın güvensizliğini ve korkusunu fark eden polisler kimliklerini gösterip organize işler şubesinden olduklarını belirttiler. Gözyaşlarını silip açılmaya çalışan Canan, organize bir suçla ilgili hiçbir şey şeye tanık değildi. Bu adamların ondan öğrenmek isteyeceği şey ne olabilirdi ki? Korkusu ve paniği giderek büyümeye başladı. İçindeki sıkıntı ölümcül bir hal almıştı artık.

"Benim organize bir suçla ilgilim de yok, bilgim de yok memur bey."

"Canan Hanım lütfen bizimle birlikte gelin."

Anlaşılan Canan'ın polislerle gitmekten başka yapabileceği bir şey yoktu. Söylenenlere uymadığı sürece hiçbir şey öğrenemeyeceği belliydi. En iyisi daha fazla soru sormadan, polislerle birlikte gitmeli, neler olup bittiğini de yerinde anlamalıydı.

Vatan Caddesi'ndeki Emniyet Müdürlüğü'ne getirilip üçüncü kattaki Organize İşler Şube'ye çıkarıldıktan sonra tek başına bir odaya alınan Canan'a önce çay ikam edilip bir süre beklemesi istendi. Demli çayına bir kesme şeker atıp karıştıran Canan, yüreğindeki taşın aynı yerde tüm ağırlığıyla oturmaya devam ettiğini hissetti. Çok geçmeden odaya orta boylu, yapılı, kır saçlı bir adam girip kendisini Organize İşler Şube amiri olarak tanıttıktan sonra adının Murat Alkan olduğunu söyledi ve çekmecesinden çıkardığı beyaz zarf içindeki bir CD'yi Canan'a doğru sallamaya başladı:

"Selçuk Arslan adlı birini tanıyor musunuz?"

Canan, bir anda bütün vücudunu saran ürpertiyle irkilip bu kesti. Sesi titremeye başladı:

"Tanıyorum."

"Nereden tanıyorsunuz onu?"

"Bundan birkaç ay kadar önce havalimanında tesadüfen tanıştım."

"Görüşüyor musunuz?"

"Görüşüyorum evet."

"Onu en son ne zaman gördünüz?"

"Dün akşam Maslak Sheraton'un önünde gördüm. Ben bıraktım arabamla. Başına bir şey mi geldi? Kötü bir durum mu var acaba? N'olur artık söyleyin..."

Amir, Canan'ın bu yakarışını hiç duymamış gibi kendi öğrenmek istediği konuları sırayla sormaya devam etti:

"Onu kim olarak tanıyorsunuz?"

"İşadamı olduğunu biliyorum. Ankara'da inşaat firması var. Aile şirketi. Ayrıca evli ve bir kızı var."

"Canan hanım bu CD'nin içinde ne var biliyor musunuz?"

"Bilmiyorum."

"Selçuk Arslan'la özel görüntüleriniz var. Gizli kamerayla çekilmiş."

Canan, büyük bir enkazın altında can çekişir gibi inlemeye başladı:

"Nasıl olur? Kim yapar böyle bir şeyi, hem neden yapar?"

"Selçuk Arslan uzun zamandır teknik takip altında. Büyük bir organize suç örgütünün yöneticilerinden. Muhafazakârlıklarıyla güven verip kolayca aldattıkları kadınların özel görüntülerini kaydediyorlar gizli kamerayla. Daha sonra bu kadınları görüntü kayıtlarıyla tehdit ederek örgüt için çalıştırıyorlar. Kimi işadamları ve milletvekilleriyle fuhşa zorlanıyor, kimi de örgüte yeni elemanlar katmak için kurulan tertiplerde oyunculuk yapıyor. Muhtemelen siz de aynı tezgâha alet edilmek üzereydiniz. Bu görüntüyü dün gece Selçuk Arslan'ın üzerinde bulduk. Bu adamla herhangi bir iş ortaklığınız var mı?"

Yaprak gibi titreyip sarsıla sarsıla ağlamaya başlayan Canan, içine düştüğü tuzaktan dolayı en çok kendisine kızıyordu. Âşık olduğu adam tarafından kullanılmış, çirkin bir düzene kurban gitmişti. Bundan sonra çocuklarının yüzüne nasıl bakacağını bilemiyordu. İnsanlara kendini nasıl ifade edecekti, çocuklarına nasıl bir açıklama yapacaktı. Artık Ayhan da yanında olmak istemeyecekti. Bundan sonra hiçbir şeyin eskisi gibi olamayacağını biliyordu. Bitmişti. Tükenmişti... Sakinleşmeye çalışarak gözyaşlarını sildi ve amirin sorularını yanıtlamaya çalıştı:

"Bundan on gün kadar önce bir tanıtım ve organizasyon şirketi açtık. Oğlumla ortak oldular."

"Selçuk Arslan'ın kırkın üzerinde şirkette ortaklığı var. Bu şirketler adına bankalardan çekilmiş yüklü miktarda krediler var. Karşılıksız çeklerle yapılan büyük de bir vurgun var ortada."

"İnanamıyorum... Bu anlattıklarınıza inanamıyorum. Ben nasıl bir kâbusun içindeyim böyle. Bu nasıl bir oyun komiser bey? Bu adam benimle evlenecekti. Kocamdan boşanmamı söylemişti. Ankara'da köklü bir ailesi var. İmam hatiplerde okumuş, büyümüş muhafazakâr bir adam olarak tanıdım ben onu. Hiç öyle oyun oynuyor, rol yapıyor gibi değildi. Ne bileyim? Karısı da türbanlı, mutaassıp bir ailesi vardı. Kızı da öyle. ODTÜ'de okuduğunu biliyorum."

"Size daha fazla bilgi veremeyeceğim Canan Hanım. Ama Selçuk Arslan dediğiniz gibi iyi eğitimli ve özel yetiştirilmiş insanlardan biri. Muhafazakâr olarak yetiştirildikleri doğru. Ankara'da bir ailesi falan yok. Dediğim gibi kırkın üzerinde şirkette problemli ortaklıkları var. Birçok firmanın iflasına neden olduğu gibi ortaklarının çoğu da icra borçları yüzünden cezaevinde yatıyor. Çocuğu da yok. Sadece bir kez evlenmiş. O evliliğini de geçen yıl Esma Arslan'la yapmış."

"Esma Arslan mı? Bana onu kızı olarak tanıtmıştı. Beyza diye bir kadın vardı yanında. Karım demişti. Of delireceğim. Çıldıracağım."

"Artık sakin olun Canan Hanım ve mağdur olmadan bu çetenin elinden kurtulduğunuz için dua edin. Bu CD'deki görüntülerle sizi tehdit ederek her şeyi yaptırabilirlerdi. Çok daha vahim sonuçlar yaşayabilirdiniz. Ortak şirketle uğradığınız maddi zarara da bakacağız şimdi. Piyasada şirketinizin karşılıksız çekleri mevcut. Bir miktar kredi de çekilmiş."

Masasından kalkan emniyet amiri CD'yi de yanına aldıktan sonra yan masadaki bilgisayarda yazı yazan zayıf ve gözlüklü adamı işaret ederek, "Arkadaş ifadenizi yazsın, imzalayıp çıkabilirsiniz" dedikten sonra çıkıp gitti.

Gösterilen evrakları imzaladıktan sonra ayağa kalkan Canan, bacaklarının üzerinde duramıyor, yaprak gibi titriyordu. Ağlamaktan gözleri şişmiş, yarı baygın bir halde sendeleyerek sağa sola tutunup yürümeye çalıştı. Kapıdan dışarı adımını attığında karşısında Ayhan ve Doğan'ı görünce utancından yüzünü kapatarak hıçkırıklara boğuldu. Ayhan, karısına hiçbir şey sormadan ona sıkıca sarılıp sakinleşmesini istedi. Doğan da konuyu bir an evvel kapatmak istercesine annesinin koluna girdi ve "Hadi anne çıkıp gidelim artık buradan. Her şey düzelecek, merak etme" dedi.

Orçun'un hiçbir şeyden haberi yoktu. Hiçbir zaman da annesinin başına gelen bu kötü olayları öğrenmeyecekti.

Canan yol boyunca arabanın içinde eve dönmek istemediğini haykırıp "O eve dönemem artık. Beni bırakın. Arabadan inmek istiyorum. N'olur beni indirin!" diyerek ağlamaya devam etti.

Arka koltukta annesinin yanında oturan Doğan ona sevgiyle sarılıp, sakin olmasını, her şeyin geçtiğini ve onu her şeye rağmen çok sevdiklerini söyledi. Arabayı kullanan Ayhan'ın da gözleri doluyor fakat karısını daha fazla üzmemek için kendini kontrol etmeye çalışıyordu.

Eve geldiklerinde Ayhan, karısını kucağına alarak yatağına götürdü. Canan ayakta duramaz halde, bitap düşmüş, perişandı. Sinir krizleri geçiriyor, utançtan ölmek üzere olduğunu ve yaşamak istemediğini söyleyip inliyordu. Ayhan, sıtma tutmuş gibi sarsılarak yatağın içinde titreyen karısına sarılıp "Canan unut artık olanları. Yaşandı bitti. Ben her zaman senin yanındayım. Sonsuza kadar da seninle olacağım. Bak Orçun'un hiçbir şeyden haberi yok. Hadi toparlan artık. Akşam geldiğinde seni böyle görmesin. Bak biz çok güçlü bir aileyiz Canan. Birbirimize kenetleneceğiz. Hep birlikte yeniden ayağa kalkacağız. Bir arada olduğumuz sürece kaybetmiş sayılmayız. Hiçbirimiz bu olayı bir daha hatırlamayacağız. Böyle bir şeyin yaşanmadığını farz edeceğiz. Borçların hepsini ödeyeceğiz. O şirketi hemen kapatacağız. Bu konu bu evde konuşulmayacak. Artık üzülmeyeceksin. Ağlamayacaksın. Kurtulduğun için dua edelim. Hepimiz kurtulduk. Allah bizi korudu. N'olur toparlan artık Canan... N'olur iyi ol" dedi. Doğan da babasını destekleyerek annelerinin yanında olacaklarını, onun bir daha üzülmesine izin vermeyeceklerini söyledi.

Kapının çalmasıyla birlikte odadan çıkan Doğan, Nuray'ı karşısında görünce onun da her şeyden haberdar olduğunu anladı. Televizyonda Selçuk'un tutuklandığı haberini izleyen Nuray, apar topar yola koyulup soluğu arkadaşının yanında almıştı. Doğan annesinin yatak odasına olduğunu ve sinir krizi geçirdiğini söyleyip misafiri içeri aldı.

Odaya girdikten sonra Ayhan'a buruk bir tebessümle selam veren Nuray, yatağın kenarına oturup Canan'ın elini tuttu. Saçlarını ve yüzünü okşayarak sakince konuştu:

"Canancığım ağlama artık... Bugün senin en hayırlı günün. Issız bir yoldan, uzun bir karanlıktan çıkıp geldin. Zarar görmeden kurtuldun. Bak ailen yanında, dostların yanında. Allah'a şükret. Sana hayatının en önemli deneyimini, ayağına çamur bulaşmadan yaşattı. Bundan sonrası senin zaferin olacak. Kocan ve çocukların için ayağa kalk ve hep birlikte hayatınızı yeniden yazın. Bu kez o kadar güçlü olacaksınız ki hiçbir rüzgâr sizi sarsıp savuramayacaktır. Seni Allah ayağa kaldırıyor Canan, işte sırf bu yüzden yıkılmayacaksın artık. Bu senin için çok değerli bir tecrübe. Ceplerini bu hazineyle dolduracaksın ve her fırsatta bu hazineden rehberlik alarak yaşayacaksın yeni hayatını."

Canan artık ağlamıyordu. Tavana diktiği gözleriyle bomboş bakıyor, derin nefesler alıyordu. Nuray, Ayhan'a bir valiz hazırlamasını söyleyip çantasından telefonunu çıkardı ve "Ayhan, hadi karını da al, birkaç gün şehir dışına çıkıp baş başa kalın. Size Ağva'da yer ayırtıyorum şimdi. Orçun annesini bu halde görmesin. Gidin kafanızı dinleyin, toparlanın, biraz yalnız kalın. Bu ikinize de iyi gelecek. Canan çok güçlü bir kadın. O artık yaşadığı deneyimin ne anlama geldiğinin farkında. Bundan sonra daha mutlu ve farkındalıklı bir insan olacak. Döndüğünüzde yeni hayatınıza hep birlikte başlayacaksınız. Aranızdaki güçlü sevgi ve bağlılık sizi ayakta tutmaya yetecek" dedi.

Ayhan, Nuray'ın haklı olduğunu düşünüp hemen bir valiz alıp toparlanmaya başladı. Nuray da arkadaşını yatağından kaldırıp ona sıcak suyla dolu bir küvet hazırladı. Canan, gözlerini kapatıp iki saat boyunca gömülü kaldığı sıcak küvetten çıktığında biraz daha kendine gelmiş gibiydi. Üzerini giyinip salona döndüğünde Ayhan, Doğan ve Nuray'ın dikkatle televizyon izlediklerini, o içeri geldiğinde Ayhan'ın televizyonu kapattığını fark etti. Belli ki Selçuk'un tutuklandığı haberleri dönüp duruyordu. Ailesinin bu hassasiyetinden ve gösterdiği büyük sevgiden dolayı çok duygulanan Canan, dünyanın en şanslı kadını olduğunu hissediyordu için için. Her ne yaşamış olursa olsun, onu her haliyle kucaklayan, koşulsuzca seven çocukları ve kocası vardı. Salona girdikten sonra sevdiklerinin yüzüne bakıp gözyaşı döken Canan, çatallaşmış kısık sesiyle günah çıkarırcasına konuştu:

"İyi ki varsınız... İyi ki benim hayatımdasınız... Hepinizi çok seviyorum. Yaptığım bütün hatalarımın sebebi içimde ıstırabını çektiğim manevi bir boşluktan dolayıydı. Yanlış yaptığımı hep hissediyordum ama içimdeki sesi duymazlıktan gelerek arsızca aşk olduğunu sandığım bir duygunun peşinden sürüklenip gittim. Hepiniz beni uyardınız. Haklı olduğunuzu hissettiğim halde kendimi uçurumdan attım. Şimdi yine bana uzattığınız sevgi dolu kollarınızla bu uçurumdan yukarı tırmanmaya çalışıyorum. Hepinizden çok özür diliyorum. Çok da utanıyorum. Ama artık şunu çok iyi biliyorum ki insan bir hazinenin peşine düşmeden önce onu yakılarında aramalıymış. Meğer ben aşkı kurak çöllerde arayıp dururken, kendi hayatım sonsuz bir denizmiş. Kendimi affetmek için uğraşacağım. Sonra da sizin bu büyük sevginizden dolayı ne kadar şanslı olduğumu düşünüp hayatımın sonuna kadar şükredeceğim. Anladım ki her hata bir doğru ediyormuş şu hayatta..."

DÖRT AY SONRA...

İNSAN HER NE İÇİN ACELE EDİYORSA, ARTIK ONA GECİKMİŞ DEMEKTİR...

Uçağın kalkmasına sadece yarım saat vardı... İç hatlar gidiş terminalinin ana kapısından girip buradaki güvenlik kontrolünden geçtikten sonra doğruca uçuş işlemlerini yaptırmak için kontuara koştu.

Canan, Konya'da Mevlana'nın türbesini ziyaret edip burada geçireceği iki koca gün için çok heyecanlıydı. Aylardır fırsat bulup da okuyamadığı *Aşkolsun* kitabını da yanına almış, turist olarak gezeceği Konya'da bu derviş selamının yoldaşlığıyla zaman geçirmeyi planlamıştı. Bu kez her şey yolundaydı.

Ruhunun telaşı dinmiş, kalbine derin bir dinginlik ve eminlik duygusu yerleşmişti. Hayatı baştan sona yenilenmişti artık. Dünyaya yeniden doğmuş, hayatı yeniden tanıyıp sevgiyle kucaklamıştı. Yaşadığı o büyük skandalın ardından aylardır ailesiyle birlikte çetin ama onurlu bir direniş göstermişti.

Yirmi yılın ardından büyük bir aşkla bağlandığı kocası da, onu bu süreç içinde tek bir an olsun yalnız bırakmayıp, karısından sevgisini hiç sakınmamıştı... Her zaman aşkla ve güvenle ellerinden tutmaya devam etti.

Doğan'ın ortak olduğu tanıtım ve organizasyon şirketini derhal tasfiye edip yolsuzlukla üzerlerine kalan bir yığın borcu yazlıklarını ve arabalarını satarak ödediler. Kaybettikleri hiçbir şey için üzülmediler. Onlar artık ailece bir arada, kenetlenerek, sevgiyle bağlı kaldıkları sürece ellerinden çıkan malı mülkü tekrar yerine koyabileceklerini biliyorlardı.

Öyle de olmuştu zaten! Önce satıp savdıkları mülkleriyle Selçuk'un üzerlerine bıraktığı borçları kapatıp ardından hep birlikte birbirlerine tutunarak yeni hayatlarına ve işlerine dört elle sarıldılar. Mimarlık şirketinin işlerini kısa zamanda toparlamayı başaran Canan'ın yanında bu kez kocası da vardı... Karısının şirketine ortak olan Ayhan, yıllar sonra eğitimini aldığı mesleğine dönmüş, bu şirketi yeniden ayağa kaldırabilmek için gece gündüz, canla başla çalışır olmuştu. Şirket, sadece birkaç ay sonra eskisi eski ihtişamlı ve başarılı günlerine kavuşmayı başaracaktı.

Doğan ve Orçun, anne babalarının yeni tanışmışlar gibi flört edercesine romantik ve aşk dolu bir ilişki yaşamalarından dolayı gayet hoşnut ve huzurluydular.

Kübra ve Nuray, yaşanan her şeyin üzerini kalın bir kalemle çizmiş, eski dost Canan'ın gönül şaşkınlığıyla yaptığı bütün hataları affetmişlerdi. Uzun yıllara dayanan emektar dostluklarını, bugün çok daha büyük bir güvenle sürdürüyorlardı.

Canan'ın geçen hafta aldığı en iyi haberlerden biri de İngiltere'deki hayırsız kız kardeşi Handan'ın kocası ve kızıyla onları ziyarete gelecek olmalarıydı. Bu Handan'ın kendi ailesiyle de barışması anlamına geldiği için Canan çok heyecanlı ve mutluydu. Artık aile içindeki buzlar eriyecek, birbirine küs olan hiç kimse kalmayacaktı.

Şantaj ve yolsuzluk çetesinin yakışıklı ama karanlık adamı Selçuk'sa, dört aydır tutuklu olarak yargılanıyordu. Mahkemesi henüz sonuçlanmamıştı fakat savcı hakkında yirmi yıla yakın hapis cezası talep ediyordu. Muhtemelen hüküm giyecekti. Canan'la bir daha hiç irtibat kurmadı. Her ikisinin de deneyimlediği duygu gerçek olmadığından, toz olup yalana karışmaları da zor olmadı. İkisi de birbirlerini hiç hatırlamadı. Beyza ve Esma tutuklandıktan üç ay sonra serbest bırakıldılar. Canan uzun süre Beyza'nın onu neden Selçuk'la ilgili uyarmaya çalıştığını öğrenmek istediyse de ona hiçbir zaman ulaşamadı. Cezaevinden çıktıktan sonra kaybolup gitmişti Beyza... Belki o da yeni bir hayata başlayabilmenin umuduyla geri dönmüştü özgür yaşamına... Canan bu insanları kötü bir rüya olarak ara sıra hatırlamaya devam etse de, yaşadıklarını sevgiyle kabullenip hayatının en kıymetli dersini, derin yaralar almadan öğrenebildiği için her zaman şükretti. İnsanların hayatları boyunca yaptıkları hatalar, onların en sert ama en iyi öğretmenleri oluyordu sonunda.

Konya'da doyasıya gezmek ve daha önce yapamadığı gönül haccını bu kez kalp ferahlığı ve farkındalıkla gerçekleştirebilmek için Mevlana'nın türbesini ziyarete giden Canan, iki aydır namaz kılıyordu. Mevlana, Şems-i Tebrizi, Yunus Emre gibi tasavvuf aydınlarının kitaplarını okuyor, araştırmalar yapıyordu.

Onca zaman Selçuk'un peşine düşüp kovaladığı o manevi huzur, bu kez kendisi çıkagelmişti gönül kapısının önüne. Her şeyin kendi içinde doğru bir zamanı vardı. Olayları kendi doğru akışları içinde yaşayabilmek içinse, insan ruhunun yavaşlaması, telaşını üzerinden atıp dinginleşmesi gerekiyordu. Ruhtaki sabırsızlık, acelecilik ve panik doğal akışa sekte vurduğundan, gerçekleşecek güzel şeylerin de gecikmesine neden oluyordu.

İşaretlerin Dili (Evrensel Rehberlik)

Acelecilik insanı her zaman geciktirir. Bir şeyin peşinden telaş içinde koşuyorsan, bil ki onu kendi ellerinle uzaklaştırıp gerçekleşmesini erteliyorsundur.

Ektiğin tohumu sürekli kurcalayarak ona zarar verir, sağlıkla büyümesine engel olur ve çiçek vermesini geciktirirsin. Senin tek görevin tohumu ekmektir, gerisi toprakla onun arasındaki özel ve gizli sürece bağlıdır. Bu sürece müdahil olmak düzeni bozar ve filizlenmeyi geciktir.

Evrenin bu kaidesi hayatın her alanında geçerlidir.

Mevlana'nın da dediği gibi: "Sabırla güçlük ortadan kalkar, sabır ferahlığın anahtarıdır..."

İnsana güçlük çıkaran, onun tez canlılığı ve aceleciliğidir sadece.

"Acelecilik" ve "tez canlılık" olumsuz enerjilerdir. İnsana hata yaptıran ve yanlış seçimlere mecbur bırakan duygulardır.

Burası, kaybetme korkusunun ortaya çıktığı bataklık bir zemindir! Yapamayacağından ya da kaybedeceğinden korktuğun için ruhun telaşa düşerek işlerini daha da zorlaştırıp seni sarp yokuşlara sürer.

Kaybetmek korkusu, suyun akışını ters yöne çevirebilecek kadar güçlü ama negatif bir duygudur. Kaybetmekten korktuğun her şeyi, hayatına "eksik" olarak çekersin. Evren seni korktuğun şeyin sınavından muhakkak geçirecektir.

Bu yüzden ilişkilerin bile kaderi çok zaman bu korkunun varlığına ya da yokluğuna bağlı olarak baştan yazılır.

Unutma!

İnsan sevdiğini asla kaybetmez!

Fakat kaybedeceğini bildiği her şey için korkar...

HER NEYİ KOVALIYORSAN ARTIK ONA YETİŞMEN MÜMKÜN DEĞİLDİR!

Canan uçuş işlemleri için görevliye PNR numarasını verdikten sonra çantasının içinde cüzdanını aramaya başladı. Çok uğraşmadan da buldu. Fermuarını boydan boya açtığı cüzdanın içinde kimliğini aramaya başladı. Görünen oydu ki, kimliği cüzdanın içinde değildi. Büyük ihtimalle dün ofiste fotokopi makinesinin içinde unutmuştu. Ayhan'la baş başa geçirmeyi planladıkları İtalya tatilinin vize işlemleri için kimliğinin fotokopisini almıştı. Bu demek oluyordu ki Canan, uçağa binemeyecekti. Konya seyahati bir kez daha suya düşmüş gibi görünüyordu...

Bu sahneyi daha önce de yaşadığını anımsayan Canan, görevli personelin yüzüne bakıp kahkahalarla gülmeye başladı. Etraftaki insanların bile dikkatini çeken bu şen kahkahaların sebebini kimse anlayamıyordu fakat Canan her şeyin yolunda olduğunu hissedip gülmeye devam ediyordu.

Sonunda havalimanından çıkıp bir taksiye atlayarak Yeşilköy'e gitmek istediğini söyledi. Sahildeki kafelerden birine oturup garsona da şekersiz bir Türk kahvesi siparişi vererek kitabının kapağını açtı. Selçuk'un ona yazdığı şiiri okumaya başladı bir kez daha... Yüreği titremeden, kalbi acımadan ve her şey için şükran duyarak defalarca okudu o şiiri...

Bu sırada yanına gelen uzun boylu, sarışın, mavi gözlü, alımlı bir kadının masanın başında durup gülümseyerek ona baktığını gören Canan, daha önce tanıdığını hissettiği bu hanımın kim olduğunu bir türlü çıkaramayınca şaşkınlıkla ve merakla, "Merhaba... Sizi tanıyor gibiyim ama kusura bakmayın, sanırım çıkaramayacağım" dedi.

Sarışın hanımın yüzündeki tebessüm sevgiyle büyüdü:

"Okuduğunuz kitabın yazarıyım ben..."

"Ah, evet tabii ya... Yelda Hanım... Merhaba! Oturmaz mısınız, buyurun lütfen."

Canan'ın nazik teklifini kabul eden yazar, uzun kalamayacağını söyleyip Canan'ın tam karşı sandalyesine oturduktan sonra sadece şunu söyledi:

"Benim sizinle karşılaşmam ne kadar rastlantı değilse, sizin de bu kitapla karşılaşmanız rastlantı değil. *Aşkolsun* bir derviş selamıdır. Bu kitabı yazarken iyileşmeye hazır olan insanların ona ulaşmasını diledim. Siz *Aşkolsun*'la buluştuğunuza göre, demek ki artık iyileşmeyi seçmişsiniz. Karşılaştığımıza çok sevindim. Size keyifli bir aşk yolculuğu diliyorum..."

Yazar, veda bile etmeden yavaşça masadan kalkıp süzülürcesine gözden kaybolduğunda, Canan gördüğünün rüya olabileceğini düşündüyse de sarışın kadının masaya bıraktığı şeyi gördüğünde içi titredi. Gözleri doldu... Bundan aylar önce havalimanında kaybettiği "Allah" yazılı altın bilekliği şimdi önünde duruyordu. Canan bilekliğini ellerinin arasında tutup uzun uzun baktı... İnanması çok güçtü... Her şey bir rüya gibiydi... Bu kesinlikle bir mucize olmalıydı... Sonra öğrendiği bir şeyi hatırlayıp huzur buldu yüreğinde. Erenlerden biri şöyle demişti günün birinde:

"Sen şu soluduğun şeyi hava mı sanıyorsun? Aldığın her nefeste Rabb'inin sana üflediği nefesi içine çektiğinin farkında değil misin yoksa? O zaman çok yazık... Şu ciğerlerine çektiğin şeyin mucize olduğuna inanmıyorsun ama Rabb'inin şu topraklar üzerinde iki insanı karşılaştırıp bir araya getirmesine mi şaşıp kalıyorsun?... Hey avanak..."

Canan, kahvesi geldikten sonra fincanından keyifle bir yudum alıp *Aşkolsun*'un sayfaları arasında gömülüp gitti. Bir müddet sonra okuduğu bir sözü not etmek isteyerek aynı garsona kâğıt-kalem getirmesini söyleyip şunları yazdı:

> *"Attığımız hiçbir adımdan sonra bir daha eski biz olmamız mümkün değildir. Bir soluk önceki halimize bile artık dönemeyiz. Hayat hep devinim halindedir.*
>
> *Suya attığımız taşın oluşturduğu halkaların dalgaları artık karşı kıyıya vurmak üzere yola çıkmıştır bir kere... Hiçbir güç o dalgaların hareketini durduramaz. Geri dönüş yoktur. Dalgalardan bize geri dönecek olanlar sadece taşı atma gücümüz kadardır."*

Bu kitabı ilk aldığı gün okumuş olsaydı eğer, muhtemelen bu satırlar kalbinde bu denli derin izler açıp yerleşmeyecekti benliğine... Bazı şeyleri anlamak ve anlamlandırmak da zamanın getirdiklerine ya da götürdüklerine göre değişir. Çünkü insan attığı her adımda, başka bir insana dönüşür. Bir adım önceki kişi değildir artık... Hayat her "an" yenileyip durur kendini. Önemli olan bu akışa yetişmek değil, ona teslim olmaktır... Her şeyin doğru bir zamanı vardır. Ve her doğru kendi zamanını bilir...

Her "son" yeni bir başlangıçtır...

SON SÖZ
PARÇALANAN RUHLAR...

İnsanoğlu, kaybettikçe kazanmaya mahkûm edilmiş, seçkin ve özel ruhlarla gönderilmiştir yeryüzüne... Hayatta "kaybetmek" diye bir şey yoktur bu yüzden!

Kaybettiğin her şey, aslında en kıymetli ve en bereketli servetindir senin... Hiçbir ruh parçalanarak yok olmaz... Yaralandıkça iyileşir, kaybettikçe çoğalır ve her şeye rağmen sevmeye devam ettikçe büyür, tamamlanır...

Yaşamı ve tekâmülü anlamlı kılan kayıpların sana kazandırdıklarıdır... İyi olanı yaratmak, kötü olanı bilmekle mümkündür... Hayata güzel gözlerle bakmayı bilen insanlar, doyasıya ağlamayı da becerebilirler... Bütün kalpler, ruha atılan kader çiziklerinin büyük birer zafer olduğunun farkındadır... Sen de elini kalbine koyup ona zaferlerini sormayı denersen eğer, o da sana uğradığı haksızlıklardan, elinden kaçıp giden fırsatlardan ve yitirilen her şeyden dolayı duyduğu memnuniyeti anlatacaktır... Üzüntülerin, kederin ve acının kalbine ne büyük bir olgunluk, güven ve teslimiyet kattığını ruh hafızan gayet iyi biliyor...

Kitap boyunca okuduğun Canan'ın hikâyesi yaşanmış, gerçek bir olaydan kitaba uyarlanmıştır. Kişilerin güvenliği ve özel yaşamlarının dokunulmazlığı adına gerçek isimlerini ve mesleklerini değiştirerek yaşanan bütün tecrübeleri olduğu haliyle kaleme aldım.

Canan, hikâye boyunca gerçek bir kaybedendi... Kendisiyle birlikte yaşamındaki bütün güzel ruhları parçalayarak yol alan, heyecanlı ve şaşkın bir gönüldü... Kaybettiğini kabul ettiği noktada yıkımını başlatabilirdi. Hatta bir ara bu utançla yaşayamayacağını düşünüp yaşamına son vermeyi bile aklından geçirmişti... Oysa bugün hayatına mutlu ve başarılı bir işkadını olarak devam ediyor. Üstelik bu kez eskisinden daha güçlü ve daha âşık... Çünkü o kaybettiğini sandığı şeylerin ruhuna kattığı serveti görmeyi tercih etti. Utanmak yerine sevmeyi, kaçmak yerine yeniden denemeyi, ölmek yerine yeniden âşık olmayı seçti...

Hayatta hiçbir şey için geç kalmış sayılmazsın. Ve şunu unutma ki hiçbir batış, çıkışsız değildir. Sen yukarı çıkmaya karar verdiğin an, ruhun kanatlarını açacaktır... Yere çakılmana asla izin vermeyecektir...

Nuray Sayarı